한국의 공동체와 미디어

뉴스통신진흥총서 33

한국의 공동체와 미디어

채백 허윤철 강승화 지음

뉴스통신진흥총서 33
한국의 공동체와 미디어

지은이 채백 허윤철 강승화
펴낸이 이리라

책임 편집 이여진
편집 디자인 EL

2021년 6월 30일 1판 1쇄 펴냄

펴낸곳 컬처룩
등록번호 제2011-000149호
주소 03993 서울시 마포구 동교로 27길 12 씨티빌딩 302호
전화 02.322.7019 | 팩스 070.8257.7019 | culturelook@daum.net
www.culturelook.net

ISBN 979-11-85521-96-1 93300

* 이 책은 뉴스통신진흥자금을 지원받아 저술·출간되었습니다.

culturelook

차례

일러두기

- 이 책의 일부는 다음의 글을 수정, 보완한 것이다.

  4장　채백·강승화·허윤철 (2018) “TV의 보급 확대와 공동체의 변화,” 〈커뮤니케이션 이론〉, 14(4), pp.139～182; 허윤철·채백·강승화·최창식 (2019). “구술사로 본 TV의 보급과 공동체의 변화,” 〈언론정보연구〉, 56(1), pp.83～125.

  5장　채백·강승화·허윤철 (2019). “전화의 보급 확대와 대인 교류의 변화: 구술사를 중심으로,” 〈커뮤니케이션 이론〉, 15(3), pp.105～151.

  6장　채백·강승화·허윤철 (2020). “한국 텔레비전 가족 드라마를 통해 본 1990년대 이후 대인 소통과 관계의 변화,” 〈한국언론정보학보〉, 103, pp.235～264.

  7장　허윤철·채백·강승화 (2020). “군집분석을 통해 본 세대 간 미디어 이용 패턴과 공동체 인식의 차이: 20대와 50대의 비교,” 〈지역과 커뮤니케이션〉, 24(4), pp.151～173.

- 한글 전용을 원칙으로 하되, 필요한 경우 원어나 한자를 병기하였다.
- 한글 맞춤법은 ‘한글 맞춤법’ 및 ‘표준어 규정’(1988), ‘표준어 모음’(1990)을 적용하였다.
- 외국의 인명, 지명 등은 국립국어원의 외래어 표기법을 따랐으며, 관례로 굳어진 경우는 예외를 두었다. 단, 인용한 기사의 일부는 현재 표기에 맞추어 수정하였다.
- 사용된 기호는 다음과 같다.

  학위 논문, 신문 및 잡지 등 정기 간행물, 영화, TV프로그램: 〈 〉

  책(단행본): 《 》

머리말

사람이 그립다.

지난해부터 전 세계를 몰아치고 있는 코로나19의 광기가 사람에 대한 그리움을 더욱 깊게 한다. 이는 비단 나만의 생각은 아닐 것이다. 테크놀로지가 눈부시게 발전함에 따라 사회 변화가 가속화되면서 사람들 사이의 직접적인 교류도 점차 줄어들고 있다. 여기에다 코로나19에 의해 반강제로 사람들 사이의 물리적 교류가 어려워지니 더더욱 사람의 손길이 그리워지는 것 같다. 폭설이 쏟아지던 지난 1월 서울역 앞에서 어느 중년의 신사가 노숙인에게 점퍼와 장갑을 벗어 주며 약간의 돈을 건네는 사진이 보도되어(《한겨레》, 2021. 1. 18) 많은 이들이 감동하며 화제가 된 바 있다. 물론 예전에도 이런 미담은 가끔 있었지만, 코로나19의 팬데믹에서, 더구나 폭설이 쏟아지는 한겨울에 벌어진 일이기에 더욱 많은 이들에게 감동을 주었다.

근대 이후 인류의 문명은 최근에 이르기까지 빠르게 변화, 발전해 왔다. 그 과정에서 인쇄술의 발명부터 시작된 커뮤니케이션 기술도 눈부신 발전을 거듭하였다. 현대인의 필수품이 된 스마트폰은 언제 어디서라도 내가 원하는 정보를 찾을 수 있고, 원하는 상대와 소통할 수 있게 만들었다. 이제 사람들의 커뮤니케이션 능력은 그야말로 무소불위라 할 수 있다.

하지만 오히려 사람들은 소통에 어려움을 겪고 있다. 타인과의 교류는 점차 줄어들고 대신 기계와의 소통에 더욱 빠져들고 있다. 그러다 보니 다른 사람과 함께하던 행위들을 혼자 하는 문화가 트렌드가 되고 있다. 혼자 밥을 먹는다는 이른바 '혼밥'을 비롯해서 '혼술(혼자 술 마시기),' '혼행(혼자 여행하기),' '혼영(혼자 영화 보기)' 등으로 확산되며 이제는 혼자 하는 행위들이 전혀 거리낄 것 없게 되었다. 〈나 혼자 산다〉라는 TV 프로그램이 인기를 끌더니, 어느덧 장수 프로그램으로 자리 잡았다. 이러한 추세는 비단 한국만의 현상은 아니다. 미국의 정치학자 로버트 퍼트넘은 《나 홀로 볼링*Bowling Alone*》(2000)에서 단절되어 가는 미국 사회의 단면을 소개해 사회적으로 커다란 반향을 일으킨 바 있다.

이 책은 이러한 문제의식에서 출발하였다. 왜 커뮤니케이션 기술이 고도로 발전했음에도 사람들은 점차 소통에 어려움을 느끼고 대인 관계는 소원해지기만 하는가? 나아가 인공 지능 시대에 들어서면서 인간 활동 영역의 상당 부분이 기계로 대체되고 있다. 이 문제는 현대인이 직면하는 새로운 과제이자 화두라고 할 수 있다.

사람들이 개인화되고 외로움이 깊어져 간 것은 비단 현대만의 문제는 아니다. 인쇄술 발명으로 막을 연 근대와 함께 드러나 장기간에 걸쳐 지속된 문제다. 사람과 사람이 얼굴을 맞대고 상대방의 눈과 표정을 바라보고 호흡을 느끼면서 대화하던 전통적 구두 커뮤니케이션이 인쇄 미디어의 등장 이후 변화하기 시작하였다. 혼자서 책의 세계에 빠져들면 대인 교류는 차츰 줄어들게 된다. 산업 혁명을 거치면서 사람들은 전통적인 공동체를 떠나 도시로 모여들었고,

익명의 대중 속에서 살아가게 되었다. 자본주의는 새로운 시장, 더 많은 이윤 확보를 위하여 상품을 세분화하고 미디어를 개인화하는 단계로까지 넘어갔다. 이처럼 전통적인 공동체가 점차 약화되는 과정은 미디어의 발전과 맞물리면서 전개되었다. 이 책은 커뮤니케이션 미디어의 발전이 공동체의 약화와 어떻게 맞물리며 전개되었는지를 규명해 보려는 시도다.

이와 같은 문제의식은 내 어린 시절부터 최근까지의 경험과도 연관된다. 서울의 변두리 서민 동네에서 어린 시절을 보낸 나는 골목에서 친구들과 어울려 각종 놀이를 즐기며 그 시절을 보냈다. 1960년대 후반, 우리 동네에서 살림이 비교적 나은 편이었던 한 집에 어느 날 TV라는 신기한 물건이 들어 왔다. 그날부터는 거의 매일 저녁 시간에 TV를 보러 이웃집에 가는 게 일상이었다. 그 집에는 내 또래의 꼬마들뿐만 아니라 동네의 아줌마, 아저씨 대부분이 모여 안방과 마루, 때로는 마당까지 가득 채우고 저녁 시간을 TV와 함께 웃고 울며 즐겼다. 1969년 달나라에 아폴로 우주선이 착륙하고 인간이 달 표면에 첫발을 내디디던 그 역사적 순간을 (맥락도 제대로 모르면서) 어린 나이에도 숨죽이며 TV 화면에 빠져들어 신비감에 휩싸이던 기억이 생생하다.

1970년대 초반 우리 집에도 TV가 들어오게 되었고 더이상 저녁 시간에 그 이웃집으로 갈 일이 없어졌다. 동네 대부분의 다른 집도 마찬가지였다. 이제는 저녁 시간이나 주말이면 집안의 TV 앞에 온 가족이 모여 채널 다툼을 벌여 가며 함께 즐겼다. 1980년대 초반에는 컬러 TV가 안방을 차지하면서 흑백 TV는 건넌방으로 옮겨 갔다. 그때부터는 컬러 TV를 보러 안방에 가기보다는 그냥 흑백이지만 건넌방에서 보는 게 더 편하게 느껴졌다.

이러한 TV라는 대표적인 미디어를 통해 어린 시절부터 이어진 미디어 이용 경험은 우리 사회의 자본주의 발전과 커뮤니케이션 미디어의 발전이 중요하게 맞물린다는 생각을 하게 되었다. 이 이야기는 한국 언론사 강의에서 내가 반드시 언급하는 레퍼토리가 되었다. 한국 언론사의 중요한 측면이라고 생각은 하고 있었지만 이를 학술적 성과로 옮기지는 못하고 있었다.

그러던 중 허윤철 박사의 학위 논문에서 그동안 내가 고민한 문제의식과의 연결 고리를 발견하게 되었고 같이 연구해 보자고 제안하였다. 허 박사도 흔쾌히 동의하면서 이 작업이 시작되었다. 다행히 2017년 한국연구재단의 일반공동연구 지원에 선정되면서 연구비도 확보하여 안정된 기반에서 연구할 수 있었다.

이 책은 연구재단 프로젝트의 결과물로 각종 학술지에 발표된 논문 5편을 토대로 한다. 하지만 이 논문들을 단순히 논문집 형태로 묶지 않았다. 하나의 책으로써 요건을 갖추기 위하여 이 책의 1장부터 3장까지와 8장을 새로 썼다. 기존의 학술지 발표 논문들은 이 책의 4장부터 7장까지에 해당하는데, 책의 구성에 맞추고 중복을 피하는 방향으로 대폭 수정 및 보완하였다.

또한 미디어를 통한 공동체의 형성과 발전 또는 소멸과 약화, 그리고 그 안에서의 소통의 문제는 현대인 대부분이 공감할 수 있는 문제라고 보아 대학의 커뮤니케이션 관련 전공 및 교양 강좌를 개설하는 것도 매우 중요하다고 생각하였다. 이에 따라 이 주제로 한 학기 강의용 교재로서의 요건도 고려하여 구성하고 서술 역시 학술 논문식의 딱딱한 표현을 지양하여 되도록 쉽게 전달될 수 있도록 노력하였다.

21세기의 인류가 직면한 근원적 문제를 파헤친다고 거창한 목적으로 시작했지만 막상 책으로 출판하려니 당초 목적에는 여러 면에서 미흡한 것 같아 두려움이 앞선다. 하지만 인류의 공동체와 소통의 문제가 한 권의 책으로 해결되기를 기대하기는 어려울 것이다. 그저 이 책이 우리 사회에 문제의식을 던져 주고 그 해결책을 찾아 나가기 위한 자그마한 단초가 되길 기대하는 마음뿐이다.

이 책은 여러 사람들의 도움 속에서 가능했다. 이 프로젝트를 준비하기 시작하여 책을 마무리하기까지 4년여를 함께 애쓰며 여러 궂은일도 마다하지 않고 처리해 준 제자 허윤철 박사와 강승화 선생에게도 심심한 사의를 표한다. 어려운 현실에도 흔쾌하게 출판을 맡아준 컬처룩의 이리라 사장과 열과 성을 다해 책을 편집해 준 이여진 편집장께도 깊은 감사의 말씀을 드린다. 여러 가지로 미흡하지만 이 책이 한국 사회 나아가서 인류가 직면한 공동체의 문제를 이해하는 데 조금이나마 도움이 되길 바라는 마음이다.

저자를 대표하여

채백

1장

첨단 시대에도 왜 소통이 문제인가

"우리의 소원은 소통"

2008년 6월 촛불 집회에서 등장했던 구호다(강준만, 2011: 65). 당시의 정치적 상황, 즉 국민의 여론을 무시하고 미국산 소고기를 수입하려는 정부의 정책이 이런 구호가 등장하게 된 직접적 배경이었지만 이는 비단 정치적인 문제만은 아니었다. 현대인이라면 누구나 일상 속에서 예전에 비해 오히려 소통이 점차 어려워지고 있음을 느낄 것이다. 따라서 이 구호가 많은 이들의 공감을 어렵지 않게 얻었기에 집회의 구호로 사용되었을 것이다. 그만큼 현대인은 소통에 목마르다.

사람들과의 소통이 잘 이루어지지 않는 현대인에게 외로움은 마치 숙명인 것처럼 보인다. 현대인은 기계와의 소통에 점점 더 빠져들고 있다. 지하철이나 버스 안에서, 앉으나 서나 대부분 고개를 숙이고 스마트폰에 빠져 있다. 심지어 걸어가면서도 스마트폰을 들여다보는 모습은 이제 매우 익숙한 풍경이 되었다. 기계를 통해 세상과 소통하는 것처럼 보이지만 이는 현대인이 느끼는 근원적 소통 갈증에 전혀 도움이 되지 않는다. 테크놀로지에 빠져들수록 현대인이 느끼는 외로움은 더욱 깊어만 간다. 각급 선거에서 후보자들은 거의 대부분 소통을 슬로건으로 내세우며 당선되면 소통은 확실하게 책임지겠다고 공언한다. 이는 소통 문제가 그만큼 많은 이들에게 어필할 수 있는 소재이기 때문일 것이다.

각종 테크놀로지의 발달로 인간의 커뮤니케이션 능력은 과거에는 상상도 하기 어려웠던 수준에까지 이른다. 현대인은 언제 어디서라도 원하는 상대와 커뮤니케이션할 수 있는 기술적 조건을 갖추고 있다. 그럼에도 불구하고 실제로는 소통이 잘되지 않으니 이는 현대의 가장 큰 역설이며 인류의 새로운 과제라 할 수 있다.

이 책은 이러한 문제의식에서 출발하였다. 테크놀로지의 발전으로 소통의 기술적 차원은 완벽을 향해 치닫지만 사람들은 왜 점차 소통에 목마르게 되었나? 이 문제에 대해 답을 찾아보려는 것이 이 책의 기본적인 목적이다. 여기서는 테크놀로지가 한편으로는 인간 생활의 편의성을 높여 주면서도 다른 한편으로는 인간들의 삶에 파고들면서 사람들 사이의 관계를 대체하는 요인이 되었다는 점에 주목하고자 한다. 테크놀로지가 인간들의 관계를 소원케 하는 중요한 요인의 하나임을 규명해 보려고 한다.

이 책은 바로 이러한 측면에 초점을 맞추고자 한다. 미디어가 발전하고 그 보급이 점차 확대되어 가면서 공동체는 점차 약화되고, 소통은 점차 어려워지는 장기적 양상을 체계적, 구체적으로 규명해 볼 것이다. 한국 사회에서 산업화와 함께 텔레비전과 전화 등의 보급이 점차 확대되면서 나타나는 여러 가지 사회 변화를 장기간에 걸친 사회 지표들 및 당시의 신문이나 잡지 등의 기사 분석을 통해 공동체의 약화 현상을 역사적으로 정리, 분석해 보려는 것이다. 또한 다양한 사람들을 대상으로 심층 인터뷰하여 미디어의 도입과 확산이 그들의 일상에 미친 영향을 파악해 보려고 한다. 이와 같은 작업을 통해 현대인이 직면한 소통의 위기를 진단함으로써 해결 방안을 조심스레 모색해 보려는 것이 이 책의 주된 목적이다.

1. 커뮤니케이션 테크놀로지와 인간의 삶

1) 일상생활과 커뮤니케이션 테크놀로지

'일상日常'이란 사전적으로는 "날마다 반복되는 생활"을 뜻한다. 공적 생활의 반대 축으로서 평범하고mundane 사적인 삶personal life을 의미하기도 한다(김은미, 2018: 42). 미디어 연구에서는 일상이라는 용어가 크게 두 가지 용법으로 많이 사용된다. 첫째는 '언제 어디서나 누구나'라는 의미다. 하나의 미디어가 소수의 특수한 집단만 사용하는 것이 아니라 누구라도 필요할 때 어렵지 않게 사용할 수 있게 되면 그 미디어는 일상적 미디어의 지위를 가지게 된다. 둘째는 '별거 아닌 일'이라는 의미다. 우리가 어제 한 일을 돌아보면서 텔레비전을 보거나 휴대 전화를 사용한 일을 떠올리지 않는 것은 텔레비전이나 휴대 전화가 일상적 미디어이기 때문이다.

물론 이 두 가지 용법은 서로 밀접하게 연관되어 있다. 어떤 미디어가 일상적 미디어가 되면 그 미디어를 이용하는 일은 특별한 의도를 담지 않은 일상적인 '습관'이나 '의례'가 된다. 하루 종일 텔레비전을 시청하거나 스마트폰을 사용한 날을 '별일 없었던 날' 혹은

'아무 일도 하지 않은 날'이라고 말할 수 있다. 이제는 그러한 미디어를 이용하는 일이 특별한 의미를 부여할 필요가 없는 대수롭지 않은 일, 즉 일상 범주에 있다. 이렇듯 미디어 연구에서 일상에 관한 연구는 미디어 이용자들이 특별한 의도를 담고 있지 않거나 '별거 아닌 것'으로 간주하는 행동을 대상으로 한다.

'일상'은 흔한 것 혹은 사소한 것으로 보이는 특성으로 인해 그간 사회과학 연구에서 다소 주변적인 대우를 받아 왔다. 정치나 경제적 차원의 거시적이고 굵직한 사회 변화에 비해 일상 변화는 상대적으로 주변 영역으로 취급하거나 심지어 진지하게 탐구할 만한 영역인지 의문을 품은 경우도 있었다. 매스 미디어 시대의 커뮤니케이션 현상을 연구하는 학자들도 미디어가 사람들의 평범하고 사적인 삶을 어떻게 바꾸어 놓는지보다는 미디어를 공적 영역의 주인공으로 두고 여론이나 프로파간다 등을 키워드로 거시적 효과를 설명하는 데 치중하였다. 지금도 심각한 토론은 중요하지만 일상에 관한 대화는 덜 중요하다거나, 뉴스는 사회적 의미가 크지만 연예나 오락 프로그램은 사회적 의미가 적다는 식의 차별적 인식이 있는 것도 사실이다(김은미, 2018: 42).

하지만 우리 삶에서 가족과 소중한 추억을 쌓고, 고민을 털어놓을 수 있는 친구를 사귀고, 사랑하는 사람을 만나고 또 헤어지며, 일터에서 동료애를 다지는 이 중요한 일들의 대부분은 우리의 일상에서 이루어진다. 일상은 우리가 매일 통과하는 눈에 잘 띄지 않는 평범한 경험들로 채워지지만 사회적 삶을 구성하는 토대이기도 하다. 또한 우리 일상은 사회가 틀 지은 구조의 영향을 받지만 한편으로는 일상생활의 공통적이고 반복되는 패턴들이 모여 사회적 현상을 구성하고 거시적인 사회 변화로 이어지는 특성이 있다. 우리의 일상은 사회의 거시적이고 구조적인 측면과 대립을 이루는 것이 아니라 변화의 근저를 이루면서 상호 영향을 주고받는 순환적 관계에 있는 것이다.

이러한 일상에서 미디어는 핵심적인 역할을 하는 요소가 되고 있으며 그 비중은 갈수록 커지고 있다. 특히 휴대 전화의 등장 이후 스마트폰으로 이어지는 모바일 미디어의 급격한 발전과 함께 사람들의 일상은 미디어와 더욱 밀접하게 연결되고 있다. 오늘날 대부분의 사람들은 미디어를 통해 얼굴도 모르는 멀리 있는 타인과 상호작용을 하고, 가까운 이들과 관계를 유지하며, 사회 속 자아에 대한 감각을 형성한다. 더욱이 그러한 실천은 미디어를 매개로 일일이 기록되고 축적된다. 미디어는 거시적인 사회 구조와 인간의 행위가 만나는 지점일 뿐만 아니라 인간의 다양한 실천이 이루어지는 장소다. 그러므로 연구 대상으로서의 미디어와 일상은 늘 일어나는 소소하고 사소한 일에 관한 것이면서 거시적이고 역사적인 변화를 촉발하거나 구성하는 동인에 관한 것이기도 하다. 또한 일상에 관한 연구는 곧 테크놀로지와 인간 그리고 사회적 힘들이 교차하는 장에 관한 연구인 것이다.

2) 커뮤니케이션 테크놀로지는 사회를 어떻게 변화시켜 왔는가

커뮤니케이션 테크놀로지가 사회에 미친 영향은 구체적으로 다 언급하는 것이 불가능할 정도로 광범위하다. 역사적으로 커뮤니케이션 테크놀로지의 발전과 그로 인한 새로운 미디어 양식의 등장은 정치와 경제, 그리고 문화에 수많은 변화를 가져왔다. 인류가 겪은 다양한 정치, 경제, 사회, 문화적 구조 변동에는 항상 커뮤니케이션의 문제가 개입하고 있었다고 해도 과언이 아니다.

1450년경 금 세공업자 요하네스 구텐베르크Johannes Gutenberg는 포도주 압착기를 응용해 인쇄기를 발명했다. 이때까지 책은 소수 특권층의 전유물이었다. 인쇄 기술이 등장하기 전에도 책 형태로 필사된 문자 기록은 있었으나 이는 어디까지나 라틴어를 읽고 쓸 수 있었던 교회와 소수 귀족층만이 향유할 수 있었다. 인쇄술은 이러한 질서를 깨는 결정적 계기가 되었다. 먼저 각 지역 언어로 성경이 대량 출판되고 중세 교회의 독점적 권위가 약화되면서 종교 개혁으로 이어졌다. 또한 대량으로 인쇄된 책과 그 속에 담긴 지식이 함께 풀려나가면서 동일한 텍스트에 담긴 객관적 지식을 바탕으로 하는 근대적 과학과 그 세계관이 발전하기 시작하였다(Eisenstein, 2005/2008).

그런가 하면 인쇄 미디어는 서로 알 수 없는 사람들로 이루어진 대규모 집단이 민족 국가라는 밀착된 통일감 아래 뭉칠 수 있는 계기를 제공하였다. 중세까지만 해도 지금의 이탈리아 지역은 서로 떨어진 지역 간에 말이 통하지 않는 곳이 많을 정도로 언어가 크게 달랐다고 한다. 이탈리아 지역이 통일된 언어를 사용하게 된 것은 단테Dante가 토스카나 지방의 언어로 쓴 《신곡*La Divina Commedia*》이 인쇄되어 나와서 인쇄 언어의 표준으로 정착하게 되면서부터다(김주환, 2008, 132). 이러한 상황은 이탈리아뿐만 아니라 프랑스와 독일을 비롯한 다른 유럽 지역도 마찬가지로서 인쇄 미디어의 발전과 함께 통일된 언어가 정착하게 되었다. 이를 통해 각 지역은 단일한 언어를 쓰는 보다 넓은 공동체를 형성하였고 이를 기반으로 차츰 민족 국가 의식을 형성해 나가게 된다. 인쇄 미디어의 발전 과정에서 각 지역이 언어를 통일해 나가면서 유럽 사회에는 민족 국가라는 개념이 서서히 자리 잡게 된 것이다(Anderson, 1991/2002).

나아가 인쇄 미디어의 발전으로 불특정 다수인이 동일한 텍스트를 접하고 토론할 수 있게 됨으로써 여론을 형성하고 더 큰 의미에서는 민주주의를 작동시키는 것이 가능해졌다. 독일의 사회학자 위르겐 하버마스Jürgen Habermas(1962/2001)는 18세기 유럽의 경제적 신흥 지배 계급이었던 부르주아들이 신문이나 팸플릿 등을 통해 전달되는 공적인 이슈를 접하고 자유롭게 토론을 벌였던 공론장Öffentlichkeit을 근대적 민주주의의 출발점으로 평가한다. 인쇄 미디어가 등장함으로써 공적 사안에 대한 보편적 정보 공유와 토론이 가능해졌고, 평범한 사람들도 공적 이슈에 대한 집합적인 의견, 즉 여론public opinion을 형성할 수 있게 된 것이다.

이후 19세기 말부터 발전하기 시작한 전자 미디어는 산업 혁명 이후의 사회 변화와 맞물리면서 본격적인 대중 사회의 시작을 알리는 신호탄이 되었다. 인쇄 미디어가 동일한 텍스트를 읽고 공통의 이해를 형성하는 집단을 낳았다면 전자 미디어는 소리와 영상으로 사회의 거의 모든 구성원에게 즉각적으로 파고들었다. 이른바 공중에서 대중으로의 전환transformation of public into mass이 일어난 것이다(Mills, 1956/2013).

전자 미디어를 소비하는 대중의 등장은 대량 생산과 대량 소비에 기반을 둔 본격적인 소비자본주의의 출발점이 되었다. 물론 신문 미디어에서부터 광고주와 수용자를 시장으로 하는 미디어 산업의 팽창이 시작되긴 했다. 하지만 전자 미디어가 제한 없이 거의 모든 대중에게 침투하게 됨으로써 전국 규모를 넘어 세계 시장을 대상으로 하는 미디어 산업과 광고 시장이 열리게 된 것이다.

전자 미디어는 공간과 시간에 대해 새로운 감각을 불러왔을 뿐만 아니라 나아가 사회적 시간과 공간을 재배치하는 역할도 하게 된다. 전자 미디어가 등장하기 전까지 교통은 사실상 원거리 커뮤니케이션의 뜻도 함께 지녔다. 멀리 있는 누군가에게 메시지를 보내기 위해서는 교통 수단을 통해 사람messenger이 직접 전달하는 방법밖에 없었기 때문이다. 하지만 전자 미디어의 등장 이후 교통과 커뮤니케이션의 개념은 완전히 분리된다. 개념적으로 물리적 이동과 정보 이동이 분리되고 사람이 움직이지 않고 메시지를 체계적으로 보내는 원거리 커뮤니케이션의 개념이 자리 잡게 된다.

더 나아가 각 가정으로 보급되기 시작한 라디오와 텔레비전은 가족 구성원의 매일 매일의 삶에 통합되어 차츰 가족 시간을 점령해 가면서 가정의 사회적 의미를 바꾸어 놓는다. 이들 전자 미디어는 도시화의 전개로 익명화된 사회에서 생활의 중심을 가정으로 옮겨 놓았다. 뿐만 아니라 공적 영역에서 일어난 사건을 각 가정으로 직접 배달하는 역할도 맡았다. 이를 통해 가정은 사적 영역과 공적 영역이 뒤섞이는 공간으로 재탄생한다(Williams, 1974).

또한 방송사가 다양한 프로그램을 주 단위로 정렬하여 순환시키는 규칙적 편성을 정착시키면서 전국을 하나의 단일 시간 생활권으로 묶고 평범한 사람들의 일상적 삶의 리듬에 개입하게 되었다. 인쇄 미디어에서 시작된 언어의 표준화 역시 라디오와 텔레비전을 거치면서 더욱 강화되었다(吉見俊哉, 2004/2006).

물론 미디어의 사회적 영향에 대해서는 항상 의문과 반론이 제기되어 왔다. 예컨대 10년 전 경제학자 장하준(Chang, 2010/2010: 57~64)은 "인터넷보다 세탁기가 세상을 더 많이 바꿨다"는 주장을 펴 많은 갑론을박이 이어졌다. 그에 따르면, 세탁기는 가사 노동 시간을 엄청나게 단축시켜 주었고, 이후 다양한 가전제품들이 등장하면서 많은 여성이 노동 시장에 참여할 수 있게 된 데 반해 인터넷이 사회 변화에 미친 영향은 상대적으로 미미하다는 것이었다.

하지만 이러한 주장은 인터넷이 다양한 분야를 아우르며 사회를 크게 변화시켜 나가는 현 상황에서 볼 때 다소 성급했던 평가로 보인다. 경제 차원에서 보더라도 미디어는 경제 체제가 작동하는 방식을 질적으로 완전히 바꾸어 놓았다. 예컨대 오늘날과 같은 전자 미디어 시대가 열리지 않았더라면 가상의 시장을 통한 동시적 거래를 전제로 하는 증시와 같은 현대적 금융 개념은 사실상 불가능했을 것이다. 현대인이 대부분 가지고 다니는 신용카드 역시 플라스틱 조각일 뿐이지만 돈의 역할을 대체할 수 있는 것은 실시간으로 데이터 전송과 기록이 가능한 컴퓨터 서버 덕분이다. 이제 거래는 실물도 돈도 아닌 서버 간 통신 기록에 대부분 의존한다.

더욱 강조해야 할 부분은 미디어는 지표로 잘 파악되지 않는 사람들 간의 소통과 관계, 그리고 사회적 기록과 기억에 깊이 관여하고 있다는 점이다. 이러한 요소들은 우리와 우리가 속한 사회의 정체성과 밀접히 맞닿아 있는 것들이다. 미디어는 사람들 사이의 연결 방식을 바꾸어 놓음으로써 자신 및 공동체에 대한 감각, 나아가 정체성을 변화시킨다. 인터넷과 소셜 미디어의 출현은 우리 사회 의사소통의 구조적 조건을 다시 한 번 근본적으로 바꾸어 놓고 있다. 역사를 바꾼 획기적인 발명품 중 하나로 칭송받는 구텐베르크의 인쇄기가 한 사람의 생각을 수많은 이들에게 한꺼번에 전달할 수 있는 '일 대 다one-to-many'의 의사소통 혁명을 가져왔다면 인터넷과 소셜 미디어는 '다 대 다many-to-many'의 연결과 의사소통 혁명을 가능하게 한다. 오늘날 정치, 경제, 사회, 문화를 관통하는 변화는 이러한 의사소통 조건의 변화가 맞물려 있다.

물론 이 책에서는 미디어를 사회 변화의 독립된 유일한 변수로 간주하지는 않는다. 미디어의 도입과 작동은 사회가 허용하는 범위와 문화적 틀 안에서 이루어지는 경향이 있으며 당대의 제도나 관습과도 복잡다단하게 상호 작용하는 경향이 있기 때문이다(Winston, 1998). 따라서 이 책의 관심은 테크놀로지인 미디어와 이용자인 사람들의 구체적 상호 작용에 맞추어질 것이다. 미디어는 인간을 둘러싼 기술 체계 중 일상생활과 가장 맞닿아 있다는 점에서 특히 일상에서의 상호 작용에 분석의 초점을 맞출 필요가 있다.

다시 말해 이 책의 의도는 특정한 미디어의 도입이 일련의 사회, 경제, 문화적 변화를 직접 가져왔다는 것을 논증하는 데 있는 것이 아니다. 미디어의 도입이 우리 일상생활에 구체적으로 어떠한 영향을 미쳤는지를 역사적으로 고찰해 봄으로써 우리를 둘러싼 미디어 체계가 인간관계와 공동체의 모습에 어떤 작용을 하는지 이해해 보려는 것이다. 나아가 그러한 작업을 통해 현대인이 직면한 소통의 문제를 해결하기 위한 혜안을 함께 모색해 본다.

3) 커뮤니케이션 테크놀로지의 명과 암

"우리는 커뮤니케이션하지 않을 수 없다We cannot NOT communicate"는 말은 인간이 생물학적 생존을 유지하기 위해 식량이 필요한 것처럼 사회적 생존을 유지하기 위해서는 어떤 형태로든 커뮤니케이션 행위에 참여해야 한다는 것을 의미한다. 오늘날 이 말은 우리가 사회관계를 형성하고 유지하기 위해서 미디어를 이용하지 않을 수 없다는 말로도 읽힌다. 2020년 넷플릭스를 통해 공개되어 전 세계적으로 큰 인기를 끌었던 좀비 영화 〈#살아있다〉(2020, 조일형)는 여타 좀비물과는 조금 다른 특징이 있다. 보통의 좀비 영화가 좀비와의 치열한 사투에 초점을 맞춘다면 이 영화는 좀비에 가로막힌 상황에서 아파트에 고립된 개인이 느끼는 막막함과 외로움을 묘사하는 데 집중한다. 이 영화에서 주인공의 절망적 상황을 보여 주는 대표적 두 가지는 바닥나는 식량과 복구될 기미가 보이지 않는 통신이다. 영화는 생물학적 생존과 사회적 생존이 모두 위협받는 상황에서 주인공이 살아남기 위해 고군분투하는 모습을 그린다.

〈#살아있다〉가 전 세계적으로 큰 공감을 얻은 것은 코로나19 팬데믹 상황과 관련이 있기도 하지만 오늘날 전 세계인이 느끼는 고립감과 외로움을 잘 대변하기 때문이기도 하다. 주인공은 집 안에 틀어박혀 개인 방송을 하며, 미디어를 통해 누군가를 만나고, 농담을 주고받으며, 정보를 교환하고, 사회관계를 유지해 나가는 사람이다. 그렇기에 고갈되어 가는 식량만큼이나 희미해져 가는 통신망과 줄어드는 배터리에 신경을 쓴다. 영화의 주인공 정도는 아니더라도 많은 현대인에게 미디어의 단절은 일상의 고립을 의미하기도 한다. 특히 개인용 모바일 기기 사용이 보편화되면서 사람들은 끊임없이 미디어를 넘나들면서 일상을 영위하고 이제는 미디어의 영향력이 닿지 않는 경험을 추려 내기가 더 어려울 정도로 미디어는 우리 삶에 깊게 자리 잡고 있다.

이렇듯 인간관계와 사교의 무대가 차츰 미디어로 옮겨 가면서 미디어가 지닌 구조가 우리 삶에 미치는 영향은 깊고 넓을 수밖에 없다. 이러한 변화의 긍정적인 측면은 우선 시간과 공간에 구애받지 않는 자유로운 대화가 용이하고 소통의 비용이 감소된다는 점이다. 멀리 해외에 있는 가족이나 친구와 큰 비용 없이 밤새도록 얼굴을 보며 통화를 할 수 있게 된 것은 최근 모바일 인터넷 환경의 비약적 발전 덕분이다. 또한 다양한 정보에 대한 접근성이 높아지고 조금 더 수평적이고 평등한 소통이 가능해지는 측면도 있다. 예컨대 K팝이 전 세계적으로 초국적 팬덤을 형성할 수 있게 된 것은 온라인에서 "얇은 관계가 넓게 형성"되는 특징이 있기 때문이라는 분석도 있다(손승혜, 2013). 매스 미디어 시대가 다수적인 것과 주류적인 것이 주도하던 시대였다면 디지털 미디어 환경은 조금 더 다양성과 이질성에 바탕을 두고 다중심적이고 다방향적으로 전개되는 특징이 있다.

그러나 긍정적인 측면이 있는 만큼 그림자도 짙다. 대표적인 것이 대량의 허위 조작 정보와 혐오 표현들이 마구잡이로 퍼져 나가면서 공동체에 큰 위협이 된다는 점이다. 2016년 영국의 유럽연합 탈퇴Brexit 국민 투표와 미국의 대통령 선거를 거치면서 '탈진실post-truth'과 '가짜 뉴스fake news'라는 용어가 전 세계적으로 크게 유행하기 시작해, 세계적 권위를 지닌 사전들도 이들 단어를 앞다투어 '올해의 단어'에 올렸다. 역대 최대 규모로 치러진 2019년 인도 총선에서도 허위 정보와 혐오 메시지의 확산이 큰 문제가 되었다. 페이스북이 별도의 상황실을 설치하고 가짜 계정들을 폐쇄하고 악성 글들을 삭제하는 등 적극적으로 대처했지만 상황을 개선시키기에는 역부족이었으며 선거 기간 내내 온라인 공간을 중심으로 무슬림에 대한 혐오와 차별이 지속되었다(하재식, 2019). 최근에는 코로나19의 대유행과 함께 인류 역사상 유례없는 팬데믹과 정보의 혼돈 상황이 동시에 진행된다는 의미에서 인포데믹infodemic이라는 용어의 사용이 크게 증가하였다.

온라인 환경의 심화와 함께 집단 간의 대립도 더욱 극단화되는 양상을 보인다. 2005년 MIT의 에릭 브리뇰프슨Erik Brynjolfsson과 보스턴대학의 마셜 판 앨스타인Maschall van Alstyne이 "지구촌인가 사이버발칸인가?Global village or cyber-balkans?"라는 논문을 발표

발칸반도와 발칸화

발칸balkan은 터키어로 '산'을 뜻하며 발칸반도Balkans라는 이름은 불가리아와 세르비아에 걸친 발칸산맥에서 유래하였다. 유럽의 남동부에 위치한 이 반도에는 그리스, 루마니아, 불가리아, 알바니아, 터키, 그리고 구 유고 연방에 속했던 나라들이 자리하며, 1차 세계 대전 이래 '유럽의 화약고'로 불릴 만큼 크고 작은 분쟁이 지속되어 왔다. 특히 유고슬라비아가 분열하면서 발칸화balkanization는 극심한 분열의 대명사처럼 널리 사용된다(강준만, 2015: 333). 판 앨스타인과 브리뇰프슨(van Alstyne & Brynjolfsson, 2005)의 논문 이후 사이버발칸화라는 표현이 인터넷 영역에서도 널리 쓰이고 있다. 하지만 이 용어는 특정 지역에 대한 부정적 인식을 강화시킬 수도 있다.

한 이후 인터넷상에서 집단 간의 극심한 분열을 가리키는 비유로 사이버발칸화cyber-balkanization라는 용어가 널리 사용된다(van Alstyne & Brynjolfsson, 2005). 실제로도 미국의 여론 조사 기관 퓨리서치센터Pew Research Center(2014)가 1994년, 2004년, 2014년에 10년 간격으로 동일한 질문을 사용해 설문 조사한 결과를 보면 공화당 지지자들과 민주당 지지자들의 사회를 바라보는 시각과 의견의 차이는 갈수록 커지는 것으로 나타난다.

더욱이 기계 학습machine learning의 발전은 미디어 이용자를 더욱 엄격한 군집으로 분리하고 중간 지대를 없애는 역할을 하고 있다. 미디어 이용자들이 알고리즘이 갈라놓은 울타리 안에 갇혀 한쪽 세상만을 바라보게 되는 현상을 지칭하는 '격실 효과filter bubble,'

동질적인 의견을 가진 집단 속에서 자신의 기존 의견만 강화시키고 증폭시키는 현상을 지칭하는 '반향실 효과echo chamber' 등이 이러한 우려를 반영하며 등장한 용어다(Pariser, 2011/2011). 미디어 이용자들의 심리적 편향과 기계적 알고리즘의 효과가 합쳐진 결과 인터넷상에는 '네트워크 신부족 사회'라 불릴 만한 새로운 대립들이 만들어지고 있다.

2. 미디어가 사회관계를 조정한다

1) 미디어의 힘은 어디에서 오는가

미디어가 인간관계와 사회를 장기적 측면에서 어떻게 변형시키는지에 관한 학문적 논의는 1960년대 이후 크게 두 가지 차원에서 활발하게 진행되어 왔다. 1960년대는 미국 사회에 텔레비전이 본격적으로 보급된 시기로 뉴 미디어인 텔레비전의 사회적 영향력에 관한 사회적 관심이 높아지던 시기였다. 이 시기에 나타난 첫 번째 흐름은 텔레비전이 실어 나르는 콘텐츠, 즉 '내용'이 사회를 어떻게 변화시키는가에 관한 것이었다. 이러한 경향의 대표 사례는 배양 효과 이론cultivation theory으로, 'TV 속 현실 재현'이 시청자들의 '실제 현실에 대한 인식'을 배양한다는 가설을 체계적으로 검증하는 데 집중하였다(Gerbner, 1969). 그러한 분석을 통해 텔레비전을 많이 시청할수록 TV 속 재현과 비슷한 편향된 현실 감각을 가지게 된다는 것을 확인하였다. 특히 텔레비전을 평균보다 많이 보는 중시청자들heavy viewers은 자신이 속한 공동체를 실제보다 훨씬 비열하고 위험한 곳으로 인식한다는 점을 밝히며 이를 "비열한 세상 증후군mean world syndrome"이라 불렀다(Gerbner et al., 1980).

전자 미디어가 사회에 미치는 장기적인 영향력을 탐구한 두 번째 흐름은 미디어가 실어 나르는 내용보다는 미디어가 지닌 형식을 강조하는 접근이었다. 내용 편향적인 미디어 연구에 가장 강력한 문제의식을 지녔던 학자로는 캐나다의 미디어 이론가 마셜 매클루언Marshall McLuhan을 들 수 있다. "미디어가 메시지다The medium is the message"라는 유명한 그의 주장은 '미디어와 메시지는 같다(미디어=메시지)'는 뜻이라기보다는 미디어의 형식이 메시지에 우선한다는 의미로 볼 수 있다. 미디어의 영향력은 전달되는 내용에서 오는 것보다 그 자체의 형식에서 오는 것이 훨씬 크다는 점을 강조한 것이다. 그는 우리가 주목해야 할 것은 공장에서 생산되는 물건이 아침에 먹는 콘플레이크cornflake인지 최고급 승용차 캐딜락Cadillac인지가 아니라 공장이라는 생산 방식 그 자체라고 비유적으로 설명한다(McLuhan, 1964/2011).

매클루언의 주장을 파악하기 위해서는 그가 미디어를 외부에 별도로 존재하는 독립적 사물로 보는 것이 아니라 인간의 몸과 연결된 감각 기관의 연장이라고 본다는 점을 이해해야 한다. 그의 설명에 따르면 의복은 피부의 연장, 바퀴는 발의 연장, 책은 눈의 연장, 전기는 중추 신경의 연장이다. 그는 우리의 인식은 대상과 직접 만나는 것이 아니라 미디어를 통해 접촉하는 것이기 때문에 미디어는 인간의 감각 기능을 특정한 방향으로 적응시키거나 퇴화시킨다는 점을 강조하며 미디어를 "인간 신체에 가해지는 대대적 수술"이라고까지 정의한다. 예컨대 구어만 사용했던 사람들은 저자가 없거나 여럿인 중세의 이야기처럼 모자이크적으로 산만하면서도 입체적으로 사고하는 데 반해 쓰기를 몸에 익힌 인간은 마치 쓰는 것과 유사하게 선형적으로 사고한다는 것이다(McLuhan, 1962/2001).

이러한 논리의 연장에서 매클루언은 미디어를 사회라는 신체에 가해지는 대대적 수술이라고 본다. 그는 인쇄 미디어의 등장이 세계를 바깥 방향으로 팽창시켰다고 묘사하며 이를 "외파explosion"라 부른다. 전자 미디어의 등장은 바깥 방향으로 팽창해 가던 인류를 다시 안으로 불러들이는 역할을 하게 된다. 그는 이를 외파와 대조시켜 "내파implosion"라 명명한다. 지구촌global village이라는 다소 모순어법에 가까운 용어는 이렇게 미디어의 발전에 따라 팽창해 가던 인류가 다시 하나로 묶이며 재부족화retribalization된 세계를 은유한다(McLuhan & Powers, 1989/2005). 부족 공동체가 서로 비슷한 감정을 공유하였던 것처럼 오늘날 촘촘히 연결된 인류는 실시간의 감정을 공유하며 일시에 들썩이기도 하고 잠잠해지기도 한다. 전 지구적 커뮤니케이션의 속도가 마치 부족이나 작은 마을의 커뮤니케이션 속도에 근접해 가는 것이다.

하지만 매클루언이 처음 사용한 '지구촌'이라는 은유는 달에서 전송한 지구의 둥근 모습을 전 세계인이 텔레비전으로 함께 볼 수 있게 된 시대를 은유한 것이지, 오늘날의 인터넷 시대를 직접적으로 은유한 것이라고 보기는 어렵다. 앞서 설명하였듯 오늘날 인터넷의 발전이 가져온 세계를 '지구촌'이 아니라 분열과 고립이 심화된 '발칸화'로 보는 시각도 있다(van Alstyne & Brynjolfsson, 2005).

매클루언의 주장은 경험적 검증의 어려움과 특유의 난해함으로 인해 많은 논란을 낳았다. 하지만 내용 중심의 미디어 연구의 한계와 문제점을 심층적으로 드러내고 새로운 접근이 필요하다는 점을 환기시켰다는 점에서 큰 의의를 지닌다. 또한 내용을 중심으로 한 대표적 접근인 배양 효과 이론은 압도적인 미디어가 구축하는 '단일한 현실'에 대한 '평균적인 공동의 체험'을 전제로 한다는 점에서 오늘날 인터넷 미디어 환경에 적용하는 데는 한계가 있다는 지적도 있다(허윤철, 2017). 시시각각 변화하는 내용과 달리 형식은 비교적 일관되고 안정적인 것이어서 미디어의 장기적 영향력을 탐구해 온 학자들이 더욱 중요하게 간주한 접근이기도 하다.

2) 미디어는 사회적 환경이자 무대다

미디어 형식의 영향력에 관한 탐구는 내용에 관한 연구보다 학문 제도 내부에 늦게 자리 잡은 것으로 볼 수 있다. 주로 마셜 매클루언과 그의 학문적 스승이자 동료였던 해럴드 이니스Harold Innis의 영향을 받아 구술 미디어, 인쇄 미디어, 전자 미디어로 이어지는 커뮤니케이션 형식의 변화가 사람들의 의식, 행동, 사상, 문화, 관습, 제도 등에 미친 근본적이고 장기적인 변화에 주목했던 일련의 흐름을 '미디어 생태학media ecology'이라 부른다(이동후, 2013). 커뮤니케이션학자 조슈아 메이로위츠Joshua Meyrowitz는 이러한 이론적 입장을 이어받아 텔레비전이 하나의 '사회적 환경'으로서 사회의 변화에 미치는 영향력을 독창적인 이론적 틀 속에서 설명한다.

메이로위츠는 1971년 뉴욕대학교에 처음으로 미디어 생태학 프로그램이 만들어졌을 때 학생이었다. 당시 그는 매클루언이 미디어 테크놀로지의 형식이 인간 행동을 어떤 식으로 바꾸어 놓는지를 설명하는 데는 성공했지만 어떤 메커니즘을 통해 그러한 행동을 유도하는지를 미시적으로 설명하는 데는 실패했다고 보았다. 이러한 문제를 해결하기 위해 메이로위츠는 사람들 간 사회적 상호 작용의 원리를 무대 위 연극의 원리로 설명한 사회학자 어빙 고프먼Erving Goffman의 사회적 상황 이론social situational theory을 미디어 생태학 연구에 도입하였다.

고프먼(Goffman, 1959/2016)의 상황주의적 접근은 우리 삶은 기본적으로 여러 무대로 구성되어 있고 사람들은 성장하면서 각각의 무대에 적합한 '사회적 대본social script'을 자연스럽게 몸에 익힌다는 점을 강조한다. 예컨대 우리가 회사에서 하는 행동과 집에서 하는 행동, 그리고 오랜만에 동창들을 만나서 하는 행동이 각기 다른 것은 각각의 무대가 우리에게 요구하는 역할과 배역이 다르기 때문이다. 사람들은 자연스럽게 사회적 상황이 바뀌면 그에 맞는 행동을 해야 한다는 점을 숙지하고 있다. 달리 말하면 서로 다른 환경과 무대는 거기에 맞는 서로 다른 인간 행동을 유도한다.

메이로위츠(Meyrowitz, 1986/2018)는 이러한 원리를 적용하여 전자 미디어의 등장과 그로 인한 미디어 환경의 변화가 사람들이 일상적으로 겪는 사회적 상황social situation 자체를 새롭게 정의함으로써 사람들의 행동을 변화시킨다고 설명한다. 다시 말해 사람들의 행동은 어떻게 정의된 상황에 놓여 있느냐에 달린 것인데, 미디어 테크놀로지가 일종의 새로운 환경으로서 사람들이 반응해야 할 상황을 특정한 방식으로 정의하는 힘을 갖는다는 것이다. 내용보다 형식의 우선성을 강조한 매클루언의 미디어 이론과 환경적 조건의 변화가 자연스럽게 행동의 변화로 이어진다는 고프먼의 연극학적 사회 이론을 결합한 메이로위츠의 독특한 이론은 큰 설득력을 지닐 뿐 아니라 오늘날 미디어 환경 변화에 따른 공동체의 변화를 읽어 내기 위한 인식의 확대에도 많은 도움을 준다.

예컨대 실명 기반의 온라인 게시판보다 익명 기반의 온라인 게시판에서 비방적 내용과 저속한 표현이 훨씬 많이 등장하는 것은 익명의 온라인 상황에서 개인에 대한 사회적 제약이나 규범이 훨씬 쉽게 무너지기 때문이다(Santana, 2014). 온라인에서 혐오 표현이나 악성 댓글 같은 것이 범람하는 이유 역시 온라인에서 공적 자의식public-self-awareness이 약화되면서 개인들이 정체성과 통제력을 상실하는 "탈억제 효과disinhibition effect"(Suler, 2004)와 "탈개인화 효과deindividuation effect"(Lee, 2007)가 훨씬 쉽게 나타나기 때문으로 볼 수 있다.

이러한 온라인 공간에서의 이용자들의 저속한 태도가 온라인 공간의 양극화를 부추긴다(내스티 효과nasty effect)는 분석도 있다(Anderson et al., 2014). 사람에게는 개별적인 개인으로 행동할 때보다 익명의 대중 속 일원이 될 때 더 쉽게 과격해지고 반사회적으로 행동하는 경향이 있는데, 온라인 공간이 그러한 환경을 제공한다고 보는 것이다. 뿐만 아니라 그러한 유도된 행동이 다시 환경의 변화로 이어진다.

이러한 관점은 오늘날 미디어 환경이 일종의 중요한 사회적 환경으로 작동하고 있다는 것을 인식하게 해 주고 동시에 그러한 환경이 특정한 행동 유도로 이어진다는 점을 환기시켜 준다는 점에서 중요하다. 거의 모든 현대인은 하루도 빠짐없이 미디어를 접촉하며 살아가고 있다. 현대인에게 일상과 미디어의 관계는 마치 씨줄과 날줄 같다. 삶이라는 것을 무대 위에서 끊임없이 펼쳐지는 역할극이라고 볼 때 현대인은 일상과 미디어의 무대를 끊임없이 오가며 다양한 역할을 수행해 나가는 것이다. 미디어는 일상을 구성하는 여타 환경과 마찬가지로 중요한 생태 환경으로 작동하며 사회적 삶의 무대와 역할 대본의 변화에 깊숙이 개입해 있다는 의미다.

3) 우리는 서로를 볼거리화한다

미디어medium란 용어는 라틴어로 '중간의'라는 개념에서 파생된 것이다. 영국의 문화이론가 레이먼드 윌리엄스Raymond Williams(1985)에 따르면 이 단어는 영어권에서 16세기 후반에 등장하여 17세기 초부터 본격적으로 사용되기 시작하였다. 윌리엄스는 영국의 경험주의 철학자 프랜시스 베이컨Francis Bacon이 "언어라는 미디엄에 의해 표현되었다"라고 말한 것을 그 예로 든다. 그러나 이 시기 미디어라는 용어의 용례는 훨씬 넓은 것이어서 신과 인간, 정신과 현실, 관념과 실체의 매개까지를 모두 내포하는 것이었다. 그러다 18세기와 19세기를 지나며 신문을 대표적 미디어의 일종으로 여겼고, 20세기에 들어 송신자가 수신자에게 메시지를 전달하는 수단이라고 보는 관점이 자리 잡기 시작하였다.

특히 전자와 통신 기술의 비약적 발전과 함께 텔레비전이 20세기 중추적 미디어로 자리 잡으면서 미디어의 주요 공간은 스크린으로 옮겨진다. 이는 마치 고대 철학자 플라톤Plato이 말한 '동굴 벽의 그림자'가 스크린으로 대체된 것에 비유될 수 있다(Mutz, 1998/2000). 배양 효과 이론의 대표적 논문 제목인 "텔레비전과 함께 살기Living with television"(Gerbner & Gross, 1976)는 하루 종일 텔레비전 스크린과 함께 생활하는 현대인에 대한 강력한 은유이기도 하다. 이제 그러한 은유는 '스마트폰과 함께 살기Living with smartphone'로 대체되어야 한다. 오늘날 사람들은 텔레비전 스크린이 아니라 스마트폰으로 대표되는 각자의 스크린을 가지고 살아가며 단순히 스크린을 수동적으로 들여다보거나 길들여지는 존재가 아니라 각자 스크린의 주인공이 되어 가고 있다.

플라톤의 '동굴의 비유'와 미디어

실재와 가상에 관한 가장 고전적 구분은 플라톤의 '동굴의 비유'에서 찾을 수 있다. 플라톤은 《국가*Politeia*》에서 다음과 같이 말했다. "어둡고 깊은 동굴 속에서 오랫동안 살아온 사람들의 조건을 생각해 보라. 동굴 안에는 타오르는 불이 있다. 불은 강렬하게 타오르면서 반대편 벽에 그림자를 던진다. 동굴 속 깊은 곳의 사람들은 묶여 있으며, 벽과 그림자만을 볼 뿐, 동굴 입구 쪽에서 움직이는 실제 인물들을 볼 수 없다. 단지 벽 위의 그림자 연극을 볼 수 있을 뿐이다"(Weimann, 1999/2003: 5).

플라톤은 이 비유를 통해 인간은 동굴 벽면에 비친 그림자만 볼 수 있을 뿐 동굴 입구에서 들어오는 빛을 볼 수 없다고 설명한다. 우리가 현실에서 경험하는 것들은 이데아의 환영이라는 주장이다. 이 비유는 미디어의 영향력에 관심을 두었던 많은 학자의 책에서 자주 거론된다. 월터 리프먼Walter Lippmann(1922/2013)은 자신의 대표작 《여론*Public Opinion*》 서문에서 이 비유를 각색한 일화를 소개하며 미디어가 구성하는 '가환경pseudo-environment'에 관한 논의를 시작하였다. 커뮤니케이션학자 맥스웰 매콤스Maxwell McCombs(2004/2012)는 매스 미디어의 '의제 설정 효과'에 관한 설명에서 리프먼이 각색한 일화를 다시 인용하였다. 이스라엘의 커뮤니케이션학자 가브리엘 와이먼Gabriel Weimann(1999/2003) 역시 《매체의 현실 구성론*Communicating Unreality*》에서 플라톤이 말한 동굴의 비유를 다시 언급하며 현대 사회에서 미디어의 영향력을 설명한다.

하루 종일 가지고 다니는 스마트폰으로 뉴스를 읽고, 드라마를 시청하고, 만화를 보며, 누군가와 잡담을 주고받는 것은 너무나 흔한 모습이 되었다. 나아가 많은 가정에서는 거실이나 한 식탁에 모인 가족들조차도 서로에게 관심을 주기보다 각자의 스마트폰 화면에 열중하는 것도 그리 특별하지 않은 풍경이 되고 있다. 친구들과 어울리는 순간에도 스마트폰 화면을 탐색하며 자신의 SNS에 관심을 기울이는 경우가 많아지고 있다.

한 연구(Przybylski & Weinstein, 2013)에 따르면 사람들 사이에 놓인 휴대 전화는 전원이 꺼져 있는 상태에서도 대화의 유대감을 약화시키고 질을 떨어뜨린다. 실험 참여자 근처 테이블에 휴대 전화를 놓아두는 간단한 처치만으로도 대화의 친밀감과 질은 모두 하락한 것으로 나타났다. 휴대 전화는 존재 자체만으로도 우리의 관심을 강력하게 흡수한다.

휴대 전화는 시간을 세밀하게 나누어 일상의 효율을 높이고 공백을 빽빽하게 채워 주는 미시 조정micro-coordination의 도구가 되었다(송종현, 2015). 다른 한편으로는 사람들의 틈새 시간을 흡수해 버리거나 소멸시켜 버림으로써 일상에서 기다림의 경험을 사라지게 만든다(구본권, 2014). 1990년대 대학가의 서점 등에 쪽지로 가득했던 메모판은 이제는 기억하는 사람조차 드문 오래된 유물이 되었으며, 누군가를 기다리며 서점을 서성이는 일은 이제 낯설어서 낭만적인 풍경이 되었다. 황지우 시인은 1990년 발표한 "너를 기다리는 동안"이라는 시에서 "기다려 본 적이 있는 사람은 안다. 세상에서 기다리는 일처럼 가슴 애리는 일이 있을까"라고 했지만 시간의 미시 조정 도구 휴대 전화는 기다림이 주는 설렘과 기대도 사라지게 만들었다. 심시어 스마트폰은 무료하거나 고독할 시간조차 허용하지 않는다.

대신에 기다림의 시간과 일상의 여백은 개인용 모바일 기기들이 쉴 새 없이 실어 나르는 볼거리와 즐길 거리로 채워지고 있다. 모바일 미디어의 확산과 함께 대세로 자리 잡은 SNS는 서로가 서로를 구경 대상으로 만든다. 커뮤니케이션학자 클레이 캘버트Clay Calvert(2004)는 《관음증 국가*Voyeur Nation*》에서 인터넷이 사람들에게 끊임없이 개인적인 영역의 사건을 전시하도록 부추기고 공공연히 남의 사생활을 들여다보는 관음증을 조장하는 장이 된다며 이를 '매개된 관음증mediated voyeurism'의 세계라 규정한다.

철학자 한병철(Han, 2012/2014) 역시 온라인 환경이 "기품 있는 중간 지대"를 사라지게 만들고 인간관계를 스펙터클화한다고 저서 《투명 사회*Transparenzgesellschaft*》에서 진단한다. 인간관계에서 존경과 배려가 만들어지기 위해서는 어느 정도 '거리를 두고 보기respectare'가 필요한데, 온라인은 서로에게 필요한 거리를 두지 않고 모든 관계를 '볼거리로 전시spectare'한다는 것이다. 이렇게 타인에 대한 존경심이 싹트기 위해 필요한 거리가 사라진 자리엔 존중 없는 볼거리와 구경의 대상들로 채워진다.

한병철(Han, 2014/2015)은 온라인 미디어의 확산과 함께 인간의 소통이 상업적 보상 논리에 따라 게임화하고 있는 점도 문제로 지적한다. SNS에서 다양한 커뮤니케이션이 놀이와 게임으로 포장이 되고 있지만, 이는 결국 커뮤니케이션의 상업화와 동전의 양면 같은 것으로 상업적 플랫폼에 예속화만 가속화할 뿐 인간적인 소통에는 별다른 도움이 되지 않는다고 설명한다. 오히려 인간적인 커뮤니케이션의 파괴만 초래할 뿐이라는 것이다. 소통의 놀이화에는 인간적 소통마저도 착취와 이용의 대상으로 삼는 상업적 이해가 깔려 있다는 점을 환기시킨다.

4) 연결은 늘지만 대화는 줄고 있다

오늘날 우리는 거미줄처럼 촘촘하게 연결된 세상을 살아간다. 사람들이 연결되는 데 필요한 시간은 더욱 짧아지고 있고 간격은 더욱 촘촘해지고 있다. 물레가 유럽 밖으로 전파되는 데는 119년이 걸렸지만, 거의 전 세계에 인터넷이 연결되는 데는 불과 7년이 걸렸다. 미디어의 보급 속도도 빨라져 이용자 5000만 명에 도달하는데, 전화는 75년이 걸렸지만, 라디오는 38년, 텔레비전은 13년이 걸렸다. 인터넷은 불과 4년이 걸렸다. 인터넷 플랫폼과 서비스의 보급 속도도 마찬가지여서 이용자가 5000만 명을 넘어서는 데 페이스북은 3.5년이 걸렸지만, 핀란드의 작은 개발사가 만든 모바일 게임 '앵그리 버드'는 불과 35일이 걸렸다(Frey & Osborne, 2015).

하지만 이러한 온라인에서의 연결성 증대와 미디어의 확산이 오히려 인간관계를 약화시킨다는 지적은 지속적으로 제기되어 왔다. 인터넷 보급 초기 인터넷의 이용이 가족 간 대화와 상호 작용을 감소시키고 나아가 사회 참여에도 부정적 영향을 미친다는 실증적 조사 결과가 제시되기도 하였다(Kraut et al., 1998). 스마트폰을 비롯한 개인용 모바일 미디어의 급속한 확산과 함께 이러한 논의는 심화된다. 대표적으로 심리학자 셰리 터클Sherry Turkle(2015/2018)은 《대화를 잃어버린 사람들*Reclaiming conversation*》에서 연결은 늘지만 대화는 단절되는 세태를 날카롭게 지적한다.

사회학자 지그문트 바우만(Bauman, 2003/2013) 역시 관계relationship와 연결connection을 구분해야 한다고 말한다. 관계란 단순히 연결된 상태가 아니라 상대에게 책임을 느끼며 서로에게 관여된 상태다. 반면 연결은 요청이나 필요에 따라 얼마든지 자유롭게 끊을 수 있는 상태를 뜻한다. 바우만은 최근 사람들이 책임을 요구하는 '관계'라는 용어보다 자유롭게 맺고 끊을 수 있는 '연결'이라는 용어를 더 선호하는 경향이 있다고 지적한다. 이러한 선호의 변화가 오늘날 우리 시대의 단면을 잘 보여 준다고 그는 말한다. 커뮤니케이션학자 주창윤(2013) 역시 연결의 과잉이 낳는 관계의 결핍을 지적한다. 온라인 환경 속 연결 과잉이 오히려 '정서적 허기'를 만들어 낸다는 것이다. 밥을 아무리 먹어도 배가 계속 고픈 상태처럼 아무리 연결이 되어도 마음의 허기가 사라지지 않는 증상이 나타나며, 이러한 이유 때문에 역설적으로 다시 현대인은 '연결'에 집착한다고 주장한다.

터클(Turkle, 2015/2018)은 사람들이 현실의 장소를 피해 스마트폰 속으로 쉽게 도피하는 이유가 가상의 공간이 이른바 '마찰 제로friction-free'의 경험을 제공하기 때문이라고 설명한다. 복잡하고 까다로운 현실 관계에 비해 온라인 공간은 마찰이 없는 손쉬운 피난처라는 것이다. 현실에서의 인간관계는 상대적으로 예측이 어렵고 복잡하며 때로는 헌신적 관계를 요구한다. 반면 온라인에서의 가상적 관계는 복잡한 교감과 깊은 의무감을 요구하지 않는다. 그래서 온라인에서의 관계는 '친밀감을 요구하지 않는 우정,' '우정을 요구하지 않는 교제'에 비유된다. 영화 〈그녀*Her*〉(2013, 스파이크 존즈Spike Jonze)는 아내와 별거 상태에서 이혼을 앞둔 주인공이 자신의 말벗이 되어주고 우울함을 잊게 해 준 인공 지능 운영 체계와 사랑에 빠지는 이야기를 그렸다. 진정한 인간관계에 실패했다고 생각하는 주인공이 자신의 정서적 허기를 달래 준 인공 지능에 집착하게 되는 과정이 덤덤하지만 서늘하게 그려진다.

온라인에서의 연결은 친밀한 사람들 사이에 대화가 이루어져야 할 전통적 장소들마저 퇴색시킨다. 그나마 한때 텔레비전은 가족을 한 장소에 모이게 하는 미디어로 작동을 했다면 휴대 전화는 한자리에 모인 사람들마저도 철저히 시간을 분리시키고 깊은 대화를 방해하는 도구로 작동한다. 우리는 얼굴을 마주 보고 나누는 대화를 통해 타인이 보내는 미묘한 신호cue를 읽어 내고, 타인의 마음을 상상하며, 상대와 감정을 교감하는 능력을 키우게 된다. 이는 가상 공간에서의 문자 주고받기를 통해서는 배울 수 없는 것들이다.

미디어 환경의 변화와 함께 사람들의 공감 능력이 쇠퇴한다는 것은 다양한 조사를 통해서도 확인할 수 있다. 1979년과 2009년 사이 미국 대학생들을 대상으로 실시한 대인 관계 반응성 지수Interpersonal Reactivity Index 조사 결과를 메타분석한 연구(Konrath, O'Brien, & Hsing, 2011)에 따르면, 20년간 대학생들의 대인 관계 반응 능력은 전반적으로 하락했다. 특히 공감적 관심empathic concern 영역에서 48%의 감소가 나타났다. 그 뒤를 이어 관점 전환perspective taking 영역에서도 34%의 하락이 나타났다. 이러한 변화는 휴대 전화 보급이 크게 늘어난 2000년대 이후 더욱 두드러졌다. 이러한 사실은 커뮤니케이션 테크놀로지가 비약적으로 발전하면서 역설적으로 우리가 잃어 가는 것이 무엇인지를 되묻고 있다.

2장

공동체란 무엇인가

이 장에서는 한국 사회 미디어 환경과 공동체의 변화에 관한 본격적인 논의에 앞서 한국 공동체의 성격은 무엇이며, 어떠한 변화를 겪고 있는지 그 추세를 살펴본다. 주지하듯 한국 사회는 1960년대 이후 진행된 고도성장 속에서 많은 변화를 겪어 왔다. 도시화가 진행되면서 대도시적 삶과 노동이 일반화되고 인간관계 역시 이해관계를 중심으로 변화해 왔다.

그런가 하면 TV와 전화, 그리고 인터넷의 확산과 이어진 모바일 미디어 환경의 심화는 공동체의 모습과 인간관계의 양상을 크게 변화시키고 있다. 이러한 변화 속에서 전통적 공동체 개념으로는 포착하기 어려운 다양한 인간관계의 양태도 등장한다. 여기서는 공동체의 전통적 개념과 온라인에서 등장하는 새로운 사회관계의 특성을 설명하고, 현대 한국에서의 공동체의 변화 양상 및 객관적 현황을 자세히 살펴본다.

1. 지금의 공동체, 공동 사회와 이익 사회 너머

1) 공동 사회와 이익 사회

독일의 사상가 카를 마르크스Karl Marx와 거의 동시대를 살았던 사회학자 페르디난트 퇴니스Ferdinand Tönnies(1912/2017)는 사회 범주를 '공동 사회'와 '이익 사회'로 나누었다. 독일어로 게마인샤프트gemeinschaft, 영어로 커뮤니티community인 공동 사회는 지연이나 혈연 등으로 만들어진 자연 발생적 공동체를 의미한다. 그에 대비되는 의미를 지닌 이익 사회는 독일어로 게젤샤프트gesellschaft, 영어로 소사이어티society에 해당하며 이익과 기능, 역할에 따라 형성되고 움직이는 근대적 사회를 일컫는다.

퇴니스는 동시대 사회학자들과 마찬가지로 역사가 대체로 불가역적으로 전진한다는 믿음을 지녔다. 그는 근대화가 진행될수록 공동 사회에서 이익 사회로 옮겨갈 것이라는 전망을 제시하였다. 인간 사회의 공동체가 혈연과 우애에 기초한 결속 관계에서 이익이나 기능을 우선하는 관계로 나아갈 것이라고 본 것이다. 이 과정에서 인간적 관계 자체는 더욱 소원해질 것이라고 전망하였다.

한국 사회 공동체의 변화 과정도 대체로 이러한 과정을 밟아 왔다. 근대화가 진행되기 전 전통 사회에서는 지연과 혈연을 기반으로 한 가족과 촌락이 공동체의 기본이 되었다. 사람들은 대부분 태어난 장소에서 자라며 부모와 거의 같은 일로 생계를 유지하였고, 소속된 공동체로부터 도움과 지원, 그리고 감시와 제약을 받으면서 생활을 영위해 나갔다. 태어날 때부터 맺어진 지연과 혈연으로부터 크게 이탈하는 일 없이 일생을 보내는 것이 일반적이었다.

하지만 산업화와 고도 경제 성장기를 거치면서 도시는 산업체들을 운영하기 위한 대규모 인원을 필요로 하게 되었고 농촌에서 도시로의 급격한 인구 이동이 시작된다. 이렇듯 농경 사회에서 산업 사회로의 이동이 진행되면서 농촌 생활에 적합한 삶과 규범은 차츰 쇠퇴하고 기능과 역할에 기초한 도시적 삶과 가치는 더욱 확대되어 갔다. 이러한 변화를 공동 사회 이후의 이익 사회의 도래로 이해할 수 있다. 하지만 혈연적 가족 관계가 밑바탕을 이루는 공동체 정신이 바로 사라진 것은 아니다.

근대화 이후에도 서구 학자들은 위계적 동양 대 수평적 서양, 집단주의적 동양 대 개인주의적 서양 같은 이분법을 흔히 사용하여 왔다(Hofstede, 2011). 예컨대 20세기에 벌어진 자본주의 생산성 경쟁에서 종신 고용을 바탕으로 노사가 평생의 관계를 유지해 나가는 조직 운영 방식을 동양적 공동체주의로 보는 시각이 있었다. 한국의 기업에서도 공동 발전을 의미하는 상부상조 정신을 바탕으로 공동 사회의 특성을 기업의 생산, 고용 방식에 적용 계승하는 사례가 많았다. 반면 미국을 비롯한 서구 기업에서는 직무를 중심으로 기능체적 운영 방식이 주로 적용되었다. 이는 계약에 따라 운영되는 스포츠팀 등에서 흔히 볼 수 있는 방식이다. 전술에 따라 각각의 포지션에 필요한 인원들을 채용하고 교체해 나가는 방식으로서 이익 사회의 작동 원리라 할 수 있다.

물론 공동 사회와 이익 사회의 관계를 상호 배타적이고 이분법적인 것으로만 보기는 어렵다. 대부분 문화권은 공동 사회적 요소와 이익 사회적 요소가 다양하게 혼합되어 나름의 특성을 이룬다. 이 두 특성은 서로 경쟁하면서도 양립할 수 있는 것으로 한 사회적 특성이 기존의 사회적 특성을 완전히 사라지게 하거나 붕괴시키지는 않는다는 것이다. 한국 사회의 경우도 이 두 특성이 복합적으로 얽혀 있는데, 사회 변화와 함께 사회의 운영 원리가 차츰 이익 사회의 특성을 띠게 되었다는 것이 일반적인 평가다(임홍택, 2018).

2) 지금의 개인, 그리고 공동체

한국 사회의 근대화, 그리고 도시화와 함께 개인과 공동체의 관계는 끊임없이 변화해 왔다. 개인의 일상까지도 함께 공유했던 농촌 공동체와 달리 도시의 삶은 일터와 삶터가 구분되고 분리되었다. 일터에서의 삶과 인간관계는 업무를 중심으로 사무적으로 구성되는 것이었기에 사생활을 모두 드러낼 필요가 없다. 그에 따라 개인의 사생활 보호와 인격적 대우에 대한 인식 또한 자연스럽게 높아졌다(권용혁, 2012: 275).

그러나 이러한 이익 사회로의 변화가 장점만 지녔던 것은 아니었다. 1994년 발표되어 2018년 한 드라마에서 리메이크되기도 한 노래 "서울 이곳은"의 가사는 도시에서 인간이 느끼는 외로운 감정을 잘 보여 준다. 가사에 표현된 것처럼 각자의 이익을 위해 모여든 도시는 많은 이들에게 비정하고 차가운 곳일 수밖에 없었다.

> 아무래도 난 돌아가야겠어.
> 이곳은 나에게 어울리지 않아.
> 화려한 유혹 속에서 웃고 있지만 모든 것이 낯설기만 해 …
> 외로움에 길들여진 후로 차라리 혼자가 마음 편한 것을 …
> 처음으로 난 돌아가야겠어.
> 힘든 건 모두가 다를 게 없지만 …

약한 모습 보여서 미안해.

— "서울 이곳은"(드라마 〈서울의 달〉, 〈응답하라 1994〉 삽입곡)

도시화된 사회에서 개인은 철저히 익명성을 띠며 하루 종일 거리를 돌아다녀도 의미 있는 누군가를 만나기는 어렵다. 출근길과 퇴근길 지하철 안에서 마주치는 사람들은 모두 철저한 타인일 뿐이다. 서로에 대해 알고 있는 지식도 없고 알기 위한 소통도 없는 그저 목적지가 비슷하다는 이유로 한 공간에 모여 있는 무리일 뿐이다(방희경·류지현, 2017).

이제 도시화를 넘어 인터넷과 연결된 개인용 컴퓨터의 보급에 더해 모바일 스마트 기기의 확산은 새로운 양태의 사회관계를 가능케 한다. 특히, 온라인상에서 다양한 사람들의 연결을 도와주는 SNS(Social Network Service)가 활성화되면서 대면 관계의 시·공간적 제약을 넘어서는 광범위한 사회관계들이 나타난다. 그런데 이렇게 SNS를 매개로 형성되는 사회관계는 기존의 공동 사회, 이익 사회 구분으로는 포착하기 어려운 복합적인 성격을 띤다.

예컨대 트위터나 페이스북을 이용하는 사람의 친구 목록을 보면 가까운 지인이나 친구, 관심사가 비슷해 우연히 알게 된 사람, 한 번도 만난 적이 없는 타인, 자신만 일방적으로 알고 있는 유명인이 뒤섞여 있다. 대부분의 SNS는 이용자들이 관계가 확장되는 와중에도 기존의 친밀한 사람들과 관계를 놓치지 않도록 설계되어 있다. 이용자들의 '연결성'을 확대하는 데만 주력하는 것이 아니라 이용자들이 원래 아는 지인과의 '근접성'을 강화할 수 있게끔 작동하는 것이다. 말하자면 '골방 모델'과 '광장 모델'의 복합 모델인 것이다(김상배, 2012).

SNS를 통해서 형성되는 다양한 사회관계는 공동체적 1차 집단과 이익 기반의 2차 집단적 관계 맺기가 뒤섞여 작동하는 복합적 공간의 성격을 지닌다. 때문에 그 안에 담기는 커뮤니케이션의 성격과 내용 역시 복합성을 띤다. SNS는 예전 같았으면 사적 공간에서 가까운 지인들하고만 나눴을 법한 사적인 이야기가 공공장소에서 울려 퍼지는 효과를 낳기도 하고, 공인이나 유명인의 혼잣말이 마치 중요한 공적 담화처럼 흘러 다니는 현상을 낳기도 한다. 고프먼의 상황주의적 접근을 적용해 말하자면 SNS는 각기 다른 연기의 무대에 있었던 상황과 청중을 통합해 버린 것이다.

물론 이전부터 공동체와 사회는 1차 집단과 2차 집단, 혹은 공동 사회와 이익 사회라는 이분법으로 구분되기 어려운 매우 복합적인 개념이라고 지적되었다. 1950년대 미국의 농촌 사회학 연구에서 이미 94개나 되는 공동체의 정의가 열거되었을 정도로 인간의 공동체는 매우 다양한 이질적 요소들이 중첩되어 상이한 조합을 이루는 개념이다(Hillery, 1955). 그렇기 때문에 공동체의 정의는 확정적인 것이 아니라 시대에 따라 항상 새롭게 도래하는 '임의의' 개념이라는 관점도 있다(Agamben, 1990/2014). 공동체는 미리 주어져 있거나 고정된 것이 아니라 열려 있는 것으로서 항상 '발명'되어야 하는 '공동의 존재 양식'이라는 것이다(김예란 외, 2017).

다만 공동체를 한 가지로 정의 내리기는 어렵더라도 공동체가 한 명의 사람으로 구성될 수는 없으며 다수의 상호 관계를 필요로 한다는 점에는 이의를 제기하기 어렵다. 영화 〈캐스트 어웨이*Cast Away*〉(2000, 로버트 저메키스Robert Zemeckis)에서 무인도에 표류한 주인공(톰 행크스)은 외로움을 달래기 위해 함께 떠내려 온 배구공에 사람 얼굴을 그려 주며 윌슨이라는 이름까지 지어 준다. 영화에서 주인공은 배구공 윌슨에게 끝없이 말을 걸며 사람에 대한 그리움과 허기를 달래고 나름의 생존법을 터득해 가지만 이를 공동체적 삶이라 부를 수는 없을 것이다.

어원적으로 보더라도 공동체community는 라틴어로 '다수에 속하여communitas,' '의무로서 주다munus'라는 뜻을 지녔다. 다수 속에 속하여 서로에 대한 책임을 나누어 가진다는 의미이다. 인간은 다른 사람의 도움 없이 살아갈 수 없는 존재였기에 서로에 대한 책임을 짊어지고 공동체를 구성하여 타인과 상호 작용하면서 삶을 영위해 왔다. 그러한 점에서 공동체에서 가장 중요한 요소는 '타자의 존재'와 '타자 지향성'이기도 하다(Riesman, 1950/2016). 공동체의 개념과 형식이 아무리 변화한다고 하더라도 타자의 존재가 없고 타자에게 의존할 수 없게 된 공간을 공동체라 부르기는 어렵다. 이어서 한국 사회의 근대 이후 공동체의 변화 양상을 설명하고, 왜 다시 '공동체'를 이야기해야 하는지 논의한다.

2. 한국 사회 공동체의 특성과 변화

1) 한국의 공동체, 조선 시대부터 IMF까지

한국은 조선 중기 이후 유교 문화의 영향을 강하게 받아 전통적으로 사회의 기본 단위를 가족家과 국가國로 보는 인식이 강했다. 여타 유교 문화권과 마찬가지로 가족과 국가를 동형 구조同型構造로 생각했던 것이다. 다시 말해 가족을 확대한 모습이 국가라고 여기는 경향이 있었다. 이는 국가國家라는 한자에 집을 뜻하는 '家'자가 사용된다는 사실에서도 드러난다(김수중, 2002). 이러한 문화적 배경 위에서 근대 이전의 농촌 공동체는 부계 혈족 중심의 위계화된 혈연 공동체로 맺어진 경우가 많았다. 들판을 거닐면서 마주치게 되는 사람들은 대부분 혈연과 지연으로 긴밀하게 연결된 친척이거나 친지였을 것이며 마을 구성원들은 모두 밀접하게 연결되었다.

1960년대 이후 급속하게 진행된 산업화와 도시화로 한국에서는 도시 인구가 점차 증가하고 그에 반비례해 농촌 인구는 감소해 갔다. 그에 따라 공동체의 기능과 형태도 변화할 수밖에 없었다. 1970년대 후반에 들어서면 제조업과 3차 산업 종사 인구수가 농업 인구를 압도하게 된다. 1980년에 들어서면 도시 거주 인구의 비율이 인구의 약 57%를 넘어선다(함인희, 2001). 도시로의 인구 밀집이 진행되면서 대도시적 삶과 노동이 일반화되고 인간관계나 시민적 관계 역시 이해관계를 중심으로 변화해 간다. 농촌에서 도시로의 대규모 노동력 이동으로 가족의 형태 역시 빠르게 바뀌는데, 전통 사회에서 주류를 이루었던 대가족이 감소하면서 주변으로 밀려나고 부부와 자녀 관계를 중심으로 한 핵가족이 크게 늘어 공동체의 중심을 이루게 된다. 그와 함께 개인화 경향도 나타난다.

한국은 이러한 과정을 매우 빠르고 압축적으로 겪은 데 비해 서구는 상대적으로 이러한 변화를 장기에 걸쳐 점진적으로 겪었다. 서구에서도 18세기 중반 이후 근대화의 진전과 함께 물질적 변화뿐만 아니라 의식 차원의 변화가 나타났다. 이른바 근대 소설의 전형으로 일컬어지는 성장 소설에 고아 또는 서자가 많이 등장하는 것은 전통이나 과거를 극복하고 새로운 길을 개척하려 했던 근대적 주체들의 의식 세계와 열망을 반영하는 것으로 평가된다(권명아, 2000). 문학에서는 이러한 서사 구조를 '아비 부정' 또는 '정치적 고아 의식'

이라 부르는데, 즉 의식의 차원에서 서구의 근대화란 가부장인 '전제적 아버지'를 극복하고 카리스마의 위치를 '개인'으로 옮겨온 과정으로 요약된다(Hunt, 1992/1999).

한국을 비롯한 동양은 상대적으로 근대화가 늦었던 만큼 근대화 과정에서 자주 서양과 비교가 되었다. 이러한 비교에서는 동양이 서양에 비해 가부장주의와 온정주의 같은 공동체주의 정서가 강하다는 평가가 많았다(Hofstede, 2011). 서구적 관점을 지닌 학자들이 보기에 동양에서의 국가란 거대한 가족의 연장을 의미하는 것이었으며, 다시 말해 이들에게 동양은 개인이 아닌 가족으로 이루어진 사회에 가까웠다. 서양에 비해 동양이 가족주의가 강하다는 것은 서구 논자들의 일반적인 시각이었으며, 이에는 어느 정도 부정적인 뉘앙스도 함축되어 있다(Fukuyama, 1995).

동양 내에서도 한국은 사회주의 전통이 있는 중국이나 개인화가 더 진행된 일본 사회에 비해 가족주의가 더욱 강하게 작동하는 사회로 평가되었다(김희경, 2017). 한국 사회 공동체에서 가족이 매우 중요한 단위가 된 이유에는 유교적 전통 외에도 한국 전쟁이라는 역사적 비극이 큰 영향을 미쳤던 것으로 보인다. 전쟁 시기의 극단적인 생존 위협 그리고 이어진 무사회적 상황과 극심한 빈곤 속에서 가족은 척박한 현실을 이겨 내게 해 주는 유일한 위안처나 마찬가지였을 것이다(권명아, 2000).

또한 국가 주도의 압축 성장 과정에서도 저임금과 복지 부재라는 사회적 조건이 맞물리면서 '험난한 세상에서 믿을 것은 가족밖에 없다'는 정서가 더욱 확산되어 갔다. 급격한 사회 변화 과정 속에서 공적 영역에 대한 사회적 믿음이 부재하였기에 가족이 뭉쳐야 한다는 생각이 더욱 공고해졌다는 것이다(황정미, 2018). 이렇듯 40여 년의 고도성장과 급격하게 진행된 사회 변화 속에서 가족은 '압축적 근대화의 해결사'로서 공적으로 다루어져야 할 많은 문제들을 떠안아 왔다(김덕영, 2014).

1990년대 후반 IMF 경제 위기는 한국 사회 공동체에서 가족의 해체를 가속화시켰다는 평가를 받기도 하지만 역설적으로 가족주의를 강화시켰다는 다소 이중적인 평가를 받는다. 사회학자 박소진(2009)은 IMF 체제를 겪으면서 사회 전 영역에 신자유주의 논리가 파급되고, 개인들의 불안감이 증가하며 '자기 관리'에 이어 '가족 경영' 담론이 한국 사회 공동체에 깊이 침투하였다고 분석한다. 사회학자 김혜경(2013) 역시 IMF 경제 위기 이후 사회적으로 가족 해체 담론이 확산되었지만 실제로는 가족주의가 더욱 강화되는 경향이 나타났다고 진단하며, 가족주의와 개인주의가 병행적으로 강화되는 '가족 지향적 개인화'가 진행되었다고 설명한다.

2) 지금의 한국 공동체: 가족, 마을, 국가

현재 한국 공동체의 현황을 한마디로 요약하자면 마을 공동체의 쇠퇴와 가족 공동체의 약화가 뚜렷하고 국가 공동체에 대한 인식도 갈수록 악화되고 있다. 마을 공동체에 대한 인식 변화부터 살펴보면, 문화체육관광부가 실시한 〈2016 한국인의 의식·가치관 조사〉(문화체육관광부, 2016)에서 '이웃에 소속감을 느끼는 사람'은 단 2.8%에 불과하였다. 같은 문항에 대해 2001년에는 30.8%가 소속감을 느낀다고 답했다는 점을 감안하면 매우 큰 변화라 할 수 있다. '위급 상황 시 이웃으로부터 많은 도움을 받을 수 있을 것'이라는 응답 역시 2016년 조사에서 4%에 그쳤다. 이 역시 1996년 조사의 14.7%에서 크게 감소한 것이다. 이러한 조사 결과는 시민들의 마을에 대한 소속감과 이웃 간 유대감이 얼마나 빠른 속도로 약화되었는지를 잘 보여 준다.

국가에 대한 신뢰도 역시 낮아지고 부정적 인식이 커지는 추세다. 마을이 가정보다는 크고 국가보다는 작은 생활 세계를 중심으로 하는 가시적 공동체라면 국가는 소속된 구성원들이 법적인 제약을 공유하면서 권리와 의무를 향유하는 공적인 체계의 핵심을 이루는 보다 추상화된 형태의 공동체다. 오늘날 한국 사회의 국가 공동체에 대한 상대적 인식을 비교해 볼 수 있는 2015년 OECD 보고서를 보면, 한국 시민들의 정부에 대한 신뢰도는 OECD 평균 41.8%에 못 미치는 34%로 조사 대상 41개국 중 26위다(OECD, 2015). 2015년 서울시 도시 정책 지표 조사 자료를 보더라도 '공공기관을 신뢰한다는 시민'은 32.2%로 나타나며 점수로는 10점 만점에 5.05점에 해당한다. 이 역시 2011년 조사 결과가 5.14점이었던 것을 감안하면 하락 추세를 확인할 수 있다.

한편 한국의 공동체에서 가족은 오랫동안 중요한 위치를 차지해 왔다. 한국의 대표 기업이 1997년 '또 하나의 가족'이라는 이미지 광고를 시작한 이후 이 광고 캠페인을 10년 동안 유지한 것은 IMF 경제 위기와 신자유주의화 속에서도 가족은 따뜻한 이미지의 대명사처럼 받아들여져 왔다는 것을 말해 준다. 하지만 최근 한국 사회에서 가족에 대한 인식 역시 악화되고 있다. '가족 같은 기업'을 내세웠던 기업 역시 더이상 '가족'이라는 수식을 사용하지 않는다.

그런가 하면 가정은 부와 기회가 대물림되는 단위로서 사회적 불평등이 재생산되는 장소라는 인식도 강화되고 있다. 2010년대 이후 한국 사회의 경제적·구조적 문제를 꼬집으며 유행한 '수저계급론'이 이러한 인식을 반영한다. 젊은 세대를 중심으로 많이 사용되는 '금수저,' '흙수저'라는 신조어는 부모의 신분이 자녀에게 그대로 세습되는 현실을 자조적으로 풍자하며 등장하였다(김희경, 2017). 또한 대중문화에서 가족은 자녀의 성공을 위해 총력전을 펼치는 치열한 경쟁의 장소처럼 자주 묘사된다. 2019년 상류층 가정의 사교육 경쟁을 그려 큰 인기를 끌었던 TV 드라마 〈SKY 캐슬〉이 그 한 예다.

물론 이는 비단 한국에서만 발견되는 현상은 아니며, 세계적으로 보더라도 가정을 중심으로 부와 기회가 대물림되면서 불평등이 고착화하는 경향이 나타난다. 미국 사회의 공동체 변화를 다양한 각도에서 깊이 있게 추적해 온 정치학자 로버트 퍼트넘Robert Putnam(2015/2017)은 1950년대 이후 미국에서 계층 이동성은 줄어들고 불평등은 지속적으로 강화되어 왔다고 지적하며, 갈수록 개인의 능력보다 배경이 기회와 성공을 결정하는 주된 요인이 되고 있다고 분석하였다. 또한 미국의 진보적 성향을 지닌 브루킹스연구소의 경제학자 리처드 리브스Richard Reeves(2017/2019)는 불평등 담론이 지나치게 상위 1%의 문제에만 초점을 맞추지만 실은 가구 소득을 기준으로 상위 20%와 나머지 80%가 큰 격차를 보이며 분리되고 있는 것이 더 큰 문제라고 말한다. 상위 20%는 유리한 위치에서 특권적인 기회를 누릴 뿐만 아니라 정치적으로도 매우 큰 영향력을 지니고 있어 사회적으로 이 문제가 잘 드러나지 않고 있으며, 그로 인해 이 문제는 점점 더 깊어지고 있다고 주장한다.

전 세계적으로 가족 제도의 약화가 나타나지만 역설적으로 한 개인이 어떤 가정에서 태어났는지가 점점 중요한 요인이 되고 있는 것이다. 이러한 사회 불평등은 젊은 세대들이 결혼과 가정 결성에 대해 갈수록 소극적인 태도를 취하는 한 요인이 되고 있다. 이 밖에도 한국에서는 주거와 육아, 교육 문제 등 여러 다층적인 현상이 맞물리면서 젊은 층일수록 결혼을 하고 가정을 이루는 것을 주저하는 경향이 나타나고 있다.

한국에서 1996년 43만여 건으로 정점이었던 혼인 건수는 2019년 23만 9000건으로 떨어졌다. 이는 전년보다 7.2% 감소한 것으로 혼인율은 1970년 통계 작성 이후 역대 최저를 기록 중이다(통계청, 2020b). 결혼에 대한 인식도 크게 변화하고 있어 1998년 남성의 79.5%, 여성의 67.9%가 결혼에 긍정적이었으나, 2018년에는 남성의 52.8%, 여성의 43.5%만 결혼에 긍정적으로 나타났다. 대신 지난 20년간 결혼에 대해 유보적인 인식은 크게 증가하였다(그림 2-1 참조). 결혼에 대한 긍정적 인식은 대폭 줄고 유보적인 인식은 크게 증가하면서 혼인율이 급격하게 하락하는 것이다. 특히 젊은 층에서 결

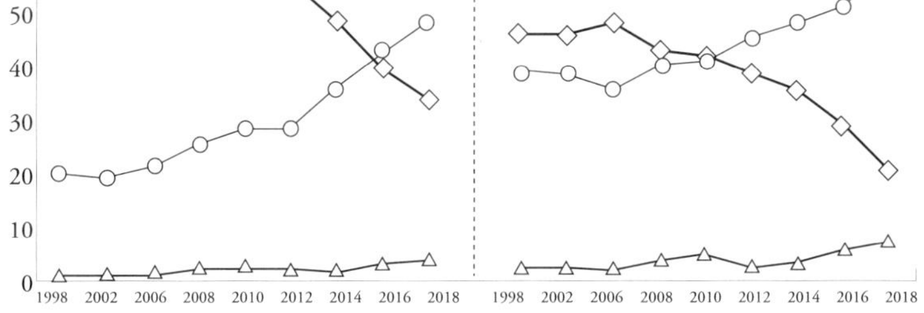

그림 2-1. 남성과 여성의 결혼에 대한 태도 변화(1998~2018)

출처: 통계개발원(2020: 74).

결혼을 하지 않거나 유보하는 이유

2019년 한국보건사회연구원은 19세에서 49세 사이의 미혼 시민 947명을 대상으로 결혼을 하지 않거나 유보하는 이유에 대한 설문 조사를 실시하였다. 조사 결과에 따르면 결혼을 하지 않거나 유보하는 가장 큰 이유는 '주거 불안정'(31.0%)이었다. 그다음은 '불안정한 일자리'(27.6%), '독신에 대한 여유로움과 편안함'(26.2%)이었다. 성별에 따라서는 남성은 '주거 불안정'(35.0%)이 가장 주된 이유였고, 여성은 '독신에 대한 여유로움과 편안함'(31.0%)이 가장 주된 이유로 나타났다(그림 2-2 참조).

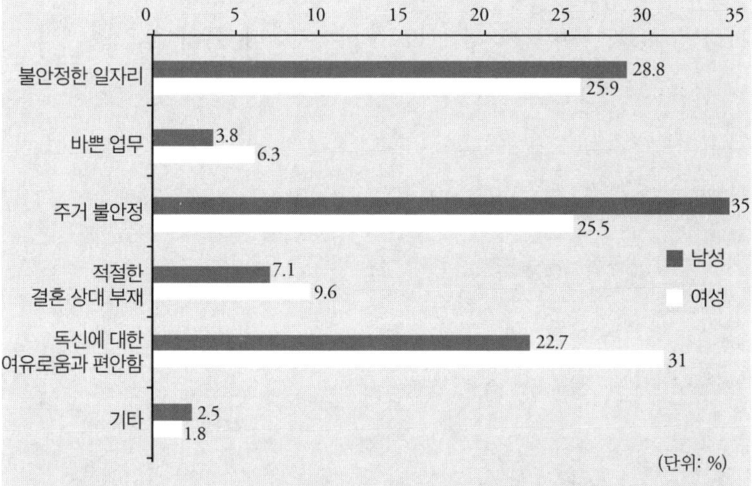

그림 2-2. 결혼을 하지 않거나 유보하는 이유

출처: 김은정 외(2019: 84~85).

혼에 대한 인식이 더욱 부정적이어서 혼인 감소 추세가 장기적으로 이어질 가능성도 높다.

혼인율의 감소와 함께 출생률도 크게 감소하고 있다. 물론 혼인율과 출생률의 감소는 전 세계적으로 나타나는 추세다. 미국 보건지표평가연구소The Institute for Health Metrics and Evaluation에 따르면 2017년 전 세계 합계 출생률은 2.4명이며, 감소 추세가 이어지고 있어 2100년경에는 1.7명이 될 것으로 예측된다. 그러나 한국의 경우 그 정도가 매우 심각한 것으로 평가된다. 2018년 출생 통계에 따르면 한국의 합계 출생률은 역대 최저치인 0.98명으로 세계에서 유일하게 0명대에 진입한 나라가 되었다(《중앙일보》, 2019. 8. 29). 출생률이 2.1명 이하면 인구 감소가 진행되는 것으로 보는데, 한국은 인구 유지에 필요한 출생률뿐만 아니라 초超저출산 기준인 1.3명을 훨씬 넘어선 상태다. 상대적으로 합계 출산율이 낮은 경제협력개발기구(OECD) 회원국의 평균이 1.68명임을 감안하면 한국의 출생률 감소는 세계적으로도 유래가 매우 드문 현상에 속한다.

인류 초기부터 공동체는 자연재해나 맹수로부터 나약한 개인을 보호하고 생존해 나가기 위한 필수적인 요소였다. 오랫동안 인류는 가족을 형성하고 지역 단위의 공동체를 형성하여 공동의 삶을 영위해 왔다. 생산 수단의 사적 소유가 발생하고 자본주의가 발달하는 과정에서 개인주의가 양성되었지만 연대를 바탕으로 한 공동체 의식은 여전히 중요한 가치로 기능해 왔다. 하지만 산업화와 도시화가 성숙하고 정보화가 진행되는 오늘날 공동체는 인류의 역사 이래로 가장 큰 곤경에 빠졌거나 새로운 귀로에 선 것으로 보인다. 물론 공동체 변화에는 다양한 현상이 매우 복합적으로 얽혀 있어 어느 한 가지 원인으로 설명이 될 수는 없을 것이다. 다음 장부터는 그동안 공동체 변화의 요인으로는 상대적으로 큰 주목을 받지 못했던 미디어의 변화에 초점을 맞추어 공동체가 어떻게, 왜 변화하고 있으며, 어디로 가고 있는지를 탐색해 본다.

3장

미디어의 발전과 공동체의 변화

1. 전통 시대의 삶과 공동체

1) 혈연 공동체

인간은 누구나 공동체 속에서 태어난다. 남녀의 성적 결합을 기본으로 하는 가족이라는 공동체 속에서 인간은 태어나는 것이다. 가족뿐만 아니라 친족, 그리고 국가에 이르기까지 다양한 네트워크 속에서 인간은 태어난다. 뿐만 아니라 인간은 생애 초창기 이 공동체에 의존하는 정도가 다른 어떤 동물보다도 높다. 대부분의 포유류는 어미의 배 속을 벗어나면 거의 바로 걷고 생후 몇 주만 지나면 혼자 힘으로 사냥에 나서기도 한다. 하지만 인간의 아기는 무력하여, 여러 해 동안 어른이 부양하고 가르쳐 주어야 한다. 역사학자 유발 하라리Yuval Harari에 따르면 이 때문에 인간은 사회적 능력이 뛰어나며 반대로 특유의 사회적 문제를 안게 되기도 한다(Harari, 2011/2015: 28~29). 인간은 다른 어떤 동물보다도 공동체에 더 많이 의존하기 때문에 긍정적으로는 사회적 능력을 배양할 수 있기도 하지만 여러 가지 사회 문제들이 발생하기도 한다는 것이다.

인류가 다른 유인원들이나 맹수들을 물리치고 '만물의 영장'이 될 수 있었던 것도 공동체적 협력 덕분이다. 상상력을 동원해 함께 새로운 공동체를 구성해 온 인간의 능력이 바로 지구의 주인이 되게 한 원동력이라 평가된다(권용혁, 2020: 14). 인간이 다양한 층위의 공동체를 만들어 내고 이를 통해 온갖 정보와 지식을 공유함으로써 지구상의 모든 생명을 압도하는 발달된 문명을 이룰 수 있었다는 것이다.

원시 인류는 필요한 먹거리를 조달하는 데서부터 공동체의 협력은 필수적이었다. 효과적으로 사냥을 하고 더 많은 먹거리를 확보하려면 혼자의 힘으로는 불가능했다. 정착하여 농경을 시작한 이후에도 마찬가지로 여러 사람의 힘을 한데 모아야 더 효율적인 생산이 가능했다. 이렇게 필수적인 협업은 공동체의 협력과 유대를 통하지 않고는 어려웠던 것이다.

이러한 생산 활동의 특성상 가족이 자연스럽게 생산 활동의 중심이 될 수밖에 없었다. 이는 대가족과 가부장제를 낳는 토대가 되었으며 재산의 소유도 자연스럽게 가족의 공동 소유가 되었다. 가족의 응집력은 더욱 강화되고 상호의존성도 증대될 수밖에 없었다(김수중, 2002: 34~36). 이로써 가족 공동체는 인류 사회의 가장 기본적인 단위로서 인간의 생산 및 사회 활동의 중심이 되었다.

2) 인지 혁명과 공동체

인류가 다른 생명체들과 차별화되면서 능력을 발휘하게 된 첫 번째 단계를 하라리(Harari, 2011/2015: 43~46)는 인지 혁명에서 찾는다. 지금으로부터 약 7만 년 전부터 3만 년 전까지의 시기에 인류는 배와 기름 등잔, 활과 화살, 바늘 등 여러 도구를 사용하게 되었고 종교와 상업, 사회 계층화가 나타나게 되었다. 이러한 변화는 인류의 인지 능력에 혁명이 일어난 결과라는 것이다.

인지 혁명이란 이 시기에 나타난 새로운 사고방식과 의사소통 방식을 말한다. 새로운 의사소통 방식이란 바로 언어를 말한다. 언어는 인간만이 가진 능력은 아니었지만 인간의 언어는 다른 동물들의 언어와 구분되는 특성과 장점을 지녔다. 무엇보다도 인간의 언어는 매우 유연하여 몇 개의 소리와 기호를 연결해 무한한 의미 단위를 만들어 낼 수 있었다. 이를 기반으로 언어가 세상에 대한 정보를 공유하는 수단이 되면서 생활 영역의 확대와 함께 언어도 끊임없이 확장되어 갔다. 인지 혁명으로 인류의 삶은 커다란 진전을 이루게 되었다. 그 주요 변화를 하라리는 표 3-1과 같이 정리한다.

인지 혁명으로 언어를 창조할 수 있었고, 이를 바탕으로 교류의 범위를 점차 확대할 수 있었다. 이처럼 인간이 모여 사회를 이루고

표 3-1. 인지 혁명과 인류의 삶

새로운 능력	폭넓은 결과
호모 사피엔스를 둘러싼 세계에 대해 더 많은 정보를 전달하는 능력	사자를 피하고 들소를 사냥하는 등의 복잡한 행동을 계획하고 수행함
사피엔스의 사회관계에 대해 더 많은 정보를 전달하는 능력	규모가 더 크고 응집력이 더 강한 집단, 최대 150명
부족 정신, 국가, 유한회사, 인권 등 실제로 존재하지 않는 것들에 대한 정보를 전달하는 능력	A: 대단히 많은 숫자의 낯선 사람들끼리의 협력 B: 사회적 행태의 급속한 확산

출처: Harari(2011/2015: 65).

그 사회의 범위와 크기가 점차 커져 간 것이 인류의 중요한 능력 중 하나였던 것으로 평가된다. 하라리(Harari, 2011/2015: 67)는 대규모 집단을 가능케 한 인류의 능력을 일컬어 "우리와 침팬지의 진정한 차이는 수많은 개인과 가족과 집단을 결속하는 가능의 접착제에 있다. 이 접착제는 인간을 창조의 대가로 만들었다"면서 이 능력이 함께하지 않았다면 인간이 도구를 만들고 사용하는 능력 자체는 그다지 중요하지 않았을 것이라고 주장한다.

이러한 고유의 능력을 바탕으로 인류 사회는 생산력의 발전 및 생활 세계의 확대와 함께 가족의 울타리를 넘어서기 시작하여 친족 공동체, 씨족, 부족, 고대 국가, 근대 국가에 이르기까지 공동체의 범위를 점차 확대해 왔다.

3) 동양의 공동체적 전통

인간의 원초적 삶은 동서양을 막론하고 보편적인 현상이었지만 특히 동양은 유교적 전통이 강한 특성으로 인하여 이러한 공동체적 삶이 더욱 강조되었다. 유교적 전통에서는 사회관계의 그물망 속에서 인간을 규정한다. 사람을 뜻하는 인간人間이라는 한자어는 사람과 사람 사이의 관계를 근원적으로 내포한다. 이는 동양의 인간 이해가 공동체적인 바탕 위에서 이루어짐을 단적으로 보여 준다. 사람은 혼자 살 수 없고, 다른 사람과의 상호 관계 속에서만 존재할 수 있다는 것이다. 따라서 한 인간의 가치는 사회적 제 관계에 의해서 규정된다.

유가 사상가들은 근본적으로 인간이 사회적 동물이며 유기적 연대를 통해서만 훌륭한 삶을 영위할 수 있다고 보았다(김수중, 2002: 17~27). 유교의 기본 도덕 원리인 삼강오륜三綱五倫도 임금과 신하,

부모와 자식, 부부, 노인과 젊은이, 친구 사이의 관계에서 중요하게 지켜야 할 원리를 규정한다. 고대부터 인류의 태생적 조건 속에서 가족 공동체가 중심이 되는 데다가 이처럼 지배 이데올로기가 되어 온 유교적 전통도 가족과 사회 등 공동체적 질서를 더욱 강조하니 동양은 공동체주의가 서양에 비해 더욱 강력한 힘을 발휘해 온 것으로 평가된다.

한국 사회도 전통적으로 유교적인 공동체적 전통이 강하게 작동해 왔다. 전통적인 형태가 온존되고 있는 한국적 공동체주의의 가장 특징적인 사례는 한국의 가족주의에서 찾을 수 있다. 조선 후기에 강화된 부계 혈연 중심의 가족주의는 가족 구성원의 인식 및 행위의 기준 축이었으며, 가족을 생존과 영속을 위한 주요한 전략적 단위로 삼아 왔다(권용혁, 2020: 204~205).

서양의 경우도 원시 고대부터 시작하여 중세까지는 가족을 중심으로 한 공동체적 전통이 중심이었다. 그러나 인쇄술의 발명과 정착으로 개인주의가 형성되며 자본주의의 발전으로 산업화가 시작되면서 사회 변화를 동양보다 수백 년 먼저 겪었다. 이러한 사회 변화와 함께 전통적인 공동체 사회가 일찌감치 점진적으로 약화된다.

4) 전통 시대의 구두 커뮤니케이션

15세기 중엽 인쇄술이 발명되어 인류는 중세를 극복하고 근대라는 새로운 문명을 활짝 열어가게 된다. 그 이전 오랜 세월 동안 인류는 구두 커뮤니케이션에 거의 대부분을 의존하였다. BC 3000년경 고대 문명 지역을 중심으로 문자가 만들어지며 기록이 가능한 역사의 시대가 막을 열었다. 하지만 그 이후로도 오랫동안 문자는 소수의 특권층에만 한정될 뿐이었다. 대다수의 인류는 살아가는 데 필요한 정보를 구두 커뮤니케이션에 의존할 수밖에 없었다.

구두 커뮤니케이션은 면 대 면의 상황을 필수적으로 전제하며 근접한 거리에서 둘 이상의 사람들이 함께할 때 가능하다. 메시지가 주로 음성 언어에 담기다 보니 청각이 중심적인 감각이 되지만 시각을 통해 전달되는 상대방의 표정이나 눈빛, 몸짓 등도 커뮤니케이션의 중요한 요소가 되며 그 외에 후각 등의 감각도 동원된다.

음성 언어는 상대방의 청각에 전달되고는 이내 사라져 버린다. 잠시 공간을 울릴 뿐 아무런 흔적도 남지 않는다. 이를 기록하려면 문자를 알아야만 가능하다. 대다수가 문맹이었던 시대에 문자로 기록한다는 것은 매우 드물 수밖에 없었다. 이 시대에 메시지를 보존하는 방법은 기억만이 유일했다. 고대 문명에서 문자가 발생한 것도 교환 활동이 점차 활발해지며 거래를 기록할 필요성이 커졌기 때문으로 해석된다. 그러나 문자를 모르는 사람들로서는 기록도 불가능하므로 그냥 그대로 기억할 수밖에 없었다.

이 시대의 인류는 기억력이 매우 뛰어났다고 한다. 특히 대학에서 강의하는 교수나 각지를 떠돌아다니면서 공연하는 음유 시인은 매우 뛰어난 기억력을 지녀 상당한 분량의 내용도 금세 외워서 다른 지역에 가서 거의 그대로 재현하곤 했다. 이처럼 뛰어난 기억력이 요구되는 시대에 맞게 당시의 텍스트는 대부분 운문 중심이었다. 운율에 맞추어진 텍스트이기에 외우기에도 용이했다.

이러한 상황에서 지식과 정보의 유일한 원천은 경험이었다. 문자로 필사된 책이 존재하기는 했지만 수도원의 창고나 도서관, 귀족의 서재 등에만 한정될 뿐이었다. 생활 속에서 부딪치는 여러 가지 상황에 대처하는 데 필요한 정보는 경험에 의존할 수밖에 없었다.

그렇기에 경험이 많은 노인이 권위를 지닐 수 있었던 것이다. 경험하지 못한 새로운 상황에 처하게 되면 나이 많은 노인에게 물어보는 방법이 유일했다. 이 노인들의 기억이 구전을 통해 계승되면서 전통이 생겨나게 되었다. 이와 같은 상황에서 노인을 중심으로 가족 및 친족, 이웃 간의 유대 관계가 돈독히 유지되며 공동체가 유지될 수 있었다.

5) 전통 시대의 공동체적 삶

전통 시대를 살던 인류의 거의 모든 삶은 가족이나 마을과 같은 공동체의 테두리 내에서 이루어졌다. 이 공동체 내에서 사람들은 태어나서 성장하고 생활하였다. 그 공동체 내에는 서로에게 필요한 다양한 형태의 사회적 지지를 주는 관계망들이 중첩되어 존재하고 있었다. 일손이 필요하거나 급전이 필요할 때 선뜻 내어 주는 사람, 정신적으로 지쳐 있을 때 위로를 주는 사람, 조언이 필요할 때 알려 주는 사람 등등, 이 모두가 따로 존재하기보다는 가족이나 이웃이라는 하나의 관계망 안에서 모두 해결되는 상황이었다(김은미, 2018: 160). 살아가는 데 필요한 거의 모든 것들이 가족이나 친족, 마을 내의 다양한 관계 속에서 해결 가능했다는 말이다.

중세 서양에서는 교회가 커뮤니케이션의 중심이었다. 이 시대 사람들의 일상생활에서 종교는 거의 절대적이었다. 11세기에 이르면 유럽 사회는 거의 대부분 기독교화되었다. 당시 기독교화된 지역에서는 어린 시절 유아 세례를 받음으로써 일찍부터 충실한 신앙인이 되었다. 그들은 신의 은총과 교회의 권위를 믿으며 사소한 일상사에 이르기까지 신의 심판을 따랐다(김병용, 2007: 61).

그림 3-1. 중세의 수도원에서 필사하는 모습

15세기 화가 장 르 타베르니에Jean Le Tavernie의 〈장 미엘로의 초상*Portrait of Jean Miélot*〉, 프랑스 국립도서관 소장.

중세인의 삶에서 이처럼 많은 부분을 차지했던 교회가 자연스럽게 일상의 커뮤니케이션에서도 중심이 되었다. 교회에서 사람들은 신과의 커뮤니케이션이 이루어질 뿐 아니라 사제나 인근의 많은 사람이 함께 모이기 때문에 다양한 정보가 교류되고 교육과 문화 활동의 공간도 되었다. 축일이면 빵과 포도주를 함께 나누며 교우들 사이에 화합과 공동체적 일체감을 느낄 수 있었다. 때로는 갈등이 빚어지기도 했지만 교회는 활발한 커뮤니케이션의 공간이 되었으며 사람들 사이의 유대 관계를 공고히 하는 사회 통합적 기능도 하였다(이영재, 2008).

서양에서 외지 소식이나 정보는 각지를 떠돌아다니는 떠돌이 광대나 음유 시인들, 순회 수도승, 군인 등이 전파했다. 대사건의 경우, 멀리까지 구전을 통해 전달되었으므로 상당한 시일이 걸렸다. 15세기 프랑스 잔 다르크의 죽음이 동로마의 콘스탄티노플까지 전해지는 데 18개월이 걸렸으며 1453년 콘스탄티노플의 몰락 소식이 이탈리아 베네치아에 전달되는 데 한 달, 로마까지는 두 달, 그 외의 유럽 각지로 전달되는 데는 세 달이 걸렸다. 이처럼 오랜 시간에 걸쳐 수많은 사람을 거쳐 전달되다 보니 정보가 윤색, 왜곡되는 경우도 많을 수밖에 없었다(채백, 1996: 54~55).

한국의 전통적인 마을 공동체의 경우, 사람들이 많이 모이는 시장이나 우물가, 빨래터, 종갓집 사랑방 같은 곳에서 정보의 소통과 공유가 이루어졌다. 마을의 어느 집이든 관혼상제나 대소사가 발생하면 그에 관한 소식도 이들 장소를 통해 마을 내로 확산되면서 공유가 이루어졌다. 서로 일손을 돕거나 어려운 일에 공동 대응할 필요가 있는 경우에도 공동체적 정서가 밑바탕에 있기 때문에 노인들의 리더십으로 쉽게 논의와 합의가 이루어지며 실행에 이르곤 했다(채백, 2017).

대부분 생애를 공동체 내에서 보내다 보니 공동체의 범위를 넘어서는 커뮤니케이션도 흔하지는 않았지만 가끔 이루어졌다. 이런 타 지역의 정보는 공간을 이동하는 사람들에 의존한 경우들이 많았다. 여러 지역을 왕래하는 장돌뱅이나 특정의 목적을 지니고 타 지역을 방문한 사람들이 다른 지역의 정보를 전해 주는 게 일반적이었다. 문자를 해독하는 계층은 편지를 통해 타 지역과 정보를 교류하기도 하였다. 편지의 전달은 마침 그 지역을 방문하는 사람이 있으면 그 인편을 이용하였으며 그렇지 못할 경우 이를 전담하는 전인傳人을 고용하여 이루어졌다(채백, 2017). 이 전인은 보통 사람보다 훨씬 더 빠른 속도로 이동할 수 있어서 각주脚走, 혹은 비각飛脚이라고 불렀다.

공간적 유동성이 이처럼 제한되다 보니 지역에 따른 언어의 차이도 상당히 컸다. 서양 중세의 경우 조금만 거리가 떨어진 마을 간에도 언어가 서로 달라서 소통에 어려움이 발생하곤 하였다. 50마일(약 80킬로미터) 정도 떨어진 지역 간에도 언어가 달라 서로 소통이 안 되었다고 한다. 타 지역에 대해 알 수 있는 기회도 극히 제한되어 있고, 굳이 알려고 하지도 않았다(채백, 1996). 이처럼 지역 간 교류가 거의 없다 보니 언어도 지역에 따라 다를 수밖에 없었던 것이다.

2. 인쇄 미디어와 공동체

1) 인쇄술의 발명과 개인의 탄생

15세기 중엽 독일의 요하네스 구텐베르크가 만든 활판 인쇄술은 인류의 역사가 중세를 넘어 근대라는 새로운 시대를 열어가는 초석이 되었다. 많은 정보를 기록하여 대량으로 복제가 가능한 인쇄술은 지식의 장기 축적과 광범위한 확산을 가능케 하였다. 이를 바탕으로 인류 문명은 눈부신 도약을 할 수 있게 된 것이다.

인쇄술은 발명되자마자 급속도로 확산되었다. 1430년경 구텐베르크가 처음 금속 활자를 만들어 1450년경 활자를 이용한 활판 인쇄술이 가능해진 것으로 알려져 있다. 1464년에는 알프스산맥을 넘어 이탈리아 로마에 도입되었으며 1470년 파리, 1474년 스페인의 바렌스에 도입되었고, 1476년에는 런던에서도 인쇄된 책을 만들기 시작하였다. 50년 만에 전 유럽에 퍼져 나간 것이다(임근수, 1967: 65).

당시 유럽의 전체 인구는 1억 명을 조금 넘는 정도였으며 그나마

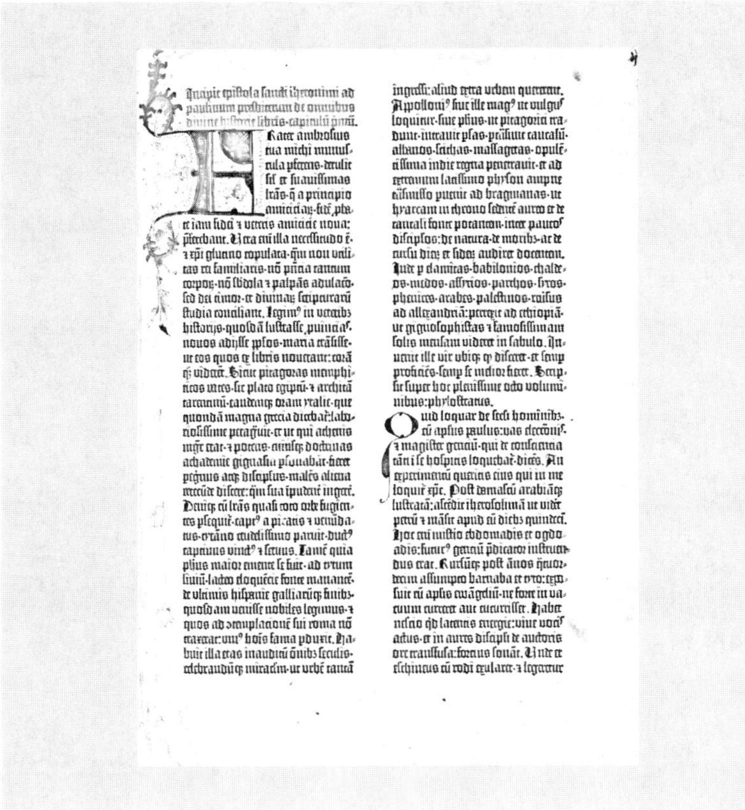

그림 3-2. 최초의 인쇄물 42행 성서

미국 텍사스대학교 소장

초기 인쇄물의 수가 2000만 부에 이를 정도로 급속도로 확산되었다. 이렇게 인쇄술이 급속히 확산될 수 있던 배경은 두 가지로 설명할 수 있다. 첫 번째는 오랫동안 귀족과 성직자 등 특권층이 독점해 오던 문자 문화에 14세기부터 새로운 계층이 접근하기 시작했다는 점이다. 새로운 독자 계층, 즉 상공인과 관리를 중심으로 책에 대한 사회적 수요가 증대되었다는 것이다. 또한 중세 말의 여러 가지 급격한 사회 변동은 자연스럽게 정보에 대한 욕구를 증대시켰다. 이러한 사회적 수요가 인쇄의 확산을 촉진한 것이다. 두 번째는 업자들의 인식을 들 수 있다. 상업적 수익을 최우선으로 생각하는 업자들은 이 인쇄술을 원가를 절감하며 많은 수익을 올릴 수 있는 좋은 수단으로 간주하여 인쇄에 적극 참여하게 된다(Escarpit, 1969/1985: 20~21).

일찍이 매클루언(McLuhan, 1964/2011)이 주장한 대로 인쇄술은 인간의 감각 사용 패턴도 바꾸었다. 과거 음성 언어를 사용하여 구두 커뮤니케이션을 기본으로 하던 시대에는 청각 중심의 문화였다. 물론 시각을 통해 상대의 표정이나 눈빛, 몸짓을 읽고 후각 등의 감각도 커뮤니케이션의 중요한 부분을 차지하지만 핵심 메시지는 음성 언어에 담기기 때문에 청각 중심의 문화가 될 수밖에 없었다. 그러나 인쇄 미디어를 접촉하는 경우에는 청각을 비롯한 다른 감각은 사용되지 않고 오로지 시각에만 의존할 뿐이다.

인간이 커뮤니케이션에서 사용하는 미디어 테크놀로지에 따라 어느 감각에 더 의존하는지가 달라진다. 사용 감각의 비율과 균형에 미디어가 결정적인 영향을 미치게 된다는 것이다(김상호, 2016: 237). 이렇게 감각적 편향이 달라짐으로써 사고방식이나 가치관이 전혀 다른 새로운 유형의 인간이 탄생되었다. 새로운 미디어 테크놀로지가 등장하여 촉진되는 인간 감각 기관의 새로운 편향은 기존의 인간 역량이나 행태의 전반적 구조화를 가져오며(정준희, 2016: 132) 새로운 유형의 인간을 낳게 되는 것이다.

뿐만 아니라 커뮤니케이션이 이루어지는 상황도 변화되었다. 구두 커뮤니케이션은 상대방의 존재가 필수적이다. 혼잣말이란 매우 드문 경우일 뿐이고 상대방과 음성을 사용하여 대화를 나눔으로써 커뮤니케이션이 이루어지는 것이다. 인쇄술이 발명되기 이전의 시대에도 필사나 목판 인쇄를 사용한 책은 존재하였다. 하지만 이 책을 읽는 것도 소리 내서 읽는 낭독이 기본이었다. 인쇄 미디어의 보급이 확산되면서 책을 읽는 사람도 많아지고, 책을 읽는 장소도 다양해지면서 묵독으로 점차 바뀌어 갔다. 인쇄 미디어가 등장하면서 사람들의 커뮤니케이션 상황도 혼자서 조용히 시각을 통해 책이 제공하는 세계로 빠져드는 형태로 바뀐 것이다.

한 대형 서점의 표지석에는 '사람은 책을 만들고 책은 사람을 만든다'는 말이 새겨져 있다. 이 말은 대개 책을 통해 읽은 내용이 독자의 가치관이나 인생관에 심대한 영향을 미친다는 의미로 사용된다. 하지만 책을 비롯한 인쇄물은 그 내용을 통해서 사람들의 인생에 영향을 미칠 뿐만 아니라 인쇄 미디어 자체가 사람을 새로운 존재로 탈바꿈한다는 것을 의미하기도 한다.

이처럼 인쇄술은 인간의 감각적 편향과 커뮤니케이션 상황을 바꿈으로써 새로운 유형의 인간을 만들어 냈다고 평가된다. 이 사실은 인류 문화에 매우 크고 광범위한 영향을 미쳤다. 인쇄술이 서구 문명에 미친 영향에 대한 고전적 저작을 남긴 엘리자베스 아이젠슈타인Elizabeth Eisenstein(2005/2008: 291)도 이 새롭게 출현한 복제 방식을 점진적이 아니라 급진적 혁명에 비유한 바 있다. 아이젠슈타인은 서구의 역사가 중세에서 근대로 넘어가는 광범위한 변화의 거의 모든 과정에 인쇄술이 근본적인 영향을 미친 것으로 평가한다. 문예 부흥과 종교 개혁, 근대 자본주의 발전과 지리상 발견에도 영향을 주었으며 가정생활과 정치를 변화시켰다고 한다. 또한 지식의 광범위한 확산과 문자 해독 능력 증대에 기여했으며, 근대 과학의 성립도 가능케 하여 사회적, 지적 생활의 변화를 가져왔다는 것이다(채백, 1996: 73). 한마디로 인쇄술이 없었다면 근대의 성립과 발전은 거의 불가능했다는 말이다.

인쇄술로 인해 인류는 말의 세계에서 글의 세계로 넘어가게 되었다. “둥글게 모여 앉아 다른 사람들의 말을 듣고 그 말에 이어서 말을 하던 사람들 중 몇 명이 갑자기 홀로 책을 읽기 시작”한 것이다(김성우·엄기호, 2020: 33). 구술 시대에 가까운 거리에서 대화를 나누던 사람들이 인쇄 시대에는 거리를 두고 떨어져 혼자서 조용히 책을 읽게 됨으로써 고립주의나 개인주의 경향이 나타나게 되었다.

전술한 대로 전통 사회의 구두 커뮤니케이션에서는 어떤 메시지를 얻기 위해서는 상대방과 마주하는 대면의 상황이 필수적이었다. 그러나 같은 메시지가 인쇄술로 복제되어 배포됨으로써 상황은 달라졌다. 메시지를 받아들이려면 잠시라도 혼자 있어야만 하게 된 것이다(Eisenstein, 2005/2008: 97). 구술 문화에서 듣는 것은 계속 공동체에 참여하는 행위이지만 이와 달리 읽는다는 것은 그 공동체에서 떨어져 나와야 되기 때문이다(김성우·엄기호, 2020: 89). 이러한 상황이 개인이 사회에 우선한다는 개인주의를 낳게 되었으며 이로써 사람과 사람 사이의 사회적 연대는 점차 약해지기 시작한 것이다(Eisenstein, 2005/2008: 97).

다양한 책을 통해 생활에 필요한 지식과 정보를 얻을 수 있게 되면서 전통 시대 유일한 정보의 원천으로서 권위를 지니던 노인의 지위는 점차 약화되기 시작하였다. 과거에는 노인의 경험을 젊은 사람이 넘어서는 것이 불가능했지만 이제는 책을 많이 읽으면 젊은 사람이라도 노인보다 더 많은 것을 알 수 있게 된 것이다. 이렇게 노인의 경험이 갖는 값어치가 줄어들면서 혈연을 바탕으로 해서 노인을 중심으로 유지되던 공동체적 연계도 점차 약화되기 시작하였다.

개인주의는 프라이버시의 관념으로 이어졌다. 인쇄 이전 시대에는 프라이버시라는 것이 존재하지 않았던 것으로 알려진다. 예를 들면 오늘날 일기는 자기만의 내밀한 고백으로서 다른 사람이 이를 본다는 것은 매우 불쾌한 일이며 기본적인 예의에 어긋나는 것으로 받아들여진다. 하지만 전통 시대의 관념은 매우 판이하였다. 다른 사람의 일기를 아무 거리낌 없이 보며, 그것이 전혀 불쾌하거나 예의에 어긋나는 행동이 아니었다고 한다. 물론 그러한 분위기에서 일기의 내용도 개인의 내면 고백을 찾아보기는 어렵고 대부분 일상의 일이나 사건들을 기록하는 내용 중심이었다(채백, 2017: 221). 결국 프라이버시란 인쇄술에 의해서 발생한 개인주의가 성숙하고 심화되면서 나타난 관념으로 볼 수 있을 것이다.

2) 인쇄술의 발명과 과학의 발전

인쇄술이 발명되자 사람들은 지식과 정보를 책에서 얼마든지 얻을 수 있게 되었다. 인쇄된 책은 말을 통해서 얻는 지식과 정보보다 훨씬 더 많은 것을 제공해 줄 수 있다. 사람들은 이 "무언의 교사"(Eisenstein, 2005/2008: 95)에 점점 더 의존하게 되었다. 혼자서 책을 읽으면서 사고하게 되며 사람들은 분석적, 체계적 사고가 가능해졌다고 한다. 이로써 인류는 분류하고 비교하는 사고 체계가 가능해졌고, 이는 근대 과학의 중요한 토대가 되었다. 이 과학의 발전이 근대 인류 문명의 획기적 발전을 가져온 밑거름이 된 것이다.

인쇄술이 지닌 가장 근본적인 특징은 월터 옹Walter Ong(1982/1995)에 따르면 '정확하게 반복되는 시각적 말'을 만들어 냈다는 데 있다. 문자는 이미 오래전부터 존재했다. 문자가 발명된 이후 오랫동안 인류는 파피루스나 양피지, 종이 등 여러 필기 재료에 기록을 남겼다. 하지만 인쇄 이전 인류의 커뮤니케이션 중심은 전술한 대로 청각을 주로 사용하는 구어였으며 필사는 청각의 보조 수단, 즉 읽히기 위한 것일 뿐이었다(채백, 1996). 구두 커뮤니케이션에서 정확성은 필수적인 덕목은 아니었다. 맞춤법도 필요하지 않았으며 체계적인 문법도 마찬가지였다. 의미가 전달되고 공유되기만 하면 되는 것이었다. 맞춤법이 생겨나고 문법이 체계화되는 것도 인쇄 미디어가 보편화된 이후의 일이다.

하지만 인쇄술은 이 구술 언어를 특정 공간에 위치시키며 이를 또 대량으로 복제하다 보니 정확성이 필수적으로 요구되었다. 책은 정확하게 같은 크기, 같은 분량의 종이에 문자를 같은 규격으로 일정하게 정렬한다. 아무리 두꺼운 책이라도 몇 페이지 몇 번째 줄, 몇 번째 글자는 언제나 동일하다. 이를 위해 인쇄는 원고 작성 단계부터 여러 차례 수정, 보완을 거치며 조판 이후에도 여러 차례 교정을 거치며 오류를 찾아내고 수정하여 완벽을 추구한다. 이를 위해서 통일된 맞춤법도 필요해지고 문법도 체계화할 필요가 절실해진 것이다. 정확하게 표현하기 위해서는 정확한 관찰이 선행되어야 한다. 대상을 세밀하게 관찰하고 이를 또한 정확한 언어로 표현해야 할 필요가 있다. 정확성을 필수로 요구하는 인쇄술의 기본적 특징이 근대 과학을 가능케 하는 밑거름이 되어 이를 바탕으로 눈부신 문명의 발전이 가능했던 것이다.

인쇄술이 발명되기 이전의 서구 사회에서 종교와 과학은 같은 길을 걸어왔다. '어떻게 하늘이 움직이는가'라는 과학적 질문과 '하늘나라에는 어떻게 갈 수 있는가'라는 종교적 관심은 서로 구분되지 않고 연결되어 있었다. 하지만 인쇄술의 발명과 함께 부패한 종교를 개혁하자는 종교 개혁의 움직임이 거세지면서 종교와 과학은 분리되기 시작하였으며 인쇄술이 종교 개혁을 확산시키는 움직임과 과학적 사고를 발전시키는 데 중요한 밑거름이 되었다(Eisenstein, 2005/2008: 277).

3) 언어 공동체의 형성과 확산

구텐베르크가 활판 인쇄술을 발명한 15세기 무렵, 유럽의 책 시장은 라틴어를 읽는 사람들 중심이었다. 인쇄술이 발명되고 확산되어 나가던 초창기, 즉 15세기 후반까지도 필사 시대와 마찬가지로 인쇄술은 아무래도 당시 지배 계급의 언어였던 라틴어 중심이었다. 이 시기에 발간된 서적의 77%가 모두 라틴어 서적이었으며, 이탈리아어 책이 7%, 독일어 책이 5~6%, 프랑스어 책이 4~5%, 플랑드르[1]어 책이 1% 정도였다고 한다. 주제 면에서는 종교 서적이 45%로 가장 많았다. 그다음으로 문학 책이 30%를 약간 상회하는 정도였으며 그 뒤를 법률 서적과 학술 서적이 약 10%씩을 차지하였다(Febvre & Martin, 1958/2014: 422).

라틴어 책 시장은 지역적으로는 광범위하였지만, 규모는 매우 제한되어 있었다. 중세의 언어 활용을 보면 구어는 각 지역마다 고유의 언어를 사용하였지만, 기록된 문자는 대부분 라틴어 중심이었다. 16세기 들어 상인들은 이 시장에서 눈을 돌려 각 지방어로 책을

1 플랑드르는 현재의 벨기에 서부를 중심으로 네덜란드 서부와 프랑스 북부에 걸쳐 있는 지방을 말한다. 11세기 이래 모직물업이 발달하였으며, 르네상스 시대에는 미술과 음악의 중심지였다.

만들어 내기 시작하였다. 라틴어 시장보다는 각 지역 언어의 시장이 훨씬 더 크고 개발의 여지가 풍부하였다. 또한 중세 질서에 도전하며 새로운 시대를 부르짖던 신흥 시민 세력도 라틴어 외의 자신들의 지역 언어를 읽는 독자층을 만들어 냈다(Anderson, 1991/2002). 전술한 대로 인쇄술이 발명된 이후 50년이 못 되어 유럽에서는 수천만 권의 책이 출간될 정도로 빠르게 확산되기 시작하였으며 16세기에 들어서면 변화의 속도는 더욱 가속화되어 더 많은 책들이 쏟아져 나왔다. 16세기 말까지 1억 5000만에서 2억 권 사이의 책들이 출간되었는데, 이 책들은 대부분 각지의 방언으로 된 것들이었다(Fang, 1997/2002: 61).

종교 서적은 이전 시대보다 출판량이 늘긴 했지만 비중은 감소하였다. 그만큼 다른 분야의 책들이 더 빠르게 증가하였기 때문이다. 고대 문헌을 중심으로 인문 서적들이 대폭 늘어났다. 독일 스트라스부르의 경우, 15세기에는 종교 서적이 50% 이상이고, 고대 작가들의 책이 10% 미만이었으나, 1500년에서 1520년 사이 발행된 도서의 33%

표 3-2. 16세기 전반 파리의 출판 상황

(단위: 권)

연도	전체 생산량	종교서	그리스 · 라틴 작가 및 인문주의 작품
1501	88	53	25
1515	198	105	57
1525	116	56	37
1528	269	93	134
1549	332	56	204

출처: Febvre & Martin(1958/2014: 447~448).

가 그리스와 라틴 작가나 인문주의자들의 책이었고, 종교 서적은 27%에 불과했다. 표 3-2는 16세기 전반기 파리의 출판 상황을 보여 준다. 변화의 속도는 다소 차이가 있지만 변화 양상은 비슷하게 전개되었음을 보여 준다(Febvre & Martin, 1958/2014: 447~448).

인쇄술이 서서히 보급되면서 이처럼 라틴어 중심의 책 문화는 무너지고 각 지역 고유 언어를 사용한 책의 출판이 활성화되었다. 당시의 인쇄물들은 무수하게 존재했던 구어적 지방어를 대상으로 하다 보면 시장이 너무 협소하기에 이를 상당한 정도로 광역화하여 인쇄하였다. 종교 개혁의 핵심 인물이었던 마르틴 루터Martin Luther는 독일어 문어체를 확립하는 데도 중요한 기여를 했다. 그는 "저지低地 독일어와 고지高地 독일어[2]를 사용하는 주민들 모두가 동시에 이해할 수 있는" 책을 만들고자 하여 이 계획을 실현시켜 줄 언어 규칙들을 마련해 갔다. 이를 위해 그는 철자를 간소화하며 문법적 형태와 어휘를 통일시키는 노력을 기울였다. 이러한 그의 노력으로 오늘날 독일어의 근간이 되는 언어 체계가 만들어졌다(Febvre & Martin, 1958/2014: 543~544). 독일뿐만 아니라 다른 언어권도 마찬가지였다. 통일된 문법 체계를 만들고 어휘와 표기법을 통일하는 데 필요한 사전이 편찬되어 하나의 민족 간 보편적 언어 체계가 만들어졌다(박천홍, 2018: 111).

이처럼 책이나 신문과 같은 인쇄물들을 공유하며 다양한 지역 구어의 다소간 차이를 극복해 가면서 동일한 문법 및 어휘 체계에 익숙해져 갔다. 이를 바탕으로 하나의 동일한 언어를 해독할 수 있

2 저지 독일어는 북부 및 서북부 독일에서 쓰는 독일어의 방언이다. 남부 및 중부에서 쓰는 고지 독일어와 음운적으로 차이가 있다. 독일의 표준어는 고지 독일어다.

는 새로운 공동체, 즉 언어 공동체가 탄생하게 되었다. 이로써 유럽에는 각 지역의 언어를 토대로 하는 언어 공동체가 생기게 된다. 다시 말해 영어, 프랑스어, 스페인어 등 각 언어로 된 인쇄물을 공유하는 집단 간에는 이 인쇄물을 통해 상호 이해와 소통이 가능해진 것이다. 이렇게 자국어의 인쇄물을 공유하게 되면서 프랑스 독자로 하여금 그들 스스로를 프랑스의 일부로, 영국의 독자는 영국의 일부로 인식하도록 만들었다(Fang, 1997/2002: 61~62). 이 언어 공동체가 후술할 민족의식과 민족 국가의 모태가 되었다.

4) 민족의식의 형성과 상상된 공동체

근대의 정치, 경제적 발전은 봉건 영주를 중심으로 한 중세적 질서를 넘어 새로운 세계를 필요로 하였다. 발달된 생산력을 기반으로 교환 경제의 범위를 보다 확장해야 할 필요성도 증대하였으며 이를 뒷받침하기 위해서는 자유와 권리 등 근대적 인권을 보장할 필요성도 커졌다. 이러한 정치, 경제적 추세와 맞물리면서 형성된 것이 근대 민족 국가다. 봉건 왕조 중심에서 근대적 국가 체제로 발전해 가는 토대가 바로 이 민족 국가다. 하나의 운명 공동체를 구성하는 민족의식을 바탕으로 만들어진 것이 근대의 민족 국가인 것이다.

정치학자 베네딕트 앤더슨Benedict Anderson(1991/2002: 25)은 민족이라는 개념을 "본래 제한되고 주권을 가진 것으로 상상되는 정치 공동체"라고 정의한다. 민족은 "가장 작은 민족의 성원들도 대부분 자기 동료들을 알지 못하고 만나지 못하여 심지어 그들에 관한 이야기를 듣지도 못하지만, 구성원 각자의 마음에 서로 친교communion의 이미지가 살아 있기 때문에 상상된 것"이라 규정한다. 이 정의에 따르면 민족의 구성에는 세 가지 요건이 제시된다. 첫째는 '제한'된 것이라는 점이다. 이는 어떠한 민족이든지 한정된 경계를 설정한다는 것이다. 어떠한 민족도 자신들을 전체 인류와 동일시하지는 않는다. 둘째는 주권을 가진 것으로 상상된다. 이는 신이 내린 왕권에 바탕을 둔 절대주의 체제가 자유주의에 바탕을 둔 근대 국가로 넘어가는 시대에 태어났기 때문이다. 세 번째는 공동체로 상상된다는 점이다. 어떠한 민족이든지 그 안에 존재할 불평등과 수탈에도 불구하고 민족은 언제나 깊은 동료 의식으로 상상되는 것이다(Anderson, 1991/2002: 26~27).

이 민족 국가라는 새로운 공동체가 탄생하는 데 인쇄술이 결정적 역할을 한 것으로 평가된다. 가장 중요한 공헌은 인쇄술에 의해 언어 공동체가 확립되었다는 사실이다. 영주를 중심으로 한 봉건 체제를 넘어서 중앙집권화된 군주제가 등장하고 이러한 정치 제도의 변화와 함께 언어의 통일화가 장려되었고, 이러한 시기와 맞물려 인쇄술이 언어 공동체 확립에 지대한 영향을 미친 요인이 되었다(Febvre & Martin, 1958/2014: 539).

새로운 인쇄술은 곧 새로운 미디어를 가능케 하였다. 중세 말에서 근대로 넘어가는 시기의 여러 가지 정치, 경제 및 사회적으로 급격한 변동은 당시 사회의 정보 욕구를 급격히 증대시켰다. 이렇게 증대된 정보 욕구를 기존의 전통적 커뮤니케이션 방식으로는 해결할 수 없었다. 전통 사회의 지식과 정보의 거의 유일한 원천이었던 노인이나 교회, 학교 등도 경험하지 못한 사회 변동이었다. 이러한 상황은 보다 강력한 커뮤니케이션 미디어를 필요로 하였다(채백, 1996: 264). 이와 같은 사회적 필요에 따라 당시의 새로운 기술인 인쇄술을 도입하여 신문과 잡지 같은 새로운 미디어가 등장하며 당시 사회의 정보 욕구에 부응할 수 있었다.

인쇄 미디어가 만들어 낸 언어 공동체는 여러 가지 혁명적 변화를 야기하였다. 정기적으로 생산, 배포되는 신문은 같은 날 같은 시간대에 광범위한 지역에 걸쳐 수많은 사람들이 같은 내용을 읽게 만들었다. 게오르크 프리드리히 헤겔Georg Friedrich Hegel은 이를 일컬어 아침 기도와도 같은 대중 의례mass ceremony의 역할을 한다고 설파한 바 있다(Anderson, 1991/2002: 61). 많은 사람이 일정한 시간에 같은 내용을 읽고 비슷한 생각을 하게 되는 것을 같은 시간대에 기도를 올리는 종교 의식에 비유한 것이다. 이러한 새로운 현상은 이 언어 공동체를 정치적 공동체, 즉 민족으로 모이게 했다.

이렇게 형성된 민족 국가라는 정치와 경제의 공동체이자 나아가 운명의 공동체는 근대 이후 인간 삶의 거의 모든 측면을 지배하는 핵심적 단위가 되었다. 정치와 경제도 이 민족 국가가 하나의 단위가 되며 나아가서 구성원들의 가치관이나 윤리의 적용도 이 민족 국가의 틀 내에서 이루어지게 된 것이다.

3. 방송 미디어의 확산과 공동체의 변화

20세기 전반기 라디오의 출현은 인류의 미디어 환경을 큰 폭으로 바꾸기 시작하였다. 1차 세계 대전의 종전 직후인 1920년 미국에서 라디오 방송을 시작하면서 새로운 테크놀로지가 만들어 내는 신비로운 세계에 사람들은 급속히 빠져들었다. 수백 년 동안 인류의 커뮤니케이션 환경을 독점적으로 지배하던 인쇄 미디어의 시대는 새로운 도전에 직면하게 된다. 이 새로운 미디어는 당시 산업 혁명 이후 급속한 산업화가 진행되며 재구성되는 사회 환경과 맞물리면서 사회적 영향을 발휘하게 된다.

1) 라디오 방송의 성립과 발전

(1) 라디오 방송의 태동

라디오는 장거리 유선 전신telegraph과 달리 무선을 기반으로 하는 전자적 커뮤니케이션이다. 1864년 영국인 제임스 맥스웰James Maxwell이 전자파의 존재를 처음 알렸고, 1887년 독일인 하인리히 헤르츠Heinrich Hertz가 실험을 통해 맥스웰의 이론을 증명하면서 주파수의 표준 부호와 단위 측정의 기초가 놓이게 된다. 이후 1895년 이탈리아인 굴리에모 마르코니Guglielmo Marconi가 최초로 라디오 형태의 미디어를 발명하고 1902년 무선으로 대서양 횡단에 성공하면서 본격적인 라디오의 시대가 열린다. 초기에 라디오는 육지와 선박 사이의 통신이나 선박과 선박 사이의 통신에 주로 이용이 되었으며, 두 차례 세계 대전을 거치면서 군사용 목적으로도 널리 활용이 되었다(손용, 2003: 96~97).

라디오가 상업적 목적으로 널리 사용되기 전까지 이 미디어는 방송放送을 위한 용도가 아니라 다양한 사람들이 자유롭게 교신을 하기 위한 목적으로 주로 사용되었다. 서구에서 초기 라디오 문화는 1900년대 초반 형성되기 시작하였다. 이 시기 대도시를 중심으로 라디오 용품 전문점들이 생겨나고 1906년 미국 뉴욕에서는 라디오 마니아를 위한 전문지가 등장하기도 하였다. 1910년경에 이르면 미국에서는 청소년 대상 잡지에 라디오 조립법이 소개되는 등 라디오를 이용한 아마추어 무선이 상당한 붐을 이루게 된다(吉見俊哉,

2004/2006: 140).

그런데 라디오를 이용한 무선 통신은 비밀 유지가 어려웠다. 한 무선국에서 발신된 전파는 그것이 도착하는 권내에 있는 무선국과 그 주변에 모두 수신이 되었던 것이다. 이 점은 라디오가 방송broadcast 미디어로 작동하는 장점으로 작용하였다.

라디오는 1차 세계 대전 당시 군사적 목적으로도 활발한 보급이 이루어지는데, 전쟁이 끝나면서 라디오 수신기 생산 시설에 많은 투자를 했던 여러 국가가 수신기의 소비처가 끊길 상황에 처했다. 이러한 상황에서 전파에 음악 등을 실어 보내면 수신기를 판매할 수 있을 것으로 판단해, 1920년 11월 미국 피츠버그에서 상업 라디오 방송 KDKA가 첫 전파를 송신함으로써 라디오 방송 시대가 본격적으로 막을 열었다.

수신기 판매라는 소박한 목적에서 출범하였지만 라디오 방송은 청취자들에게 공간적으로 멀리 떨어진 곳의 소리를 전달하며 폭발적인 인기를 끌었다. 방송을 시작한 이래 미국에서 1922년 수신기와 부품 판매고가 6000만 달러였으나, 1923년 1억 3600만 달러, 1924년 3억 5800만 달러로 해마다 2배 이상 늘어나는 폭증세를 보이며 '무선 열풍'이 불게 되었다. 수요에 맞춰 제대로 공급하기 어려울 정도였다. 당시 사람들은 라디오 방송의 콘텐츠 자체보다는 한 번도 가본 적 없는 먼 지역의 소리를 들을 수 있다는 사실에 커다란 경외감을 느꼈다고 한다(채백, 1996). 이후 라디오 방송은 상업적으로도 크게 발전하게 된다. 상업적으로도 경쟁이 펼쳐지면서 라디오에 적합한 콘텐츠도 선을 보이기 시작하였다.

(2) 라디오와 유동성의 사사화

라디오가 급성장하며 새로운 매스 미디어 형태로 정착한 것은 당시의 사회적 조건과 맞아떨어지면서 많은 이들의 욕구를 해결해 줄 수 있었기 때문이었다. 19세기 산업화 과정에서 수많은 사람이 정든 고향을 떠나 새로운 일자리를 찾아 도시로 몰려들었다. 전통의 공동체에서는 주변의 이웃들이 가족이거나 친척이어서 매우 친숙한 관계 속에서 삶이 이루어졌지만 산업화된 도시의 삶은 전혀 달랐다. 일터와 가정은 분리되어 공간적인 유동성은 매우 커졌다. 하지만 서로 다른 지역 출신들이 도시라는 새로운 공간에 이웃해 살면서 집 밖을 나서면 낯선 사람들 속에서 익명의 고립감을 느낄 수밖에 없었다. 사회학자 데이비드 리스먼David Riesman의 표현대로 '군중 속의 고독'을 느낄 수밖에 없는 상황이었다. 주변 사람들과의 교류는 자연스레 줄어들고 가족 중심의 삶이 이를 대신하였다. 레이먼드 윌리엄스(Williams, 1974)는 이를 "유동성의 사사화mobile privatisation'"라고 규정하였다. 유동성은 커졌지만 이를 사사로운 가정 내에서 해결하게 되었다는 말이다.

이러한 사회적 조건 속에서 각자의 집 안에서 유동성의 욕구를 해결할 수 있는 수단이 바로 라디오였다. 굳이 바깥에 나가지 않더라도 집 안에 머물면서 바깥 세계와의 연결을 이 라디오가 대신한 것이다. 집안에 앉아서도 라디오 뉴스를 통해 세상 돌아가는 사정을 알 수 있었다. 교회를 가지 않더라도 목사의 설교를 들을 수 있었으며 음악회를 가지 않아도 집에서 연주회를 들을 수 있게 되었다. 드라마나 오락 프로그램 등 즐길 거리도 많았다. 더구나 인쇄 미디어처럼 문자 해독 능력을 필요로 하지도 않으니 누구나 즐길 수 있었다.

라디오는 문화의 저변을 확대시켰다. 과거 소수의 특권층만 누리던 문화를 이제는 누구나 라디오를 통해 같이 즐길 수 있게 된 것이다. 그러나 이러한 변화는 다른 한편으로 인류 사회에 비관적 전망을 낳기도 하였다. 특히 노동자들이 혁명 계급으로 나아가지 못하고 오히려 라디오의 오락 프로그램에만 빠져들며 무기력한 대중으로서 전락하고 말았다는 비판이 대두된 것이다. 이와 관련하여 프랑크푸르트학파를 중심으로 한 비판 이론critical theory 진영에서는 자본주의 체제하에서 '문화 상품'이 된 라디오가 대중의 의식과 욕구를 획일화시켜 현실 속에 안주하게 만든다는 비판을 치열하게 전개하였다(Horkheimer & Adorno, 1944/2001).

(3) 시간 미디어의 탄생

방송 미디어로서 라디오가 공동체에 미친 거시적 영향은 크게 두 가지로 요약할 수 있다. 첫째는 같은 시간에 방송을 듣는 청취자 집단을 형성함으로써 동시적 시간 감각과 리듬을 조성하였다. 매클루언은 라디오가 만들어 낸 새로운 현상을 재부족화라고 설명한다. 공간적으로는 분산된 수많은 사람이 같은 시간에 같은 내용을 접하게 되는 것을 원시 부족의 뿔피리나 북소리에 비유하였다. 라디오 프로그램이 사람들을 불러 모으는 신호와 같은 역할을 한다고 보았다(McLuhan, 1964/2011). 인쇄 미디어가 보편화되면서 개인화되어 가는 추세가 계속 이어졌지만, 라디오가 사람들을 다시 수신기 앞으로 불러 모으는 현상에서 재부족화의 가능성을 주목했다.

영국의 방송 도입 과정을 깊이 있게 연구한 커뮤니케이션학자 패디 스캐널Paddy Scannell(1989)은 방송이 도입되기 이전에도 표준화된 시계가 있기는 했지만 전국적 방송이 시작되면서 표준화된 국가 시간 개념이 사실상 정착하게 되었다는 점을 지적한다. 일본 커뮤니케이션학자 요시미 슌야吉見俊哉(2004/2006) 역시 국민 체조 방송 같은 일본의 초기 라디오 프로그램이 일종의 전국적 시간표 역할을 수행하였다는 점을 들어 라디오가 일상생활의 리듬을 규율하는 미디어로 작동하였다고 설명한다. 또한 그는 라디오를 비롯한 전자 미디어의 발전으로 사람들의 시간과 공간에 대한 감각이 변화하기 시작하였다고 지적한다. 미국의 시인 로버트 프로스트Robert Frost나 아일랜드의 소설가 제임스 조이스James Joyce가 쓴 작품들은 이 시기 첨예화된 시간 감각을 반영한다는 것이다. 이들 외에도 이 시기 문학 작품 속에서 시간의 고정성에 의문을 제기하거나 시간의 다양성과 상대성을 이야기하는 사례들이 늘어났다고 말한다.

라디오가 공동체에 미친 두 번째 영향은 방송을 통한 원거리의 상징적인 사회적 상호 작용 혹은 상상적 인간관계를 창출하였다는 점이다. 이를 커뮤니케이션학자들은 의사 사회적 상호 작용parasocial interaction이라 부르는데, 현재도 라디오 진행자와 청취자 사이의 상호 작용에 관한 연구에서 이 개념이 많이 사용된다(Rubin & Step, 2000). 다시 말해 라디오 방송은 송신자와 수신자 사이에 특유의 상호 작용하는 '방식'을 만들어 냈다. 라디오 방송에서 진행자가 자주 사용하는 "여러분은 지금 저희와 함께하고 있습니다"라거나 "다음 주에 또 만나요"와 같은 관용어구들은 불특정한 수용자들을 향해 발화됨에도 마치 개인에게 말을 거는 것 같은 형식을 취한다(이희은, 2013). 이렇듯 방송으로서의 라디오는 공적인 영역에서 발생한 사건들을 사적인 형식을 통해 수용자들의 사적 공간에 전달하는 특성을 지니게 되었다.

2) 텔레비전의 등장과 발전

(1) 텔레비전이 '있고' '없고'의 차이: TV 도입의 자연 실험

텔레비전은 '멀리tele' '보다vision'라는 어원이 말해 주듯 시청자가 있는 '지금 여기'에서 멀리 떨어진 곳에서 일어나는 상황을 영상으로 전달하거나 재현해 주는 미디어다. 텔레비전은 다양한 분야의 과학과 기술이 누적되고 종합되어 만들어진 전기와 전자, 그리고 통신 기술의 집합체다. 텔레비전은 최소한 세 가지 핵심 요소 기술을 기반으로 개발되었다. 첫째는 라디오와 마찬가지로 1895년 마르코니가 개발한 무선 송수신 기술이다. 둘째는 1897년 카를 브라운Karl Braun이 발명한 음극선관으로 이를 기반으로 영상을 볼 수 있는 화면, 즉 브라운관이 탄생하였다. 셋째는 1927년 러시아 출신의 미국인 기술자 블라디미르 즈보리킨Vladimir Zworykin이 발명한 텔레비전 카메라다(이광춘, 1997). 이 세 가지 기술, 즉 영상을 만들어 송신하고 이를 수신하여 재생하는 기술이 완성된 것이다.

텔레비전은 매우 혁신적인 미디어이기는 했지만 전혀 생소한 미디어 형식은 아니었다. 이미 라디오와 사진, 영화 기술이 발전해 있었기 때문에 텔레비전은 '사진을 보내는 기계'로 알려지기도 하였고, '라디오 신문'으로 받아들여지기도 하였다. 텔레비전은 진공 상태에서 갑자기 등장한 미디어라기보다는 영화, 전화, 라디오 등 기존의 다양한 미디어의 속성을 이어받아 통합된 미디어의 특징을 지녔던 것이다(이기형, 2004). 이렇듯 텔레비전은 라디오와 영화 등 당대 주요 미디어들을 합쳐 놓은 종합 미디어였던 덕분에 도입과 보급이 사회에 미칠 파장에 대한 관심 또한 매우 클 수밖에 없었다.

그런데 문제는 텔레비전이 도입되던 시기 다양한 사회 변화도

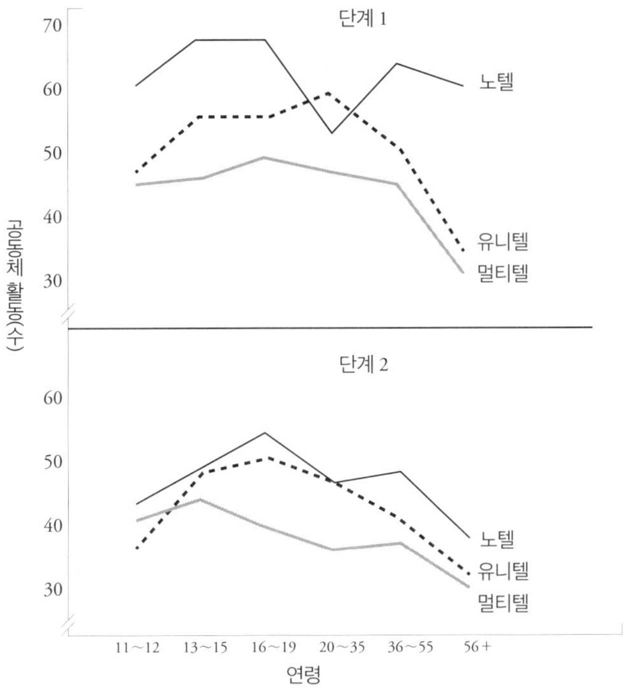

그림 3-3. 1973년(단계 1)과 1975년(단계 2)의 연령별 공동체 활동(수)의 변화

출처: Williams(1986: 156).

함께 진행되었기 때문에 텔레비전 도입의 효과만을 따로 추려 내는 것은 매우 어려운 작업이다. 이럴 때 의존할 수 있는 가장 좋은 방법은 만약에 '텔레비전이 도입되지 않았더라면 어떤 차이가 있었을까'라는 가정을 바탕으로 도입 효과를 추론해 보는 것이다. 다시 말해 비슷한 조건에서 텔레비전이 도입된 현실과 그렇지 않은 반사실 counter-factual을 비교하는 것이 가장 좋은 방법이라 할 수 있다(中室牧子·津川友介, 2017/2018).

그림 3-3에서 가로축은 연령대를 의미하고, 세로축은 시민적

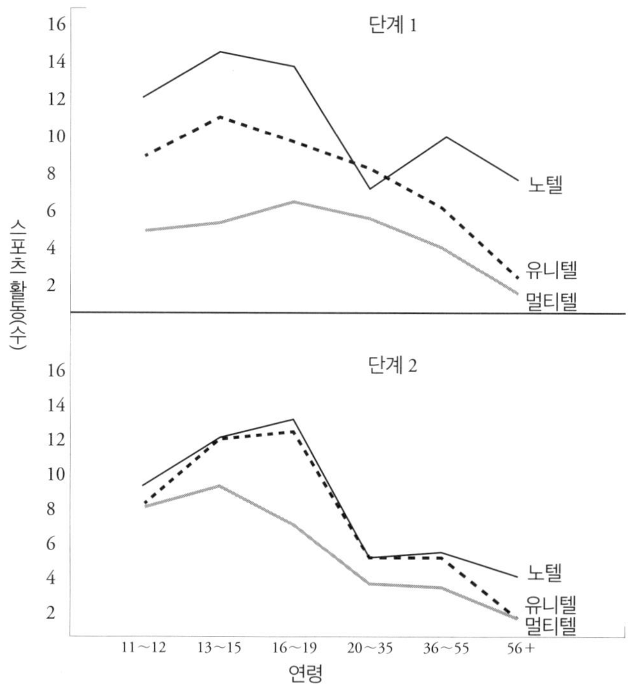

그림 3-4. 1973년(단계 1)과 1975년(단계 2)의 연령별 스포츠 활동(수)의 변화

출처: Williams(1986: 163).

활동과 교육, 사교, 종교, 오락 활동 등 다양한 공동체 활동의 숫자를 의미한다. 이 조사 결과에 따르면, 1973년(단계 1) 조사에서는 노텔notel의 공동체 활동 양상은 유니텔unitel 및 멀티텔multitel과 상당한 차이가 있었다. 텔레비전이 도입되기 전 마을은 텔레비전이 도입된 마을에 비해 공동체 활동이 전반적으로 활발했던 것이다. 하지만 노텔에 텔레비전이 도입된 2년 후인 1975년(단계 2) 모든 마을의 공동체 활동 양상이 유사하게 나타나는 것을 확인할 수 있다. 이는 텔레비전 도입이 여타 마을과 마찬가지로 주민들의 공동체 활동을 약화시켰다는 것을 말해 준다.

그림 3-4는 동일한 방식으로 세 마을의 스포츠 활동의 변화를 비교 조사한 결과로 비슷한 추세가 나타나는 것을 확인할 수 있다. 1973년(단계 1)에 노텔은 여타 마을과 비교할 때 스포츠 활동이 활발한 편이었다. 하지만 텔레비전이 도입된 2년 후인 1975년(단계 2) 조사에서 노텔 주민들의 스포츠 활동 정도는 비교 대상인 두 마을과 유사해졌다. 이러한 결과로 볼 때 텔레비전 도입은 야외에서 하는 활동인 스포츠 참여도 위축시켰다는 것을 알 수 있다. 멀티텔 주민들의 스포츠 활동이 가장 저조한 것으로 나타나는데, 이를 통해 텔레비전이 사람들을 집안으로 불러들이고 외부 활동을 감소시키는 역할을 한다는 추론이 가능할 것이다. 그러한 경향성은 이웃 간 만남의 기회를 축소시키기 때문에 전반적인 마을 공동체의 약화와도 맞닿아 있다.

'반사실'과 인과 관계의 추론

세상에는 다양한 상관관계correlation가 존재한다. 그런데 이러한 상관관계의 해석에는 주의가 필요하다. 원인이라고 생각했던 것이 실은 결과이고, 결과라고 보았던 것이 원인일 수도 있기 때문이다. '역의 인과 관계'가 존재할 수 있다. 또한 두 요인 사이의 관계에는 다양한 요인들이 개입해 있을 가능성이 높다. 이를 '교란 요인'이라고 부른다. 이러한 '역의 인과 관계'와 '교란 요인'의 문제를 해결할 수 있는 가장 확실한 방법은 관찰된 현실과 반대되는 '반사실反事實'을 비교하는 것이다.

반사실이란 "만약에 ○○을 하지 않았더라면 결과는 어떻게 됐을까?"라는 식으로 실제로는 일어나지 않은 반대 사실을 가정하는 시나리오를 의미한다. '반사실'은 인과 추론에서 가장 중요한 개념으로 간주된다. 통계학에서 상관관계를 넘어 인과 관계의 존재를 확인하기 위해서는 원인이 발생한 '사실'의 결과와 원인이 발생하지 않은 '반사실'의 결과를 반드시 비교해야 한다(中室牧子·津川友介, 2017/2018: 37~38). 실험 집단과 통제 집단을 설정하여 실험 연구를 하는 이유 역시 인과 관계를 추론하기 위해서다. 자연 실험은 연구자의 인위적 개입 없이도 실험 설계와 비슷하게 인과 관계 추론을 가능하게 한다는 점에서 중요한 방법론으로 받아들여진다.

실제로 텔레비전의 도입이 공동체의 변화에 미친 영향을 인과 관계의 차원에서 구체적으로 확인할 수 있는 경험적 자료는 매우 제한적이다. 그러한 가운데 텔레비전이 도입되던 시기 TV가 도입된 마을과 그렇지 않은 마을을 비교한 자연 실험 연구natural experiment는 매우 중요한 의미를 지닐 수 있다. 커뮤니케이션학자 태니스 윌리엄스Tannis Williams(1986)는 텔레비전 도입 초기 대체로 비슷한 조건을 가지고 있었던 캐나다의 세 마을을 자연 실험장으로 중요한 비교 관찰을 실시하였다. 1973년 새로 텔레비전이 도입된 마을을 노텔, 한 개의 국영 채널만 방송되던 마을을 유니텔, 다수 채널이 방송되던 마을을 멀티텔이라 명명하고 주민들을 대상으로 각각 하루 일과의 시간 사용 패턴과 공동체 활동 양상을 조사하였다. 그리고 2년 뒤인 1975년에 다시 세 마을을 대상으로 동일한 문항으로 반복 조사를 실시하였다. 그림 3-3, 그림 3-4는 그 주요 결과 중 공동체의 변화와 관련한 내용을 담고 있다.

(2) 흐름의 미디어, 텔레비전의 문화 형식

방송 미디어로서 라디오의 사회적 영향력을 앞에서 시간성 차원에서 설명하였다. 이와는 조금 다른 측면에서 레이먼드 윌리엄스는 텔레비전 미디어의 특성을 '흐름flow'이라는 시간 개념을 통해 설명한다. 윌리엄스(Williams, 1974)는 1950년대부터 희곡과 문학에 대한 탁월한 비평으로 명성을 쌓은 마르크스주의 문화 비평가로서《텔레비전*Television*》이라는 책을 통해 1970년대 신생 분야나 다름없었던 방송 비평에서도 탁월한 족적을 남겼다. 이 책은 텔레비전 방송이 개별적이고 분절화된 텍스트가 아니라 끝없이 흐르는 속성을 지닌 새로운 문화 형식이라는 점을 강조한다. 윌리엄스의 '텔레비전론'을 대표하는 이 책은 '기술과 문화 형식Technology and cultural form'이라는 부제로도 유명한데, 즉 텔레비전 분석은 단순히 그 내용에 대한 분석을 넘어 문화적 경험 변화라는 더 큰 틀 속에서 고찰해야 한다는 것이다.

이러한 점은 앞서 언급한 미디어학자 매클루언의 관점과 일견 비슷해 보인다. 하지만 윌리엄스는 매클루언의 미디어 결정론을 비판하며 일정한 거리를 두었다. 윌리엄스는 미디어가 지닌 고유의 특성이 사람들의 감각 질서를 일방적으로 변화시킨다는 주장에 동의하지 않았다. 그가 보기에 기술이 지닌 특성은 다양한 사회적 요인과의 상호 작용, 그리고 이용자의 사회적 실천 과정에서 발현되는 것이었다(吉見俊哉, 2004/2006: 75). 기술이 지닌 잠재력이란 다양한 정치적, 경제적, 사회적 힘과 얽혀 있으며 문화적 맥락 속에서 작동하는 것이지 결코 한 방향으로만 작용한다고 볼 수 없다는 것이다.

그럼에도 윌리엄스는 텔레비전이 여타 미디어와는 질적으로 다른 경험을 제공한다는 점을 분명히 하였다. 그는 실제로 BBC의 다큐멘터리 프로그램 제작과 드라마 시나리오 집필에 참여했던 경험이 있었다. 또한 BBC에서 발행하는 비평 주간지 〈리스너*The Listener*〉(1929년 창간, 1991년 폐간)의 주요 필자로서 '텔레비전 비평'을 담당했다(Buchanan, 2010/2017). 이러한 경험 속에서 윌리엄스는 텔레비전의 영향력을 개별 프로그램을 중심으로 고찰하는 것이 그리 유효한 비평 방식이 아니며 방송이 제공하는 경험의 본질을 제대로 반영하지 못한다고 결론을 내렸다. 윌리엄스가 보기에 방송은 시작과 끝이 비교적 닫혀 있는 여타 미디어와 달리 강물처럼 끝없이 흐르는 형태의 미디어에 가까웠다. 비유하자면 텔레비전을 시청한다는 것은 달리는 자동차에서 바깥 풍경을 내다보는 것처럼 어떤 풍경이 끊임없이 눈앞을 흘러 지나간다는 의미였다.

이러한 관점 위에서 윌리엄스는 '흐름' 개념을 텔레비전 비평에 선구적으로 도입하였다. 이 개념은 개별 프로그램 분석보다는 텔레비전 편성의 미학을 설명하기 위한 개념으로 적용되었다(Moores, 2000/2008: 20). 텔레비전을 시청한다는 것은 시청자들이 여러 흐름으로 들어가기flow in와 빠져나오기flow out를 반복하면서 각자의 흐름을 경험하는 활동으로 간주된다. 이런 논의의 연장에서 텔레비전은 대형 스크린에서 펼쳐지는 영화처럼 몰입과 관음주의의 미디어가 아니라 끝없는 '곁눈질의 체계regime of the glance'라는 해석이 제시되기도 했다(Ellis, 1992: 137).

리모컨remote control의 등장은 텔레비전 시청 흐름의 변화에 큰 영향을 미쳤다. 방송사 입장에서 리모컨은 시청자의 채널 전환zapping과 광고 건너뛰기hopping를 용이하게 하는 도구로서 시청자의 채널 충성도를 크게 떨어뜨릴 것이라는 우려를 낳았다(Yorke & Kitchen, 1985). 리모컨의 등장으로 동일한 채널 내 인접 프로그램 간 영향력은 약화되고, 동일 시간대 인접한 채널 사이의 경쟁 효과는

'수도꼭지 편성'과 '흐름'

2019년 한 종편 방송에서 트로트 프로그램이 큰 인기를 끌면서 이듬해 여러 지상파와 종편 방송에 유사한 프로그램이 우후죽순 생기고 재방송이 잦아지자, 이에 대해 '수도꼭지 방송'이라는 비판이 이어졌다(안시현, 2020). 틀기만 하면 트로트 방송이 나온다는 것이다. 이렇게 방송을 빗댄 표현 중에 수도꼭지와 수돗물의 은유가 종종 사용된다. 텔레비전을 '튼다'는 표현 역시 은유로서 수도꼭지를 틀면 물이 흘러나오듯이 방송이 흘러나온다는 뜻으로 해석할 수 있을 것이다. 이렇듯 텔레비전에는 여타 미디어에는 잘 사용되지 않는 '흐름'의 은유가 자주 사용된다.

커질 것이라는 분석이 제시되었다. 이러한 변화와 함께 방송사들은 채널 이탈을 막기 위한 전략을 강화하고, 광고사들 역시 광고 회피를 막기 위한 전략을 더욱 발전시키게 된다(Kaplan, 1985).

이 시기를 지나면서 텔레비전 시청자들은 더욱 산만하고 인내심 없는 집단으로 간주되었다. 예컨대 커뮤니케이션 연구자인 로버트 벨라미Robert Bellamy와 제임스 워커James Walker(1996)는 리모컨이 텔레비전 시청에 미친 영향을 폭넓게 검토한 《텔레비전과 리모컨*Television and the remote control*》의 부제를 "광활한 불모지에서 방목하기Grazing on a vast wasteland"라고 붙였다. '리모컨 세대'를 풀 한 포기 없는 황무지에 방목되는 처지에 놓인 세대로 묘사한 것이다. 이는 리모컨의 등장 이후 방송이 양질의 내용을 제공하는 데 주력하기보다는 변덕이 심한 시청자들을 잡아 두기 위해 지루할 틈을 주지 않는 전략에 더욱 집중한다는 것을 말해 준다. 이러한 변화와 함께 텔

'게으름뱅이'의 상징 리모컨

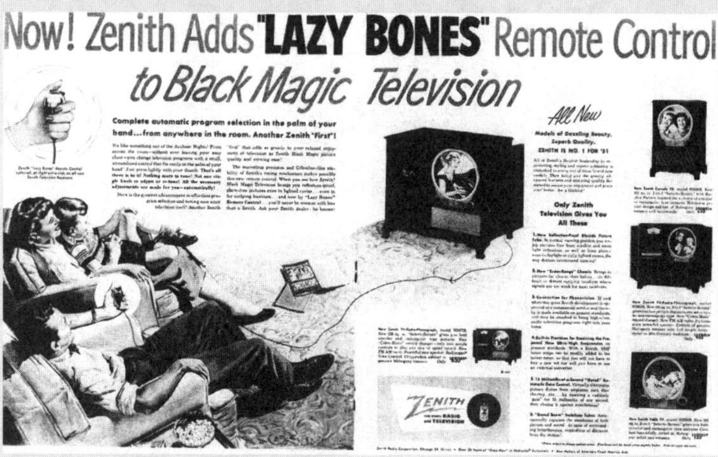

그림 3-5. 최초의 TV 리모컨 '레이지본' 광고(1950)

최초의 TV 리모컨은 1950년 미국의 가전업체 제니스Zenith Electronics 사에서 출시됐다. 제니스의 창업자인 유진 맥도널드Eugene McDonald는 TV 방송 중 등장하는 광고가 시청자들을 짜증나게 해 TV의 매력을 감소시킬 수 있다고 보고 광고가 나올 때 볼륨을 낮추거나 채널을 바꿀 수 있는 장치를 내놓았다(Luplow & Taylor, 2012). 당시 리모컨은 유선 형태로, 전기선이 거실 바닥을 가로질러야 했기 때문에 불편했고 안전사고의 위험도 있었다. 그럼에도 몸을 움직이지 않고 TV를 조작할 수 있다는 점이 구매자들에게 큰 매력으로 작용하였다. 리모컨의 초기 이름은 아이러니하게도 '레이지본Lazy Bones(게으름뱅이)'이었다.

레비전 화면에서 숏과 숏 사이의 간격은 더욱 짧아지고 전개는 더욱 빨라지게 된다.

앞서 말했듯이 윌리엄스(Williams, 1974)는 우리의 일상이 여러 흐름으로 이루어진 것처럼 텔레비전은 우리에게 일종의 흐름을 제공한다는 점을 강조하였다. 리모컨은 텔레비전이 제공하는 흐름의 속도를 더욱 빨라지게 만드는 역할을 한 것으로 평가할 수 있다. 배진한(1997)은 리모컨 시대 텔레비전 편성의 새로운 전략을 모색하는 연구에서 리모컨의 도입으로 시청 유입flow-in과 시청 유출flow-out의 빈도와 속도가 모두 증가하였다는 점을 강조하며 "전환의 가속화acceleration of transition"라는 개념을 제시한다. 시청자들이 여러 채널을 오가며 방송을 시청하는 것이 더욱 용이해진 만큼 방송사는 이러한 시청자들을 잡아두기 위해 더욱 빠른 전환과 전개에 집중하게 된 것이다. 그러한 점에서 리모컨 등장으로 인한 '전환의 가속화'는 '흐름의 가속화'를 의미하는 것이라고 볼 수 있다.

국내에서는 1974년 동남전기가 리모컨을 처음으로 출시하였으며, 1981년 금성(현 LG전자)이 컬러 TV에 리모컨을 도입하였다. 1984년에는 삼성전자도 TV를 출시하면서 리모컨을 선보였다(뉴스원, 2016. 3. 30). 오늘날 대부분의 TV 이용자들은 리모컨을 활용한다. 자리에서 일어나지 않고 소파에 앉아 리모컨을 이리저리 움직이는 사람들을 빗댄 '카우치 포테이토couch potato'는 게으른 텔레비전 이용자들을 상징하는 용어로도 사용된다.

(3) 생활 패턴의 동시화와 리듬의 동질화

전통적으로 방송 미디어를 이용한다는 것은 특정한 시간에 묶이게 된다는 의미를 지닌다. 더 나아가 하루 중 생활의 일부를 규칙적으로 할당한다는 뜻이기도 하다. 방송에 대한 분석에서 리듬rhythm은 시간성의 또 다른 차원으로 활발하게 논의되어 왔다. 물론 리듬은 방송 분석에서 처음 등장한 개념은 아니다. 리듬에 대한 관심은 서구 철학에서 아주 오랜 역사를 지닌다. 가령 플라톤은 《국가》에서 공동체의 질서를 잘 유지하기 위해서는 교육을 통해 조화로운 리듬이 공유되어야 한다고 강조한 바 있다(신승원, 2016).

리듬이란 원래 기계적인 시간성과는 대비되는 개념으로 주로 자연 상태에서 볼 수 있는 고유한 장단이나 박자감, 혹은 흐름새 등을 뜻한다. 창밖으로 보는 바깥 풍경이 시시각각 달라지는 이유는 아침과 낮, 그리고 밤이 일정한 리듬에 따라 변화하기 때문이다. 바닷가에서 파도가 밀려오고 쓸려나가는 모습 역시 매번 다른 양상으로 반복되지만 이 역시 리듬의 일종이다. 도시의 일과에서 건물과 도로가 붐볐다 한산해지는 반복 역시 리듬을 보여 준다(신승원, 2016).

리듬을 분석적 차원으로 끌어올린 대표적인 학자로는 앙리 르페브르Henri Lefebvre(1992)를 꼽을 수 있다. 그의 마지막 저서이기도 한 《리듬 분석: 공간, 시간, 도시의 일상생활*Éléments de rythmanalyse*》은 일상의 리듬을 본격적인 분석의 대상이자 실천의 계기로 만들기 위한 모색 작업이었다고 할 수 있다. 이는 자본주의가 추동하는 사물화와 양화에 맞서고자 했던 르페브르의 전체 기획과 맞닿아 있는 것으로 인간적 삶의 리듬이 부정당하고 기계적 리듬을 강요당하는 현실에 대한 비판 작업이기도 했다. 하지만 현대 사회에서 바람직한 리듬을 구체적으로 어떻게 구현할 수 있을지에 대한 르페브르의 설명은 그리 명료하지 않다(신승원, 2016). 리듬 분석은 그의 원래 의도대로 인간적 리듬을 되찾기 위한 실천적 방안으로서의 성격을 지니기보다는 현대적 시간의 구성과 배치를 탐구하는 연구자들에게 통찰을 제공

앙리 르페브르

20세기 시간과 공간이 사유된 주요한 방식과 그 변화를 잘 보여 준 대표적 학자로 앙리 르페브르(1901~1991)를 꼽을 수 있다. 그는 70권에 이르는 저서를 출간한 철학자이자 에세이스트로서 일생에 걸쳐 공간과 시간, 일상의 문제 등 다양한 주제를 다루었다. 수많은 지적 저작을 남긴 학자지만 그의 삶이 순탄하지만은 않았던 것으로 알려져 있다. 1930년대 초 공장 노동자와 택시 운전자로 일하면서 심각한 교통사고를 당하기도 했다. 그는 철학 교사로 어렵게 일자리를 찾았지만 독일이 프랑스를 점령한 동안 공산당원이라는 이유로 교직에서 제명된다. 이후 레지스탕스에 합류하여 친나치 비시 정부에 반대하는 활동을 했으며, 전쟁이 끝난 후에는 툴루즈의 한 라디오 방송사에서 한동안 예술 감독으로도 일했다(Buchanan, 2010/2017).

하며 이론적 자원으로 활용되는 경향이 강한 것으로 보인다.

방송 역시 공간적으로 흩어진 수용자들을 하나로 묶어 순환적이고 집단적인 사이클을 형성하는 역할을 해 왔기 때문에 리듬 개념이 중요한 분석적 자원으로 다루어져 왔다. 그런데 방송에서 규칙적인 편성 사이클이 처음부터 정착된 것은 아니었다. 지금으로서는 다소 어색하게 들리지만 초창기 방송 실험의 시대에는 개별 프로그램의 방송 시간을 매주 달리하는 등 연속성과 정기성을 의도적으로 회피하려는 시도가 있었다. 정규적인 편성보다 불규칙한 편성이 수용자를 더욱 주의 깊게 만들 수도 있을 것이라 보았던 것이다. 그렇지만 그러한 전략은 오래가지 못하였고, 주 단위의 규칙적인 편성이 점차 방송의 중요한 규칙으로 자리 잡았다(Moores, 2000/2008: 63).

차츰 방송 사업자들은 자신들이 생산한 프로그램의 시간 편성을 가정의 일상적 의식에 맞추게 된다(Moores, 2000/2008: 63). 이렇게 만들어진 방송의 편성은 시청자들의 적절한 시청 습관을 형성하고 사람들의 생활에 더욱 공고하게 엮여 들어갔다. 이러한 과정을 통해 가정을 중심으로 한 현대인의 일상적 삶의 리듬은 더욱 유사해지는 경향이 나타난 것이다.

한국 현대사에서 시간이 정치적, 경제적, 문화적 자원으로 개발되는 과정을 탐구해 온 김학선(2020)은 1980년대 국가의 시간 기획이라는 관점을 제시하며, 텔레비전의 편성 체제 역시 한국 사회의 시간 구조 형성에 큰 영향을 미친 것으로 분석하였다. 이어진 1990년대 중반에는 SBS 드라마 〈모래시계〉가 큰 인기를 끌며 최고 시청률 64.5%를 기록하면서 '귀가 시계'라는 유행어가 만들어지기도 했다. 이렇듯 방송 의존적 생활 리듬이 정착하면서 '생활 패턴의 동시화'가 초래될 것이라는 진단이 제시되었다(이재현, 1997). 이러한 일련의 논의들은 텔레비전 이용이 집단적이고 반복적인 시간 질서를 만들고 공동체 성원 간의 생활 리듬을 동질화하는 데 일정한 역할을 했다는 점을 말해 준다. 텔레비전은 라디오와 마찬가지로 근대적 시간 규율의 미디어로 자주 논의되었으며, 표준화된 국가 시간과 근대적 생활 리듬의 고착화에 영향을 미친 것으로 평가되고 있다(Morley, 1992).

(4) 텔레비전과 '유동성의 사사화'

'유동성의 사사화'에 관한 논의는 전술하였듯 라디오의 시대부터 시작되었지만, 텔레비전이 그러한 추세를 더욱 심화시킨 것으로 볼 수 있다. 퍼트넘(Putnam, 2000/2009: 371)을 비롯한 많은 사회과학자들은 텔레비전이 본격 보급되면서 사회에 미친 가장 가시적인 변화가 사람들을 집 안으로 불러 모은 것이라고 보았다. 하지만 텔레비전이 단순히 사람들을 집 안으로 불러들이기만 한 것은 아니었다. 집 안에 머문다고 해서 외부 세계와 결코 단절되는 것은 아니었다.

20세기 중반부터 서구의 중산 계급과 연결되어 발전해 온 텔레비전은 가정에서 대중이 바깥 세계에서 벌어지는 다양한 사건들을 '목격'할 수 있도록 돕는 역할을 부여받아 왔다. 19세기 말 스크린 속 열차가 자신이 서 있는 위치로 다가오는 시각적 충격을 안기며 영화가 등장하였다면 각 가정으로 보급된 텔레비전은 달리는 자동차 속 경험과 비슷한 시각적 충격을 전달하였다. 집 안에 놓인 텔레비전은 자동차 창문을 통해 수많은 풍경이 눈앞을 스쳐 지나가는 것과 유사한 경험을 일상적으로 제공하였던 것이다(吉見俊哉, 2004/2006: 74).

앞서 설명하였듯 방송 미디어는 사적인 공간인 가정에 유동성 mobility을 부여함으로써 가정이 고립되지 않고 외부 세계와 연결될 수 있도록 만들었다는 의의를 지닌다. 레이먼드 윌리엄스(Williams, 1974)가 처음 사용한 '유동성의 사사화' 개념은 텔레비전 보급이 활발해지면서 사람들의 생활 공간이 가정 내부로 단순히 후퇴하기만 한 것이 아니라 동시에 외부 세계와의 커뮤니케이션 기회와 범위가 넓어지는 효과가 발생하였다는 점을 설명해 준다. 텔레비전은 가정 내부에서 생활 세계 너머에 존재하는 더 큰 세계를 비추는 창으로서 작동했던 것이다.

방송 미디어가 구축하는 근대적 일상성의 독특한 특성인 유동성의 사사화는 텔레비전 연구자들에게서도 자주 언급이 되었다. 예컨대 커뮤니케이션학자 데이비드 몰리David Morley(1992)는 텔레비전이 지역적인 것the local과 지구적인 것the global을 각 가정의 거실에서 연결시키는 도구라고 설명한다. 또 다른 커뮤니케이션학자 숀 무어스Shaun Moores(2000/2008)는 텔레비전의 보급 이후 사람들은 가정에 묶이게 되었지만 한편으로 가정이 '외부 지향적' 성격을 지니게 되었다며, 텔레비전 시청을 '집 안에 머무르기'와 '집 밖으로 나가기'의 연결이라고 말한다.

이렇듯 유동성의 사사화 논의는 산업화한 대중 사회에서 방송 미디어를 중심으로 한 새로운 생활 양식의 확대와 새로운 가정 영역의 창출을 설명해 준다. 근대화와 산업화가 진행되면서 도시의 사람들은 낯선 이웃과 어울리기보다는 가족을 중심으로 더욱 결속하는 경향이 나타났다. 그런가 하면 각 가정에 놓인 텔레비전은 전국 각지에서 도시로 모인 사람들을 '재사회화'하고 상징적 공동체와 연결시키는 역할도 수행하였다. 유동성의 사사화라는 개념은 결국 개인들의 삶의 장소가 가정으로 축소되어 갔지만 한편으로는 모든 가정이 국가적 혹은 초국가적 지대와 연결되기 시작한 현상을 설명해 준다.

(5) 텔레비전의 보급 확대와 '나 홀로 볼링' 치는 사회

앞서 살핀 초기 텔레비전 도입에 관한 자연 실험 연구는 텔레비전이라는 새로운 미디어의 보급이 사람들의 공동체 활동을 직접적으로 위축시켰다는 것을 보여 주었다. 이러한 초기의 자연 실험은 상관관계를 넘어 인과 관계 추론을 가능하게 한다는 점에서 중요한 의의를 지닌다. 이후 진행된 장기적 데이터에 관한 분석은 인과 관계 해석에는 일정한 한계를 지니지만 텔레비전 보급이 확대되던 시기에 나타난 공동체의 변화 양상을 보여 준다는 점에서 중요하다.

대표적으로 로버트 퍼트넘(Putnam, 1995, 2000/2009)은 미국 종합사회조사(GSS: General Social Survey)를 비롯한 다양한 데이터와 지표를 재분석하여 텔레비전을 비롯한 테크놀로지의 발달과 공동체 약화의 관계를 체계적으로 보여 준 것으로 평가된다. 퍼트넘은 자신의 사회자본social capital에 관한 이론적 논의와 공동체 변화에 관한 역사적 접근을 효과적으로 결합하여 주로 1950년부터 1990년대 후반 사이의 사회 변화를 추적하였다.

퍼트넘의 분석에 따르면 1950년대는 미국에 텔레비전이 막 도입되던 시기로 1950년 초반 텔레비전을 보유한 가정은 약 10% 정도였으나, 이후 활발한 보급이 이루어져 1959년 보급률이 90%에 이르렀다. 1960년대의 시작과 함께 사실상 미국 가정의 대부분이 텔레비전을 갖추게 된 것이다. 이후 텔레비전 시청 시간은 지속적으로 증가하는데, 특히 시청률이 크게 상승한 1975년에서 1999년 사이 공동체 참여와 관련한 많은 지표가 하강 곡선을 나타냈다.

퍼트넘은 이 시기 여타 자료를 함께 분석하여 텔레비전을 습관적으로 시청하는 사람, 즉 '습관적 시청자'일수록 공동체 참여를 덜 하는 경향이 있다는 것을 확인하였다. 사람들이 텔레비전과 함께 보내는 시간이 늘어나면서 공동체 참여가 줄었을 가능성이 높다는 것이다. 1980년 중반 이미 가구당 일일 평균 시청 시간은 7시간을 넘나들었고, 하루 평균 개인별 시청 시간도 4시간에 이를 것으로 추정이 되었다. 이는 평균적인 미국인이 사용하는 여가 시간의 40%에 해당하는 수치였다. 1960년대 이후 생활 수준의 향상과 함께 늘어난 여가 시간 대부분을 텔레비전이 흡수해 버린 것이다(Putnam, 2000/2009: 368~370).

퍼트넘은 텔레비전 보급과 시청률이 거의 정점에 이르렀던

사회자본과 공동체

로버트 퍼트넘은 '공동체'의 사촌격인 '사회자본'이라는 개념을 통해 미국 사회의 공동체 쇠퇴를 설명한 대표적 학자다. 사회자본은 대체로 사람들 간의 관계를 통해서 만들어지는 자본을 지칭한다는 점에서 공동체와 관련이 깊은 용어다. 하지만 사회자본은 다소 모호하고 혼란스럽게 사용되는 개념이기도 하다.

예컨대 퍼트넘은 시민들의 사회적 참여를 증진시키고 쇠퇴한 공동체를 소생시키는 원동력으로서 사회자본 개념을 도입하고 있지만, 그 이전에 프랑스 사회학자 피에르 부르디외Pierre Bourdieu는 사회적 불평등을 재생산하는 기제로서 사회자본의 속성에 초점을 맞추었다.

2000년대 이후 사회자본은 중진국과 선진국 그룹의 차이를 가르는 중요한 변수이자 교차 문화적 지표로 언급된다. 이와 함께 국내 언론도 공동체와 시민 사회에 활력을 불어넣기 위한 방법론으로 사회자본에 대한 관심이 높아졌다. KBS는 2011년 특별 기획으로 한국 사회의 공동체 쇠퇴에 대한 위기감과 선진국 진입이라는 두 가지 관심을 반영해 제작한 다큐멘터리 〈사회적 자본〉 3부작을 방영한 바 있다. 1편은 신뢰('모든 것을 바꾸는 한 가지'), 2편은 소통('승리자의 언어'), 3편은 협력('호모 에코노미쿠스의 변신')이라는 키워드를 중심으로 다루었다.

1982년 미국에서 가장 인기 있는 여가 활동 10개 중 8개가 가정생활에 기반을 둔 것이라는 점을 예로 들어 텔레비전의 보급이 사람들을 집 안으로 불러들이고 있다고 주장했다. 1975년에서 1999년 사이 공동체적 참여의 거의 모든 지표가 하강 곡선을 그렸던 가운데 '집에서 조용히 저녁을 보내기'에 대한 선호가 68%에서 77%로 상승하였던 점도 주목할 필요가 있다고 말한다(Putnam, 2000/2009: 371).

퍼트넘에 따르면, 미국인 '시간 이용 일지time-use diary' 조사를 바탕으로 1990년대 중반 평균적인 미국 가정에서 텔레비전 시청에 사용되는 시간이 부부가 대화에 사용하는 시간보다 평균 3~4배 많았다. 이 조사에서는 텔레비전 시청 시간이 집 밖에서 이루어지는 단체 활동에 투입되는 시간보다도 6~7배가량 많은 것으로 나타났다(Putnam, 2000/2009: 372). 1960년대 정점을 이루었던 사람들의 공동체 활동과 시민 참여가 지속적으로 감소하면서 사람들 사이의 유대는 크게 줄어들었고 공동체는 점점 파편화되어 1990년대 후반에 이르면 사람들이 볼링을 '나 홀로' 쳐야 하는 지경에 이르렀다는 것이다.

퍼트넘은 오늘날 사회가 직면한 다양한 문제 중에는 경제적 요인보다 공동체적 요인에 기인하는 경우가 많다는 점을 강조하였다. 예컨대 경제적으로 더 풍요로운 환경에서 자란 1970년대와 1980년대에 출생한 미국인이 1920년대와 1930년대에 출생한 미국인보다 자살률이 3배 이상 높은 것을 그 예로 제시하였다. 우울증 역시 경제적으로 풍요롭게 자란 세대에서 더 증가하였다는 점을 주목할 필요가 있다고 강조하였다. 이러한 문제들은 경제적 요인으로는 설명이 될 수 없으며 개인주의의 확산과 사회적 고립의 증가와 같은 공동체적 요인으로 설명이 가능하다는 것이다(Putnam, 2000/2009: 434~436).

퍼트넘은 공동체의 쇠퇴 문제와 관련하여 테크놀로지 발전과 텔레비전의 보급 확대 외에도 도시화 및 도시의 팽창, 사회적 경쟁의 심화, 세대 변화 등 다양한 요인의 영향을 다층적으로 분석하였다. 비록 퍼트넘이 텔레비전의 보급 확대를 공동체 쇠퇴의 가장 주된 원인으로 언급한 것은 아니지만, 많은 커뮤니케이션학자들의 분석 역시 텔레비전 시청의 증가가 공동체를 약화시켰다는 주장을 뒷받침한다.

수용자 연구에 많은 업적을 남긴 몰리(Morley, 1986)는 텔레비전 시청이 가족 구성원 간 대화를 줄이고, 그 대화의 주제마저 텔레비전에 나오는 내용에 관한 것으로 좁히는 결과를 초래하였다고 주장한다. 방송 비평과 텔레비전 시청자 연구에 주력하였던 커뮤니케이션학자 집 파울스Jib Fowles(1992) 역시 '사회적 대리 가설social surrogacy hypothesis'을 제기하면서 텔레비전 시청 시간이 증가하면서 수면과 여타 오락에 투입되는 시간이 감소하였고, 대인 접촉과 사교 활동의 시간 역시 크게 줄어들었다고 분석하였다. 사람들의 급격한 텔레비전 시청 시간의 증가는 인간 활동의 중요한 부분인 수면, 여가, 사교에 사용해 온 시간을 대체한 결과라는 것이다.

또한 커뮤니케이션학자 하루크 사힌Haluk Sahin과 존 로빈슨John Robinson(1981)은 텔레비전 시청이 야외 활동과 여가 생활 대부분을 잠식하는 결과를 낳았다는 점을 지적하며, 이를 하버마스의 유명한 표현 '생활 세계의 식민화'에 빗대어 "여가 생활의 식민화colonization of leisure"라 불렀다. 텔레비전 의존이 심화되면서 여가 생활이 텔레비전에 종속되었다는 진단이다. 이 밖에도 경제학자 루이지노 브루니Luigino Bruni와 루카 스탕카Luca Stanca(2008)는 텔레비전 시청 시간이 많은 사람일수록 사람들 간의 관계적 활동에 필요한 상품relational goods의 소비가 적다는 분석 결과를 언급하며, TV 시청이

'혼자서 하는 활동'을 촉진하고 '사회적 활동'을 감소시킨다는 주장을 뒷받침하였다.

(6) 텔레비전 시청의 개인화와 가상 거실

어원적으로 보면 방송(broadcast, 放送)은 '넓게broad' '던지다cast'는 의미다. 용어의 원래 의미가 그러하듯 전통적으로 방송은 불특정한 다수의 대중을 대상으로 프로그램을 전송하는 행위로 정의되었다. 실제로 불과 몇십 년 전까지만 해도 소수 채널이 독점한 방송은 전 국민의 주목을 받는 가장 강력한 정보원이자 여가의 수단이기도 했다.

텔레비전 미디어가 처음 등장했을 당시의 기술적 특성은 오랫동안 방송을 규정하는 중요한 틀로 작용을 해왔다. 예컨대 이용할 수 있는 전파가 제한적이라는 특성, 즉 '전파의 희소성'은 방송의 특성을 규정짓는 중요한 기준이 되었다. 방송이란 희소한 사회적 자원인 전파를 사용하는 만큼 계층과 직업을 막론하고 남녀노소 누구나 즐길 수 있는 보편적이고 유익한 내용으로 채워져야 한다는 것이었다.

하지만 소수의 제한된 채널을 통한 방송의 시대가 지나고, 수십 개 나아가 수백 개 채널이 경쟁하는 다매체 다채널 시대가 열리면서 방송에 대한 사회적 기대와 기준들도 조금씩 바뀌어 갔다. 더 나아가 디지털과 온라인을 중심의 기술 발전으로 방송이 인터넷 환경과 결합하게 되면서 텔레비전 시청 습관이 크게 변화하고 있고 그에 따른 사회적 영향도 나타나고 있다. 생방송 시청이 선호되는 스포츠와 뉴스 정도를 제외한 대부분 장르가 다양한 플랫폼으로 무대를 조금씩 옮겨 가는 것이다.

현행 법 체계에서 방송으로 분류되지는 않지만 유튜브나 아프리카 TV를 통한 '개인 방송'이 증가하면서 현실에서 '방송'으로 명

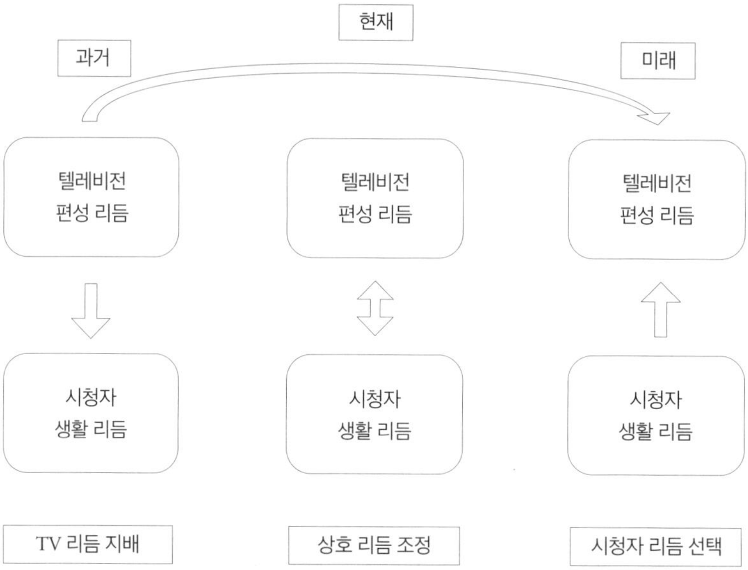

그림 3-6. 텔레비전의 편성 리듬과 수용자 시청 리듬의 관계 변화

출처: 조성동(2010: 26).

명되기도 한다. 온라인 플랫폼을 기반으로 하는 다양한 영상 서비스들이 등장하면서 '방송'과 '방송 아닌 것'의 현실적 경계가 모호해지는 것이다. 그런가 하면 넷플릭스 등 OTT 서비스의 약진은 영상 시청 관습의 변화에 큰 영향을 행사하고 있다. 이러한 서비스는 정해진 방송 일정이 없다. 방송사가 정한 시간에 TV 앞에 모이거나 편성 일정에 맞출 필요 없이 개인적 일정에 맞춰 언제 어디서나 원하는 콘텐츠를 골라 보면 되는 것이다.

더욱이 스마트폰을 비롯한 개인화된 미디어 기기들이 발전하면서 사람들은 장소에 구애받지 않고 개인적인 공간에서 각자의 미디어로 방송을 이용하게 되었다. 방송 시청이 더이상 '모여서 하는'

활동이 아닌 '혼자서 하는' 활동이 되는 것이다. 이러한 변화와 함께 방송 리듬과 시청자 리듬의 관계는 변화하고 있다. 조성동(2010)은 텔레비전 리듬이 시청자 리듬의 우위에 있던 시기를 지나, 텔레비전 리듬과 시청자 리듬이 서로 경쟁하고 조정되는 시기를 거쳐, 시청자 리듬에 따라 방송 리듬이 선택되는 시기를 맞고 있다고 설명한다(그림 3-6 참조). 이에 더해 가입형 주문형 비디오(SVOD) 시대를 잇는 OTT 서비스의 확산은 '계획된 리듬'이라는 개념 자체를 해체하고 있기도 하다. 새로운 미디어 환경에서 시청은 점점 더 개인화된 활동이 되는 것이다.

반면 시청자들의 가상에서의 연결성은 강화되고 있다. 시청 장소를 공유하지는 않지만 가상의 공간에서 시청 경험을 공유하고 의견을 교류하는 현상이 늘어나는 것이다. 이는 시청의 개인화와 온라인에서의 연결성 증대라는 두 가지 흐름이 동시에 진행되고 있는 것으로 평가할 수 있다. 이러한 변화와 함께 '안방극장'이란 개념은 어느덧 사라지고 그 자리엔 '가상 거실,' '가상 소파'와 같은 새로운 표현들이 등장한다. 거실과 안방이라는 장소를 떠난 시청자들이 온라인 공간을 부유하며 새로운 시청 집단을 형성해 가는 것이다.

4. 전화에서 모바일까지

초기 전화는 라디오와 비슷한 용도로 활용이 되기도 하였으나 곧 라디오에 차츰 공적 미디어로서의 자리를 내주며 사적 미디어로서 새로운 활로를 찾게 된다. 이후 전화는 사람들의 사적 대화를 매개하는 미디어로 오랫동안 기능하고 있으며, 개인용 이동 전화의 보급 확대와 함께 사람들이 항상 몸에 지니는 미디어로 진화하였다. 그리고 이어진 스마트폰의 보급은 다양한 사회 변화를 낳고 있다.

1) 초창기 전화의 '애매한' 위치

오늘날 우리가 사용하는 전화의 원형은 1876년 스코틀랜드 출신의 미국 과학자 알렉산더 그레이엄 벨Alexander Graham Bell이 발명하였다. 비슷한 시기에 발명가 엘리샤 그레이Elisha Gray도 전화의 원형을 완성한 것으로 알려졌지만, 벨이 그레이보다 두 시간 먼저 특허 출원을 신청함으로써 전화의 발명자로 이름을 남기게 되었다. 하지만 전화는 발명되자마자 그 쓸모와 잠재력을 바로 인정받은 것은 아니었다. 벨은 특허를 취득한 직후 전화 관련 기술의 모든 권리를 전신을 주력 사업으로 하던 회사 웨스턴 유니온Western Union에 매각하려 했지만 거절당했다. 웨스턴 유니온은 전화의 기술적 가치와 잠재력을 그리 높이 평가하지 않았던 것이다(吉見俊哉, 2004/2006: 104~105).

인쇄 미디어 중심이던 당시 미디어 환경에서 음성 전달이라는 전화의 특성은 오히려 단점으로도 받아들여졌다. 음성으로 전달되는 정보는 기록으로 남지 않고 바로 사라지는 특성이 있어 별도로 기록을 남겨야 하는 번거로움이 있었고, 그 과정에서 정보가 왜곡될 가능성도 크다고 보았다(吉見俊哉, 2004/2006: 105). 신문들도 등장 초기에는 전화를 자신의 경쟁자로 의식하는 경향이 있었으나, 차츰 자신들의 지위를 위협할 만한 미디어가 아니라는 것을 깨닫게 된다. 그보다는 취재를 돕는 보조 수단으로 받아들였다. 1880년 영국의 〈런던 타임스*London Times*〉는 영국 하원과 직통 전화를 설치하면서 본격적인 활용을 시작하였고, 1890년대 미국에서는 대통령 선거 기간 신문들의 전화 활용이 크게 증가하였다. 미국의 출입처 제도 역시 신문 미디어들의 전화 활용을 더욱 확산시키는 역할을 하였다(강준만, 2009: 28~30).

초창기엔 전화를 오늘날의 라디오와 유사한 '방송용' 미디어로 구현하려는 시도도 꾸준히 있었다. 등장 초기 신문에서도 전화가 곧 '확성 장치'를 가지게 될 것이라는 전망이 우세하였다. 1879년 미국에서는 전화를 이용한 설교 방송이 시도되었으며, 1880년 스위스 취리히에서는 음악회를 전화로 80킬로미터가량 떨어진 도시에 중계하는 시도가 이루어졌다. 1881년 독일 베를린과 영국 맨체스터에서도 오페라와 오케스트라 공연을 인근 도시로 송출하는 시도가 있었다(강준만, 2009: 26~27). 이러한 시도들은 꾸준히 이어져 1890년 프랑스 파리의 한 전기 회사는 시내 극장의 공연을 전화로 중계하는 서비스를 시작하였고, 1896년 영국 런던에서도 비슷한 서비스가 등장하였다(吉見俊哉, 2004/2006: 106).

그러나 라디오가 방송 미디어로 확고하게 자리 잡으면서 오케스트라나 극장 공연을 중계하는 전화의 기능은 활력을 잃게 되었다. '확성(소리를 키우는)' 미디어로 진화할 것이라는 예상 역시 빗나갔다. 대신 전화 사업자들은 갈수록 높아지는 프라이버시에 대한 관심을 반영하여 '사적 대화의 시장화'라는 새로운 영역에 집중하게 된다. 이러한 과정을 거쳐 1920년대 이후 전화는 오늘날과 같은 사적 대화 미디어로 완전히 자리를 잡아가게 되었다(吉見俊哉, 2004/2006: 111).

방송은 불특정 다수를 대상으로 하는 일방향 커뮤니케이션 미디어로, 전화는 가입자들 사이의 폐쇄적인 쌍방향 커뮤니케이션을 지원하는 미디어로 기능이 완전히 분리된 것이다. 즉 라디오는 공적 영역, 전화는 사적 영역에서 작동하는 미디어로 자리를 잡게 되었다. 이러한 변화 속에서 공적 미디어인 방송에서는 접근성과 알 권리, 그리고 공신력이 중요해진 반면 사적 미디어인 전화에서는 프라이버시와 통신 비밀의 원칙이 중요해진다. 오늘날 전화 이용자들이라면 누구나 자신의 통화 내용이 도청되거나 유출되는 것을 심각한 사생활 침해로 받아들이고 나아가 범죄로 여긴다. 이는 그만큼 전화가 공고한 사적 미디어로 작동한다는 사실을 말해 주는 것이기도 하다.

전화의 발전 과정을 보면 기술적 기제에 따라 미디어의 쓰임새가 미리부터 정해져 있는 것은 아니라는 것을 알 수 있다. 새로 등장하는 미디어 테크놀로지는 여러 잠재적 쓰임새 중 처음에는 사람들에게 익숙한 부분이 부각되면서 기존 미디어의 이미지와 이용 습관에 영향을 받게 되지만 차츰 차별화된 용도를 찾아가게 되는 경우가 많다. 이 과정에는 상업적 이해, 사회 제도나 문화적 관습, 여타 유사한 기술과의 경쟁, 이용자의 기대나 욕구 등 다양한 요인이 영향을 미치게 된다. 그리 하여 신생 미디어는 처음에 기대하거나 예상했던 것과는 다른 방식이나 쓰임새로 사회에 안착하게 되는 것이다. 전화 역시 등장 초기에는 전신의 이미지에 지배되었으나 차츰 여러 잠재적 가능성 중 사적 대화 미디어로서의 장점이 부각되면서 오늘날과 같은 형식의 미디어로 자리를 잡게 된 것으로 볼 수 있다.

2) 전화의 진화, 유선에서 무선으로

가정으로 보급된 전화는 가정과 기관, 가정과 가정을 연결하는 미디어로서 중요한 기능을 하게 된다. 전화는 사적 공간에 도입된 원거리 커뮤니케이션 수단으로서 개인의 대인 교류 범위를 확장시키는 역할을 했다. 텔레비전의 가정 보급이 그러하였듯 전화도 가족 간 유대 강화에도 일정한 기여를 하였다. 전화 관련 설비 투자가 확대되고 기술이 지속적으로 발전하면서 공급이 활발해짐에 따라 전화는 차츰 보편적 서비스에 가까워지게 된다(안형택 외, 2007).

한편 전화를 이동형 무선 미디어로 개발하기 위한 시도도 꾸준하게 진행되었다. 1946년 미국의 벨Bell사가 차량에 설치하는 무선 전화를 처음 선보였고, 1956년 스웨덴에서도 차량에 장착하는 이동 전화 서비스가 시도되었다. 초기에 개발된 무선 전화는 기기의 무게만 40kg에 달할 정도로 무거웠기 때문에 휴대용보다는 차량 설치에 초점을 맞추어 설계와 개발이 이루어졌다. 한국에서도 1961년 80명이라는 적은 수의 가입자를 대상으로 일방향 통화가 가능한 차량 전화 서비스가 잠시 실시되었는데, 기술적 완성도가 그리 높지는 못했다(이병섭, 2013: 82~84).

차량 설치가 필수적이었던 초기 무선 전화와 다르게 개인이 들고 다닐 수 있는 휴대용 무선 전화는 1980년대에 상용화가 이루어진다. 1983년 미국의 전자 통신 기업 모토로라Motorola는 개인 휴대가 가능한 무선 이동 전화를 최초로 출시하였다. 출시 초기 개인용 이동 전화는 기기의 가격이 매우 고가였을 뿐만 아니라 네트워크 구축 비용으로 인해 이용 요금 또한 매우 비쌌다. 따라서 이용자가 매우 한정적이었으며 이용 용도도 제한적일 수밖에 없었다. 새로운 미디어들이 등장할 때 대개 그러하였듯 개인용 이동 전화도 초기에는 신분을 나타내는 상징이나 과시적 의미가 강했다.

하지만 지속적인 기술 발전과 기반 설비의 확충으로 저렴한 요금으로 이동 전화를 이용할 수 있게 되면서 이동 전화 가입자 수는 1990년대 후반을 기점으로 크게 늘어난다. 더욱이 1990년대 대부분 가정에 전화가 보급되면서 유선 전화의 신규 수요가 크게 감소하였고, 이동 전화 사업이 새로운 성장 분야로 더욱 부상한다(안형택 외, 2007). 이 시기를 거치며 세계적으로 이동 전화 단말기 제조 회사들의 경쟁이 치열해졌고, 자본력을 갖춘 이동 통신 사업자들이 가세하면서 '모바일 시장'은 치열한 각축장이 된다.

이후 이어진 스마트폰의 등장으로 이동 전화와 무선 인터넷 환경이 결합하면서 사실상 이동 전화는 사적 커뮤니케이션을 넘어 유비쿼터스로 일컬어지는 정보통신 환경의 중심에 놓이게 된다. 유선 환경을 떠난 전화는 이제 특정한 장소와 연결되지 않고 바로 개인과 개인을 언제 어디서든 연결시키며 인간이 소통하는 방식 자체를 크게 바꾸어 놓았다.

3) 모바일 미디어로서의 전화

스마트폰 시대를 맞은 현재 '모바일 미디어'라는 용어가 일상적으로 사용되고 있다. 학술과 산업 영역뿐만 아니라 일상에서도 모바일 미디어라는 용어를 매우 흔하게 접할 수 있다. 그런데 '모바일 미디어'라는 용어를 명확하게 정의하는 것은 생각처럼 쉽지 않다. 모바일 미디어를 '움직이는 미디어'라 정의할 때 이용자가 이동하면서 미디어를 이용할 수 있다는 것을 뜻하는지 미디어를 통해 이용자가 자유롭게 이동할 수 있다는 의미인지에 따라 함의가 크게 달라지기 때문이다.

여기서 전자는 '기기의 이동성portability,' 후자는 '이용자의 이동성user mobility'이라 부를 수 있다. 모바일 미디어란 대체로 이 두 가지 특성을 모두 지닌 미디어를 지칭하는데, 현재의 모바일 담론에서는 대개 후자에 강조점이 있는 것으로 보인다. 예컨대 모바일 미디어에서 이동성이 단순히 기기의 이동성, 즉 휴대성에 국한되는 것이라면 책이나 신문 역시 이동성이 매우 강한 미디어라 할 수 있다. 오늘날 대부분 책이나 신문을 모바일 미디어로 분류하지 않는 것은 '모바일 미디어'라는 분류가 단순히 편하게 들고 이동할 수 있는 미디어를 의미하지 않는다는 것을 말해 준다.

커뮤니케이션학자 이재현(2013)은 모바일 미디어를 "간편하게 휴대할 수 있는 기기를 통해 이동 중에도 다양한 정보 처리와 무선 통신이 가능하도록 인터페이스가 고안되어, 독특한 상호 작용 및 커뮤니케이션 양식을 만들어 내는 디지털 멀티미디어"(ix)로 정의하였다. 이를 바탕으로 모바일 미디어의 특성을 조금 더 요약해 보면 크게 세 가지 특성을 강조할 수 있다.

첫 번째는 '이동성'이다. 이는 가장 기본적인 특성으로 미디어가 한 장소에 고정된 것이 아니라 이용자와 함께 움직일 수 있다는 뜻이다. 두 번째는 '연결성'이다. 앞서 설명하였듯 이동이 용이한 미디어인 책과 신문을 오늘날 모바일 미디어라 부르지 않는 이유는 바로 연결성이 없기 때문이다. 세 번째는 '개별성'이다. 이는 각각의 미디어가 독자적이고 식별 가능한 주소와 계정을 지니면서 거의 항시적으로 이용자에 관한 정보를 생산해 낸다는 의미다. 오늘날 모바일 미디어는 이용자의 디지털 흔적digital footprint을 실시간으로 만들어 내는 입출력 장치인 셈이다.

모바일 미디어란 이용자가 거의 항상 들고 다니면서 언제라도 다른 미디어와 연결될 수 있는 개인화된 미디어를 뜻한다고 할 수 있다. '모바일mobile'은 그 자체로 이동 전화를 뜻하기도 하지만 '이동성,' '연결성,' '개별성'이라는 기준에서 볼 때도 가장 대표적인 모바일 미디어라 할 수 있다. 세계 여러 나라에서 이동 전화를 부르는 방식을 보면 휴대성(휴대 전화, 手机, けいたい, handy, kanny, le portable), 이동성

세계 여러 나라에서 이동 전화를 부르는 명칭

한국에서 이동 전화는 휴대폰, 휴대 전화, 핸드폰, 손전화기 등 휴대성이 강조되는 이름으로 불린다. 세계 최대의 이동 전화 시장인 중국에서도 이동 전화는 '손'기계, 즉 '쇼우지手机'라 주로 불린다. 독일 역시 이동 전화를 'handy'라 주로 부르며, 핀란드에서도 'kanny[손의 연장]'라는 표현을 사용한다. 그 밖에 프랑스와 일본에서도 휴대의 의미가 강조된 'le portable'과 'けいたい(携帯電話)'라는 용어를 쓴다.

이동성을 강조하는 명칭을 사용하는 나라도 많다. 영미권의 'mobile,' 독일의 'mobiltelefon,' 러시아의 'мобильный телефон,' 스페인어의 'movil,' 태국의 โทรศัพท์มือถือ(moto) 등이 대표적이다. 무선 통신의 의미를 지닌 명칭도 많이 사용되는데, 영미권의 'cell phone,' 이탈리아의 'telefono cellulare,' 아랍의 'gowal'(air telephone)이 이에 해당한다(이재현, 2013). 다음은 국가별로 이동 전화를 부르는 대표 명칭이다.

미국·영국: mobile, cell phone

프랑스: le portable

스페인: el movil

독일: mobiltelefon, handy

이탈리아어: telefono cellulare

핀란드: kanny (extension of hand)

아랍: el mobile, makhmul, gowal (air telephone)

러시아어: мобильный телефон

중국: 手機

일본: 携帯電話

태국: โทรศัพท์มือถือ (moto)

한국: 휴대폰, 핸드폰, 휴대 전화

(mobile, mobiltelefon, movil, мобильный телефон, โทรศัพท์มือถือ), 무선 연결성(cell phone, telefono cellulare, gowal)이 강조된다.

모바일과 어원을 공유하는 '몹mob'이라는 단어의 의미 변화도 주목할 만하다. '몹'은 어원적으로 '움직이는 사람들'이라는 뜻으로 영어권에서는 18세기 후반까지만 해도 부정적 뉘앙스가 강하였다. 경계 안에 정주하는 사람들에 비해 열등하거나 위험한 존재로 보는 경향이 있었던 것이다. 이 용어의 의미가 차츰 변화하기 시작한 것은 19세기 후반으로 교통과 통신이 발전하고 여행과 이동이 중요한 사회적 욕망으로 부상하면서부터다(Urry, 2007/2014).

오늘날 본격적인 모바일 시대를 맞이하면서 이 용어는 다시 부각된다. 유목민을 의미하는 '노매드nomad'가 디지털 시대를 선도하는 집단을 지칭하는 용어로 부상한 것처럼 19세기까지만 해도 떠중이, 폭도, 부랑자라는 뜻에 가까웠던 '몹'이라는 단어 역시 오늘날 '스마트 몹smart mob,' '플래시 몹flash mob' 등 새로운 현상을 기술하는 용어 속에서 다양하게 접합되고 있다. 사회학자 지그문트 바우만Zygmunt Bauman(2010/2012: 18)은 "오늘날 우리는 움직이지 않고 한 곳에 머물러 있으려 해도 끊임없이 여행으로 내몰린다"고 표현했다. 인간의 보폭이 아닌 기술의 속도에 맞춰 인류는 과거 어느 때보다 숨 가쁘게 이동하는 삶을 살아가는 것이다.

4) 인간 네트워크와 통신 네트워크의 결합

모바일 미디어의 확산과 무선 인터넷을 중심으로 한 통신 환경의 비약적 발전은 사람과 사람, 사람과 사물, 사물과 사물이 복잡하게 연결된 세계를 앞당기고 있다. 인간을 둘러싼 네트워크의 고도화가 빠르게 진행되는 것이다. 네트워크network라는 용어는 원래 육체의 혈관이나 강이 흐르는 모습 등 어떤 대상이나 물체가 복잡하게 얽힌 모습을 지칭하는 개념으로 등장하였다. 이 개념의 용법이 변화하기 시작한 것은 18세기로 서구에 철도와 도로가 복잡하게 놓이기 시작하면서 교통에 네트워크라는 개념이 적용되기 시작하였다. 이어진 통신의 등장으로 네트워크 개념이 현재와 같은 방식으로 다양하게 사용된다(홍성욱, 2002: 32~33).

물론 사람 사이의 관계에서도 네트워크라는 개념이 널리 사용된다. 사람은 사회적 존재로서 깊든 얕든 다양한 관계를 맺으며 크고 작은 네트워크 속에서 얽혀 살아간다. 인간 네트워크에 관한 가장 고전적인 연구는 미국의 심리학자 제이콥 모레노Jacob Moreno(1937)가 1920년대부터 수행한 학교 내 교우 관계와 직장 내 동료 관계 등에 관한 '정량적 인간관계sociometry' 연구를 꼽을 수 있다. 초기 이러한 연구에서는 주로 응답자들이 자신과 관련된 사람들을 직접 언급하고 이를 행렬 또는 도형적 형식으로 표현하는 방법이 많이 사용되었다. 하지만 네트워크 연구에서 다루는 관계형 데이터relational data는 대상의 숫자가 많아지면 존재하는 관계의 수가 기하급수적으로 커지는 특성이 있기 때문에 초기에는 대규모 인간관계 연구는 시도되기 어려웠다.

분석적 개념으로서의 네트워크는 교점nodes과 연결선links으로 이루어진 유형과 무형의 연결 체계를 통칭한다고 할 수 있다. 이러한 네트워크의 결합은 예상하기 어려운 다양한 결과를 낳기도 한다. 예컨대 결혼은 개인과 개인의 결합이지만 한편으로는 두 사람이 지닌 네트워크 사이의 연결이기도 하다. 결혼하면 두 사람은 양 가족의 수많은 새로운 관계 속으로 들어가게 된다. 이러한 새로운 관계들은 기존에 없던 기회를 만들어 내기도 하고 반대로 문제를 만들어 내기도 한다.

네트워크의 결합은 서로 다른 종을 넘나들며 이루어지는 특성도 있다. 프랑스 인류학자 브뤼노 라투르Bruno Latour(1996)는 인간과 사물 사이에 경계를 가로지르며 작동하는 네트워크의 특성에 주목한다. 라투르는 인간 네트워크와 사물 네트워크는 서로 분리되어 고립적으로 작동하는 것이 아니라 경계를 넘나들며 작동하는 특성이 있다고 강조한다. 그는 종래의 네트워크 개념에 대한 대안적 용어로 '행위자-네트워크actor-network'라는 개념을 제안한다. 이를 인간과 사물에 맺어지는 동맹이라고 해석하기도 한다.

사물이 인간 네트워크의 변화에 깊은 영향을 미친다는 것은 다양한 사례를 통해서도 확인할 수 있다. 예컨대 건물의 구조와 방의 배치 등은 인간 네트워크의 변화에 직접적인 영향을 미칠 수 있다. 한 연구에서는 대형 마트가 들어선 지역에서는 주민들의 네트워크가 와해되고 공동체에 대한 관심이 낮아진다는 분석 결과가 제시되기도 하였다(Boyle & Simms, 2009/2012: 206~214). 전통 시장을 대체한 대형 마트가 주민들 사이의 자연스러운 교류와 친교의 기회를 축소시키고 공동체에 대한 관심을 약화시켰을 가능성이 있는 것이다.

인간 네트워크와 사물 네트워크가 긴밀한 영향을 주고받는다는 관점에서 볼 때 새로운 미디어가 보급된다는 것은 단순히 한 사회에 물리적 미디어가 하나 더 추가되는 것을 의미하지 않는다. 새로운 미디어의 등장은 사회 내 다양한 관계의 깊은 변화를 초래한다. 통신 네트워크의 비약적인 발전과 이어진 인터넷의 등장은 무한에 가까운 연결을 만들어 낸다. 더 나아가 개인화된 모바일 미디어 시대의 도래는 현실과 가상의 공간을 더욱 연동시키며 기존의 사회적 네트워크와 공동체의 구조 변화에 큰 영향을 미치는 것이다.

5) 스크린 위의 공동체

초기에 전화는 음성을 기반으로 하는 미디어였다. 하지만 스마트폰이 대부분의 미디어 기능을 수행하는 오늘날 개인 전화가 음성과 영상을 아우르는 스크린 위의 미디어로 작동한다는 것은 주지의 사실이다. 스펙터클한 볼거리로 영화가 처음 등장하였고, 각 가정의 일상적 스크린으로 텔레비전이 보급된 이후 개인용 스마트폰은 각자의 스크린으로 작동한다. 이러한 변화 과정에서 매개된 경험의 비중은 갈수록 커져 간다.

스마트폰과 연동되는 소셜 미디어 환경에서 스크린은 이용자에 따라 서로 다르게 구성되는 특성을 지닌다. 예컨대 동일한 서비스를 이용하더라도 A 사용자와 B 사용자는 서로 다른 화면을 소비하게 된다. 여행을 좋아하는 이용자와 반려동물에 관심이 많은 이용자의 스마트폰 스크린은 다를 수밖에 없다. 여행을 좋아하는 이용자의 스마트폰 화면은 여행에 관한 소식과 광고로 넘쳐날 것이고, 반려동물을 좋아하는 이용자의 스마트폰 화면은 반려동물에 관한 정보와 볼거리로 채워질 것이다. 소셜 미디어 환경은 N명의 이용자에게 맞춘 N개의 스크린으로 작동하는 특성을 지닌 것이다.

소셜 미디어 환경은 비슷한 관심사와 성향을 지닌 미디어 이용자들 사이의 소통만을 강화시키는 특징을 지니고 있기도 하다. 그러한 동질적 네트워크 속에 포함이 되면 온건한 사람들의 반응이나 표현은 잘 드러나지 않게 된다. 반대로 극단에 치우친 의견은 더 두드러져 보이게 된다. 소셜 미디어는 비슷한 의견을 지닌 사람들을 단순히 뭉치게 하는 것이 아니라 그러한 경향을 더욱 극단으로 몰아가는 경향이 있는 것이다.

나아가 컴퓨터 알고리즘의 개입은 의견의 회색 영역에 위치한 사람들을 어느 한 군집에 편입시킴으로서 사회의 중간 지대를 더욱 얇아지게 만드는 특성이 있다. 알고리즘이 만들어 낸 군집 속에서 사람들은 보고 싶은 것만 보고 듣고 싶은 것만 들으며 반쪽의 세계를 살아가게 된다. 이렇듯 알고리즘이 만들어 내는 거품의 세계를 '격실 효과'라 부르기도 하고, 바깥으로 나아가지 못하는 메아리에 갇힌 세계를 '반향실 효과'에 비유하기도 한다.

그런가 하면 스마트폰은 오늘날 각자의 쇼윈도로 작동한다. 스마트폰은 단순히 조각난 세계를 접하는 통로로서만 작동하지 않는다. 누구라도 현실의 한 측면을 편집하거나 조작하여 전시하는 것이 가능해졌다. 문화 평론가 최태섭(2018)은 오늘날 우리는 같은 땅에 발을 딛고 있음에도 전혀 다르게 세상을 바라보게 되었다고 이야기한다. 논의의 출발점으로 삼아야 하는 전제와 사실들이 제각각 구성된 현실들 속에서 조각나 버렸다고도 한다. 미디어의 범람 속에서 우리는 공통의 기반을 잃어가고 있다는 것이다.

6) 미디어 컨버전스와 '스마트' 혁명

2019년 기준 한국의 휴대 전화 보급률은 100%를 이미 넘어섰으며, 이 가운데 스마트폰 이용자가 95%를 차지한다. 이러한 스마트폰 비율은 세계에서 가장 높은 편에 속하며, 18개 선진국의 중간값인 76%보다도 20% 포인트가량 높다(KBS, 2019. 2. 11). 세계적으로 이동 전화의 중심이 스마트폰으로 옮겨 가는 가운데 한국에서는 이러한 변화가 더욱 빠르게 진행되고 있다.

기존 휴대 전화와 비교할 때 스마트폰의 가장 강력한 장점은 이용자가 기기에 다양한 응용 소프트웨어, 즉 애플리케이션을 마음대로 설치할 수 있다는 점에 있다. 이러한 특성으로 인해 매우 다양하고 세분화된 기능을 하나의 기기 안에 모두 구현할 수 있게 되었다.

한때는 음악을 듣기 위해 MP3 플레이어를 이용했고, 사진을 찍기 위해 디지털카메라를 사용했으며, 이동하는 공간에서 텔레비전을 보기 위해 DMB(Digital Multimedia Broadcasting)를 수신할 수 있는 소형 TV를 따로 구매하기도 하였다. 한동안 두꺼운 사전을 대신하는 전자사전이 학생들 사이에 큰 인기를 끌었으며, 이동하면서 전자게임을 즐기기 위해 PMP라는 기기를 이용하는 경우도 많았다. 그런가 하면 스마트폰이 대중화되기 전에 스마트폰처럼 화면을 손으로 직접 터치해 기능을 실행시키는 일정 관리 도구인 PDA를 이용하는 사람들도 꽤 있었다.

그러나 이제 스마트폰이 이러한 기능을 대부분 수행한다. 다양한 미디어 기기들이 개별적으로 수행하였던 역할을 통합해 버린 것이다. 이렇듯 분산되었던 기능들이 스마트폰으로 수렴되는 현상을 미디어 컨버전스convergence의 맥락에서 파악해 볼 수 있다. 컨버전스란 '한곳으로 모인다'는 의미로 미디어 간 경계의 약화와 융합을 설명하는 논의에서 활발하게 사용되어 왔다. 방송과 통신이 융합되면서 이 개념이 널리 사용되었다. 이후 다양한 미디어 기술의 통합, 그와 연관된 산업과 서비스 사이의 융합을 기술하는 데도 자주 사용되었다. 최근에 나타나는 유선과 무선의 결합, 온라인과 오프라인의 융합 등도 비슷한 방식으로 설명 가능할 것이다.

다시 말해 미디어 컨버전스란 각각의 고유 영역 속에서 구획

표 3-3. 미디어 컨버전스와 커뮤니케이션 문화

	컨버전스 문화(경계의 소멸)				
	사적			공적	
	자아 커뮤니케이션	대인 커뮤니케이션	소집단 커뮤니케이션	조직 커뮤니케이션	매스 커뮤니케이션
참여자 수	혼자		⋯→	대중	
피드백	활발 · 많음		←⋯	지연 · 적음	
친밀함	친밀함		←⋯	덜 친밀함	
계획성	비계획적		⋯→	계획적	
공식성	비공식적		⋯→	공식적	

을 이루고 있던 다양한 미디어들이 서로 연결되고 한 점으로 모이는 현상을 지칭한다. 현재는 빠른 무선 인터넷 기술을 바탕으로 거의 모든 미디어의 기능을 수행하는 스마트폰이 컨버전스 경향을 선도한다고 할 수 있다. 물론 미디어 컨버전스란 단순히 미디어의 일원적 수렴 현상과 서비스의 융합만을 의미하지는 않는다.

미국의 커뮤니케이션학자 헨리 젱킨스Henri Jenkins(2006/2008)는 미디어 영역의 컨버전스는 단순히 기술 영역의 결합을 넘어서는 사회의 다층적이고 다면적인 변화로 이어진다고 강조한다. 미디어 컨버전스를 기술적인 관점이 아닌 문화적인 관점으로 접근해야 한다는 것이다. 젱킨스는 미디어 컨버전스가 추동하는 역동적인 사회 변화에 주목하며 이를 '컨버전스 문화convergence culture'라 부를 것을 제안한다. 이성과 감성, 놀이와 정치, 공적인 정보와 사적인 담화가 뒤섞이며 경계가 허물어지는 현상 역시 컨버전스 문화의 주요 측면으로 볼 수 있다.

실제로 스마트폰으로 대표되는 컨버전스 미디어의 확산은 사적 공간과 공적 공간의 경계를 더욱 약화시키는 경향을 낳고 있다. 뿐만 아니라 서로 이질적으로 작동해 온 다양한 사회적 무대들을 결합시키고 청중을 통합하는 효과도 낳고 있다. 사람들은 스마트폰을 통해 사적 공간과 공적 공간, 사적 맥락과 공적 맥락을 더욱 손쉽고 자유롭게 건너다닐 수 있게 되었다. 일찍이 어빙 고프먼(1959/2016)은 사람들이 사회화 과정을 거치면서 자기가 놓여 있는 상황을 어떻게 규정하느냐에 따라 자연스럽게 그 무대에 맞게 행동하는 방법을 몸에 익히게 된다고 보았다. 그런데 미디어 환경의 급속한 변화가 이러한 전통적인 상황 정의definition of situation 자체를 흔드는 것이다.

고프먼은 각각의 무대에는 전면front stage과 후면back stage이 있다고 보았다. 무대의 전면에서는 관객 혹은 무대의 공모자가 보는 가운데 공연이 이루어진다. 반면 무대 후면에서는 지켜보는 관객이나 공모자 없이 사람들이 긴장을 풀고 공연을 준비하며 휴식을 취한다. 잠옷을 입고 침대에 누워 스마트폰으로 사회적 이슈에 대한 진지한 토론을 하는 것이 일상이 되는 오늘날 사회적 무대 전면과 후면의 경계가 약화된다는 해석이 가능할 것이다. 스마트폰이 추동하는 컨버전스 문화 속에서 사람 행동의 폭과 내용을 결정하는 데 영향을 미쳐온 암묵적인 사회적 대본과 역할 조정의 규칙이 변화하고 있다. 또 공적 영역과 사적 영역, 이성적 영역과 감성적 영역에 관한 기존의 범주 구분이 약화되거나 새로운 중간 영역이 만들어지는 것이다.

7) 네트워크형 개인주의의 부상과 장소 귀속성의 약화

개인화된 통신 미디어의 비약적 발전은 이른바 '초연결hyper-connected' 사회를 낳고 있다. '초연결'은 2008년 미국의 정보 기술 연구 및 자문 회사 가트너The Gartner Group가 처음 제안한 이후 널리 사용되고 있는 개념이다. 스마트폰 보급이 확대되면서 세계는 더욱 촘촘하게 연결이 되어 가고 있다.

역사적으로 미디어의 발전은 인간과 인간, 공간과 공간의 연결성을 지속적으로 강화하는 역할을 해왔다. 오랫동안 인류는 부족을 이루고 그 속에서만 교류하는 생활을 이어갔지만 교통과 커뮤니케이션 수단이 발전하면서 이내 부족과 부족이 연결되어 도시를 이루었고, 도시와 도시가 결속하면서 국가를 만들어 냈다. 나아가 교통과 통신 기술의 발달로 국가와 국가도 연결되며 마침내 세계가 연결된 시대를 맞이하게 되었다.

사회학자 배리 웰먼Barry Wellman(2002)은 미디어 환경 변화에 따른 인류의 네트워크 변화를 3단계로 간략하게 도식화하였다. 첫 번째는 작은 상자 내부에서만 소통이 발생하고 외부와의 소통은 단절된 '작은 박스형little boxes' 단계다. 오랜 기간 인류는 내부적 결속은 강하였지만 외부로의 이동은 별로 없는 분리된 상자와 같은 공동체를 이루었다. 두 번째는 웰먼에 따르면 글로벌과 로컬이 연결되는 글로컬화glocalization 단계다. 교통과 통신이 발전하면서 박스 내부와 외부의 연결이 활발해지는 현상이 나타나는 단계를 의미한다. 세 번째 단계는 물리적 장소 내부의 소통은 쇠퇴하지만 가상에서의 연결은 폭발적으로 증가하는 '네트워크화된 개인주의networked individualism' 단계다. 미디어가 발달하고 인터넷으로 서로 연결되어

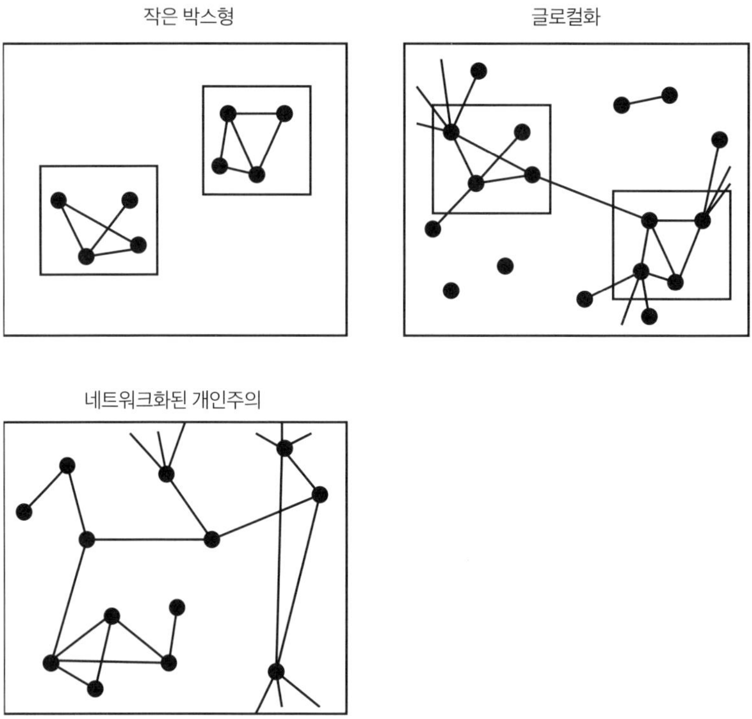

그림 3-7. 네트워크화된 개인주의

출처: Ems(2011. 5. 18).

물리적인 인맥을 넘어 원거리에 존재하는 익명의 사람과도 교류가 가능해진 현재 상황이 이에 해당한다(그림 3-7 참조).

이는 장소place와 공간space의 분리 현상을 설명해 주기도 한다. 근대 이전까지 사람들에게 공간은 사회적 상호 작용이 일어나는 물리적 장소를 의미했다. '장소'와 '공간'이 사실상 같은 뜻을 지녔던 것이다. 그러나 근대 이후 전자 미디어가 가상의 상호 작용 관계를 촉진해 감에 따라 장소와 공간은 개념적으로 분리되기 시작한다. 프랑스의 인류학자 마르크 오제Marc Augé(1995/2017)는 '초근대성supermodernity의 인류학'이라 명명한 논의에서 현대 사회에서 '오랜 기억과 관계, 정서, 체험'이 드리워진 공간인 장소lieu가 쇠퇴하고 그러한 장소성이 상실된 비장소non-lieux들이 주된 사회적 공간이 되고 있다는 점을 지적한다.

영국의 사회학자 앤서니 기든스Anthony Giddens(1990: 16~19) 역시 '시공간의 원격화time-space distanciation'에 관한 논의에서 '장소 귀속성의 탈피disembedding'를 중요한 특징으로 지적한다. 기든스는 '장소place'를 지리학적으로 '위치해 있는situated' 지리적 공간locale이라 설명한다. 그는 근대 이전까지 사람들은 시간을 장소에 대한 감각과 연결시켜 경험했던 반면 근대 이후 사람들의 시간 감각과 장소 감각이 분리되고 있다는 점을 강조하며, 이를 '시공간의 원격화'와 상보적 성격을 지닌 '장소의 탈구dislocation'라는 개념으로 설명한다. 이러한 논의들은 미디어 이용자들이 회선상의 상대와 같은 공간을 공유하면서 현재의 장소를 떠나 있는 상태를 설명해 준다.

미국의 기술 비평가 하워드 라인골드Howard Rheingold(1992)는 일찍이 온라인에서의 연결성 증대가 '약한 연결'을 강화하고 자유로운 소통과 평등한 공론의 가능성을 높인다고 보고 긍정적으로 평가하였지만 이와 다른 견해를 펴는 논자들도 많다. 대표적으로 셰리 터클(2015/2018)은 온라인에서의 과도한 연결성 증대가 세 개의 의자로 비유되는 자아 내면의 커뮤니케이션, 얼굴을 마주한 대면 커뮤니케이션, 다양한 사회관계의 기본이 되는 사회적 커뮤니케이션을 모두 파괴적으로 변형시킨다고 진단한다. 오늘날 우리는 상대와 마주하면서도 상대에게 집중하지 않고 각자의 휴대 전화에만 열중하는 '다 함께 외로운alone together' 사회를 살아가고 있다는 것이다.

방에 혼자 있는 것보다 '폰압'을 두려워하는 아이들

정신건강의학 전문의 김대진(2020)이 쓴 《청소년 스마트폰 디톡스》를 보면 과거에는 가정에서 아이들이 잘못을 저질렀을 때, 양육자가 "네 방에 들어가 있어!"라고 혼내는 경우가 많았지만, 최근에는 그 말을 들으면 아이들은 되레 반가워한다고 한다. 가정에서 "네 방에 들어가 있어!"라는 말의 효과는 사라지고, 방에서 나오라고 해도 점점 나오지 않으려고 하는 아이들이 많아진다는 것이다. 요즘에는 가정에서 부모들이 아이들을 훈육할 때 방에 들어가 있으라는 말 대신 '폰압,' 즉 '스마트폰 압수'를 외치는 경우가 많다고 한다. 2019년 MBC의 한 보도(2019. 6. 4)에서도 아이들이 '폰압'을 가장 두려운 말로 꼽았다. 스마트폰은 이제 아이들이 양육자의 간섭 없이 자신만의 세계에 몰두하는 도피처가 되고 있다. 혼자 있는 것보다 스마트폰이 없는 시간을 견디지 못하는 아이들의 모습은 오늘날 소통 위기의 주요한 측면을 보여 주는 사례다.

4장

한국 사회의 TV 보급 확대와 공동체의 변화

한국의 미디어는 역사적으로 공동체의 변화와 어떤 연관을 맺고 있는가? 압축적 성장이라는 말로 표현되는 최근의 한국 사회 변화 속에서 미디어는 어떻게 변화, 발전해 왔는가? 미디어의 변화는 우리 삶의 주요한 양상 중의 하나인 공동체의 변화에 어떠한 영향을 주었는가? 이 장부터는 이러한 문제를 다뤄 본다.

1. 한국 사회의 산업화와 TV 보급 확대

먼저 살펴볼 미디어는 TV다. TV는 1950년대 중반 한국 사회에 등장하여 폭발적인 인기를 끌며 급속 확산되어 사회 각 부분에 많은 영향력을 행사하였다. 우리 삶의 구석구석까지 파고들어 전통적 삶의 방식을 새로운 형태로 바꾸어 놓고, 사람들 사이의 관계에도 많은 영향을 미친 것으로 평가된다. 한국의 TV는 역사적으로 어떻게 발전해 왔고, 공동체에는 어떠한 영향을 미쳤는가를 살펴보자.

1) 경제 성장과 산업화, 도시화

1960년대 이후 산업화의 길로 들어선 한국 사회는 빠른 경제 성장을 경험하였다. 이와 함께 우리의 전통적인 삶의 양상도 급격한 변화를 겪게 되었다. 산업화는 도시화를 의미한다. 도시 주변에 다수 생겨난 공장들이 가동되려면 많은 인력을 필요로 한다. 이 인력을 충당할 곳은 바로 전통 사회에서 국민 대다수가 살아가던 농어촌 지역이다. 이들 중 다수가 정든 고향을 떠나 도시로 몰려들면서 이농과 도시화가 심화되는 것이다. 1960년대 이후 한국 사회에도 이러한 현상이 전개되었다. 그림 4-1은 한국 사회의 도시 인구 변화를 정리한 것이다. 1960년에는 도시 인구가 39.1%에 불과하였으나 그 이후 급격히 늘어나기 시작하여 2000년대에 들어서면 전 인구의 90% 이상이 도시에 거주하는 단계에 들어섰다.

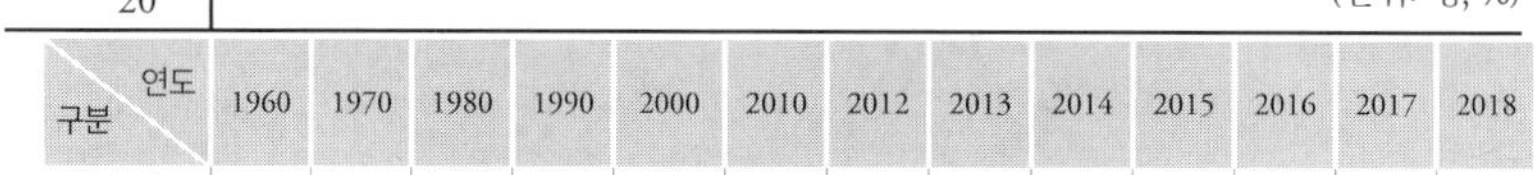

(단위: 명, %)

구분 \ 연도	1960	1970	1980	1990	2000	2010	2012	2013	2014	2015	2016	2017	2018
전국 인구	24,989	31,435	37,449	43,390	47,964	50,516	50,948	91,141	51,327	51,529	51,696	51,778	51,826
도시 인구	9,784	15,750	25,738	35,558	42,375	45,933	46,382	46,837	47,048	47,297	47,469	47,542	47,596
비도시 인구	15,205	15,685	11,711	7,832	5,579	4,583	4,566	4,303	4,279	4,232	4,227	4,235	4,229
도시 지역 인구 비율	39.1	50.1	68.7	81.9	88.3	90.9	91.0	91.5	91.6	91.7	91.8	91.8	91.8

그림 4-1. 도시 지역 인구 비율 현황

출처: 국토교통부(2019: 16).

표 4-1. 한국 농가의 인구 변화

(단위: 천 호, 천 명)

	농가	농가 인구
1970	2,483	14,422
1975	2,379	13,244
1980	2,155	10,827
1985	1,926	8,521
1990	1,767	6,661
1995	1,501	4,851
2000	1,383	4,031
2005	1,273	3,434
2010	1,177	3,063
2015	1,089	2,569
2019	1,007	2,245

출처: 통계청(2020a).

도시 인구가 늘어난다는 것은 바로 농어촌 인구의 감소를 의미한다. 농어촌에서 감소한 인구가 도시로 유입된 것이다. 표 4-1은 한국 사회의 농가 인구 변화를 정리한 것으로, 1970년대 이후 최근까지 지속적으로 인구가 감소하였음을 잘 보여 준다. 1970년 1442만을 넘던 농가 인구가 2019년에 오면 224만으로 대폭 줄어들었다.

이농과 도시화로 급속히 이루어진 산업화는 한국 사회의 산업 구조에 커다란 변화를 가져왔다. 표 4-2에서 보는 바와 같이 1970년까지만 해도 2차 산업보다는 1차 산업의 비중이 높았지만 그 후 1차 산업의 비중은 지속적으로 감소하여 2차 산업에 추월당하였다. 1차 산업의 비중은 1970년 29.0%에서 2019년 1.9%까지 큰 폭으로 감소하였다.

표 4-2. 한국의 산업 구조 변화

(단위: %)

항목	1970	1980	1990	2000	2010	2019
1차 산업 비중	29.04	16	8.41	4.28	2.36	1.85
2차 산업 비중	27.19	35.97	40.17	38.52	37.51	36.05
3차 산업 비중	43.78	48.03	51.41	57.21	60.14	62.09

출처: 산업통계분석시스템(2020).

이와 같은 산업화와 정부 주도의 경제 개발 정책으로 한국 사회는 빠른 속도로 경제 성장을 거듭하였다. 경제 성장은 곧 국민의 소득 증가를 의미하였다. 그림 4-2는 1962년부터 최근 2018년까지 1인당 국민소득의 증가세를 보여 준다. 1962년 한국은 1인당 연소득 120달러의 세계 최빈국 수준이었지만 빠른 성장을 거듭하여 1970년대 중반 1인당 1000달러, 1990년대 중반 1만 달러를 넘어서고 2018년에는 3만 달러를 달성했다.

(단위: US $)

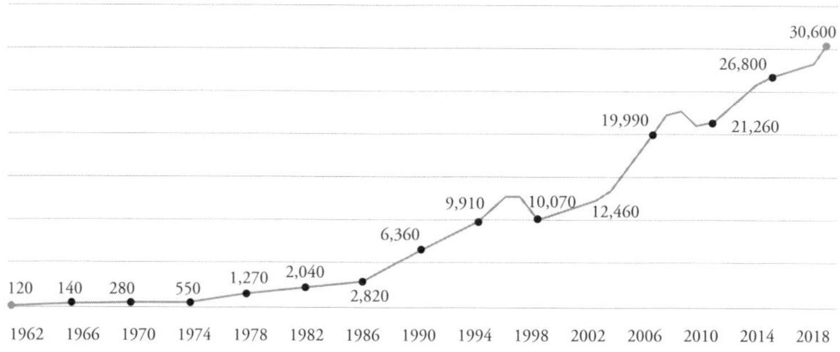

그림 4-2 1인당 국민총소득

출처: 통계청(2020c).

2) TV 보급의 확대

도시화와 산업화가 심화되며 경제 규모가 성장하고 국민 소득도 증가하는 것은 미디어가 성장, 발전하기에 적합한 토양이 되었다. 한국 사회에도 TV라는 새로운 미디어가 도입되고 성장할 여건이 마련된 것이다.

한국 사회에 TV라는 새로운 기기가 등장한 것은 1956년의 일이다. 그해 5월 12일 HLKZ-TV가 첫 전파를 발사하면서 TV 시대가 막을 열었다. 1961년 말에는 국영 KBS-TV가 개국하면서 TV 방송은 본격적인 발전을 거듭하였다. KBS는 수상기 보급에도 적극적으로 나서면서 한국 사회에 TV는 빠른 속도로 확산되어 가면서 새로운 미디어로서 정착하게 되었다. TV는 한국 사회의 거의 모든 부문에서 막대한 영향력을 행사하는 괴물과도 같은 존재로 성장하였다. TV는 거의 모든 국민의 일상 속으로 파고들면서 삶의 다양한 측면을 바꾸어 놓았다.

표 4-3은 한국 사회에 TV가 보급되어 가는 과정을 5년 단위로 정리한 것이다. 1956년 미국에서 수입한 200대의 수상기로 시작하였지만 1960년대 이후 급속도로 확산되는 과정을 잘 보여 준다. 1965년 3만 대를 약간 넘는 수준이었지만 5년 뒤 37만 9000대, 1980년에는 626만 대를 넘어 15년 만에 약 200배에 이르는 급격한 성장을 이루었다.

1980년에는 컬러 TV의 시대가 막을 열었다. 위 자료에서 1980년 가구당 TV 보급률이 83.1%에서 1985년 49.9%로 오히려 줄어든 것은 컬러 TV 방송이 시작된 1980년에는 컬러 TV와 흑백 TV를 함께 집계하였지만 1985년부터 흑백 TV 등록제가 폐지되면서(과학기술정

표 4-3. TV 보급의 역사적 추이

(단위: 대, %)

연도	등록 대수	가구당 보급률
1965	31,701	0.6
1970	379,564	6.3
1975	2,061,072	30.3
1980	6,267,584	83.1
1985	4,773,993	49.9
1990	7,438,423	65.5
1995	14,516,686	112
2000	17,174,396	120
2005	19,859,000	125
2010	21,455,006	123.7
2015	23,404,703	122.5

* 1965~1980년은 KBS, 이후는 방송통신위원회의 자료로 재구성함.

** 등록 대수는 해당 연도 12월 31일 기준, 가정용+일반용.

출처: 방송통신위원회(2017: 411), KBS(1997: 733).

보통신부·방송통신위원회, 2017: 411) 컬러 TV의 대수만 집계하였기 때문이다. 따라서 표 4-3은 1980년 이전까지 흑백 TV 보급이 확대되어 가는 추이와 1985년 이후 컬러 TV가 보급되는 추이를 보여 준다. 또한 표 4-3을 보면 1995년 가구당 TV 보급률이 100%를 넘어선 것으로 나타나는데,[3] 이는 컬러 TV만을 집계한 것으로 실질적으로 TV의 복수 소유는 1980년 컬러 TV가 도입되면서 시작되었다. 컬러 TV

3 다른 조사 자료인 전력거래소의 가전 기기 보급률 통계를 보면 TV 보급률은 1989년에 이미 1.04대로 기록되어 있다(전력통계정보시스템, 2020).

를 도입한 세대의 경우 가정의 새로운 중심을 컬러 TV가 차지하면서 중고 가격마저 폭락한 흑백 TV는 내다 팔기보다 다른 방에 설치해 두고 복수로 이용하는 경향이 생겨났기 때문이다(《매일경제》, 1981. 3. 25). 뒤에 가서 자세히 논하겠지만 이렇게 시작된 가정 내 TV의 복수 소유는 TV 시청을 중심으로 한 일상의 패턴을 바꾸면서 여러 가지 새로운 변화를 야기했다.

3) TV로 인한 사회 변화

TV 보급이 확대되면서 그 이용 패턴도 점차 바뀌었다. TV가 본격 보급되기 시작한 초창기에는 동네 이웃들이 함께 모여 공동으로 시청하는 것이 일반적이었다. 마을에서 살림 형편이 좀 나은 집이 먼저 TV를 구입하면 자연스레 매일 저녁 그 집에 동네 주민들이 대부분 모여들어 함께 시청하였다. 앞서 살펴본 대로 1960년대 산업화가 추진되면서 많은 사람이 정든 고향을 떠나 도시로 몰려들기 시작하였다. 따라서 당시 도시에는 전국 각지에서 모여든 사람들이 같은 동네에서 이웃하며 살았다. 하지만 전통적으로 공동체 문화가 강했던 한국 사회는 도시에서도 공동체적 분위기가 상당히 강하게 남아 있었다. 이러한 바탕 위에서 TV가 도입되자 자연스럽게 그 혜택을 공동체 구성원들이 공유하는 문화가 형성된 것이다. 이후 보급이 점차 확대되어 각 가정마다 TV를 구입하자 마을 사람들이 모이지 않고 자기 집에서 가족 단위로 시청하는 단계로 접어들었다. 일과를 마치고 저녁 시간이면 온 가족이 안방이나 거실의 TV 앞에 모여 함께 방송을 시청하며 하루를 마무리하였다.

1980년대 이후 TV 복수 소유 시대로 접어들었고 최근에는 개인

마을에 TV 도입	→	각 가정 TV 도입	→	TV 복수 소유	→	개인 미디어 시대
마을 공동 시청		가족 공동 시청		가족 분리 시청		개별 시청

그림 4-3. TV 보급 확대에 따른 시청 패턴의 변화

화된 미디어까지 등장하면서 이제는 가족들도 함께 모이지 않고 각자 혼자서 시청하는 단계로까지 나아갔다. 이러한 TV의 보급과 이용이 단계적으로 발전하면서 이에 따라 마을 및 가족 공동체도 점차 변화되는 현상이 역사적으로 뒤따르며 소통의 양상도 변화된 것으로 볼 수 있다. 이러한 TV 이용 패턴과 그에 수반된 공동체의 변화상은 그림 4-3과 같은 단계로 나누어 살펴볼 수 있다.

퍼트넘(Putnam, 2000/2009)은 미국 종합사회조사 데이터를 바탕으로 공동체와 사회자본이 쇠퇴하게 된 데는 TV 보급의 확대가 한 원인이었다고 주장한 바 있다. 물론 공동체와 사회자본의 쇠퇴는 하나의 요인으로 설명되기는 어려울 것이다. 자본주의 발달 과정에서 다양한 제반 요인들이 중첩되면서 복합적으로 나타난 현상일 수 있고, 퍼트넘 역시 이러한 점을 강조한 바 있다.

이 장에서는 TV가 공동체를 약화시킨 원인 중 하나라고 전제하고, 장기적 관점에서 TV의 보급 확대가 전통적 공동체의 양상을 어떻게 변화시켜 왔는지를 설명해 보고자 한다. 이를 위해 두 가지 분석 방법을 활용하였다. 첫째, TV 보급의 구체적 양상과 특징을 당시 신문이나 잡지 등의 기사와 통계 자료 등 1, 2차 문헌 자료를 분석하였다. 자료에 나타난 국민들의 대인 교제와 가족을 위한 활동 등의 추이를 분석하여 사회적 연계의 변화를 고찰하고, 이에 덧붙여 가족 형

표 4-4. 구술 인터뷰 참여자 분포

(단위: 명)

	남		여	
	도시	농촌	도시	농촌
40대			2	
50대		1	1	1
60대	2	1	1	1
70대	1	1		

태 변화, 1인 가구 증가, 이혼율 등 각종 사회 지표를 분석해 가족과 이웃 공동체의 변화 양상을 논의해 보고자 한다. 둘째, 어린 시절 TV를 접하기 시작하여 이웃과 공동 시청은 물론, 가족 단위와 개별 단위의 시청 패턴 변화를 직접 경험한 세대들의 경험담을 구술사적 방법으로 수집, 분석하였다. 이를 위해 총 12명의 구술자를 인터뷰하였고, 이들의 인구통계적 특성은 표 4-4와 같다. 표와 같이 구술 참여자를 고르게 포함시킨 이유는 다양한 집단의 대표성 있는 사례를 의도적으로 포괄함으로써 TV 도입 시기를 거쳐 성장한 세대가 보편적으로 공유하는 TV 이용과 공동체 경험을 밝히기 위함이다.

2. TV의 등장과 마을 공동체

1) 거리의 TV 수상기

이 땅에 TV가 최초로 선보인 것은 1950년대 중반의 일이다. 1956년 5월 HLKZ-TV가 시험 방송을 실시함으로써 TV 시대가 막을 열었다. 한국 최초의 TV 방송 HLKZ-TV는 1935년 영국과 독일에서 세계 최초로 TV 정규 방송이 시작된 이래 세계에서 열다섯 번째, 아시아에서 네 번째로 TV 방송을 시작하였다(임종수, 2007a). 서울 종로에 본사를 두고 시작하여 속칭 종로 방송이라 불리기도 한 HLKZ-TV는 미국 RCA의 한국 배급 회사의 성격을 띠었다. 당시 전쟁이 끝난 지도 얼마 안 되어 전쟁의 피해 복구도 제대로 되지 못한 한국에 TV가 이처럼 이른 시기에 도입되었다. 그 배경에는 미국 네트워크 방송사들의 해외 시장 개척 전략과 미국의 군수 산업체와 연계한 글로벌 TV 네트워크 계획 등 여러 맥락이 얽혀 있었다(강명구·백미숙·최이숙, 2007). 한국의 TV 도입은 내부적인 요구보다는 외부적인 힘이 크게 작용하였다고 볼 수 있다. 여건도 제대로 갖추어지지 않은 가운데 시작했기에 TV 수상기의 초기 보급은 저조했고 산업 발달이 미흡한 가운데 광고 시장 또한 미비할 수밖에 없었다.

이러한 여건에서 HLKZ-TV는 당초 계획했던 수상기의 보급이 제대로 이루어지지 않아 서울 한복판의 번화가에 수상기를 설치

그림 4-4. HLKZ-TV 사옥의 모습(왼쪽)과 개국 당시 TV 수상기(오른쪽)

출처(오른쪽 그림): 국가기록원 아카이브.

하고 오가는 행인들을 대상으로 방송을 시작하였다. 미국으로부터 수입한 TV 수상기를 당시 자유당 정부가 사치품으로 규정하여 관세를 높게 매기는 바람에 가격이 비싸게 책정되었다. 가장 큰 24인치 수상기는 47만 환, 21인치는 43만 환, 17인치는 39만 환, 14인치가 34만 환, 가장 작은 8.5인치가 19만 환이었다고 한다. 당시 쌀 한 가마니가 1만 8000환 정도였기에 17인치 수상기 1대가 쌀 21가마 값보다 더 비쌌다. 또한 공무원 급여가 월 2만 환대였으므로 14인치 수상기를 사려면 1년 반의 월급을 고스란히 투여해야 했다. 이러한 사정을 감안하면 일반인으로서는 구매하기 어려울 수밖에 없었다.

수상기 판매가 어려워지자 HLKZ-TV는 서울 시내 중심가 사직공원, 파고다공원, 명동 입구, 서울역 광장, 광화문 네거리, 동대문 운동장 등 9개소에 수상기를 설치하고 방송을 시작하였다(나무위키 'HLKZ-TV' 참조). 수상기 앞에는 각각 수백 명 시민이 운집하여 신기한 문명의 이기를 즐겼다. 당시 모습을 〈조선일보〉(1956. 5. 13, 조간 2면)는 다음과 같이 전했다.

> 미국으로부터 수입되어온 우리나라 최초의 텔레비전 방송이 12일 7시 30분 서울 종로 종각 옆에 설치된 RCA텔레비전 방송국에서 시작되었다. 40평이 좀 넘는 스튜디오에는 맨 뒤편에 기계실이 가설되고 이 체신부장관, 갈 공보실장, 김 서울시장 등 초대된 20여명의 정부 요인들이 참석한 가운데 먼저 방송국 개국식이 서명석徐明錫씨의 사회로 시작되었다. 텔레비전 방송으로 애국가 봉창에 이어 갈 공보실장의 '폐허된 이 땅에 텔레비전 방송국을 개국하였음은 우리 민족의 영광이다'라는 요지의 축사가 있었고 이어 동 방송국장 황명석黃明錫씨의 개국사와 KORCAD사의 사장 조셉 B 밀러 씨의 인사, 이 체신부 장관의 축사

그림 4-5. HLKZ-TV 앞에 모여 TV 방송을 시청하는 인파

출처: 국사편찬위원회 우리역사넷.

와 김 서울시장의 축사가 있은 후 성경린成慶麟씨가 지휘하는 국악원의 아악이 스튜디오에서 방송되기 시작하였다. 이러는 동안 시내 9개소에 가설된 텔레비전 수상기 앞에는 각각 수백 명씩의 시민이 우리나라 최초의 텔레비전 방송을 즐기었다. 그런데 이 방송은 3일간 시험적으로 계속되고 6월 들어서부터 본격적 방송을 개시할 것이라고 한다.

개국식은 정부 요인들도 참석하여 성대하게 치러졌지만 정작 방송에 핵심적인 시청자는 제대로 확보되지 못한 상태였기에 시내 번화가에 수상기를 놓고 시작해야 했다. 이처럼 여건도 제대로 갖추어지지 않은 상황에서 광고로 운영해야 하는 상업 방송으로 시작된 HLKZ-TV는 경영의 어려움을 극복하지 못하고 단명했다. 개국 1년도 채 안 된 1957년 5월 〈한국일보〉 장기영이 인수하였으나 경영난은 여전하였으며 1959년 2월 화재를 당해 모든 시설이 소실되고 말았다. 이후 미군 TV의 시설을 빌려 하루 30분씩 임시 방송으로 연명하였다(채백, 2015: 312).

이렇듯 서둘러 도입되었던 HLKZ-TV는 여러 여건이 미성숙했다. 하지만 그 역사적 의미는 대단히 크다. 후술하겠지만 5·16 쿠데타 직후 KBS TV가 단 몇 달 만에 서둘러서 개국을 시도할 수 있었던 것은 바로 HLKZ-TV의 경험에 힘입은 바가 크다. 단기간이었지만 HLKZ-TV에서 제작에 참여하여 경험을 쌓은 인력이 있었기에 가능했다. 또한 HLKZ-TV가 미국을 통해서 미국식 주사 방식인 NTSC(National Television System Committee) 시스템을 도입함으로써 그 이후에 설립된 TV 방송들도 모두 이 방식을 채택할 수밖에 없었고, 1980년 컬러 TV 도입 당시에도 마찬가지로 미국식 방식을 그대로 계승할 수밖에 없었다(채백, 2015: 312~313). 만일 주사 방식을 바꾸면 기존의 수상기로는 수신이 안 되므로 경제적 및 사회적 비용이 엄청나게 소요된다. 따라서 초기에 도입된 방송 테크놀로지는 대부분 그대로 이어지게 마련인 것이다.

2) TV 수상기의 초창기 보급

5·16 쿠데타로 집권한 박정희 정권은 국민의 관심을 돌리기 위한 무언가 필요했다. 그 결과로 등장한 것이 바로 KBS TV였다. 1961년 말 서둘러 개국한 국영 KBS TV는 군사 정부의 여러 정책적 지원 속에 정착하면서 TV 시대의 막을 활짝 열어 갔다. 정부는 수상기 보급에도 적극 나서면서 TV 보급이 본격적으로 확대되기 시작하였다. 이로써 대도시의 동네마다 살림 형편이 괜찮은 한두 집씩 TV를 구매하는 집들이 생겨났다. 매일 저녁 식사를 마치고는 동네 주민 대부분이 그 집에 모여 안방과 마루, 때로는 마당까지 가득 채우면서 함께

TV를 시청하며 저녁 시간을 보내는 풍습이 자연스럽게 만들어졌다. 1962년 〈사상계〉(4월호)에 실린 어느 시민의 글(유성, 1962: 316)에 따르면 그해 1월 초 이웃집이 TV를 새로 샀으니 구경하러 오라고 초대받았다고 한다. 그 며칠 뒤 저녁에 퇴근해 보니 가족들 모두 근처의 이웃집에 TV를 보러 가고 없었다. 글쓴이는 얼마 뒤 TV를 사자는 부인의 성화에 못 이겨 방송문화협회가 시행한 구입 신청서를 작성해서 접수처에 가서 줄을 서서 대기하였다가 접수했다고 한다. 이 글은 TV 보급 초창기 동네 이웃들이 저녁마다 모여 공동 시청하며 TV 구매를 자극하여 보급을 확산시킨 당시의 분위기를 잘 보여 준다.

이 글에서 당시 TV의 인기가 폭발하며 수상기 수요가 늘자 보급이 제대로 따라가지 못하던 상황도 알 수 있다. 1960년대 초는 수상기의 국내 생산이 불가능하던 시절이라 전량 수입에 의존할 수밖에 없었다. 1962년 초 미국에서 수입한 TV를 방송문화협회가 주관하여 신청을 받아서 배포하였다. 그런데 폭발적인 인기를 끌면서 접수처가 장사진을 이루었다. 당시 접수장의 광경을 〈조선일보〉(1962. 2. 17)는 다음과 같이 보도했다.

> 텔레비전 붐으로 17일 아침의 태평로 거리는 법석을 이루었다. 한국방송문화협회에서 배부하는 텔레비전 세트 신청서를 얻기 위하여 대한공론사 건물을 둘러싸고 장사진이 쳐졌으며 기마순경까지 동원되어 정리하기에 바빴다. 새치기하는 얌체 인사들 때문에 옥내외를 막론하고 대혼잡을 이루었다. 100환을 주고받는 신청서 용지 한 장에 프리미엄이 붙어 2~300환씩에 팔리기도 하는 대성황. 공보 당국의 TV 장려책에 의해서 관세 없이 도입되는 2만대의 세트 중 1차분 7,599대가 지난 1월에 공급되었고 이번 2차에는 일제나 미제 어느 것이고 신청자의 자유

그림 4-6. 1962년 TV 구입 신청서 접수를 위해 방송문화협회에 모인 신청자들

출처: 국가기록원 아카이브.

> 로운 선택으로 1만 2401대를 도입한다고 — 대당 12만 5600환의 일제 「산요三洋」 14인치 짜리부터 25만 6900환의 미제 RCA 23인치까지 4개 기종에 10개형이나 된다 — 첫날에 계약금만 치르면 10개월 월부로 살 수 있다는 매력에 샐러리맨들까지 호화로운 문화생활의 상징을 장만하려고 야단인 것이다.

기사를 통해 당시 TV 수상기 구매가 그야말로 폭발적인 인기를 끌었음을 알 수 있다. 앞서 1956년 HLKZ-TV 개국 당시에는 사치품으로 고관세가 부과되어 가격이 매우 비싸서 일반 시민이 사기 어려울 정도였지만, 군사 정부가 주도한 1961년에는 무관세로 통관되어 가격도 상대적으로 저렴하였으며 더구나 10개월 할부로 갚아나가면 되는 조건 때문에 많은 시민이 구매에 나설 수 있었던 것이다.

이처럼 정부의 적극 지원으로 인기를 끌게 되면서 TV 수상기 보급은 본격적으로 확산되었다. 또한 1966년에는 수상기의 국내 조립 생산이 가능해졌으며 1969년 전자산업육성법으로 국내 전자산업 발전의 계기가 마련되었다. 이러한 상황에서 TV는 주류 중산층으로 편입되는 상징으로 자리하게 되었으며 가전업체들은 장기 할부 판매제를 도입하고 소비자들은 'TV계'를 조직하여 구매하는 등 붐을 이루었다(채백, 2015: 411).

3) 마을의 극장

공동체적 마을에 등장한 TV는 마을의 극장과도 같은 역할을 하였다. 매일 저녁이면 동네 사람들이 어른, 아이 할 것 없이 TV가 있는 집의 안방과 마루, 때로는 마당까지 가득 채우고는 함께 시청하며 웃고 울며 즐겼다. 인기 드라마를 방송하거나 프로 레슬링처럼 당시의 인기 스포츠를 중계하는 날이면 더 많은 동네 사람들이 함께 모였다. 1960년대 어린 시절을 보낸 한 인사는 〈부산일보〉에 기고한 칼럼에서 이 시절 "박치기의 명수 김일 선수가 나오는 프로레슬링 경기가 있는 날이면 모두 TV 앞에 모여 앉았다"면서 "마을 전체에 한두 대밖에 없던 흑백 TV는 마을 사람 모두의 문화적 재산이었다"고 회고하였다(강신익, 2015).

역사적 이벤트가 벌어지며 전 세계로 위성 중계되는 경우에는 그야말로 많은 사람이 TV가 있는 이웃집이나 기타 TV를 볼 수 있는 곳에 모여들었다. 대표적인 사례가 아폴로 11호의 달착륙이다. 1969년 7월 16일 아폴로 11호가 발사된 날과 인간이 최초로 달에 상륙한 7월 21일 그 실황이 전 세계에 중계되었다. 한국에서도 국민 대부분이 TV를 찾아 위성으로 중계된 역사적인 장면을 숨죽이며 지켜보았다. TV를 소유한 가까운 이웃이 있으면 그 집에 동네 사람들이 모두 모여 함께 시청하였으며 이게 마땅치 않은 사람들은 다른 곳을 찾아 나섰다. 당시 남산 음악당 앞 광장에는 5만 관중이 운집했으며 백화점이나 다방, 만홧가게 등에도 사람들이 몰려 그날 거리가 한산할 정도였다(《중앙일보》, 1969. 7. 17).

인간이 달에 최초로 발을 디딘 7월 21일 오전에는 국민 대다수가 TV를 찾아 그 앞에 자리하였다. 〈동아일보〉(1969. 7. 21) 사회면의 기사는 당시 사회의 들뜬 정경을 다음과 같이 보도했다.

> 아폴로 11호가 달에 내린 21일 사람들은 아침 5시~5시 40분 사이에 예정된 달착륙 광경 방영 프로를 보고 듣기 위해 선잠을 깨고 라디오와 TV 앞에 몰렸다. 또한 TV가 없는 사람들은 TV가 있는 이웃집에 '새벽 방문'을 나가기도 했다. …… 초조와 흥분 속에 기다리던 사람들은 드디어 달착륙선 '독수리'호가 모선에서 뛰쳐나와 달표면 '고요의 바다'에 "무사히 착륙했다"는 소식이 전해지자 고조된 긴장 속에 박수와 환호를 보내며 '인간만세'를 소리높이 외쳤다. 이날 우리나라 정부에서도 "우주의 새로운 역사가 창조되는 날을 경축하기 위해" 임시공휴일로 결정, 모두들 집안에 들어앉아 라디오와 TV 앞에 지켜 앉았다.

이른 새벽부터 TV를 찾아서 그 앞에 모두 모여 앉아 역사적인 순간을 숨죽이며 지켜보았다는 것이다. TV가 있는 이웃집에 가거나 그게 여의치 않으면 근처 다방, 전파상 앞으로 몰려들었다. 다음 날 〈조선일보〉(1969. 7. 22)는 이날의 서울 표정을 "각 텔레비 상점 앞은 아폴로의 인파가 늘어섰고 텔레비가 있는 다방은 발 디딜 틈이 없었"으며 남산 야외 음악당에는 이날도 중계를 보러 새벽부터 1000여 명 시민이 모여들었으나 중계를 하지 않아 아쉬운 발걸음을 돌려야 했다고 보도하였다. 당시 상황은 한국뿐만 아니라 전 세계적인 것이었지만 역사적 순간의 감격을 이웃들이 자연스럽게 모여 TV를 통해 동시간에 함께할 수 있었다.

4) 도시 지역의 마을 극장 경험담

이처럼 1960년대부터 서서히 확산되기 시작한 TV는 각 마을 사람들이 함께 모여 시청하는 마을 극장 문화를 자연스럽게 형성하였다. TV가 있는 집에 모여든 마을 사람들은 함께 TV를 시청하며 세상살이의 애환을 나누는 공동체적 문화를 유지해 나갔다. 이 시절을 어린 나이에 경험한 세대들은 당시의 기억을 아직도 생생하게 간직하고 있었다.

구술 참여자들이 TV를 처음 접한 시기는 성장 지역에 따라 차이가 있었다. 도시 지역 구술자들은 대개 1960년대 중후반, 농촌 지역 구술자들은 1970년대라 답하였다. 당시 연예인이 많이 거주했던 서울의 한동네에서 자랐다는 60대 구술자(이ㅇㅇ, 60대 여)는 유치원을 다니던 1960년대 초반 처음 TV를 접한 것으로 기억했고, 부산에서 상대적으로 부유하게 자랐다는 70대 구술자(허ㅇㅇ, 70대 남)는 1960년대 초반 시내에서 TV를 처음 접했으며 고등학교를 다니던 1960년대 중반 동네에서 처음으로 집에 TV가 들어왔다고 증언했다.

> 아버지가 전파상에 가서 텔레비전이 방영되면 사고, 안 되면 안 산다고 했어. 뒤에 보니까 일본 거는 잘 잡히고 한국 거는 잡혔다 안 잡혔

다 해서 안 좋은 상태에서 봤지. 일본 거를 많이 봤어. 주로 스모를 많이 봤지. 명랑오락실 같은 퀴즈 맞히는 프로그램도 보고. 일본말은 모르고 그냥 화면만 보고 웃고 그랬지. (허○○, 70대 남)

1961년 KBS TV가 개국했음에도 불구하고 1965년까지 TV 등록 대수는 3만 1701대, 가구당 보급률은 0.6%(KBS, 1997: 733)에 불과했던 점을 감안하면(표 4-3 TV 보급의 역사적 추이 참조), 도시에서도 1960년대 중반까지 TV를 흔하게 접하기는 어려웠던 것으로 보인다.

구술자들은 어린 시절 TV를 처음 접한 상황에 대해 비교적 구체적으로 기억하고 있었다. 이들 중 일부는 신문물에 일찍 노출될 수 있었던 특수한 여건들을 가지고 있었다. 특히 서울에서 자란 구술 참여자들은 초창기 TV 접촉 경험을 미군과 연관지어 이야기했는데, 60대 구술자 두 명은 아버지가 미군 부대에 근무했기 때문에 상대적으로 일찍 TV를 접하게 되었다고 말했다.

아버지가 미군 부대 지배인으로 일했어. 그러다 보니까 옛날 RCA TV가 미군들한테 보급이 됐단 말이야. AFKN만 나왔던 시절 아버지가 우리 집에 커다란 걸 갖다 놓은 거야. 그때 내가 여섯 일곱 살밖에 안 됐어. (이○○, 60대 남)

아버지가 용산의 미팔군을 다니셨거든. 그러니까 아버지가 남들보다 TV를 먼저 사신 거지. 꽤 컸어. 드르륵드르륵 옆으로 여는 거. 밑에는 다리가 있고. 동네에 우리 집밖에 없었어. (김○○, 60대 남)

이들이 TV를 처음 접했다는 시기는 대략 1960년대 초반이 된다. 부친이 미군과 관련된 직업을 지닌 관계로 일찍 TV를 구매하게 되었다는 것이다. 서울에서 자란 50대 여성 구술자도 미군과 관련된 경험을 말하였다. 같은 동네에서 미군과 동거하던 여성이 거실에 켜 놓은 TV를 옆집에서 건너보던 기억을 떠올렸다. 구술자는 TV를 갖고 있던 그 여성이 아이들이 TV를 볼 수 있도록 일부러 거실 문을 열어 놓고 TV 음량을 높여 주었다는 일화를 소개하였다.

> 이층에 있는 양색시 집 거실 창이 건너편 집에서 다 보이는 거야. 거기서 우연히 텔레비전을 보게 되었어. 건너편 집 장독대 위에 올라가면 건너서 보였던 거야. 어린이 방송할 때 애들 와서 신기하다고 보니까 그 양색시가 거실 문을 활짝 열어 놓고 텔레비전을 잘 보이게 해 줬어. 그래서 어린이 방송할 때 맞춰서 우리는 그 장독대에 모이곤 했지. 그러면 그 양색시가 문 활짝 열고 보라고. 근데 영상이 크게 잘 보였던 것 같진 않은데. 일단 소리가 들리고. 소리를 좀 높여 주고 그랬는데 미군이 일찍 돌아오는 날은 못 보는 거지. 미군은 커튼을 쳐 버리고 우리한테 욕을 하고, 그러면 우리는 거꾸로 미군 놈 빨리 왔다고 욕하곤 했는데. (김○○, 50대 여)

그 여성과 미군의 상반된 행동은 동서양의 문화적 차이를 드러낸다. 특히 여성의 행동은 사적 공간을 개방해 이웃들이 TV를 볼 수 있도록 배려한 초기 한국의 TV 시청 문화와 자연스럽게 연결된다. 이와 달리 다소 신경질적인 미군의 행동은 사적 공간과 공적 공간을 명확히 구분하고 개인의 프라이버시를 중요시하는 서구의 문화적 특성을 보여 준다.

구술 참여자들은 공통적으로 보급 초창기 TV는 부의 상징이었으며 부러움의 대상이었다고 말했다. 하지만 그들은 TV 시청이 부유한 일부 계층만 향유했던 문화가 아니라 이웃 등 주변 공동체 구성원들이 함께 누릴 수 있었던 문화였다고 술회하였다. 일찍 TV를 구입한 가정에서는 대부분 마을 사람들이 함께 모이는 마을 극장이 매일 저녁 펼쳐졌다. 서울의 부유한 가정에서 자라 집에 일찍 TV가 들어왔다고 말한 60대 구술자들은 당시 상황에 대해 다음과 같이 이야기했다.

> 우리가 처음 TV를 샀을 때가 여름이었는데 대청마루에 쫙 앉아서 극장처럼 봤던 게 생각이 나. 어슴푸레한 저녁땐 거 같아. 엄마들은 저녁을 하거나 일할 시간이었고. 오빠 친구들이 그때 아마 저녁을 먹고 나서 바로 왔던 것 같아. 오빠 친구들이 오면 내가 좀 못되어서 오빠 친구들 신발 벗겨 가지고 발 검사를 했던 게 생각이나. …… 내 친구들은 안 왔는데, 우리 오빠는 그걸 가지고 좀 학교에서 폼 잡은 것 같아. '이 따 우리 집에 올 사람' 막 이래 가지고 친구들을 데리고 집에 왔던 거지. (이○○, 60대 여)

> 그 시간에 맞춰서 꽤 멀리 살았던 사촌 형들까지 약 1시간 걸어서 왔어. 레슬링 중계를 보고 싶어 가지고. 와서 보고 가는 거야. 중계 같은 거 할 때 많이 모이니까. 앞마당까지 꽉 차는 거지. TV는 마루에 놓고 문 다 열어 놓고. (김○○, 60대 남)

> TV가 일찍 집에 들어오니 내가 그걸 가지고 자랑하고 까불던 생각이 나네. 그때 우리 아버지는 중요한 중계나 그런 거 하면 집을 개방했는데, 나는 아버지 몰래 돈을 받기도 했다가 아버지한테 걸려서 되게 혼

났어. 어른들한테는 못 받았지만, 또래 꼬맹이들. 친한 애들은 웬만하면 그냥 들여보내 주고 돈 없거나, 돈 안 받고도 보내 주고, 그렇게 안 친한 애들한텐 악착같이 받으려고 그랬지. 많은 돈이 아니었지만 아버지는 그걸 왜 받냐고 야단을 치신 거지. (김○○, 60대 남)

귀한 TV가 놓인 대청마루나 안방을 이웃들에게 내주었다는 이야기에서 당시 TV가 개인이나 가족의 단순한 전유물이 아니었다는 것을 확인할 수 있다. 경사가 있을 때 찾아든 이웃에게 음식을 대접하듯이 중요한 방송 프로그램을 보고자 방문한 이웃들에게 대문을 열고 자리를 권했던 것이다. TV 앞에 모인 이웃들에게 몰래 '시청료'를 거둬들인 철없는 아들을 아버지가 야단친 것은 당시의 공동체적 가치관에서는 당연한 반응이었을 것이다. 이처럼 TV는 동네에서 소수의 가정만 소유하는 물품이었고, TV가 설치된 집의 대청마루는 이웃 사람들이 새로운 문명의 이기가 제공하는 진귀한 볼거리를 즐길 수 있는 장소, 즉 마을 극장이 되었다.

5) TV가 영업의 수단

이처럼 TV가 인기를 끌면서 이것이 영업의 주요 수단이 되기도 하였다. 앞서 인용한 기사에서도 나왔지만 아폴로 발사 중계를 보러 TV가 있는 다방으로 많은 손님이 모였다는 내용이 이를 잘 보여 준다. 이후에도 다방이나 음식점은 영업을 위해 TV가 필수 품목이 될 정도였다. 정치나 스포츠의 대형 이벤트가 있는 날이면 각 업소는 중계한다는 사실과 시간을 크게 적어 놓고 손님을 끌어모았다. 중국과 오랜 적대 관계를 청산하고 국교를 맺기 위해 미국의 닉슨 대통령이 중국에 도착한 1972년 2월 21일에도 그 실황이 전 세계에 중계되자 아폴로 11호 못지않은 열풍이 불었다. 대다수 사람들이 일터에 있던 월요일 한낮이라 이웃집을 찾기보다는 사무실 주변의 다방으로 많은 사람들이 몰렸다.

이날 석간 〈경향신문〉은 서울 시내의 표정을 전하는 1단 스케치 기사에서 "점심도 뒤로 미루고/TV 보러 다방으로"라는 제목으로 다음과 같이 보도했다. "이날 서울 시내의 각 다방과 음식점들은 아침 일찍부터 문 앞에 '닉슨 중공 방문, TV 중계'라고 써붙여 놓고 손님 유치에 열을 올리기도 했다. 각 관공서나 회사에서도 이날 점심시간이 되자 점심 식사를 뒤로 미루고 모두 TV가 있는 다방으로 몰렸다." 그날 닉슨의 도착 시간이 낮 12시 37분으로 점심시간과 겹치다 보니 많은 사람들이 식사보다 먼저 TV 있는 다방에 가서 자리 잡으려 했다는 것이다. 당시 '죽竹의 장막'이라 불리던 중국에 미국 대통령이 직접 착륙한다는 사실도 아폴로 달 착륙에 버금갈 정도로 폭발적 관심을 불러일으켰다. 이러한 이벤트에서 TV는 다방 영업의 필수 품목, 특히 사무실들이 몰려 있는 도심지 다방에는 더욱 중요한 물건으로 부상하였다. 대형 이벤트 중계가 있는 날이면 다방들이 커피보다 비싼 주스만을 판다거나 하는 상술을 부려 눈살을 찌푸리게 만드는 일도 빈번하였다(〈경향신문〉, 1977. 6. 14).

변두리의 만홧가게 등에서는 직접 돈을 받고 TV 시청을 허용해 주는 업소들도 많이 생겨났다. 어린이들이 좋아하는 만화 영화나 당시 인기 좋았던 프로 레슬링 중계 등이 있는 날이면 별도의 시청 요금을 받고 만홧가게 옆의 방에서 TV를 시청하도록 했다. 급기야는 프로 레슬링 같은 인기 프로그램이 있는 날이면 사람들을 너무 많이 받아서 사고가 빚어지기도 하였다. 〈조선일보〉(1964. 5. 21)는 이 사실을 보도하며 "마포서 사설극장 무너져"라고 제목을 달았다. 사고의 내용은 서울 마포에서 전날 밤 60여 명이 3원씩 내고 프로 레슬링 중계를 시청하다가 2층이 내려앉는 바람에 10대 19명이 중경상을 입었다는 것이다. 1층 만홧가게의 주인은 그날 마침 2층의 업소가 쉬는 데다 중계를 보러 청소년들이 많이 몰리자 2층으로 옮겼다가 급기야 사고를 빚게 된 것이다. 대부분 이웃집에서 주로 보았지만 여의치 않은 경우 돈을 내고 만홧가게 등에서 시청하던 일도 상당히 많아서 TV가 돈벌이 수단이 되기도 했음을 보여 준다.

6) 농촌의 TV 보급

도시 지역을 중심으로 TV의 인기가 급상승하며 그 보급은 급속히 증가하였지만 농촌의 경우는 여러 가지 측면에서 조금 달랐다. 전통적으로 공동체적 성격이 매우 강했으며 소득과 생활 수준 면에서 도시에 비해 뒤처진 데다가 소비를 위한 사회 기반 시설도 미흡했기 때문이었다.

이러한 측면에서 전북 김제군이 고향에 텔레비전과 라디오 보내기 캠페인을 벌인 사례는 주목할 만하다. 〈조선일보〉(1970. 9. 3) 기사에 의하면 그해 3월부터 김제 군수 전병우全炳宇가 중심이 되어 '내 고향 사랑방에 텔레비전과 라디오 보내기 운동'이라는 캠페인을 벌였다. 도시 지역에 거주하는 김제 출신 인사들을 대상으로 한 이 캠페인은 지역 농민이 보다 향상된 문화 혜택을 누릴 수 있도록 하자는 것이었다. 그해 9월 초 TV 수상기 7대, 라디오 수신기 20여 대를 확보하였으며, TV 100대 이상 확보를 목표로 캠페인을 계속 벌여 나갔다. 확보된 수상기는 사람들이 많이 모이는 공회당, 경로당, 양로원 등에 배치하였다. 도시인들은 월부 등의 방법으로 TV를 구입하는 경우가 많았지만, 고정된 현금 수입이 없는 농민들로서는 이것도 어려운 실정이었다. 이에 관청이 나서서 지역 출신 인사들의 애향심에 호소하여 TV 수상기를 무료로 보급하는 운동을 전개하였다.

이렇듯 농촌 지역에서도 마을 사람들이 많이 모이는 장소에서 집단 TV 시청이 이루어지기 시작하였다. 1974년 〈세대〉(5월호)에 실린 "TV문화의 망령들"이라는 제목의 기사(이주혁, 1974: 264~271)는 경북 영덕군 어느 마을의 사례를 소개한다. 농촌 사회의 전통이 강하던 이 마을에 TV가 들어오면서 여러 변화가 나타났으며, "마을 회당에 TV가 놓인 후 매일 저녁 이를 보려 몰려드는 사람들 때문에 '20세 이하는 입장 금지' 팻말까지 붙여 놓아야 했다. 어른들은 저녁을 일찍 마치고 집을 나와 회당 마룻바닥에 좌정했고, 집에는 아이들만 남아서 20살 못된 한을 라디오로 풀고 있었다"고 전한다. 남녀노소를 불문하고 마을 사람 모두가 TV라는 신기한 물건을 보러 가고 싶지만 그 집에 수용 인원은 한계가 있으니 어른들만 모여서 TV를 시청하였다는 것이다. 도시에서는 대부분 마을 사람들이 한집에 모여 공동 시청할 때 어린이들은 맨앞에 앉게 하였지만 농촌에서는 장유유서의 유교적 전통이 그때까지도 남아 있었음을 보여 준다.

공동체적 정서가 강한 농촌 지역에서는 TV가 있는 집에 동네 사람들이 모이면 막걸리와 음식을 대접하는 경우도 있었다. 〈경향신문〉(1977. 6. 14)은 산업화와 함께 농촌의 변화상을 다루는 연속 기획 '농촌 새 풍속도'의 14번째로 TV로 인한 변화를 다루며 5가구 중 1대꼴로 보급된 무주 구천동 보안 부락의 사례를 통해 TV가 들어옴으로써 달라진 농촌 사회의 풍경을 잘 보여 준다.

박덩굴 호박덩굴이 흙벽을 타고 올라가던 시골 초가지붕 위에 TV 안테나가 우뚝 솟아 있다. 이엉이 푹꺼지고 축마루 겨우 붙은 다 찌그러진 초가삼간 지붕 위에도 거짓말인가 싶게 안테나가 부챗살 편듯 펼쳐 있다. 더러는 보다 높게 세우려고 마당에 자란 해묵은 감나무 위에 부목을 세우고 안테나를 세운 집도 있다. 몇 년 전만 해도 재봉틀이 자리하던 가보 1호를 이젠 TV가 차지, 안방 웃목에 부동의 자리를 잡고 있다. …… 재작년(75년 1월) 이 마을에 한전의 전기가 들어오자마자 안방에 TV가 떡자리잡자 이(李) 노인은 등잔불 시대에서 TV 시대로 몇십 년의 세월을 훌쩍 뛰어넘어 별천지에서 사는 느낌이다. “이게 생시디야, 꿈이디야. 어떻게 서울에 있는 사람이 활동사진으로 예까지 나온디야” “글씨말여, 좋기는 좋은 세상여. 우리 부모들은 이 좋은 구경 못하고 세상을 떠났지 않는가벼” …… TV를 보러온 할아버지들을 맞는 집에서는 항시 막걸리와 김치찌개로 야참까지 마련하여 대접한다는 보안부락. 만화가게에서 어린이들에게 돈을 받고 TV를 보여 준다든지, 스포츠 중계가 있는 날이면 다방에서 손님들에게 코피 대신 비싼 주스만을 파는 도회지의 각박한 인심과는 대조적인 농촌의 모습이다. 그래서 이들 할아버지들은 1주일에 한번밖에 없는 민속 잔치 프로가 있는 날은 이번에는 김씨네, 다음에는 박씨네 등으로 순번을 정해 놓고 모이기로 하는 등 한집에만 폐를 끼치지 않으려고 애쓴다는 것.

서울 등 도시에서 1960년대 말과 1970년대 초에 벌어진 마을 공동 시청의 풍속이 농촌 지역에는 1970년대 중후반에야 벌어지는 것이다. 재봉틀을 대신하여 가보 1호가 되었다는 사실이나 동네 이웃들이 함께 모여 시청하는 형태 등은 도시나 다를 바 없었다. 하지만 함께 먹을 야참을 준비하고 그 준비를 돌아가며 하기로 했다는 점은 도시에서는 찾아보기 어려운 농촌만의 모습이다.

7) 농촌 지역의 마을 극장 경험담

도시에 비해 농촌은 TV의 보급도 늦었다. 도시 지역이 1960년대 후반과 1970년대 초반에 본격 확산된 반면 농촌은 대부분 1970년대 중반 이후에 보급이 확산되기 시작한 것으로 보인다. 농촌 지역에서 자란 구술 참여자들 역시 어린 시절 TV는 마을에서 몇 되지 않는 부유한 집만 소유할 수 있는 물건이었지만 TV를 시청할 수 있는 기회는 충분히 있었다고 말했다. 도시보다는 늦었지만 농촌에서도 초창기 TV가 놓인 부잣집의 대청마루는 마을 사람들을 불러 모으는 일종의 마을 극장 역할을 했다. 농촌에서 나고 자란 구술 참여자들을 통해서도 이를 확인할 수 있다.

> 최 부자라고 그 집에서 가장 먼저 샀어. 마을 사람들이 전부 저녁만 먹고 나면 그 집에 가서 둘러앉아 텔레비전을 보고 그리했지. 그때는 특별한 놀이 같은 것도 없고 그러니까 저녁만 먹으면 자연스럽게 그 집에 모이는 거지. (엄○○, 70대 남)

> 그때는 텔레비전이 귀하니까 오면 전부 문을 열어 놓고 볼 수 있도록 해 주더라고. 한 10명이 방에서 봤지. 앞에는 아이들 앉고 어른들은 뒤에 앉고. (조○○, 50대 여)

종합해 보면 서울과 농촌 지역 모두 마을에서 소수의 부자들만 TV를 소유하였지만 도입 초기 동네나 마을에서의 TV 시청 문화는 배타적이지 않았다. 구술 참여자들은 TV의 자가 소유 여부와 상관없이 이웃에 TV가 처음 들어오던 시기를 TV 방송을 처음 접했던 시기로 기억했고 자연스럽게 주변 사람들과의 공동 시청 경험을 떠올렸다. 이러한 공동 시청 문화는 이전부터 이어진 공동체의 깊은 유대감을 바탕으로 자연스럽게 형성된 미디어 이용 관습이었다. 이웃 간의 공동 시청 문화는 저녁을 먹고 누군가의 집에 모여 시간을 함께 보내던 '마실' 문화의 연장이었고, TV 시청이 이루어지던 대청마루는 동네 사람들이 모여 놀며 교류하던 사랑방의 기능을 대체하는 장소가 되었다.

> 그때 동네에 텔레비전이 두 집밖에 없었으니까 사랑방 모양으로 나이 많은 분들 오셔서 씨름 같은 거 보시고 했지. (허○○, 70대 남)

> 함께 저녁 먹고, 텔레비전 보면서 이야기하고, 또 텔레비전 보다가 집에 오는 거지. 거기서 동네 행사 같은 것이 거론되기도 하고. 예를 들면, 정월 보름날 달집 행사 같은 것도. 옛날부터 내려오는 것인데, 내일 청년들은 소나무를 꺾으러 가자, 대나무를 베러 가자, 거기서 다 논의가 이루어지는 거지. (엄○○, 70대 남)

특히 수상기 보급이 상대적으로 늦었던 농촌 지역의 경우 TV는 이웃들을 한데 모으는 구심점 역할을 했다. 낮 동안 각자의 논과 밭으로 흩어졌던 마을 주민들이 저녁 무렵 자연스레 TV가 있는 집으로 모여들어 어른들의 안부를 묻고 동네 대소사를 의논하게 된 것이다. 평생을 농촌에서 보낸 위의 70대 구술자는 TV가 없을 때 구장(지금의 '이장')이 집집마다 돌며 마을 일을 전달하고 의논했는데,

TV가 생기면서 동네 청년들이 한데 모이니 구장이 일이 줄었다며 좋아했던 기억을 떠올렸다.

TV는 마을 젊은이들을 결속시키는 도구가 되기도 했다. TV가 꺼진 후 집으로 향했던 웃어른 세대와 달리 이른 밤 발걸음을 옮기기가 아쉬웠던 청년들은 누군가의 방으로 모여들어 나누지 못했던 이야기를 나누었다. 그로 인해 어딘가 잠시 비게 된 방은 또 다른 이들의 모임 장소가 되었다. 이처럼 새로운 세상을 보여 주는 창이었던 TV는 한편으로는 또래 세대와 이웃들을 공간적으로 묶어 주는 역할을 하면서 기존의 마을 공동체를 강화하는 역할도 하였다.

> 형이 다른 집에 놀러 가면 방이 비잖아. 그럼 그 방에 우리 친구들이 모이는 거야. 형들은 따로 가서 모이는 방이 있고. 집집마다 그 동네에는 친구들끼리 잘 가는 방이 있었죠. 그럴 때는 뭐 친구가 있든 없든 아무 때나 들어가서 누워 자고 그랬죠. 그게 공동체죠. (문○○, 50대 남)

구술 참여자들은 TV가 처음 놓이던 시기 TV가 이웃 공동체의 결속에 대체로 긍정적인 영향을 미친 것으로 증언했다. 이들은 TV가 도입되던 시기 동네나 마을 공동체의 성격에 대해 대체로 긍정적인 기억을 가지고 있었으며, 이웃과의 일상적인 왕래와 상시적인 교류 속에서 축적된 유대감과 신뢰가 있었다고 이야기하였다.

> 그때만 하더라도 양식이 떨어지는 경우가 있었다고. 그러면 쌀 꾸러 가고. 연탄불 꺼지면 빌리러 가고. 그렇게 해서 왕래를 했던 기억이 있거든. 동네 아줌마들이 우리 집에 와서 수다 떨던 기억도 있고. (강○○, 60대 남)

그러한 가운데 TV는 소수만이 아닌 다양한 마을 공동체 구성원 누구에게나 이용이 허락된 '열린 미디어'였다고 할 수 있다. 특히 농촌 지역 구술자들의 경우, 경제적 사정으로 TV를 사지 못해 여유가 있는 이웃집에서 TV 시청했던 경험을 수치스럽게 기억하는 이는 없었다. 이웃집에 TV를 시청하러 가는 것은 '마실' 문화가 변형된 자연스러운 '문화적 외출'이었고, 부잣집 대청마루는 이웃과 모여 놀며 정보를 교류하던 사랑방의 연장이었던 것이다.

이렇듯 도입 초기 TV는 마을 구성원들의 새로운 공동 여가 활동으로 자리매김하며 마을 공동체의 결속에 긍정적인 기여를 했던 것으로 볼 수 있다. 마을 공동 시청 문화는 TV 도입 단계에서 나타난 한국적 특수성의 한 사례다.

크리스 호록스Chris Horrocks(2017/2018: 262)에 따르면 북미 가정에서는 낯선 사람이 거실 창문 너머로 TV를 보는 것을 대체로 싫어했지만, 브라질의 노동 계급 거주 지역에서는 거실 창문에서 잘 보이는 위치에 TV를 놓아두는 경향이 있었다고 한다. TV 도입 단계에서 이웃과 함께 시청하는 문화가 자연스럽게 자리 잡은 문화권이 있는가 하면 처음부터 가족 단위 시청이 자리 잡은 문화권이 있었던 것이다. 이는 미디어의 도입과 확산 과정에 문화적 차이에 기인하는 다양한 지역적 변형이 나타난다는 것을 말해 준다. 한국에서 도입 시기 TV는 당시의 공동체적 정서와 결합하며 마을 공동체의 유대에 긍정적인 영향을 미쳤던 것으로 볼 수 있다.

3. 안방극장과 가족 공동체

1) TV의 급속 확산

TV 보급은 1960년대 후반부터 더욱 확대되기 시작하였다. 1966년부터는 수상기의 국내 생산도 가능해졌다. 금성사가 19인치 흑백 TV 수상기의 조립에 성공함으로써 대량 보급의 길을 열었다. 아직 부품은 수입해야 했지만 이를 조립한 국산품 수상기가 출시되면서 가격도 수입품에 비해 저렴해진 것이다.

또한 1969년부터 전자 산업을 국가 중추 산업으로 진흥함으로

그림 4-7. 최초의 금성VD 191 진공관식 19인치 1호 제품

출처: 대한민국역사박물관.

그림 4-8. 아폴로 달착륙을 계기로 할부 판매에 나선 금성사 광고

써 산업 설비 및 기술 근대화, 국민 경제 발전에 기여하게 한다는 취지의 전자공업진흥법이 시행되었다. 또한 경제 성장으로 인한 국민 소득의 상승, 지방 중계소 확충에 의한 가시청 지역 확대, TBC와 MBC 등 민간 상업 방송도 잇따라 개국하여 프로그램도 다양화되면서 도시 지역을 중심으로 TV 보급이 확대되어 나갔다. 특히 앞서 살펴본 1969년의 아폴로 달착륙이나 1970년 월드컵, 1972년 올림픽 등 대형 이벤트의 위성 중계가 이루어지자 가전사들도 적극적인 마케팅에 나섰다. 아폴로 11호의 달착륙이라는 역사적인 이벤트를 앞세우며 TV를 10개월 할부로 판매한다고 5단 통 광고를 일간지 1면 하단에 게재하기도 했다. 이에 따라 장기 할부 구매도 가능해졌고, 소비자들은 'TV계'를 조직하여 구매하기도 하였다. 이러한 분위기 속에서 TV는 소비자에게 주류 중산층으로의 편입을 상징하는 장치로 인식되기 시작하였다(임종수, 2007b).

2) 안방극장의 개막

TV를 구입한 가정들이 급속하게 늘어나면서 TV 시청 패턴도 바뀌기 시작하였다. 새로 TV를 들여온 가정은 이 새로운 문명의 이기를 거의 예외 없이 집 안의 가장 핵심 공간, 즉 안방에 위치시켰다. 당시 주거 문화에서 안방은 집 안의 어른이 머무는 공간일 뿐 아니라 가족의 공동 휴식과 여가가 이루어지는 가족실이며 때로는 외부 손님을 맞이하는 공간이기도 하였다. 이러한 위치에 TV가 놓임으로써 TV는 가족생활의 중심으로 부상하며 자연스레 '안방극장'이라는 별칭도 얻게 되었다(임종수, 2007b: 457). 공간적으로 중심을 차지하였을 뿐만 아니라 앞에서 인용한 신문 기사대로 오랫동안 재봉틀이 차지했던 가보 1호의 자리도 빼앗았다(《경향신문》, 1977. 6. 14).

새로 집안에 들어온 TV는 새로운 세계로의 창을 활짝 열어 줌으로써 온 가족의 마음도 사로잡았다. KBS-TV 개국 6개월 뒤인 1962년 6월 공보부가 TV 수상기 보유 가구의 가장 1623명을 대상으로 실시한 '테레비 여론 조사 결과'에 따르면 57.9%가 TV가 유익하다고 했으며 그 이유로는 '가족 간 화목'이라는 응답이 가장 많았다. 반면 42.1%는 폐단이 있다고 응답하였는데, 가장 큰 이유로는 자녀의 공부에 지장을 준다는 것이었다(마동훈, 2011: 193). 자녀들이 TV에 지나치게 몰입하다 보니 공부 시간이 줄어들면서 이에 대한 걱정도 적지 않았음을 보여 준다.

집 안의 안방을 차지한 TV는 자연스럽게 온 가족을 모이게 만드는 구심점이 되었다. 1967년 11월 이화여자대학교가 서울의 TV 수상기 등록자 중 호주나 주부 600명을 대상으로 실시한 미디어 접촉 조사에 의하면, 많은 사람이 함께 시청하는 형태가 일반적이

표 4-5. 1967년 TV 수용자 조사의 가구당 시청 인원수

(단위: 수, %)

1명	2명	3명	4명	5명	6명	7명	8명	9명	10명 이상	계
3 (0.5)	29 (4.8)	68 (11.4)	93 (15.5)	124 (20.5)	123 (20.5)	64 (10.7)	44 (7.3)	20 (3.3)	32 (5.3)	600 (100)

출처: 안광식(1968: 20).

었음을 알 수 있다. '가족 중 몇 명이 TV를 보는가'라는 항목에 표 4-5와 같은 결과가 나왔다.

조사 결과 3명 이하 소수가 시청하는 경우는 16.7%에 불과하고 나머지 83.3%는 4명 이상 가족들이 모여서 함께 시청하였음을 알 수 있다. 당시 전통의 대가족은 점차 해체되었지만 핵가족의 경우도 대부분 다자녀이었기 때문에 나타난 결과로 볼 수 있다. 이 조사에서는 가족 외 이웃들이 함께 시청하는 경우가 구분되지는 않았지만 8명 이상의 사례도 15.9%에 이르는데, 이는 대부분 이웃과 함께 시청한 것으로 볼 수 있다. 1975년 한 광고 회사가 조사한 바에 따르면 매일 저녁 TV를 시청하는 가구의 81%가 3명 이상의 가족과 함께 시청하였다. 이를 보도한 〈경향신문〉(1975. 3. 4) 기사를 통해 우리는 당시 TV 시청의 다양한 측면을 알 수 있다.

> TV를 가장 많이 보는 사람은 주부가 37.7%, 10대 가족이 37.4%이며 여기에 비해 노인과 가장은 각기 8.5%, 3.6%의 비율을 보여주고 있다. 또한 프로 선택에 가장 영향력이 큰 가족 역시 주부와 10대 어린이로 각각 32.8%, 31.8%의 비중으로 나타나 한마디로 TV는 아녀자들의 것이라는 결론이 재확인됐다. 그리고 매일 저녁 TV에 매달리는 가족

그림 4-9. 온 가족이 함께 TV를 시청하는 어느 가정의 모습(1962)

출처: 국가기록원 아카이브.

의 수는 평균 3～4명이 가장 많아 53.8%를 차지하며, 5～6명은 27.2%로 역시 핵가족 시대를 향한 우리의 사회 구조를 반영시켜 주고 있다. TV 평균 시청 시간은 4시간～3시간 30분이 39%이며 4시간 이상 시청하는 가정도 33.1%나 돼 우리 가정의 저녁 시간은 TV가 절대적인 비중을 차지하고 있음이 짐작되고 남는다. 한편 평일에 TV 시청을 시작하는 시각은 6시가 27.5%이며 6시 30분이 11.1% 7시가 33.1% 8시가 14.1%로 나타났으며 TV를 끄는 시각은 10시가 41.6%로 가장 많고 10시 30분이 23.3% 11시가 12.1%의 순이다. 그러니까 보통 7시부터 10시～11시까지 TV를 시청하는 가정이 대부분이라는 결론이다.

TV 시청의 주류 집단은 가정주부와 어린이였으며 저녁 시간대 가정생활의 절대적 비중을 차지하고 있음을 확인시켜 준다. 이 기사에서는 조사 결과를 핵가족화된 사회 구조를 반영한 것이라고 해석하였다. 마을 주민들이 모여서 혹은 대가족이 함께 보던 단계와 비교하면 줄어든 숫자라 할 수 있겠지만, 이때만 하더라도 가족 공동체는 아직 유지되고 있던 단계다.

특히 인기 높은 주말 드라마의 경우 대부분 가정에서 온 가족이 모여 함께 시청하였다. 〈주부생활〉(1977, 3월호)은 당시 인기 절정의 주말 드라마 〈결혼행진곡〉에 대해 "많은 며느리와 시어머니들, 아버지와 딸들 그리고 손자와 할아버지들을 꼼짝없이 TV 세트 앞에 잡아 둔다"고 평하였다. 이렇게 온 가족이 TV 프로그램에 몰두하다 보니 이를 노린 절도범들이 늘어날 정도였다. 1974년 10월 23일자 〈동아일보〉 7면을 보면 "TV시청 시간 틈탄 도범 격증"이라는 제목으로 그전 달인 9월부터 당시까지 서울 마포 경찰서 관내에서 이러한 사건이 10여 건 발생했다고 보도한다. 제법 피해 규모가 큰 사건들만 경찰에 신고된다는 점을 고려할 때 실제로는 이러한 사건이 훨씬 더 많았을 것이다. 그만큼 온 가족이 TV에만 집중하다 보니 그 허점을 노린 범죄가 기승을 부릴 정도였다는 것을 알 수 있다.

이렇듯 TV는 거의 매일 온 가족이 함께 모이게 했다. 앞에서 인용한 1967년 이화여자대학교의 조사를 보면 'TV를 시청하는 주된 이유가 무엇'인지를 묻는 질문에 '가족과 함께 있는 것이 좋아서'라는 응답이 32.3%로 가장 높게 나왔다. '재미가 있어서'(27.6%)와 '세상일을 알기 위해서'(17.3%)가 그 뒤를 이었다. 특히 이 문항에 대해서는 가족과 함께 있는 것이 좋아서 시청한다고 한 응답 중에는 여자(28.5%)보다 남자(36.0%)가 더 많았다(안광식, 1968: 20).

1978년에 진행된 한 조사도 비슷한 결과를 보여 준다. 방송 시청취자들의 모임인 한국방송보호협의회가 시행한 여론 조사에서 TV 시청이 시청자들의 가정생활이나 사회생활에 어떻게 도움이 되는가를 물었는데 '사회적인 시야가 넓어진다'는 응답이 52.8%로 가장 많았으며 그다음이 '세상 움직임에 뒤떨어지지 않을 수 있다'(43.9%)였고, '단란한 가정을 이루는 데 도움이 되고 있다'가 38.7%로 3위를 차지하였다. 이어서 '부모와 자녀 사이의 문제 등 가족 관계의 이해를 깊이 하는 데 도움이 되고 있다'에 대해서도 34.2%가 동의하여 5위를 차지하였다(오순정, 1978: 40). 이러한 결과는 TV가 가정생활의 중심으로 부상하게 된 당시의 실상을 잘 보여준다. 매일 저녁 가족이 모여 시간을 함께하다 보니 상호 간의 이해도 깊어져 단란한 가정을 이루는 데 도움이 된다고 인식했던 것으로 보인다.

3) 안방극장의 경험담

1960년대 한 자리 수였던 가구당 TV 보급률은 1966년 TV 수상기의 국내 조립 생산 시작과 1969년 전자공업진흥법에 힘입어 1970년에는 6.3%로 늘어난다. 곧이어 1970년대 초에 그 보급률은 두 자릿수를 기록하였으며 1980년에 이르면 TV 등록 대수는 600만 대를 돌파하여 83.1%에까지 이른다(KBS, 1997: 733). 소수의 가정만 TV를 보유하던 시기를 지나 1970년대에 이르러 TV는 명실상부하게 가장 대중적이고 지배적인 미디어의 위치를 가지게 된다.

TV 보급이 각 가정으로 확대되면서 이웃집에 텔레비전을 시청하러 가는 '문화적 외출'은 차츰 자취를 감추게 되었다. 시나브로 가정마다 자리 잡은 TV는 가족들끼리 함께하는 여가의 중심 미디어가 되었다. 서구에서 TV가 주로 거실에 놓이며 '전자 난로'의 역할을 한 것과 마찬가지로 한국에서 TV가 안방에 자리하며 가정의 아랫목과 같은 역할을 했다.

어린 시절 이러한 경험을 했던 구술 참여자들은 공통적으로 집에 TV가 들어오고 나서는 이웃집에 TV를 보러 갈 일이 없어졌고 대신에 가족과 함께 TV를 시청하는 일이 가족 여가의 일부분이 되었음을 술회하였다. 가정마다 다소 분위기 차이는 있었지만 예외 없이 안방을 차지했던 TV는 가족 구성원들을 한 공간에 머물게 하는 역할을 하였다.

> 우리는 오빠나 아버지가 퇴근하면 식구들끼리 모여서 거실에서 다 함께 텔레비전을 보는 거야. 과일 먹으면서. 그다음에 재미없는 방송이 나오면 쫙 흩어져서 들어가던 게 생각나. (이○○, 60대 여)

> 보는 프로그램이 정해져 있어서 가족 중에 따로 누가 선택한다기보다는 그냥 그러려니 하고 가족끼리 다 같이 봤어. 매일 6시에는 〈호랑이 선생님〉 보고, 화요일 8시에는 〈전원일기〉 보고, 뭐 그런 식으로. (최○○, 40대 여)

또한 TV 시청은 일종의 리듬을 지닌 가족 공통 의례의 성격을 지니게 되었다. 다시 말해 가족이 함께 모여 TV를 이용하게 되면서, TV는 가족 구성원들의 일상과 서로 간의 관계에 깊숙이 개입하게 된 것이다. 방송 기술 발전과 수상기 보급이 한국에 비해 빨랐던 일본의 경우에도 TV는 여타 가전제품과는 상당히 다른 가정 내 위상을 지니고 있었음을 알 수 있는데, TV는 '사는' 것이 아니라 '들어오는' 것이라고 보는 등 상당히 의인화된 의식을 지녔던 것이다(吉見俊

哉, 2004). 앞서 구술 참여자들의 인터뷰에서도 TV가 집으로 들어오면서 여가 활동과 같은 가족 공동 활동이 TV를 중심으로 변화하고 있음을 확인할 수 있었다.

한편 TV가 새로운 가족 여가 도구로 자리 잡아가는 가운데 이용 방식과 관련해서 가부장적 가족 문화의 작동을 일부 확인할 수 있었다. 도시 가정에 TV가 확산되던 당시 TV 채널 선택권에 대한 일부 구술자의 기억은 이러한 가부장적 이용 문화의 한 단면을 보여 준다.

> 우린 좀 가부장적이어서 아버지가 채널권을 갖고 있었어. 열 시 이후에는 딱 텔레비전 끄시고. 각자 방에 들어가서 할 일 하라고 그러셨어. (이○○, 60대 여)

> 할아버지가 집에 오시면 우리가 보고 싶은 프로그램은 절대 못 보고 무조건 할아버지가 원하시는 프로그램을 봐야 했어요. 그래서 할아버지가 우리 집에 오는 것을 무척 싫어했어요. (권○○, 40대 여)

농촌 지역에서 자라며 TV를 경험한 구술자들의 말도 다르지 않았다. 특히 삼대가 가족을 이룬 경우 가족이 공동으로 TV를 시청할 때 채널을 선택하는 사람은 당연히 가장이었으며, 여성 구성원은 심지어 TV 시청에서 소외되기도 했다고 말했다.

> 할아버지가 보고 싶은 거 다 봐야지. 그 당시에는 프로그램이 그렇게 다양하지도 않았고. 노래하고 그런 것도 많이 있었는데, 뉴스나 그런 것만 매일 보고. 안사람 같은 경우에는 어느 안전이라고…… TV를 아예 못 봤다. (엄○○, 70대 남)

가족 내 TV 채널 선택에서 가정의 성격과 가족 간 상호 작용의 정도를 가늠할 수 있다는 주장(반승원, 2015)에 따르면 연장자 및 남성 편향적 채널 선택 행태는 당시 가정 내 가부장적 분위기를 그대로 반영한다고 볼 수 있다. 특히 아버지 다음 채널 결정권자가 어머니가 아닌 아들이라거나, 시청 공간에서 며느리가 제외되었다는 말은 일부 가정에서 TV가 성차별적 미디어, 즉 여성에게 배타적인 미디어로 존재했음을 보여 준다.

안방에 놓인 TV는 가족 구성원들에게 새로운 가족 여가 활동을 제공했지만, 이는 기존의 가족 질서에서 벗어나 이루어지는 것이 아니라 종래의 가족 질서 속에서 이루어졌다. 구술 참여자들은 집으로 들어온 TV가 새로운 가족 공통의 의례를 형성해 주었다고 말하면서도 이러한 의례를 예전부터 이어져 온 가족 문화의 일부로 해석했다.

4) 안방극장의 정착과 마을 공동체의 약화

가족 단위의 TV 시청 증가는 마을 공동체에 변화를 야기하였다. 퍼트넘에 따르면 TV가 미국인들을 집으로 불러들이면서 가족과 함께하는 시간이 늘어 가족 관계는 좋아질 수 있었지만 이웃과의 교류는 줄어들었다. 미국의 역사학자 대니얼 부어스틴Daniel Boorstin(1971)은 일찍이 TV는 인간을 네 가지로부터 분리시킨다고 주장하며 그 첫 번째로 이웃으로부터의 분리를 지적하였다.[4] 전통적인 마을에서 주부들은 공동 우물에 가서 친구나 주변 이웃을 만나 이야기와 정보를

4 부어스틴(1971)은 이웃과의 분리 외에도 정보원source, 과거past, 현실reality로부터의 분리를 지적한다.

공유하며 희로애락을 나누었지만 이제는 더이상 우물에 갈 필요가 없게 되었다. 이는 전기나 우편, 전화, 수도 등 여러 가지 문명의 혜택 때문이지만 그 정점은 바로 TV라는 것이다. 이제는 밖에 나갈 필요 없이 집안에서 필요한 정보와 지식, 뉴스, 오락을 얼마든지 접할 수 있게 되었다. 이어서 부어스틴은 원시 시대 동굴에서 모닥불 가에 사람들이 모여서 온기를 나누며 안전과 일체감을 확보하였듯이 현대에는 TV 주변에 사람들이 모여든다고 말한다.

한국 사회에서도 TV 보급이 점차 확대되면서 대부분의 가정이 TV를 갖추게 되는 1970년대부터 마을 공동체가 약화되는 경향이 나타나기 시작하였다. TV가 이웃과의 교제를 감소시킨다는 사실은 1983년 시행된 한 연구에서도 밝혀졌다. TV 시청 기회 박탈이 생활에 어떤 영향을 미치는가를 주제로 한 고려대학교 신문방송연구소의 연구에서 TV를 시청하지 않음으로써 남게 된 시간이 가장 많이 활용된 분야는 여가 활동인 것으로 밝혀졌다. 그중에서도 '개인적 및 사회적 교제 시간'이 가장 많이 늘어났다. 종래의 59.1분에서 TV 시청 중단 후에는 약 75분으로 26.9% 증가하였다. 그다음으로 많이 증가한 것은 '휴식과 가족 간 대화'였으며, '야외 여가 활동'도 소폭 증가하였다(오택섭·홍기선, 1983). 이러한 결과는 TV가 사람들을 집안에 머물게 하여 가족 간의 대화는 늘지만 주변 사람들과의 교제를 감소시키는 데 중요하게 작용하였음을 말해 준다.

마을 공동체의 약화는 농촌도 예외가 아니었다. 1981년 2월 21일 〈동아일보〉는 TV 보급 확대로 인한 농촌의 변화를 "사랑방이 사라져 간다"라는 제목의 사회면 톱 기사를 통해 한겨울이면 사랑방에 모여 온갖 애환을 나누던 대화의 광장 사랑방이 사라져 가는 풍조는 '농촌 지역에 급격히 보급된 텔레비전이 가장 큰 원인'이라며 여러 지역의 실태를 다음과 같이 보도하였다.

> …… 충북 보은군 보은읍 어암리. 56가구가 사는 이 마을에는 3년 전까지만 해도 이장집 등 한두 곳 있던 사랑방이 지금은 한곳도 없어졌다. 10년 전만 해도 마을 전체에 한 대밖에 없던 텔레비전이 요즘은 20여 대로 늘어나 TV 수상기 앞에서 밤을 보내느라 마을 출입이 뜸해졌기 때문. "밤이면 가족이 모여 텔레비전을 보다 보니 마을 나갈 일이 없어졌지요." 이 마을 김병직 씨(48)는 3년 전 텔레비전을 산 후로는 이웃 출입이 뜸해져 동네 사랑방이 자연 없어졌다고 말했다. …… 1970년대 중반부터 한두 집 텔레비전을 갖추면서 지금은 50가구 중 48가구가 텔레비전을 가지고 있는 경기도 연천군 전곡면 은대2리 섬바위골 마을은 사랑방이 모두 없어졌다. 이 마을 허식 씨(47)는 "농촌 사람들도 이제는 각 가정 단위의 생활은 개인주의적인 경향이 많다"며 "텔레비전이 마을 사람들을 갈라놓고 있다"고 ……

이 기사는 마을 극장의 시대가 안방극장 시대로 넘어가면서 각 가정 단위의 시청 패턴이 보편화되며 이웃 간의 교류는 점차 줄어든 세태 변화를 잘 지적한다. 1977년 6월 16일 〈경향신문〉도 "농촌 새 풍속도"라는 연속 기획의 두 번째 기사에서 TV 시대에 나타난 농촌 지역의 새로운 풍속도를 소개했다.

> 호롱불이 희미한 방에서 가족이 둘러앉아 TV를 본다. 전등을 끄고 운치를 살리려 호롱불을 밝히고 TV를 보는 것이 아니다. 이 집엔 전등이 없다. 오직 TV를 보기 위해 배터리를 전원으로 해서 TV를 보는 것이다. 1960년대 초 민간 텔리비전방송국이 생길 때만 해도 TV는 농촌에

서 부의 상징적 존재였다. 소득에 비해 수상기의 값이 비싸기도 했지만 문화생활의 상징이었기 때문이다. 그런데 지금은 전기가 없는 마을에서도 텔리비전은 본다. 섬지방이 바로 그곳이다. 인천으로부터 뱃길로 30여 분 걸리는 영종도 주민(2천여 가구) 80% 이상이 논·밭·과수원 등을 일구는 부자 마을이다. 다른 섬과 마찬가지로 섬지방인 탓으로 한전의 전기가 들어오지 않아 대부분의 가구가 아직도 촛불 또는 호롱불 아니면 등잔불 신세. 일부 농가는 공동으로 발전기(9km짜리)를 구입, 전기불을 켜고 있지만 만일 한집에서라도 이 전기를 이용, 몰래 TV를 본다든지 전기다리미를 사용하면 다른 집 전기가 깜박거리거나 어두워져 마을 전체로 피해가 번진다. 그래서 발전기에서 나오는 전기로 TV를 본다는 것은 아예 생각도 못한다. 이러한 이유 때문에 섬지방에서는 배터리가 잘 팔린다. 24V 또는 32V짜리 배터리에 한번 충전하면 한 달 이상은 TV를 볼 수 있는데 화면은 선명하지 못하다. 발전기 유지비용을 둘러싸고 이따금 이웃끼리 시비가 일어 요즘은 전기불마저 쓰는 집이 줄었다. 차라리 촛불이나 등잔불을 사용하는 것이 속편하다는 얘기. 전등이야 켜지 못하고 비록 호롱불을 켜고서라도 TV는 봐야겠다는 농어민의 모습에서 새삼 TV의 마력을 읽게 된다. …… 대도시와 인접한 탓으로 각박한 인정마저 문명의 이기에 묻어온 것일까. 2천여 가구 중 신문구독가구수가 4백 20여 가구인데 비해 TV 보유 가구수는 2백 70여 가구. 전기 없는 마을에도 TV는 당당히 군림하고 있다.

1970년대 후반 아직 전기조차 들어오지 않던 지역에 TV가 들어오면서 공용 발전기의 제한된 전기를 사용하느라 이웃 간에 문제가 발생하였다는 것이다. 이 때문에 가정마다 개별 발전기를 설치해서라도 TV는 보려는 세태를 소개하며 각박해져 가는 인심이 문명의 이기에 묻어온 것인가 하며 아쉬움을 표했다.

1978년 한국방송보호협의회가 실시한 TV에 관한 여론 조사에서도 마을 공동체의 약화와 TV에 대한 인식의 한 단면을 볼 수 있다. 이 조사 결과를 보도한 〈한국일보〉 기사(1978. 2. 19)에 따르면 '한국의 세태나 풍속이 메말라가는 데 TV의 책임이 어느 정도 있다'는 응답이 47.8%를 차지했다. 이는 TV가 공동체 문화 약화에 영향을 미친다는 일반의 인식을 보여 주는 사례다.

마을 공동체의 약화가 차츰 심화되면서 이는 사회적인 차원에서도 관심사로 부각되었다. 신문들은 이 주제를 연속 기획이나 대담으로 여러 차례 다루며 한국 사회의 우려할 만한 현상으로 진단하고 극복 방안을 고민하였다. 예를 들어 1976년 3월 27일 〈경향신문〉 4면에 실린 '주부대담' 코너에서는 "각박한 도시 속 이웃을 되찾자"라는 제목으로 서울에 거주하는 3인의 주부들의 입을 통해 "이웃사촌이라는 옛말이 잊혀진 지 오래"인 세태를 다음과 같이 돌아보았다.

> 예전같이 마실을 가서 한나절 편히 앉아 한담하던 것이 그리울 때가 있어요. 그러나 역시 이웃집을 방문할 때도 예의를 갖추어야겠지요. 무조건 찾아가서 이소리 저소리 늘어놓으면서 남의 시간을 뺏는 경우가 많거든요. …… 아파트는 개인주의로 똘똘 뭉친 사람들이 모여 사는 것 같은 인상을 받아요. 매일 엘리베이터를 같이 타도 인사 한번 나누는 법이 없이 각자 자기 집으로 쑥쑥 들어가 버리더군요. …… 고급 아파트일수록 옆집에 누가 사는지도 모르는 것이 아주 당연하게 받아들여지나 봐요. 현대 도시 생활이란 것이 한 대문 안에서는 이웃이나 남의 노움 없이 모든 것이 해결되기 때문에 극도의 개인주의, 마이홈주의

가 날이 갈수록 미덕처럼 돼버리고 있어요.

1983년 '서울특별시'의 다양한 측면을 연속 기획으로 다룬 〈동아일보〉는 3월 7일 기사에서 그 10번째로 "이상비대증 앓는 「축소 한국」"이라는 제목으로 서울의 달라진 풍토를 진단하며 "서울에서 이웃은 사촌이 아니"며 이대로 가면 "커뮤니티의 붕괴"를 가져오고 "모두가 고독해진다"고 다음과 같이 경고하였다.

> 도시는 인심을 메마르게 한다. 메마른 인심들이 자기주장만을 내세워 모두 자기 본위가 되고 사회 연대감이 부족해지고 책임감이 결여될 때 이것이 문제가 아니고 무엇이겠는가. 말하자면 커뮤니티의 붕괴를 가져온다. 모두가 고독해진다. 이것은 사회를 하나의 덩어리로 탄탄하게 묶어내는 데에 큰 방해요소가 된다. 사회의 통합을 어렵게 한다. 민주주의 사회는 개인의 책임 아래 자유롭게 움직이면서도 사회 연대감 속에 재빨리 통합이 가능할 때 가장 이상적이다. 이제 서울에서 옛 '이웃사촌'의 포근한 인식을 찾아보기 힘들게 됐다. 너무 매끈하고 타산적이고 자기편익 위주의 관계만이 숨 쉬고 있는 것은 아닐까.

위 기사들에서 지적하고 있는 대로 이웃 간의 관계가 점차 멀어지고 공동체의 붕괴로 모두가 외로워지게 된 상황의 원인을 TV 때문으로만 돌릴 수는 없을 것이다. 오히려 산업화가 진행되면서 많은 사람이 정든 고향을 떠나 도시로 몰려들어 낯선 사람들과 이웃하며 살아야 하는 삶의 변화가 더 근원적인 이유일 것이다. 이러한 조건 속에서 이웃 간에 교류가 물리적으로 더 어려워지는 아파트라는 새로운 생활 공간이 인기를 끌고 급격히 늘어나면서 이웃 간의 관계는 더 멀

그림 4-10. 삼성전자의 기업 광고 '대청마루의 TV' 편(1997)

어지기만 한 것이다. 이러한 과정과 맞물리면서 TV의 보급 확산이 이루어져 마을 공동체의 약화를 더욱 심화시킨 것으로 볼 수 있겠다.

이 시기 공동체의 약화가 사회적 관심사로 부상하면서 삼성전자는 과거 마을 사람들이 모여 TV를 함께 보며 이웃 간의 정을 나누던 시절을 그림 4-10과 같은 자사 기업 이미지 광고에 담기도 하였다. 1997년 9월 1일 〈경향신문〉은 이 광고를 소개하며 "70년대 초반 TV가 흔치 않던 시절이라 인기 드라마나 큰 스포츠 중계가 있는 날이면 온 마을 사람들은 TV가 있는 집으로 몰려들었다. 집주인은 넉넉한 마음으로 모두가 잘 보이는 대청마루 한복판에 TV를 놓고 평상까지 준비해 두곤 하였다"고 서술하였다. 이 광고를 기획한 담당자는 '70년대에 이웃 간 공동체 의식의 매개체가 TV'라고 말하였다. 이처럼 1990년대에 오면 이러한 마을 공동체 문화가 사라져 가는 미풍양속으로 회고되기에 이른 것이다.

4. 개별 시청과 공동체의 분화

1) TV 복수 소유의 시대

(1) 컬러 TV 시대의 개막과 흑백 TV

1961년 5·16 쿠데타로 집권에 성공한 박정희 정권은 TV의 시대를 본격 개막하였고, 20년 뒤, 12·12 사태와 광주항쟁 등 쿠데타적 방법을 동원해 집권한 전두환 정권이 컬러 TV의 시대를 열었다. 컬러 TV 수상기는 이미 1976년부터 국내에서 생산 가능해졌다. 하지만 박정희 정권은 국민 간에 위화감을 조성한다고 컬러 방송 실시를 보류해 왔기 때문에 생산되는 수상기는 전량 수출하던 상황이었다. 이에 대해 자국에서는 방송도 하지 않고 많은 양을 수출만 한다며 미국 등이 수입 규제를 강화하겠다고 압력을 행사했다. 또한 집권 과정의 정당성이 취약한 전두환 정권은 국민의 관심을 돌릴 필요가 있었다. 이러한 배경에서 1980년 12월 시험 방송을 거쳐 그다음 해 1월부터 컬러 TV 시대가 막을 열었다(채백, 2015: 451~452).

1970년대 지속적인 경제 성장이 이루어지면서 생활 수준은 점차 향상되었고 1980년 가구당 TV 보급률은 83.1%에 이르게 되었다(표 4-3 참조). 1980년 8월부터 컬러 수상기의 국내 시판이 허용되었고 11월부터는 여기에 부과되던 특별소비세를 인하하였다. 이에 따라 컬러 수상기의 보급도 늘어나기 시작하였다. 전자업계도 할부 판매나 중고 흑백 수상기 보상 판매 등 다양한 판촉을 통해 보급 확대에 나섰다. 이에 따라 컬러 수상기는 1982년에 200만 대를 넘어섰고, 1983년에는 300만 대, 1984년에는 400만 대를 넘어서며 급격히 확산되어 갔다(채백, 2015: 452).

이렇게 컬러 TV 방송이 시작되면서 가구 내 TV 소유와 이용 양상에도 변화가 나타나기 시작하였다. 각 가정에 컬러 TV가 보급되면서 흑백 TV의 값어치는 하루아침에 폭락하였다. 중고 흑백 TV는 이제 쓸모없는 물건이라고 대리점도 거들떠보지 않게 되었다. 흑백 수상기는 하루에도 수백 대씩 고물 시장에 나오지만 이를 찾는 소비자는 거의 없다 보니 시세가 떨어져 고물 시장에서조차 제값을 받기 어려운 "몇 천 원짜리 천더기"(《경향신문》, 1981. 1. 27)로 전락하게 되었다.

한편 컬러 TV를 구입한 가정에서는 흑백 TV를 헐값으로 처분하기보다는 건넌방으로 옮기는 경향이 나타났다. 더구나 1981년 2월부터 UHF를 통해 교육방송이 시작된 것도 중요한 요인이 되었다. 컬러 방송 실시 이후 기존의 흑백 TV를 중고로 팔아 치우기보다는 자식들 방에 교육용으로 두고 제2의 TV로 활용하는 경향이 나타났던 것이다. 이에 따라 당초 중고 시장에 쏟아져 나오던 흑백 TV 물량도 줄어들었다(《매일경제》, 1981. 1. 30). 물론 그 흑백 TV가 교육 프로그램 시청에만 사용되지는 않았을 것이다. 자녀 입장에서는 부모와 채널 갈등을 벌이기보다 흑백이지만 편하게 자신의 방에서 보고 싶은 프로그램 보는 것을 선호했을 것이다.

앞의 표 4-3에 제시된 통계 자료에 따르면 TV의 가구당 보급률은 1990년대 초반 1대를 넘어섰을 것으로 추정된다. 그러나 이는 등록된 것만을 대상으로 한 것이며, 가구당 복수로 소유하더라도 1대만을 등록하고 시청료를 징수했다. 따라서 실제로 가구당 보급이 1대를 넘어서며 명실상부한 복수 소유 시대로 들어선 것은 그 이전이라고 볼 수 있다. 전자공업진흥회가 1985년부터 1989년까지 전자 제품의 보급 추세를 조사한 바에 따르면, 이 시기 컬러 TV의 보급도 급성장하여 가구당 보급률이 1987년 93%에서 1988년 104%로 1대를 넘어섰으며 1989년에는 124%를 기록했다. 이러한 급증세에는 1988년 서울올림픽이 주된 요인이 되었다(《매일경제》, 1990. 6. 7). 올림픽이라는 세계적 이벤트가 국내에서 열리게 된 것을 계기로 가전사들도 보다 적극적인 마케팅에 나섰으며 소비자들 입장에서도 이왕이면 컬러로 이벤트를 즐기려는 욕구가 증대했을 것이다.

(2) TV 복수 소유의 확산

TV 복수 소유는 그 이후에도 지속적으로 확대되었다. 초기의 흑백과 컬러 TV의 복수 소유를 넘어 이제는 컬러 TV를 한집에 2대 이상 구입하여 안방과 거실에 놓는 가정들이 늘어났다. 이러한 현상을 언론들은 한집에 TV와 냉장고, 전화기 등을 2대씩 갖추는 '세컨드 시대'가 열렸다고 보도하였다. 1988년 12월 14일 〈매일경제〉는 사회면 톱으로 "대부분의 가정들은 안방용과 거실용으로 TV 설치를 별도로 하고 있다"고 보도하면서 가전사들도 이러한 추세에 발맞춰 크기가 작거나 전문화된 세컨드용 제품을 기획, 시판한다고 전했다. 1992년 11월 미디어서비스 코리아가 서울 지역을 대상으로 조사한 결과에 따르면 37.4%가 TV를 2대 이상 소유한 것으로 나타났다(《한겨레신문〉, 1993. 1. 6). 이러한 자료들에 따르면 1980년대 후반부터 컬러 TV 복수 소유의 시대로 접어들었다고 볼 수 있다.

TV 복수 소유가 확대된다는 사실은 이제는 TV 시청도 온 가족이 함께하는 것이 아니라 가족 구성원들이 분산되어 개별적으로 이루어지기 시작했음을 말해 준다. 퍼트넘(Putnam, 2000/2009: 370)도 TV 복수 소유가 갖는 의미에 대해 주목하며 "1990년대 말이 되면 모든 미국 가정의 4분의 3이 2대 이상을 보유하게 됨으로써 식구마다 개인적인 시청을 가능하게 해 주었다"고 평가하였다. 또한 "자기 방에 TV를 놓은 6학년생의 비율은 1970년에는 6%였지만 1999년에는 무려 77%로 증가했다"고 미국의 상황을 소개하였다.

TV 복수 소유가 본격화되면서 핵가족에서 성장한 이른바 신세대들 사이에는 가족과 함께 보기보다는 나 홀로 시청하는 패턴이 늘어나기 시작하였다. 1970년대부터 본격 시행된 가족계획의 결과 대부분 가정의 자녀들이 한두 명에 불과하고 생활 수준도 높아지며 자녀들도 자기만의 방을 갖기 시작했다. 이러한 상황에서 혼자 시청하는 형태가 급속히 확산되었다. 〈국민일보〉(1993. 9. 14)는 TV로 인한 새로운 가정 풍속도를 다음과 같이 소개하며 TV가 가족의 화합을 해치는 '분열의 주범'이 될 우려가 있음을 지적하였다.

> 과거 재산 목록 1호였던 TV가 이제는 한집에 2대에서 많게는 3대까지 보급돼 방마다 TV를 놓는 일이 웬만한 중산층 가정에서는 예사롭게 돼버렸다. TV의 다보유는 그러나 가족 구성원들의 개별 시청을 조장함으로써 가족의 화합을 해치고 있다는 게 요즘 가장들의 하소연이다. 예전 같으면 TV 채널권을 놓고 가족 간에 애교스러운 실랑이가 일어날 만도 한데 최근에는 각자 뿔뿔이 흩어져 자신이 원하는 채널을

시청한다는 것. TV를 2대 갖고 있다는 공무원 김 모 씨(37)는 TV를 새로 구입한 게 오히려 후회스럽게까지 느껴진다. "저녁 식사를 하면서 뉴스를 시청하려면 8살 난 아들은 밥그릇을 들고 안방으로 들어갑니다. 코미디프로를 봐야 한다는 것이죠." …… 문명의 최대 이기 중 하나인 TV가 '바보상자'라는 지금까지의 오명을 넘어서서 이제는 '가족 분열의 주범'이라는 악명까지 뒤집어쓰는 날도 멀지 않을 전망이다.

(3) 가전에서 개전으로

1994년 10월 22일 〈경향신문〉 15면의 '주부일기' 코너에 실린 한 주부의 글(이옥경, 1994)도 이러한 단면을 잘 보여 준다. 서울 반포에서 초등 4학년의 딸과 함께 세 식구가 사는 이 가정에서 TV로 인하여 다음과 같은 일이 벌어진다는 것이다.

휴일날 어쩌다 텔레비전을 볼 때도 우리 식구는 취향이 달라 채널권 다툼을 벌이곤 하는데 요즘 들어 딸아이의 입김이 훨씬 강해지고 있다. 일요일 저녁에는 딸아이가 채널권을 독점하다시피 하면서 급기야 비디오 보는 즐거움마저 뺏긴 남편과 딸 사이에 말다툼이 벌어지기 시작했다. 그 와중에 나 역시 시청권을 강조하고 나서자 어느 날 남편은 9인치 소형 텔레비전을 따로 사와 우리 집의 텔레비전 수상기는 3대가 되고 말았다. 외국에서 일어나고 있다는 '가전에서 개전시대'로 우리도 들어선 것이다.

가족 간의 채널권 갈등으로 TV를 추가로 더 구입하게 되었다는 것이 당시 이 집만의 일은 아닐 것이다. 채널 다툼은 가족 시청 단계에서부터 벌어져 1970년대나 1980년대에는 '애교스러운 실랑이'로 끝났지만 이제는 한 대 더 구입해서 개별 시청으로 나아가는 것이다. 신세대들의 방에는 혼자서 즐길 TV와 VTR, 오디오, 컴퓨터 등을 갖추는 경향이 늘어나며 '개전個電제품'이라는 신조어까지 등장하였다(〈매일경제〉, 1992. 12. 1; 〈동아일보〉, 1993. 4. 11).

이 새로운 경향은 당시 가전업계의 마케팅 전략과도 깊은 관계가 있다. 핵가족화를 넘어 1인 가구도 증가하자 가전업계들은 가족 단위 가전제품에서 개인이 소유하고 즐기는 개전 제품을 출시하면서 여기에 마케팅의 초점을 맞추는 전략을 편 것이다. 컬러 TV뿐만 아니라 휴대용 카세트, 휴대 전화, 무선 호출기, 오디오를 비롯해 세탁기, 냉장고에 이르기까지 개인용 전자 제품의 추세가 일었다. 〈경향신문〉(1995. 1. 27)은 이러한 추세를 다음과 같이 보도하였다.

> 고교 2년생인 강 모 군(17)은 학교 공부를 마치고 저녁에 집으로 돌아오자마자 자기 방에 있는 개인용 컴퓨터(PC)를 켜고 컴퓨터 게임으로 잠시 머리를 식힌다. 저녁 식사 뒤에는 방으로 돌아가 TV를 시청한다. 강군의 집 거실에는 식구들이 함께 보는 29인치짜리 대형 컬러 TV가 있지만 강 군은 자기 방에 있는 14인치 TV를 혼자 본다. 부모님 눈치를 보지 않아도 되는 데다 채널 선택을 마음대로 할 수 있기 때문이다. …… 이른바 '솔로'를 겨냥한 이들 제품은 자기만의 개성적인 생활을 추구하는 신세대 소비자들의 취향과 맞물려 전자 제품 시장을 주도하는 새로운 흐름으로 자리 잡고 있다. 전자업계는 이 같은 추세를 '가전에서 개전으로'라는 말로 함축해서 표현하고 있다.

기사의 표현처럼 온 가족이 함께 사용하는 것을 기준으로 하는 가전家電제품의 시대를 넘어 개개인이 각자 소유하며 사용하는 개전個電의 시대로 들어서게 되었다. 가전사들의 입장에서는 각 가정에 1대씩 판매할 수 있는 가전제품보다 가족 구성원 숫자만큼 팔 수 있는 개전 시장에서 훨씬 더 많은 이윤을 낼 수 있을 것이다. 마을 공동체가 약화되고 가족도 점차 해체되어 가는 추세 속에서 이를 이윤 확보를 위한 수단으로 적극 활용하는 기업들의 마케팅 전략도 이 추세를 가속화시키는 요인이 되었을 것이다.

1인 가구의 증가도 이러한 추세와 밀접하게 연관되어 있다. 기업들도 이에 발맞춰 독신자 시장을 겨냥한 상품들이 뒤를 이어 나타나게 되었다. 〈중앙일보〉(1994. 3. 31)는 이를 다음과 같이 보도하였다.

> 독신자 시대가 왔다. 배우자에게 얽매이느니 '나 홀로 집에'를 고집하는 독신 가구 급증으로 이들만의 독특한 생활 스타일을 겨냥한 각종 가전제품 개발 경쟁이 불붙고 있다. 한국에서 독신 가구 비율은 85년 6.91%였으나 90년에는 9.5%로 늘어났고 지난해엔 2백만 가구로 10%를 넘어섰다. …… 금성사는 가정용 전자 제품 家電이 아닌 개인용 個電임을 강조하는 미니 전축 시리즈를 지난해부터 출시하고 있고 대우전자도 10만 원대 독신자용 세탁기, 집 봐주는 TV에 이어 단순 기능 레인지, 냉장고 개발에 열을 올리고 있다.

이 기사는 가전에서 개전으로 넘어가며 이를 겨냥한 다양한 상품들이 개발되는 추세를 잘 소개한다. 이제 이웃 간에 정을 나누는 마을 공동체뿐만 아니라 가족도 약화 내지는 해체되면서 생활과 소비의 단위가 개인으로까지 축소되는 상황이 펼쳐지게 된 것이다.

1989년 위성방송, 1995년 CATV의 도입으로 채널 수가 많아지면서 개인의 기호와 취향에 따른 선택권이 확대되어 개별 시청을 더욱 심화시키는 요인이 되었다. 채널 수가 급격히 늘어나면서 가족 내에서 3~4개의 채널 중에 보고 싶은 프로그램을 고르던 때보다 채널권을 조정하기가 훨씬 더 어려워진 것이다.

이런 추세에서 1990년대 중반에 오면 이미 TV는 1인 시청이 다수를 이루기 시작한다. 시청률 조사 전문 기관인 미디어서비스 코리아의 1995년 자료에 따르면 당시 시청 행태는 57%가 단독 시청이었으며 2인 공동 시청은 30%, 3인 이상은 13%에 불과하였다. 〈동아일보〉(1966. 4. 16)는 달라지는 TV 시청의 패턴을 다음과 같이 보도하였다.

> 온 가족이 둘러앉아 TV를 함께 보는 전통적 풍경은 급속히 사라지고 있다. 부모와 자녀 모두 누군가의 '방해'를 받지 않은 채 TV 보기를 바라고 있으며 실제로 '나 홀로 시청'의 욕구를 행동으로 옮기고 있음이 최근 실시된 시청 형태 조사 결과 입증됐다. …… 이 분석에 따르면 혼자 TV 보는 '단독 시청'이 57%였으며 '2인 공동 시청' 30%, '3인 공동 시청'은 13%였다. 부모보다는 자녀가 단독 시청을 더 좋아했으며 학력이 높을수록, 가족 수가 적을수록, TV수상기 보유 대수가 많을수록 혼자 비율이 높았다. 공동 시청의 파트너로는 '아버지와 어머니' 커플이 55.6%로 가장 높았다. 자녀들은 아버지(4%)보다는 어머니(16%)와 TV를 함께 보는 시간이 많았다.

TV 복수 소유 가정이 늘어나고 1인 가구도 많아지면서 가족과 함께 시청하지 않고 나 홀로 TV를 보는 단독 시청이 가장 높은 비중을 차지하게 된 것이다.

(4) TV 복수 소유 시대의 경험담

이처럼 가정들이 TV를 2대 이상 소유하게 되면서 TV가 가족을 모이게 하는 구심점 역할은 더이상 하지 못하고, 가족들도 흩어지기 시작했다는 것은 구술 참여자들 대부분도 공통으로 경험하였다. 구술 참여자들 역시 TV 두 대를 소유하게 된 계기로 컬러 TV 구입을 꼽았다. 한 참여자는 "컬러 TV는 안방에 들어가고 흑백은 내 방으로 온 거야. 당시 우리 형이 군대에 가 있었거든. 그래서 내 게 된 거야. 아니면 우리 형의 방으로 갔겠지"(이○○, 60대 남)라고 회고하였다. 앞서 말한 대로 흑백 TV는 중고로 팔아 버리기보다는 자녀들 방으로 옮겨갔던 것이다.

이러한 가정 내 수상기 복수 소유는 TV가 매개하는 안방의 독점적 지위를 약화시키고 가족 내 시청 패턴을 분리시키는 계기로 작용한다. 이는 마침 주거 형태도 아파트로 바뀌고 난방 방식도 보일러 방식으로 변화하면서 집에서 가장 따뜻한 장소인 아랫목의 개념이 없어지고 가족 구성원들의 생활 영역이 각 방으로 흩어진 것과 때를 같이하였다. 구술자들은 TV를 복수로 소유하게 되면서 가족 구성원 사이에도 성별, 세대별, 취향별 시청 분리가 자연스럽게 나타났다고 말하였다. 이러한 진술들은 가정에 TV를 복수로 소유하게 되면서 가족 내 시청 리듬의 세분화와 시청 공간의 분리가 나타나기 시작하였음을 말해 준다.

> 큰애가 유치원 무렵인가 그때 거실에 한 대 놓고 안방에 한 대 더 놓았지. 남편이 늦게 들어오니까 내가 잠들 때까지 보려고 TV를 하나 더 샀던 것 같은데. 서로 보고 싶은 게 다를 때 안방으로 가게 되었지. 남편이 주로 거실 TV를 보니까 애들이 보고 싶은 게 있을 때는 함께 안방

TV를 보기도 하고. (최○○, 40대 여)

나는 스포츠를 되게 좋아해. 음악도 팝을 굉장히 좋아하고. 그게 와이프하고 서로 안 맞았어. 그러니까 TV를 볼 때 따로 보게 되는 거야. 서로 다른 방에서 떨어져 TV를 보기 시작했지. 그런 부분도 가족 간에 멀어지는 원인이 되더라고. (이○○, 60대 남)

구술 참여자들의 진술은 가정에 TV가 두 대 이상 놓이게 되면서 가족 간에 TV를 따로 보는 경향이 나타나고 심화되었다는 것을 확인해 주었다. 이러한 변화로 인해 가족 공동 여가로서 TV 시청의 의미는 퇴색하고, TV를 매개로 한 안방의 독점적 지위는 점차 약화되어 갔을 것이다. 이는 가정에서 가장 따뜻한 장소였던 아랫목의 개념이 없어지고 가족 구성원들의 생활 공간이 각자의 방으로 흩어진 것과 유사한 변화로 이해할 수 있다.

2) TV 개인화의 시대

(1) 인터넷 시대의 개막

TV 복수 소유로 시작된 개인 시청 행태는 새로운 테크놀로지의 발전으로 더욱 심화되었다. 개인 시청을 넘어 언제든 다시 보기가 가능해지면서 한꺼번에 몰아보는 시청 형태가 등장하는가 하면 이동 중 시청도 보편화되었다.

1990년대 등장한 인터넷은 또 하나의 새로운 세계를 펼쳐 나갔다. 컴퓨터 기술의 발달과 보급 확대는 방송과 통신의 융합을 가져왔고, 인터넷과 PC의 보급 확대로 방송을 TV가 아닌 PC로도 볼 수 있게 되어 가정 내 TV 이용 양상에도 커다란 변화를 가져왔다.

1994년 한국통신 KORNET의 첫 상용 인터넷, 1997년 두루넷의 초고속 인터넷 서비스 개시 등을 기점으로 인터넷은 빠르게 생활 속으로 파고들었다. 1994년 말 13만 8000여 명이었던 인터넷 이용자 수는 1997년 163만여 명, 1999년 1000만 명을 돌파하였다. 가구 인터넷 접속률도 2000년 49.8%에서 2017년 99.5%로 증가하였다(과학기술정보통신부·한국인터넷진흥원, 2018). 거의 대부분 가정에서 인터넷은 필수적인 요소로 자리하게 되었다.

인터넷 보급이 확대되고 이용률이 급증한 배경 가운데 하나는 청소년을 비롯한 젊은 층이 여가 미디어로 인터넷을 선호하였기 때문이다(한국인터넷정보센터, 2000). 연령이 낮을수록 인터넷 이용이 TV 이용을 대체하는 경향이 있다는 한국닐슨시청자데이터(1992~2000) 분석 결과도 이를 뒷받침한다(심미선, 2001). 과거에는 여가 시간에 TV를 봤지만 이제는 대신 인터넷을 하게 되었다는 말이다. 나아가서 TV 프로그램도 인터넷으로 연결하여 컴퓨터로 보는 형태가 젊은이들 사이에서 빠르게 확산되었다. 매번 시간 맞춰 TV 앞에 앉기도 번거로우니 이제는 내가 편리한 시간에 인터넷으로 연결하여 좋아하는 프로그램을 다시 보기나 다운로드받아서 마음껏 즐긴다는 것이다.

인터넷과 TV의 상호 관계성을 시간과 공간의 차원으로 나누어 분석한 한 연구에 따르면, 시간적으로는 저녁 시간에, 공간적으로는 재택 공간에서 인터넷과 텔레비전의 이용 중복이 활발하다는 사실이 밝혀졌다. 또한 활동 상황의 측면에서는 휴식과 관련해 인터넷과 TV의 이용 중복이 두드러지는 것을 확인하였다(황용석, 2004). 다시 말해 저녁 시간에 가정에서 휴식을 취하는 동안에 TV 이용뿐만 아니라 인터넷 이용도 증가하고 있다는 것이다. 이는 대개 그 시간대에 각 가정에서 부모는 TV를 보고 자녀들은 인터넷을 하는 사례가 많다는 것을 말해 준다. 이러한 조사 결과가 보여 주듯 인터넷의 보급은 가족 구성원, 특히 부모와 자녀 세대의 TV 이용 분리에 영향을 미쳤다.

(2) 모바일 TV의 신세계

2005년과 2006년에 각기 출범한 위성 및 지상파 DMB는 TV 시청 방식에 새로운 세계가 열리는 계기가 되었다. 이제는 이동 중에도 TV 시청이 가능케 된 것이다. 과거 TV를 보려면 특정의 공간에서만 가능했지만 이제는 그와 상관없이 어디서든 접속하여 시청이 가능해진 것이다. 다시 말해 DMB가 실시되면서 '손안의 TV' 시대로 진입하게 된 것이다. 임종수(2005)는 DMB의 등장을 가족 미디어였던 TV가 개인 미디어화하는 하나의 계기로 보았다. 그는 DMB를 정보통신 기술의 5any(anytime, anywhere, anything, anynetwork, anydevice)를 실현시킨 변화로 규정하고 유비쿼터스 방송u-Broadcasting이라는 개념을 제시하였다. 훗날 정책적 혼선과 수익 모델 부재로 인해 DMB의 성장이 한계에 부딪히게 되면서 이러한 논의는 다소 성급했던 감도 있지만 가정을 벗어난 '나 홀로 TV' 시대로의 진입을 선언했다는 점에서 의미가 있다.

이러한 나 홀로 TV의 시대는 이후 스마트폰이 활짝 열었다. 2000년대 후반 스마트폰의 출현과 확산은 이러한 개인화 경향을 더욱 심화시켰다. 스마트폰은 TV까지 언제 어디서든 나 혼자 보는 개별 이용이 가능하게 만들었다. 그림 4-11에서 보는 바와 같이 국내의 경우 스마트폰은 2007년 애플이 아이폰을 개발한 이후 보급이

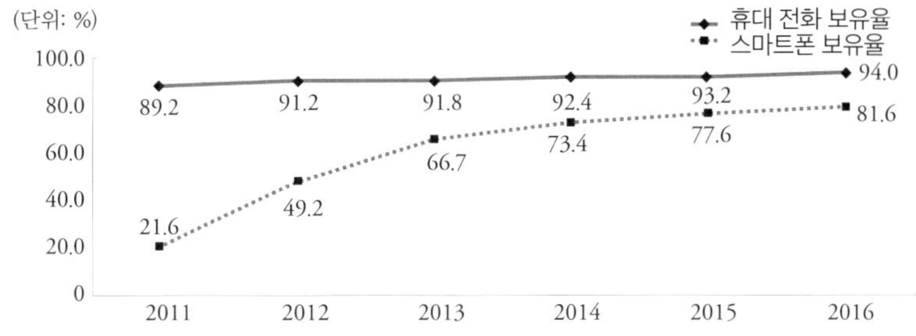

그림 4-11. 휴대폰과 스마트폰 보급률 추이

출처: 정보통신정책연구원(2017: 12).

본격화되어 급격한 증가세를 보였다. 2011년 21.6% 수준이던 스마트폰 보급률은 2016년 81.6%를 기록하였다. 2019년 미국의 퓨리서치센터가 발표한 자료에 따르면 한국의 스마트폰 보급률은 95%로 세계 1위를 기록하였다(Pew Research Center, 2019).

이제는 거의 모든 국민이 스마트폰을 사용하면서 미디어 이용의 새로운 패턴을 만들어 내는 단계라 할 수 있다. 내 손안에 TV를 들고 언제 어디서라도 원하는 콘텐츠를 찾아서 볼 수 있게 된 것이다. 이제 편성 시간에 맞춰 TV 앞에서 기다리는 일은 드물어졌다. 특히 젊은 층들은 '본방사수'가 특별한 이벤트가 될 정도로 편한 시간에 원하는 장소에서 스마트폰이나 PC로 보는 행태가 확산되고 있다.

(3) 사라지는 TV

"TV가 사라졌다. 그러나 다시, TV는 어디에나 있다"(〈헤럴드경제〉, 2015. 8. 12). 한 기사의 서두를 장식한 이 말은 거실에서 온 가족이 모여 보던 TV는 사라지고 대신 누구나 휴대하는 내 손안의 TV를 보유하는 시대가 되었다는 의미다. 이 기사는 모바일 의존이 점차 높아지는 미디어 환경의 변화를 다음과 같이 보도하였다.

> "TV가 사라졌다. 그러나 다시, TV는 어디에나 있다." 최근 변화하고 있는 영상 콘텐츠의 소비 행태를 단적으로 드러낸 문장이다. 과거 TV는 가족 구성원이 만나고 헤어지는 교차 지점이자 소통의 허브 역할을 톡톡히 해왔다. 각자의 일상을 끝마친 저녁 시간, 우리는 거실 TV 앞에 삼삼오오 모여 앉아 서로 안부를 묻고 새로운 소식과 즐거움을 공유했다. 그래서 우리에게 TV가 없는 거실은 '오징어가 없는 오징어 튀김'처럼 상상 불가능한 풍경처럼 받아들여져 왔다. 그러나 세상은 달라졌다. "뉴스를 봐야 한다"는 아버지와 "드라마를 보자"는 어머니가 벌이는 실랑이는 이제는 듣기 어려운 '그때 그 시절'의 소리가 됐다. 대신 우리는 각자의 방에서, 버스에서, 지하철에서, 또 카페에서 손에 든 스마트폰으로 TV를 본다. 거실 한가운데를 벗어나 세상 어디에나 TV가 존재하는 이른바 '모바일 영상의 시대'다." (《헤럴드경제》, 2015. 8. 12)

안방을 차지하며 가족의 구심점이었던 TV가 이제는 각자 개인화되어 가는 시대의 변화를 상징하고 있다. 새로운 미디어 환경은 '코드커터족,' 즉 케이블 선을 끊고 다른 수단으로 TV를 시청하는 경향을 낳았다. 〈한국일보〉(2015. 7. 16) 온라인판은 이를 보도하면서 "거실에 놓인 TV 앞에 온 가족이 모여 드라마를 시청하는 것은 이제 TV 속 이야기일 뿐이다"라며 "1인 가구가 늘어나고 스마트폰 이용이 증가하면서 집에 아예 TV를 두지 않는 가구가 증가하고 있기 때문이다. 이제 집안에서 TV 대신 컴퓨터나 모바일 기기로 방송을 보는 것도 흔한 풍경"이라고 지적하였다. 기사는 이어서 인터넷으로 다양한 미디어 콘텐츠를 제공하는 OTT(Over the Top) 서비스가 확산된다며 업계 현황을 소개하였다. 이와 같은 탈TV의 경향을 일컬어 TV로부터 이탈, 티벡시트TVEXIT라는 용어도 등장하였다(《서울경제》, 2016. 7. 7).

이제는 TV가 가정의 필수품이라는 인식도 옛말이 되어 가고 있다. 방송통신위원회(2017: 10)가 조사한 결과에 따르면 스마트폰이 필수적이라는 인식은 2012년 24.3%에서 2017년 56.4%로 2.3배 이상 늘었다. 반면 TV는 2010년 58.2%에서 2017년 38.1%로 축소되었으며 PC와 노트북 역시 19.3%에서 3.4%로 대폭 줄어들었다. 여러 기능을 함께 갖춘 스마트폰 보급이 확대되고 의존이 심화되면서 다른 미디어들의 입지가 점차 줄어드는 것이다.

(4) 1인 가구의 미디어 이용

더구나 최근의 인구 동향은 1인 가구가 급증하는 추세다. 표 4-6은 한국 사회의 가구원 수 변동을 보여 준다. 1980년 기준으로 볼 때 2015년의 전체 가구 수는 2.4배로 증가하였고 평균 가구원 수는 54% 수준으로 감소하였으며 1인 가구는 5.7배로 늘어났다.

이러한 1인 가구 증대는 TV 시청 패턴의 변화에도 중대한 영향을 미쳤다. 1인 가구 중에는 TV를 사지 않고 스마트폰으로 TV를 시청하는 경우도 적지 않다. 정보통신정책연구원이 2017년 세대별 TV 보유율을 조사한 결과를 보면 3세대가 사는 가구는 100%, 부부와 자녀 2세대 가구는 97.4%, 부부만 사는 세대는 99%였지만 1인 가구는 91%를 기록하였다. TV가 없는 9%는 스마트폰과 PC를 주로 이용할 것으로 추측할 수 있다. 해당 보고서는 "1인 가구는 가족 구성원 수와 연령 분포, 주거 공간의 차이로 인해 매체 보유와 이용에서 다른 가구 유형과 차별화된다"고 봤다. 그러면서 "1인 가

표 4-6. 가구 구성의 변화

(단위: 천 가구, %, 명)

연도	전체 가구 수	가구원 수별 구성비						평균 가구원 수
		1인	2인	3인	4인	5인	6인 이상	
1980	7,969	4.8	10.5	14.5	20.3	20.0	29.8	4.62
1985	9,571	6.9	12.3	16.5	25.3	19.5	19.5	4.16
1990	11,355	9.0	13.8	19.1	29.5	18.8	9.8	3.77
1995	12,958	12.7	16.9	20.3	31.7	12.9	5.5	3.4
2000	14,312	15.5	19.1	20.9	31.1	10.1	3.3	3.12
2005	15,887	20.0	22.2	20.9	27.0	7.7	2.3	2.88
2010	17,339	23.9	24.3	21.3	22.5	6.2	1.8	2.69
2015	19,111	27.2	26.1	21.5	18.8	4.9	1.5	2.53

출처: 통계청(2017: 100).

구가 TV보다 다른 매체를 활발하게 이용하는 능동적인 시청 집단으로 나타났다"고 분석했다(《중앙일보》, 2017. 6. 8).

1인 가구의 경우 대개 절대 공간도 부족한 데다 컴퓨터나 스마트폰으로 얼마든지 볼 수 있으니 TV 수상기를 보유하지 않고 다른 미디어를 더 활발하게 이용하였다. 이처럼 스마트폰으로 TV 방송을 즐기는 행태가 지속적으로 늘고 있다. 방송통신위원회가 발표한 〈2017 방송매체 이용행태 조사〉에서는 가족 구성원이 2인 이상인 가구원 6487명을 대상으로 최근 일주일 이내에 가족 구성원과 함께 TV를 시청한 적이 있는지를 물었다. 그 결과 81.6%는 있다고 응답하여 비교적 높은 응답으로 보이지만, 1주일에 한 번 이상 공동시청이라는 것은 이미 그것이 주된 형태는 아니라는 것을 말해 준다. 한편 전체의 18.4%는 최근 일주일 동안 가족과 함께 TV를 시청한 적이 없다고 응답하였다. 그 이유로는 '집에서 함께 모여 있는 시간이 적다'(45.1%)가 가장 많았으며 '서로 선호하는 TV 프로그램이 달라서'가 37.4%로 뒤를 이었다. 그 외에는 '교육적 문제 또는 기타 이유로 집에서 TV를 거의 틀지 않는다'가 9.2%를 차지하였다(방송통신위원회, 2017: 151~152). 이제는 가족이 집에 함께 모일 시간도 잘 없지만, 같이 있더라도 자기 취향대로 혼자 시청하는 사례들이 많다는 것을 말해 준다.

(5) 개인화 TV 시대

개인용 모바일 기기를 통해 방송을 시청하는 사람들이 늘면서 TV 시청은 가족 공동 여가의 영역을 벗어나 점차 개인 여가의 영역으로 변모되고 있다. 이러한 사실은 구술 참여자들의 경험을 통해서도 확인할 수 있다. 구술 참여자들은 가족들이 주로 각자의 공간에서 개인 미디어로 방송을 시청하게 되면서 동일한 시간에 한 장소에 모일 기회가 줄어들고 있다면서 이러한 가정 내 개별 시청 양상에 대해 아쉬운 감정을 드러냈다.

> 우리 중학교 때는 텔레비전이 (바보상자라 그래 가지고) 모든 식구들이 텔레비전에 매달렸잖아. 근데 어느 순간부터 그 텔레비전조차 매개체가 못 되는 거야. 각자 TV를 보니깐. 가족 간에 대화도 부족하고. 요새 아이들이 어떻게 무엇을 하고 있는지 모르는 거지. (이○○, 60대 여)

> 요즘에는 전부 다 스마트폰으로 텔레비전을 보니까 이제는 모여서 텔레비전을 볼 일이 진짜 없죠. 거실에는 밥 먹을 때나 손님이 왔을 때라든지, 방이 갑갑할 때 나오고. 애들도 각자 자기 방에서 스마트폰을 한

다든지 카톡을 한다든지 이러니까 TV를 같이 볼 일이 없죠. 큰 애는 요즘은 텔레비전이 싫다면서 안 보고 대신에 아프리카 TV나 유튜브 같은 거 보고, 작은 애는 예능 프로그램 다운받아서 보고 그래요. (최○○, 40대 여)

한 구술자(이○○, 60대 여)의 경우, 남편이 주축이 되어 가족을 한 장소에 모으려 애쓰기도 했지만, 이 방법도 가정 내 소통 문제에 근본적인 해결책은 되지 못한 것으로 보인다. 가장의 권위만으로 커다란 사회적 흐름을 거스르기에는 역부족인 것이다. 이러한 사례에서도 보듯 한 장소에 모인 가족들조차도 서로 소통하지 않고 개인 미디어에 열중하는 모습이 익숙한 풍경이 되어 가고 있다.

근데 우리 같은 경우엔 남편이 원칙을 정했어. 밥 먹고 나서 10시까지는 같은 공간에 있자고. 그래서 밥 먹고 거실에 다 앉아 있어. 근데 너무 웃기는 게 애들이 눈으론 아빠가 보는 TV를 봐. 심지어 나도. 근데 우리 남편이 보는 거 하고 나하고 취향이 다르잖아. 근데 일단 아버지한테 다 맞춰 주면서 나도 핸드폰을 딱 들고 내가 보고 싶은 거 보고 애들도 다 각자 핸드폰을 들고 뭘 하고 있어. (이○○, 60대 여)

'나 홀로 TV' 시대로의 진입은 스마트폰으로 대표되는 본격적인 개인 미디어의 확산과 그로 인한 TV의 '탈가내화' 과정 속에서 자연스럽게 진행되고 있는 현상이라 볼 수 있다. 데이비드 몰리(2003)는 TV 이용의 변화가 가족 공동체에 미친 영향을 '가내화domestication'에서 '탈가내화de-domestication'로의 이행 과정으로 설명하였다. '가내화'란 기술이 가정으로 침투하는 현상을 설명하기 위한 용어로 가족 미디어domestic media로서 TV의 특성을 설명하는 반면 '탈가내화'는 TV 이용이 특정 장소에 얽매이지 않고 개인화되어 가는 경향을 함축하는 데 유용성이 있다.

(6) TV의 개인화와 가족 공동체의 약화

TV는 초기에는 가족 간 유대를 강화시키는 요인이 되었지만 보급이 더 늘어나 복수 소유가 되고 또 휴대가 가능한 개인화 기기들까지 이용이 가능해지면서 이제는 가족 공동체마저 약화시키는 추세를 보인다. 앞에서도 인용한 〈국민일보〉(1993. 9. 14) 기사는 저녁 시간에 가족들이 각자 자기 방에 흩어져 원하는 프로그램을 시청하는 현상을 지적하며 TV가 이제는 바보상자를 넘어 "가족 분열의 주범이라는 악명까지 뒤집어쓰는 날도 멀지 않을 전망"이라고 진단했다. 휴대전화나 인터넷이 본격 보급되기 이전부터 한 가정에서 여러 대 TV를 소유하면서 생겨난 이러한 현상은 일부 가정만의 문제는 아니었을 것이다.

개인 미디어가 확산되면서 가족 간의 유대는 더욱 약화되고 있다. 스마트폰이나 태블릿, 컴퓨터 등 개인 미디어가 다변화되고 그 의존도가 높아지면서 가족들이 모여도 서로 대화를 나누기보다는 각자 미디어에 몰두하는 모습들을 어렵지 않게 찾아볼 수 있다. 〈아시아경제〉(2011. 1. 16) 온라인판 기사는 이러한 가정의 변모상을 소개하며 심한 우려를 표명하였다. 가족 관계는 얼굴을 맞댄 대화가 기초가 되어야 하는데 이 IT 기기들은 소통을 빠르고 편리하게 해줄 뿐이라며 "스마트폰을 통해 아무리 '하트(♥)' 기호를 날리고 문자 수백 통을 가족 간에 전송해도 하루 저녁 눈을 마주 보며 맘 터놓고 진솔한 대화를 하느니만 못하다"고 평가하였다. 기사는 이어서 이러한 미디어들이 "전통적 가족 유대 관계를 붕괴시키는 '시한폭탄'이 될 수 있다"고 우려하였다.

이렇게 개인화가 날로 심화되는 현상을 빗대어 1990년대 후반 '코쿤cocoon족'이라는 신조어도 등장하였다. 누에고치를 지칭하는 코쿤은 자기만의 틀 안에 안주하며 남과 가까이하지 않고 나 홀로의 자유를 만끽하는 새로운 세대 및 경향을 지칭한다. 이들은 자기만의 공간이나 자동차 등에 대한 투자를 아끼지 않으며 그 공간에서 홀로 안락함을 추구한다는 것이다. 〈동아일보〉(1998. 8. 21)는 코쿤족으로서 젊은 세대의 삶의 방식을 다음과 같이 소개하였다.

> 사회적 의미의 '코쿤'은 미국의 마케팅전문가 페이스 팝콘이 '불확실한 사회에서 단절돼 보호받고 싶은 욕망을 해소하는 공간'이란 뜻으로 사용했다. 그러나 한국의 코쿤은 '불확실한 사회를 사는 데 필요한 에너지를 재충전하는 공간'의 의미가 짙다.
> 권구희씨(30 만트라개발 이사)의 소나타3는 교통수단이라기보다는 '마음의 평화'를 얻는 장소. PC게임의 배경음악을 작곡하는 그는 일이 잘 풀리지 않을 때면 '소3'에 들어와 문을 닫는다. 그리고 향하는 곳은 서울 내곡동~분당 고속도로. 음악을 크게 틀어놓고 가속 페달을 바닥까지 밟으며 골치 아픈 생각을 떨쳐 버린다. "집보다 차에 있을 때가 편하다"는 그는 자동차를 '내 공간'으로 꾸미기 위해 5백여만 원을 들여 차 엔진과 내 외관을 뜯어고쳤다.

이 젊은이의 삶에서 자동차는 아무런 장애 없이 완벽하게 자신만의 세계가 구현되는 해방의 공간인 것이다. 그 속에서 자신이 좋아하는 음악과 스피드를 즐기며 외부의 스트레스에서 벗어나는 것으로 보인다. 이처럼 다른 사람들과의 교류보다는 혼자만의 시간을 즐기는 새로운 세태가 심화되는 것이다.

(7) 대인 교류의 약화

2016년 〈매경이코노미〉가 전국의 30대를 대상으로 라이프스타일을 조사한 결과를 보면 이제는 여가에도 다른 사람과의 교류보다는 혼자 즐기는 문화를 더 선호하는 것으로 나타난다. 여가 시간에 '독서나 TV 시청, 게임 등 혼자 할 수 있는 취미 생활을 즐긴다'는 응답이 63.4%로 가장 많았던 반면, '술자리 등 친구와 교류'는 18.2%에 그쳤다. 대신 이들은 SNS를 통해 다른 사람과 교류하는 것으로 드러났다. 74.7%가 SNS를 한다고 응답하였으며 SNS를 하는 목적을 묻는 질문에는 52.3%가 '친구나 지인들과 소통하기 위해'라고 응답하였다(배준희·노승욱, 2016). 다른 사람과의 교류는 온라인으로 하며 혼자만의 생활에 점차 몰입해 가는 세태를 단적으로 보여 준다.

이웃 및 가족과의 관계가 약화되어 가는 추세는 〈국민생활시간조사〉 결과에서도 확인할 수 있다. 표 4-7은 서울대학교 언론정보연구소가 1981년부터 5년 간격으로 조사한 '가사 및 교제 행위자 비율과 시간량'을 정리한 것이다.[5] 여기서 행위자 비율이란 해당 행동을 한 사람의 비율을 말하며, 이 중 교제 행위는 개인적인 교제와 각종 단체 참여 등 사회적 참여가 포함된다. 교제 행위자 비율의 요일 평균이 1981년부터 최근에 이르기까지 55.6%에서 38.9%로 전반적인 감소 추세를 보여 준다. 2005년에 약간 증가하기도 하였지만

5 이 조사 중 가장 최근 조사는 2015년이지만 이때는 교제 행위에 SNS를 통한 교제를 포함하였다. 따라서 이 연구의 주된 분석 방향과 맞지 않는 것으로 판단되어 제외하였다.

표 4–7. KBS 국민생활시간조사에 나타난 가사와 교제 시간의 변화

(단위: %, 분)

행위		교제				가사			
		평일	토	일	평균	평일	토	일	평균
1981	행위자 비율	51.6	56.9	58.3	55.6	65.7	69.3	73.7	69.6
	평균 시간	50	64	88	67.3	116	125	142	127.7
1985	행위자 비율	48.5	54.6	59.2	54.1	60.5	65.8	73.6	66.6
	평균 시간	46	59	82	62.3	106	112	129	115.7
1990	행위자 비율	44.2	50.8	58.5	51.2	51.8	58.3	61.4	57.2
	평균 시간	50	73	102	75	88	94	98	93.3
1995	행위자 비율	42.6	47.8	54.9	48.4	46.3	51.8	57.6	51.9
	평균 시간	47	64	89	66.7	80	87	90	85.7
2000	행위자 비율	34.8	43.9	50.7	43.1	44.3	48.2	53.5	48.7
	평균 시간	45	65	92	67.3	95	99	95	96.3
2005	행위자 비율	40	47.5	51.6	46.4	48.2	52.3	59	53.2
	평균 시간	41	63	87	63.7	91	99	101	97
2010	행위자 비율	31.8	40.6	44.3	38.9	51.2	53.4	58.4	54.3
	평균 시간	36	57	74	55.7	82	90	88	86.7

출처: KBS(1981, 1985, 1990, 1995, 2000, 2005, 2010).

이는 2004년부터 주 5일 근무제가 시행되면서 나타난 현상으로 볼 수 있다. 행위자의 평균 시간도 67.3분에서 55.7분으로 감소하였다. 1990년대 시간량이 늘기도 하였지만 2000년대 들어서면서 다시 감소세를 보인다. 이처럼 교제 행위의 참여자와 시간량이 줄어드는 것은 그만큼 공동체 내 타인과의 교류가 감소하고 있다는 것을 말해주는 것이다.

또한 가사 행위의 변화는 가족에 대한 태도의 변화를 의미한다. 물론 가사 시간의 변화는 각종 가전제품의 발달과 연관이 있겠지만 가족을 위한 행위라는 점에서 가족 관계의 한 지표가 될 수 있다. 특히 그 행위자 비율의 변화는 가전제품과는 무관하게 가족을 위한 행위에 참여하는 비율로 해석할 수 있다. 표 4-7을 보면 가사 행위자의 비율은 1981년 69.6%에서 2010년 54.3%로 줄었다. 지속적인 감소세를 보이다가 2000년 48.7%로 최저를 기록한 후 2005년 이후 증가세로 돌아섰다. 이것도 교제의 경우와 마찬가지로 주 5일 근무제와 연관이 있는 것으로 보인다. 휴일이 늘어나면서 남성의 가사 참여가 늘어난 것으로도 볼 수 있을 것이다. 행위자 평균 시간도 127.7분에서 86.7분으로 32.1%나 줄어들었다. 이처럼 가사의 행위자 비율과 시간량이 감소 추세를 보이는 것은 가족 공동체가 약화됨을 보여 주는 것이라 할 수 있다.

가족 공동체가 약화되는 추세는 다른 사회 조사의 결과를 통해서도 확인된다. 통계청이 15세에서 24세를 대상으로 실시한 2007년 청소년 통계 조사 결과를 보면 부모와의 관계에 만족한다고 응답한 비율은 2002년 61.0%에서 2006년 57.0%로 감소하였다. 반면 불만이라고 응답한 비율은 같은 기간 4.6%에서 5.6%로 증가하였다. 형제, 자매와의 관계에서도 같은 기간 만족한다는 응답은 51.9%에서

48.2%로 감소하였으며 불만족스럽다는 6.1%에서 6.5%로 증가하였다. 자신의 고민을 털어놓는 대상도 15~19세 청소년의 경우 48.8%가 친구·동료를 꼽은 반면 부모를 선택한 이들은 22.6%에 그쳤다(통계청, 2007).

가족 공동체의 약화를 보여 주는 또 다른 지표로 이혼율을 들 수 있다. 미국 종합사회조사를 분석한 퍼트넘(2000/2009)에 따르면, 이혼율의 증가는 일상적으로나 공식적으로나 시민들의 사회 참여에 부정적인 영향을 미치지 않지만(461), 사회적 자본의 쇠퇴는 이혼율의 증가와 연결되어 있는 것으로 나타난다(238). 즉 이혼율의 증가가 공동체를 약화시키는 원인이 되지는 않지만 공동체 약화의 결과로 이혼율이 증가할 수는 있다는 것이다. 퍼트넘은 TV 보급의 확대와 이혼율의 증가를 직접 연결시켜 분석하고 있지는 않지만 사회자본 쇠퇴의 한 원인인 TV의 확산이 이혼율 증가의 간접적인 원인이 될 수 있다는 추론도 가능하다.

한국 사회에서도 이혼율은 가족 관계의 질을 보여 주고 공동체의 최소 단위인 가정의 안정성을 대변하는 척도로 간주된다. 특히

그림 4-12. 2015년 YMCA가 배포한 'TV 끄기 운동' 포스터

'TV를 끄면 가족이 보입니다'라는 카피는 미디어 이용이 가족 공동체 약화의 한 원인이라는 인식을 보여 준다.

출처: 한국YMCA (2015).

인구 1000명당 발생 이혼 건수를 지표로 나타내는 '조이혼율'은 이혼 건수를 전체 인구로 나누기 때문에 인구 구조의 영향을 받는다는 단점에도 불구하고 국가 및 시대별 비교가 용이하다는 장점 때문에 널리 사용되고 있다. 한국의 조이혼율은 1960년에는 0.2건으로 매우 낮았으며, 1970년에 0.4건, 1980년에 0.6건, 1990년에 1.1건으로 완만한 증가세를 보였다. 하지만, 불과 10년 후인 2000년에는 2.5건으로 급격히 증가하였고 2003년에는 3.4건으로 최고점에 이르렀다. 이후 조이혼율은 조금씩 감소 추세를 보이면서 2014년에는 2.3건으로 2000년대 들어서는 최저 수준을 나타냈다. 최근의 감소세는 그간의 이혼율 상승에 대한 사회적 우려와 함께 이혼숙려제도 도입에 따른 효과로 해석된다. OECD 주요 국가들 가운데 한국의 이혼율은 상당히 높은 수준이다. 한국은 1970년 하위 4번째 국가였으나 2008년에는 상위 10번째 국가가 되었다(통계청, 2015b: 157).

이혼율 중에서도 가족의 위기를 단적으로 보여 주는 것은 노년층의 이른바 황혼 이혼이 늘어난다는 점이다. 통계청과 여성가족부의 자료(2016: 7)에 따르면 결혼 4년 이내 이혼율은 1990년 이후 전반적인 감소 추세에 있지만 20년 이상 부부의 이혼율은 증가하고 있다. 2012년을 기점으로 사례 수도 역전하여 2015년 총 이혼 건수 10만 9000건 중 4년 이하 부부의 이혼 비중은 22.6%였으나 20년 이상 부부의 이혼 비중은 29.9%로 오히려 더 높은 비중을 차지하였다.

이렇게 이혼 사례가 늘어나면서 이에 대한 가치관도 변화하고 있다. 역시 통계청과 여성가족부의 자료(2016: 41)에 따르면 통계청이 해마다 실시하는 사회 조사에서 이혼에 대한 인식이 변화하고 있음을 알 수 있다. 2008년 조사에서는 '어떤 이유에서도 이혼해서는 안 된다'라고 응답한 비율이 16.8%였으나 2014년 조사에서는 11.3%로 감소하였다. 반면에 '이유가 있으면 하는 것이 좋다'라고 응답한 비율은 2008년 7.1%였으나 2014년에는 12.0%로 증가하였다. 이는 그만큼 결혼으로 이루어지는 가족의 유대가 점차 약화되고 있음을 잘 보여 준다.

이렇듯 기존의 가족 공동체가 해체되면서 고독사, 우울증 등 다양한 사회 문제가 파생되고 있다. 퍼트넘(2000/2009: 434~436)의 분석에 따르면 장기적 사회 조사 데이터에서 자살률, 우울증 등의 증가는 경제적 요인보다 사회적 연계망의 해체와 같은 공동체적 요인과 더 밀접한 관련이 있다. 예컨대 미국의 장기 조사 데이터는 경제적으로 더 풍요로워진 1970년대와 1980년대에 출생하여 성장한 미국인이 1920년대와 1930년대에 출생하여 성장한 미국인보다 3배 이상 자살률이 높다는 것을 보여 준다. 이에 대해 퍼트넘은 사회관계망이 해체되고 사회적 고립이 가중되는 '광폭한 개인주의'에서 원인을 찾았다.

최근 온라인으로 상호 작용이 가능한 영역이 확장되면서 일정한 지리적 공간에서 이루어지던 사람 사이의 대면 상호 작용은 더욱 줄고 있다. 대면 상호 작용의 쇠퇴와 함께 마을 단위뿐만 아니라 가족 단위의 친밀성과 유대감도 감소하고 있다. 텅 빈 지리적 공동체에 개인만 남게 된 것이다. 물론 이러한 변화를 '온라인 가상 공동체'와 같은 새로운 형식의 공동체의 등장으로 이해하는 관점도 있다(예를 들면 Shirky, 2010/2011). 그러나 여전히 다수 연구자들은 온라인 미디어 기술은 고장 난 공동체의 대안이 되기보다는 인간을 더욱 외롭게 만들 뿐이라고 주장한다(예를 들면 Turkle, 2011/2012). 기존의 공동체 형식이 빠르게 쇠퇴하며 해체되는 가운데 새로운 형태의 온라인 공동체가 기존 공동체의 대체물이 될 수 있을 것인지에 대해서는 강한 의문이 제기된다. 최근 강진숙(2018)은 학술 담론 분석을 통해 공동체와 미디어 연구의 경향을 조명하며 주목할 만한 분석 결과를 제시하였다. 최근에 다시 지역 공동체와 미디어에 초점을 맞춘 연구에 대한 관심이 높아지고 있다는 것이다. 이는 급변하는 미디어 환경의 변화 속에서 소통의 문제를 비롯한 다양한 문제 해결의 실마리를 다시 전통적 공동체 안에서 찾고자 하는 시도들이 늘어나고 있다는 뜻이다.

5. 한국의 TV와 공동체

지금까지 한국 사회에 TV가 등장한 이후 마을 공동체와 가족 공동체의 역사적 변화 과정을 다양한 문헌 자료와 구술 자료를 통해 살펴보았다. 이를 토대로 한국에서 TV가 공동체의 변화에 미친 영향을 다음과 같이 요약할 수 있다.

먼저 새로운 문명의 이기로 등장한 TV는 기존 마을 공동체의 핵심으로 부상하였다. 1960년대부터 마을에 한두 대씩 등장하기 시작한 TV는 공동체의 중추적 역할을 하면서 마을의 이웃들을 불러 모으는 역할을 하였다. 이는 아직 산업화가 본격적으로 시작되기 전으로, 전통적 공동체 문화가 강하게 남아 있던 토양 위에서 가능했을 것이다. 또한 TV보다 조금 앞서 보급된 라디오가 앰프촌의 형태로 마을 공동 청취 경험을 제공한 바탕(마동훈, 2003; 윤상길, 2011) 위에서 가능했던 것으로 볼 수 있다.

하지만 1960년대 후반부터 TV 보급이 점차 확대되면서 각 가정의 안방을 차지한 TV는 가족 공동체의 핵심으로 변화하였다. 이제 TV는 마을 공동체의 중심이 아니라 집안에서 가족 모두를 불러 모으는 가족 공동체의 중심이 된 것이다. 이 시기 TV는 가족주의의 강화에 기여하였지만 이웃과의 교류는 점차 줄어들게 되면서 마을 공동체는 약화될 수밖에 없었다. 이후 1980년 컬러 TV 개시는 컬러와 흑백 TV의 복수 소유 시대를 열었고, 이후 컬러 TV를 복수로 소유하는 시대로 진입하였다. 또한 1990년대부터 컴퓨터와 휴대 전화, 2000년대 스마트폰의 보급으로 개인화된 시청까지 가능해지면서 가족 공동체도 점차 약화되어 갔다.

이러한 역사적 과정은 TV와 공동체의 관계에 관한 퍼트넘과 부어스틴의 통찰과 그 궤를 같이한다. 퍼트넘(Putnum, 2000/2009)은 TV가 사람들을 집 안에 머물게 만듦으로써 마을 공동체를 약화시켰다고 보았다. 부어스틴(Boorstin, 1971)은 TV를 두 대 이상 소유하는 가정이 점차 늘면서 각자 자기 방에 틀어박혀 완벽한 프라이버시를 즐기게 되었고 가족 간의 유대는 약화되기 시작하였다고 주장했다. 더구나 개인 미디어의 등장과 확대는 TV 시청의 개인화를 확대시키며 가족 공동체의 약화를 더욱 심화시켰다고 볼 수 있다.

결론적으로 말해 TV는 1차적으로는 당시 사회의 중핵이 되는 기존 공동체를 강화하는 역할을 하였지만 그 보급이 더욱 확대되면서 단계적으로 마을 및 가족 공동체를 약화시키는 역할을 하였다. 마을에 들어온 초기의 TV는 마을 공동체의 구심점이 되었으며 가정에 들어온 TV는 마을 공동체를 약화시키면서 가족의 중심이 되며 가족 공동체의 구심점이 되었다. 하지만 가족 내에서 복수 소유가 이루어지고 개인화된 시청이 가능해지면서 이 가족 공동체도 약화되고 말았다. 결국 한국 사회에서도 TV는 마을 및 가족 공동체가 약화되는 데 중요한 기여를 했다고 할 수 있다.

앞서도 인용하였지만 일부 언론은 가족의 약화와 관련하여 TV가 '분열의 주범'이라거나 가족 관계를 붕괴시키는 시한폭탄 등 과격한 표현을 사용하기도 하였다. 하지만, 그 정도는 아니더라도 중요한 요인 중 하나였음은 부인하기 어려울 것이다.

하지만 TV가 공동체 변화의 모든 것을 설명할 수 있는 유일한 요인은 결코 아니다. 공동체의 약화는 근대 이후 개인주의가 점차 심화되고 산업화와 함께 이농 및 도시화가 진행되면서 필연적으로 수반되어 온 과정이다. 그 과정에서 TV는 기존의 사회적 조건을 더욱 심화시키는 방향으로 작용한 것으로 볼 수 있겠다. 전통적 공동체 문화가 많이 남아 있던 1960년대 마을에 등장한 TV는 마을 공동체의 구심점이 되었다. 1970년대 들어서 산업화와 함께 소득 수준이 높아지면서 각 가정이 TV를 구입하게 되었지만 그 산업화 과정과 함께 이농과 도시화도 이루어지면서 전통적 공동체는 약화되기 시작하였다. 1960년 27.7%에 머물던 도시 인구의 비중은 1960년대 후반부터 급증하기 시작하여 1977년에는 51.5%를 기록하여 전체 인구의 절반을 넘어섰다(통계청, 2015a).

전국 각지에서 도시로 모여든 이질적인 사람들이 함께 살아가게 되면서 레이먼드 윌리엄스(1974)가 지적한 바 있는 가족 중심의 사사화 경향, 즉 낯선 이웃과 어울리기보다는 가족이 중심이 되는 경향이 나타나기 시작한 것으로 볼 수 있다. 이 시기에 각 가정에 도입된 TV는 마을 공동체의 약화를 더욱 심화시키며 가족주의를 강화하는 요인으로 작용한 것이다. 또한 가족계획과 핵가족화로 한두 자녀 가정이 늘면서 개인주의적 경향도 심화되어 가는데 이것이 1990년대 이후 개인화 미디어와 맞물리면서 가족 공동체도 약화되는 단계를 맞은 것이다.

세계 최대의 소셜 네트워크 서비스 페이스북의 최고경영자인 마크 저커버그Mark Zuckerberg는 2012년 페이스북을 상장하며 '설립자의 편지'를 통해 "세계를 더욱 열리고 연결되게 만들겠다"고 밝힌 바 있다. 그런데 2017년 5년 만에 발표한 설립자의 편지에서 무너진 공동체의 재건과 형성에 주력하겠다고 밝힌 것은 역설적이다(인현우, 2017. 6. 23). 온라인을 통해 전 세계인이 연결되었지만 정작 공동체는 위기라는 인식을 보여 주기 때문이다. 각종 테크놀로지의 발달로 현대인의 커뮤니케이션 능력은 과거와 비교할 수 없을 정도로 높아졌지만 소통과 공동체의 위기를 우려하는 사람들은 늘고 있다. 미디어의 보급 확대와 함께 미디어를 개인화된 방식으로 이용하는 사람들이 늘면서 정작 사람들이 직접 만나고 대면할 일은 줄고 있기 때문이다. 이는 20세기 가장 중추적 전자 미디어였던 TV의 보급 확대 과정에서도 잘 드러난다. 미디어의 발전으로 인한 대면 교류의 축소는 결국 우리가 마주하는 현대의 소통과 공동체 위기의 가장 중요한 측면일 것이다.

5장

한국 사회의 전화 보급 확대와 공동체의 변화

19세기에 발명된 전화는 최근까지 발전을 거듭하며 인류의 삶과 커뮤니케이션 양식을 근저에서부터 변화시켜 왔다. 그럼에도 불구하고 전화는 매스 미디어와 비교해 상대적으로 주목받지 못한 '간과된' 미디어였다. 휴대 전화의 등장 이전까지 전화는 이용 목적이 너무나 '자명한' 미디어(吉見俊哉 外, 1992/2005), 즉 정보 전달이라는 단순 기능만을 수행하는 미디어로 간주하는 경향이 있었다. 그러나 또 한편으로 전화만큼 대인 관계에 있어 직접적이고 깊숙이 개입하는 미디어는 드물다.

이 장에서는 한국 사회에서 전화의 도입과 보급 확대가 대인 교류에 미친 사회적 영향에 주목하여 특히 마을의 공유 미디어에 가까웠던 전화가 가정화된 미디어, 나아가 개인화된 미디어로 변화해 가는 장기적 과정을 구술사 인터뷰를 중심으로 문헌 기록 및 통계 자료와 함께 소개한다. 구술사는 전화 도입 시기를 거쳐 성장한 세대 중 총 12명이 인터뷰에 참여하여 앞에서 서술한 TV 경험에 대한 구술과 함께 이루어졌다. 전화 도입 초기인 1960~1970년대 유년기를 보낸 50대 이상이 주로 참여하였고, 전화 보급 속도가 지역에 따라 달랐다는 점을 감안해 유년기에 전화를 처음 접한 40대도 인터뷰에 포함하였다. 특히 이 서술의 주된 관심이 전화의 개별적 이용 양상에서 나타나는 차이가 아니라 개별적 이용 양상을 아우르는 보편적 이용 양상과 그 영향에 있는 만큼 특수하지 않은 성장 배경을 지닌 참여자를 인터뷰 대상자로 선정하였다.

1. 전화의 등장과 마을의 공동 이용

1) 전화라는 신문물의 도래

한국의 전화가 도입된 것은 개화기였다. 초창기 전화에 관한 당시의 문헌 기록은 희소한데, 김구의 《백범일지》를 보면 1896년 한양과 인천 사이에 전화가 개통된 기록이 남아 있다. 당시 김구는 살인죄로 사형선고를 받고 인천 감옥에 수감되었다. 집행일을 앞두고 그의 죄목이 '국모의 복수를 위해 일본인을 죽였다'라는 것을 알게 된 고종이 인천감리에게 직접 전화를 걸어 사형 집행을 면하게 했다는 내용이다. 이때가 1896년 음력 윤8월 26일로, 전화가 개통된 지 3일째 되는 날이었다(국립중앙과학관, 2013: 10). 이 밖에 조선 말기 외무행정을 관장하던 기관인 외무아문外務衙門의 일지 성격을 지닌 《외무아문일기》에서도 1898년 전화에 관한 기록이 등장한다(이봉재, 2019: 467).

1897년 조선에는 총 12대(궁중 3대, 각 부 7대, 평양·인천 각 1대)의 전화가 설치되어 있었다(강준만, 2009: 54). 이 시기 전화는 영어의 텔레폰telephone을 의역해서 전어기傳語機, 전어통傳語筒, 어화통語話筒

또는 음을 비슷하게 따서 덕률풍德律風, 덕진풍(덕률풍의 한자 율律을 '진津'으로 잘못 읽어 '덕진풍'으로 불리기도 했다), 다리풍爹釐風 등의 이름으로 소개되었다.

이 낯선 문물의 도입으로 '전화 상례'라는 새로운 소통 양식이 등장하기도 했다. 예컨대 왕실에서 고종의 전화를 받는 조정의 신하들은 내시가 사전에 알려주면 그 시간에 맞춰 의관을 정비하고 대기했다가 세 번 절을 하고 받을 정도로 엄격한 통화 예절이 있었다. 조선에 들어온 서양 사람들도 처음에는 당황했지만 조선의 풍습을 따라야 했다(국립중앙과학관, 2013: 11). 뿐만 아니라 고종은 양어머니인 신정왕후가 서거하자, 궁에서 신정왕후의 묘가 있는 동구릉까지 임시로 전화를 가설하고 삼년상을 치르는 동안 아침저녁으로 전화로 곡을 하며 예를 올렸다. 전화를 통한 문상은 이후에도 지속되었는데 순종 역시 고종이 승하한 후에 덕수궁에 마련된 혼전魂殿과 산릉山陵에 직통 전화를 가설하고 몸이 불편할 때는 전화로 문상을 하였다. 순종이 상복을 입고 엎드려 절을 하면 내시가 재빨리 순종의 입에 전화기를 갖다 댔고, 순종은 전화기에 대고 곡을 했다(이봉재, 2019: 80~81). 다음 〈조선일보〉(1989. 3. 15)에 실린 이규태 칼럼에 따르면 왕실뿐 아니라 초기 공중전화를 사용하는 일반인의 이용 규칙도 상당히 엄격했다.

> 전화를 걸려면 예의 작업이 선행돼야 했다. 상투를 단정히 고쳐 세우고 덕진풍 앞에서 두 손을 맞잡아 머리 위에 쳐드는 읍揖을 하고서 전화 딸딸이를 돌렸던 것이다. 상대방이 나오면 자신의 직함-품계-본관-성명을 다 말하고 상대 부서의 판서-참판-참의의 안부를 물은 다음 전화 받는 당사자의 부모들 안부까지 묻고서 안건을 말했던 것이다.

…… 1903년에 서울의 마포 — 도동桃洞(남대문) — 시흥(영등포) — 경교京橋(서대문) 등에 전화소電話所라는 공중전화가 가설됐는데, 이 전화소 규칙의 도덕 항목이 지엄하기 이를 데 없었다. 전화소 옆에 통화소리가 들릴락 말락한 거리에 전화소 장리掌吏를 앉혀 두었었다. 이를 두고 프라이버시 침해라 하여 외국인 사용자들의 항의가 잦았기로 전화소 장리를 보다 멀찌감치 떨어져 앉게 했던 것이다. 실은 기밀탐지를 위해서가 아니었는데 말이다. 당시 31조로 된 「전화규칙」 가운데 통화중 불온 — 저속한 언사를 농하거나 서로 언쟁할 때는 전화소에서 통화를 금지시킬 수 있다는 항목을 집행하기 위한 관리였다. 이렇게 감시자를 두었을 만큼 전화 도덕을 중요시했던 우리 선조들이다.

도입 초기 고종이 머무는 궁과 각 부처를 연결하는 기능을 주로 수행하였던 전화는 차츰 개설이 확대되어 1900년 3월 전신 및 전화의 건설과 보전을 관할하는 통신원 관제가 제정되고 일반 공중을 위한 전화 개설이 추진되었다(이세훈, 2020). 그리고 2년 뒤인 1902년 3월 서울과 인천 간 공중용 시외 전화가 개통되었고, 같은 해 5월 서울과 개성 사이에도 전화 개통이 이루어진다. 이로써 비록 매우 제한적이기는 하지만 1902년부터 궁 밖의 일반인도 전화를 사용하는 것이 가능해졌다. 같은 해 정부는 통화 요금과 전화 통신 규칙에 관한 내용을 담은 '전화권정규칙電話權定規則'을 공포하는데, 이는 우리나라 최초의 전화 관련 법령이라 할 수 있다(이병섭, 2013: 61).

조선의 공중용 전화 개설이 점차 확대되면서 1902년 6월 서울에 설치된 전화소에서 시내 전화 교환 업무가 개시되었고, 다음 해인 1903년 2월 인천에서도 시내 전화 교환 업무가 시작되었다. 이 시기 서울과 수원, 개성과 평양 사이에도 전화가 개통된다. 하지만 조선의 전화 개설 사업은 1905년 4월 한일통신협정으로 일본에게 통신사업권을 빼앗기면서 독자적인 사업 추진이 어려워지게 된다. 이후 통신권을 강탈한 일제는 식민 정책 수행의 도구로 전화 개설을 추진해 나가게 된다(이병섭, 2013: 61~62).

일제 강점 이후 전화는 식민지 경영을 위한 도구이자 통신 시스템의 중요한 하부 구조였다고 할 수 있다. 전국의 전화기는 1910년 6774대, 1920년 1만 5641대가 설치되었다. 이후 꾸준히 증가하여 1939년 전화 개통 접수 나흘 만에 4548명의 신청자가 몰렸다. 이 중 조선인은 전체의 60% 가량인 2703명에 이르렀다(강준만, 2007: 272~273). 하지만 전화 설치 구역은 일본인 거주 지역인 본국本局과 군사 지구인 용산 분국分局에 집중되었으며 지역적으로나 민족적으로 매우 편향된 구조였다(윤상길, 2009).

광복 직후 전화 보급 사정은 원활하지 못하였다. 국토 분단으로 통신망이 남과 북으로 분할되었고, 이어진 한국 전쟁으로 시설이 크게 파괴된 것이 주된 원인이었다(이병섭, 2013: 62). 이러한 가운데 1952년 이승만 정부는 기념식까지 열며 한국에 다이얼 전화를 도입하였으나 전화 보급은 매우 더디게 이루어졌다(강준만, 2009: 111). 전화의 보급 추이를 정리한 표 5-1에서 확인할 수 있듯이, 1955년까지 전화의 가구당 보급률은 1%에도 미치지 못했다. 전쟁으로 파괴되었던 전화 시설의 복구는 1950년대 중반 이후에야 가능해졌다.

1960년대 어느 정도 피해 복구가 이루어지면서 발전의 기틀을 다지게 되고 1970년대는 전화에 대한 수요가 급증하게 된다(이병섭, 2013: 62). 경부고속도로 개통 다음 해인 1971년 서울과 부산 사이에 교환원의 중계 없이 직접 다이얼을 돌려 전화를 주고받을 수 있는 자동 호출 방식(DDD: Direct Distance Dialing)의 장거리 전화가 개설된다.

표 5-1. 전화 보급 현황

(단위: 명, %)

연도	전화		
	가입자 수	가구당 보급률	보급률
1950	7,686	-	0.04
1955	32,423	0.85	0.15
1960	86,604	1.99	0.35
1965	193,644	3.78	0.66
1970	429,228	7.70	1.37
1975	942,050	14.17	2.72
1980	2,484,572	31.18	6.64
1985	5,947,399	62.14	14.71
1990	11,868,363	104.53	27.35
1995	17,875,838	137.95	40.12
2000	18,990,895	132.69	41.30
2005	19,431,722	122.31	41.31
2010	19,274,000	111.16	40.16
2015	16,341,000	85.51	32.00

* 1950~1961년 통계청, 1963~2007년 행정안전부, 2008~2015년 과학기술정보통신부 자료로 재구성함.

출처: 통계청 (2019a), 행정안전부 (2019), 과학기술정보통신부(2019).

전화에 대한 수요가 급증하면서 정부는 전화 공급의 공정을 기하기 위하여 전화 청약의 우선순위를 정하였는데, 1순위가 정부 기관, 2순위가 주요 공공 단체, 3순위가 공무원과 교사였다. 이렇듯 수요에 비해 공급이 크게 부족해지면서 서울의 종로와 을지로 등지에는 이른바 '전화상'이 번성하여 거래가 가능한 전화를 개별적으로 사고파는 시장이 형성되기도 하였다. 그런가 하면 전화에 대한 도청이 공공연하게 이루어져 전화로는 당시의 유신 체제를 비판하거나 정치 이야기를 하는 것이 금기처럼 여겨지기도 했다(강준만, 2009: 150~158).

1980년대 들어서도 전화 공급이 여전히 부족하여 1980년 9월을 기준으로 60만 건의 전화 청약이 밀려 있었고, 1년 6개월 이상의 장기 적체도 5만 건에 이르렀다. 1981년에는 전화기 자유화라 불리는 '전화기 자급제'가 실시되어 가입자가 전화 단말기를 직접 구입하는 것이 가능해지게 된다. 그와 함께 전화기의 디자인과 종류도 다양해진다. 1982년에는 한국전기통신공사(Korea Telecommunications Authority: KTA)가 체신부로부터 분리되어 전신과 전화 업무를 전담하게 된다(강준만, 2009: 170~178).

1985년 전화 가입자 수는 600만에 이르러, 절반 이상의 가구에 전화기가 설치되었다. 1987년 전국전화자동화사업을 통해 1599개 통화권이 147개 통화권으로 광역화되었으며, 10호 이상 자연 부락 및 50인 이상 상주하는 섬마을에도 자동식 전화가 공급되었다. 또한 전국 전화 시설 1000만 회선을 돌파하며 1가구 1전화 시대에 접어들게 되었다(강준만, 2006: 115~116).

1993년 유선 전화 2000만 회선을 돌파함으로써 '1가구 2전화 시대'가 열리게 되었다. 이 시기 전화의 기능은 음성 통화에 머무르지 않았다. 1992년 전화 전용 국번을 이용해 원하는 정보를 제공받는 '전화 음성 정보 서비스'가 민간업체에 개방되어 각종 음성 정보를 제공했는데, 특히 '노래 따라 부르기,' '퀴즈쇼,' '전화 데이트' 등 청소년을 상대로 한 다양한 음성 정보 서비스가 개발되어 폭발적인 인기를 누렸다(《한겨레신문》, 1992. 8. 26).

2000년대 들어서며 전화의 성장세는 둔화된 반면 휴대 전화가 중심적인 대인 통신 미디어로 부상하기 시작했다. 1980년대 중반 등장한 휴대 전화는 전국망이 구축된 1990년대 후반 이후 급격히 신규 가입자 수가 증가했는데 1999년에는 무선 신규 가입자 수(2만 3443명)가 유선의 가입자 수(2만 1250명)를 넘어섰다(과학기술정보통신부, 2019). 2000년대 초반 인기를 끌었던 무선 호출기 '삐삐' 역시 자취를 감췄으며, 1990년대 말 약 56만 대까지 보급되었던 공중전화 운영 대수는 이후 급속하게 줄어 2015년 7만 대 수준으로 감소하였다. 특히 2016년 기준 전국 공중전화의 65.9%(4만 3537대)는 월평균 매출이 1만 원 이하로 기록되기도 했다(《연합뉴스》, 2016. 12. 14).

이에 반해 휴대 전화는 2010년 1인당 보급률이 100%를 넘었고, 2019년 가입자는 6889만 명으로 한국 사회에서 가장 지배적인 대인 커뮤니케이션 미디어로 자리 잡게 되었다(과학기술정보통신부, 2020).

2) 전화의 등장과 마을 공동체

이제 전화의 도입과 이용 확대가 불러온 사회적 변화를 전화 도입 시기를 거쳐 성장한 세대를 대상으로 한 인터뷰를 통해 살펴보자. 전화 도입 초기인 1960~1970년대 유년기를 보낸 12명의 구술 참여자들은 대부분 전화를 처음 접촉한 시기를 뚜렷하게 기억하지는 못했는데 1960년대부터 1970년대 후반까지 기억의 범위가 넓었다. 첫 접촉 시기를 기억하지 못하는 것은 당시 대체로 나이가 어려서 전화의 구매나 사용을 주도하지 않았기 때문일 것이다. 하지만 대도시에 거주하며 생활 수준이 높은 편이었던 일부 참여자들은 당시 동네에서 자신의 집에 전화가 제일 먼저 들어왔으며, 그 시기가 초등학교 이전 혹은 재학 중으로 빠르게는 1960년대 초반부터 중후반까지였다고 말했다. 당시 안양에 거주하며 부친이 공무원이었다는 다음 구술자는 비교적 일찍 전화를 경험했다.

전화는 상당히 일찍 경험했죠. 초등학교 입학 전이었던 것 같은데 아버지가 공무원이라 행정용 전화가 집에 있었죠. 그때는 안양 전체에 전화가 몇 대 없어서 안양 전화번호부가 딱 한 장이었는데 우리 집이 강 씨라서 맨 앞이었죠. (강○○, 60대 남)

1964년에 초등학교에 입학한 이 구술자는 부친이 공무원이라는 사회적 특성으로 말미암아 집에 전화가 일찍 들어오게 되었다고 한다. 부친이 미군 부대에 근무했다는 60대 초반 구술자(김○○, 남)도 역시 연도를 특정하지는 못했지만 초등학교 시절 동네에서 "제일 먼저 우리 집에 손잡이 돌려서 거는 전화를 샀다"고 하였다. 반면 서울 출신의 구술자(김○○, 50대 여)는 중학생 시절, 즉 1970년대 초반에 집에 전화가 들어왔다고 말하였다. 개인 조건에 따라서 같은 서울이어도 전화 구입 시기는 다양했다.

한편 농촌 지역은 서울에 비해 늦게 전화를 경험한 것으로 나타났다. 농촌 출신의 구술자(엄○○, 70대 남)는 결혼 직후인 1970년대 말 처음 집에 전화를 들여놓았는데 동네의 첫 번째 전화는 아니었다며 "동네 이장 집에 한 대씩 있어서 전화가 오면 받으러 가고 그랬는데 보통 급한 전화가 대부분이었다"고 하였다. 역시 농촌 출신의 50대 구술자는 이 상황을 좀 더 자세하게 말했다.

마을에 전화가 70년대 초중반에 들어왔어요. 마을에 공용 전화 하나. 그게 이장 집에 있었고 구판장이라 해서 동네에 그 점방 같은 데 하나 있었던 거죠. 거기에 점원이 한 명 있었어요. 그래서 전화가 오면 마이크로 '누구네 집에 전화 왔습니다' 하면 뛰어가서 받고 그랬죠. 그게 1980년대 내가 대학원 다닐 때, 아마 1985년 정도에도 그랬던 기억이 있으니까. 거의 한 십 년은 동네에 전화가 그거 한 대였어요. (문○○, 50대 남)

1970년대 중후반 이장 집에 전화가 먼저 들어와 마을 사람들이 함께 이용했다는 것인데, 이는 가정용 전화기를 동네 단위로 보급을 추진했던 정책과도 연관이 있다. 당시 체신부는 새마을운동 지원 사업의 일환으로 이동里洞 단위 전화 가설 사업을 추진하여 전화 없는 마을을 일소하는 데 전력하였다. 1971년부터 추진한 이 전화 가설 사업의 결과 1979년 말까지 3만 761개의 이동에 전화가 가설되었다(《동아일보》, 1980. 8. 2). 이 정책으로 1970년대 후반에는 전국 대부분 촌락에 전화가 1대 이상씩 들어갔다. 농촌 출신의 구술 참여자들은 대부분 이 시기 전화를 경험하였다.

일부 구술자들은 색 구분에 따라 전화기의 성격이 달랐다는 사실을 기억했다. 당시 전화는 백색전화와 청색전화로 구분되어 불렸다. 백색전화는 투기의 대상으로 소유할 수 있어서 사고팔 수 있는 전화기, 청색전화는 소유권이 인정되지 않아 양도할 수 없는 전화기를 말했다. 실제 백색과 청색은 전화기 색깔이 아니라 가입 대장 명부의 색깔이었다(국립중앙과학관, 2013: 18). 또 한 구술자는 당시에는 희귀했을 버튼식 전화기에 대한 경험도 언급했다.

> 그때 백색전화는 굉장히 비쌌어. 청색전화는 신청해서 바로 나오는 게 아니니깐. 백색전화가 굉장히 가격이 오르고 그랬지. 그때 진주는 다이얼이었어. 진주뿐만 아니라 도회지는 다이얼이고 시골은 교환원 통해서 연락하고 그랬지. (허ㅇㅇ, 70대 남)

> 우리 집에 돌리는 전화를 제일 먼저 사고, 2년 있다 백색전화, 그거를 이사 갈 때 가지고 가. 근데 청색은 반납하고 이사 가서 새로 받는 거고. (김ㅇㅇ, 60대 남)

그림 5-1. 1961년 전화교환원이 일하는 모습

출처: 국가기록원 아카이브.

> 우리 아버지가 미군 부대에서 누르는 전화기를 가져온 거야. 돌리는 게 아니라. 미국 애들은 지금도 써. 되게 튼튼하고 좋거든. 되게 신기해서 막 눌러 보고 그랬지. (이ㅇㅇ, 60대 남)

구술 참여자들은 대부분 초기 전화 사용에서 교환원의 존재를 기억했다. 1971년 가입자가 직접 다이얼을 돌려 전화를 걸 수 있는 DDD 서비스가 개시되기 전까지 수동식 전화기를 주로 썼는데, 이때 전화 교환원이 필요했다. '교환수'라고 불리기도 했던 교환원은 가입자가 번호를 말하면 받는 사람의 전화로 연결해 주었다. 이런 수동식 전화 연결은 전화 가입자가 적었기 때문에 가능했다. 1960년 2월 24일 영등포전화국에서 자동 전화가 개통될 때 이 전화국에는 총 42명의 전화 교환원이 근무했다(국립중앙과학관, 2013: 18). 당시 전화망은 물론 전화 교환 서비스도 엉망이어서 가입자들의 원성이 높았다. 〈경향신문〉(1968. 6. 10)에 실린 전화 교환원의 글에는 업무의 고충이 고스란히 기록되었다.

> "어 교환이여? 우리 집 좀 빨리 대" 물씬한 알코올 내음이 전화선을 타고 와서 수화기를 통해 나는 듯하다. "댁이 몇 번인데요?" "아 우리 집도 몰라?" 이럴 때는 어떻게 응대를 해야 좋을지 어리둥절해질 수밖에 없다. "전화번호를 대셔야죠." "뭐 어째? 너 누구야. 교환이 그따위로 불친절해? 국장 좀 바꿔" 이쯤 나오면 정말 입이 떨어지지를 않는다. 뭐 이런 주정뱅이가 있느냐고 쏴주고 싶은 마음이지만 다음 응대에 미칠 영향이 두려워 흥분해서 뛰고 있는 가슴을 달래야만 했다. (충북 중원군 목계우체국 조해영)

2. 전화 보급 확대와 이웃 공동체

1) 이웃집 전화 빌려 쓰기

마을에 들어온 전화는 당시 사회 분위기 속에서 농촌뿐 아니라 도시에서도 자연스럽게 이웃과 공동으로 이용하게 되었다. 전화를 처음 경험한 상황을 정확히 기억하지 못하는 구술자들도 이 점에 대해서는 자세하게 기억하였다. 이들은 당시 어린 나이였기에 전화 심부름을 도맡아 했다. 앞서 공무원인 부친의 영향으로 행정용 전화가 집에 있었다는 60대 구술자(강○○)는 "전화 심부름했던 기억이 나요. 누구 집에 뛰어가서 '전화 왔어요' 소리 지르면 뛰어와서 받고 그런 기억이 있고. 그때 그 음질이 굉장히 안 좋았던 기억이 나요. TV보다도 오히려 전화가 끈이었던 같아요. TV보다는 (전화가) 메신저 역할을 했던 거지"라고 기억했다. 이웃집 사람을 찾는 전화가 걸려 오면 어른들이 받고는 아이들을 심부름 보내와서 전화 받으라고 연락했던 것이다.

농촌에서는 전화를 받은 이장이 마을에 설치된 공용 앰프를 통해 '누구네 집에 전화 왔습니다'라고 공지하였다. 이장 집에도 전화가 없던 벽지 마을에서는 긴급한 연락에는 면사무소나 학교 등 관공서의 전화가 이용되기도 했다. 전화가 오면 확성기로, 혹은 사람을 보내서 당사자를 불러다가 전화를 받을 수 있게 했다(MBC보도국, 1986).

전화 공동 이용은 초창기 전화기 수요와 공급의 불균형이 심각했던 상황에서 불가피한 것이었다. 1960년대부터 산업화가 급속히 진행되면서 이농과 도시화가 이루어지며 대가족이 해체되기 시작하였다. 이에 따라 떨어져 살게 된 가족 간의 연락과 안부 등의 필요에 의해 전화의 수요는 급속히 증대되었지만 이를 충족시킬 기술 발전은 미흡하여 1985년 국산 전화 교환기의 개발 전까지 전화 적체 현상은 만성적인 사회 문제가 되었다.

전화 청약 대기자가 늘어나면서 청약 브로커가 등장하는가 하면, 전화 가입권을 따낸 후 웃돈을 받고 파는 일도 성행했다. 일부 전화상들은 전화 청약권을 매점매석해 적체를 부채질하고 전화 가격을 상승시켰다. 전화국 관계자들이 전화 신규 가입 공개 추첨 때 상당한 대수를 빼돌려 대당 4만~5만 원씩 프리미엄을 받고 전화상, 청약희망자 등에게 가입 승낙을 해준 혐의가 뉴스로 보도되는 등 전화 신규 가입 청약을 둘러싼 부정 사건은 이 당시 심각한 사회 문제가 되었다(《동아일보》, 1969. 11. 18). 한편 〈경향신문〉(1970. 5. 6)에 전화 가입권의 규제 필요성을 주장하는 기고문이 실렸는데, 당시 전화 가입의 열기와 그로 인한 불법적 경쟁 상황을 엿볼 수 있다.

> 현재 체신부에서 취급하고 있는 전화 가입권 문제는 전화 본래의 가치인 문명의 이기로서의 구실보다는 매매에서 얻는 이익을 위한 상품으로서의 가치관의 비중이 크고 통신 수단으로서의 소요 가치보다 재산적인 가치가 어느 경우에선 더 컸었다고 생각된다. 이러한 현상은 수요가 불균형한 데서 오는 까닭도 있겠으나 그보다는 공급이 절실히 요구되면 요구될수록 악덕 상인들의 매점매석 행위가 날로 더 심해지는 데서 오는 것이 그 원인이라 하겠다. …… 이렇듯 추첨 경쟁이 심함은 실지 필요에 의한 자가 아닌 이득만을 노려 덤벼드는 상인들의 농간에서 오는 현상임이 분명하다 하겠다. 따라서 이와 같은 사회적인 악폐를 일소하고 선량한 전화 가입 희망자에게 공평한 공급을 바라는 의미에서라도 이번 체신 당국이 추진하고 있는 전화 가입권의 규제(매매)는 타당하다고 보며 반드시 실현되어야 할 문제라고 본다. 김상호(서울 중구 회현동 1의 58)

정부는 전화 가입 난을 해소하고 전화가 투기 대상이 되는 상황을 막기 위해 전화의 양도를 금지한 일명 '청색전화'를 도입하는가 하면, 50미터 안팎의 두 집에서 열 집까지 하나의 회선으로 공동 이용하는 이른바 '전화 공동 이용'을 제도화하고 권장했다(〈경향신문〉, 1965. 5. 20). 하나의 전화 회선으로 이웃의 여러 집을 연결하여 공동으로 이용하라는 것이다.

이런 상황에서 공중전화의 이용이 늘 수밖에 없는데, 공중전화 시설도 태부족이고 그나마 설치된 전화기도 고장이 잦고 동전만 삼키는 등 제대로 기능하지 못했다. 고장이 많고 날씨만 흐려도 발신이 안 돼 '꼭 신경통 환자' 같은 '구실 못하는' 공중전화 때문에 공중전화 주인은 하루에도 몇 차례씩 손님과 다투어야만 했다(《경향신문》, 1970. 6. 22).

전화의 공급 부족 문제는 1980년에도 여전했고, 특히 지방 중소 도시의 전화 사정은 더욱 심각했다. 각 지방 전화국별로 전화 가입 신청이 1일 평균 20~30건씩 쏟아져 들어오는 데 반해 신규 가설 공사는 수요의 절반도 채우지 못하고, 전주, 청주, 강릉 등 일부 지방 도시에는 청약 후 2년 이상 기다려야 겨우 전화를 놓을 수 있었다. 전화 적체 현상을 틈타 백색전화에 프리미엄이 붙어 부평 같은 곳에서는 백색전화 1대에 200만 원을 호가하는 등 가격이 큰 폭으로 올랐다. 홍성, 대천 등 일부 읍면 단위에 설치돼 있는 지방 전화의 경우 엉뚱한 번호로 연결되는 오접이 잦고 시외 통화에 2시간 이상씩 기다려야 하는 곳도 있었다(《경향신문》, 1980. 8. 13). 체신사학자 진기홍은 당시를 이렇게 기억했다.

> 55년 광화문 전화국에 3천 회선의 전화를 새로 건설할 때만 해도 관계자들의 한결같은 걱정은 '이런 엄청난 물량을 소화해 낼 수 있을까' 하는 것이었다. 이런 사정은 60년대 들어 크게 바뀌기 시작했다. 경제 개발이 한창 시작되면서 전화 수요 또한 크게 늘어난 것이다. 62년 동대문전화국이 '서울운동장'에서 수백여 명이 모인 가운데 전화 가입권 공개 추첨을 실시한 것은 당시 상황을 잘 보여 준다. (전화가입권) 공개 추첨은 60년대 말까지도 계속됐다. 전화 가입자 후보 명단에 오른 것은 요즘 아파트에 당첨되는 것만큼이나 대단한 일이었고 엄청난 웃돈 거래로 이어졌다. 전화 한대 값이 집 한 채 값'이라는 말이 상징하듯, 당시 전화는 웬

만한 집에서는 재산 목록 1호였다. (《한겨레신문》, 1995. 3. 26)

정부의 초기 전화 정책은 이동 단위 보급을 우선하였는데 이는 공동 이용을 전제한 것이었다. 개개인의 필요에 제대로 부응하는 것이 불가능하니 우선 마을 단위로 전화를 보급하여 함께 이용하라는 것이었다. 언론도 이를 적극 권장하였다. 실제 가정주부로 하여금 공중전화보다 이웃의 전화를 빌려 쓰도록 권장하는 기사가 다음과 같이 실리기도 했다.

공중전화 일 통화에 오십五十환이다. 많은 돈은 아니다. 그러나 가정주부가 일주일에 한번쯤 어쩌다가 쓰는 전화를 번잡한 길가에서 구차스럽게 전화통을 잡기보다 이웃 전화를 조용히 빌려 써도 되지 않을까. …… 일반 공중전화처럼 통화 횟수에 따라 전화 요금이 더 많은 것도 아니고 주인이 출근하고 난 오전 중 쯤 한가한 틈을 타서 충분한 예의와 조심성 있게 전화를 빌린다면 …… 남의 집에 직접 들어가지 않고 전화를 빌려 쓸 수도 있다는 것이다. 그것은 전화선을 빌려서 수화기만 마련하면 한 전화선을 이용하여 두 집이 쓸 수 있다는 것이다. 보통 가정의 통화란 그리 많지 않으므로 두 집이 나누어 써도 과히 불편하지 않다. 요는 이웃 간의 정이다. (《조선일보》, 1960. 7. 1)

한편 전화를 공동으로 이용하는 것은 전화번호만이 아니라 발신자의 신원과 내용까지 공유됨을 의미했다. 이웃과 교류가 활발했던 당시 분위기에서 이는 자연스러운 현상이었다. 특히 전화 내용의 공유 과정은 이웃 구성원과 나눌 또 다른 커뮤니케이션 소재의 획득 과정이기도 했다. 1980년대 중반까지 이장 집 전화가 마을의 유일한 전화였다는 한 구술자는 전화의 공동 이용 과정에서 마을 전체의 대화거리가 만들어진다고 보았다.

> 누구 집에 어디서 전화 왔는지 동네 사람들이 다 아는 거죠. '오늘 서울서 전화 왔다는데, 뭔 일이야?' 이렇게 묻는 거죠. 이게 사람들한테 이야깃거리를 많이 만들어 주죠. 누구 집에 전화 왔다 하면, '아들이 전화 했는갑네.' '삼촌이, 시아버지가 전화 했는갑네.' '뭔 일로?' 그게 이야기가 되고 마을에 소문이 나는 거죠. 마이크로 부르니까 누구 집에 전화 왔다는 사실을 마을 사람들이 다 알게 되는 거죠. (문○○, 50대 남)

남의 집 전화를 이용하는 경우는 대부분 긴급한 연락들이었다. 농촌 출신의 70대 구술자(엄○○)는 군청이나 병원 등 기관의 연락이나 부고 등이 전화로 전달되었다고 했다. 이웃집에 달려가서 전화를 받았다 하면 긴급한 내용인 경우가 대부분이었기에 당시의 공동체적 분위기에서 마을 주민들이 이를 궁금해하며 물어보고 확인하고는 같이 걱정하고 나아가서 해결 방안을 논의하기도 했을 것이다. 이는 당시 도시나 농촌이나 전통적인 공동체적 문화가 강하게 남아 있는 상황에서 자연스럽게 이루어진 것으로 볼 수 있다.

> 한동네 이장 집에 한 대씩 있었어. 전화가 와가지고 받으러 가기도 하고 했지. 보통 급한 전화 그런 게 대부분이지. 군郡에서 비상이 있다든지, 또 병원에서 오는 전화 같은 거. 전화 오면 어디 골짜기에 누가 죽었다든가 그런 것도 알게 되고 했지. (엄○○, 70대 남)

2) 전화 요금의 문제

전화 공동 이용에서 요금 문제는 이용자들에게 미묘한 심리적, 실제적 장벽이 되었다. 1960년대 초반만 하더라도 전화 요금은 사용량과 관계없이 정액제였기에 부담 없이 전화를 빌려주고 빌려 쓸 수 있었다. 오히려 적게 쓸수록 손해라는 인식도 제법 많았다. 통화량이 늘어나자 정부는 1963년 1월 1일부터 서울 등 6대 도시의 자동 전화 요금을 정액제에서 통화 건수에 따르는 도수제로 변경하였다. 이는 바로 거센 사회적 반발을 불러일으켰다. 특히 다방 업주들의 반대가 심했다. 당시 다방의 전화는 사람들의 연락 장소이자 섭외 기관이었고 종업원은 손님들의 메모를 챙겨 주는 비서 역할도 했다(〈중앙일보〉, 1967. 3. 17). 또한 당시 전화를 가장 많이 쓴 업체도 다방이었다. 1962년 서울중앙전화국은 관내에 있는 다방, 미장원, 무역회사 등 12개 업종을 골라 통화량을 조사했는데 다방은 하루 평균 통화량이 192회로 가장 많았고, 그다음이 다과점 95회, 음식점 86회 등 순이며, 가정 전화는 하루 평균 4회로 제일 적었다(〈동아일보〉, 1962. 11. 27). 1967년 체신부 조사에서도 가장 전화를 많이 쓴 업체는 관공서나 기업이 아닌 다방이었다(〈중앙일보〉, 1976. 9. 14). 다방 업주들은 도수제를 실시할 경우 "지금과 같이 돈 안 받고 손님들에게 전화를 걸게 내버려 두었다가는 다방 망하는 판"이 될 것이며, 한 달에 700원을 물고 있는 지금에 비하면 약 25배 된다"고 주장했다(〈동아일보〉, 1962. 11. 27).

가정의 경우 의견이 엇갈렸다. 반대하는 입장에서는 "가정용 전화의 경우는 하루 평균 통화량 4회로 본다 치더라도 도수제로 하면 한 달에 460원을 물어야 하므로 지금보다 27원을 더 내야 한다. 하루 평균 아홉 번 건다면 지금보다 두 곱이 넘는 910원을 물어야 한다. 전화 있는 집에서도 도수제가 되면 인심 좋게 선선히 전화 빌려 주지도 못하게 된다"고 우려했다. 물론 이용량이 적은 가정은 원칙적으로 도수제 도입에 찬성하지만 "이웃에서 빌려 달랄 때 곤란할 경우가 많을 것 같다. 통화 시간을 제한한다면 좋겠다"는 의견도 있었다(〈동아일보〉, 1962. 11. 27). 표면적으로 요금 상승이 도수제 반대의 이유지만 그 바탕에는 그동안 이웃 간 부담 없이 빌려 쓰고 빌려주던 전화 사용이 어렵게 될 수 있다는 우려가 담겨 있다. 〈경향신문〉(1962. 11. 28) 역시 사설을 통해 '도수제는 시민의 입을 막는 결과가 된다'며 강도 높게 반대하면서 '이웃끼리의 선린'에 있어서도 전화도수제가 많은 불편을 야기할 것이라고 지적했다.

> 도수제가 전화 요금의 공평화를 위한 것이라고 하지만 실제로는 전화 요금만 올리게 되는 결과밖엔 되지 않는다. 도수제를 실시함으로써 요금을 덜 물게 되는 전화 가입자란 거의 없을 것이다. 통화량이 적은 가정용 전화라 할지라도 일평균 네 통화인데 도수제로 그 요금을 계산하게 되면 4백 60원이므로 현행 월정액보다도 오히려 27원을 더 내야 될 형편이다. …… 우리가 문명의 이기를 생활화하고 있는 것이 있다면 겨우 전화 정도가 아닐까 생각한다. 그것마저도 요금에 의한 억제로써 자유로운 기분으로 사용할 수 없게 된다면 결국 시민의 '입'을 막는 것이 될 것이며 그만큼 시민 생활의 의사 소통에 벽이 생기는 결과가 될 것이다. 전화 사용자의 심리적 영향이라든지 이웃끼리의 선린을 위해서도 전화 도수제는 많은 불편을 초래하게 될 것임은 상상키 어렵지 않다.

이처럼 반대 의견이 줄을 잇자 정부는 여론을 참작해 다시 요금을 인하하여 그해 1월부터 한 통화 3원 하던 요금을 2원으로 2월부터 소급 인하하겠다고 발표하였다(〈동아일보〉, 1963. 2. 13). 〈조선일보〉(1963. 2. 14)는 통화 요금 인하 소식을 가입자들이 모두 반긴다며 "'찌르릉 3원' 때문에 저도 모르게 옹색해진 전화 쓰기가 앞으로는 많이 누그러질 것이라고 전망하였다. 또 어느 가정집 아주머니는 '인제 2원쯤 손해 보고도 전화를 빌려주기에 그리 인색하지 않아도 될 것 같다'고 말하면서 그동안 빌리고 빌려 쓰는 가운데 오고 갔던 '델리케이트'한 얘기를 털어놓았다"고 보도하였다. 그동안 통화료의 부담에도 불구하고 전화를 함께 공동 사용한 사례가 제법 많았고, 또 전화 요금을 두고 미묘한 심리적 갈등이 존재했음을 짐작할 수 있다.

이웃의 전화를 이용하는 것은 아무래도 불편하고 폐를 끼치는 일로 인식되었다. 1973년 〈중앙일보〉(1973. 9. 5)에 게재된 한 주부의 독자 투고는 전화 공동 이용에 대한 양가감정을 읽을 수 있다.

> 전화! 찌르릉… 이번엔 좋은 소식이겠지 하고 기대 속에 전화를 받으면 이웃 사람을 바꿔 달라는 얘기다. 순간, 신경이 예민해진다. 이는 누구의 잘못도, 죄도 아닌 가난한 골목 이웃 간에 펼쳐지는 세상살이의 한 토막이다. 우리가 전화 없이 지낼 때 아빠 직장에서 걸려 온 전화를 앞집에서 받던 것을 생각하며 바꿔 줘야 할 이웃의 입장을 다시 한 번 되새겨 종종걸음으로 달려가 알려준다. 약간의 부작용 또는 폐단이 있더라도 전화 한 대의 덕택으로 우리 집의 체면이 유지되고 이웃과 화합될 수 있는 발판이 된다면 참으로 보람되고 뜻있는 일이 아닐 수 없다.

〈경향신문〉(1981. 7. 9, 7면)에 실린 '직장인 칼럼'에서 한 회사원은 자기 집에 전화를 놓게 된 소회를 밝히며 아내가 이제는 이웃집에 폐를 끼치지 않아도 되어 "훨훨 날 거 같다"고 좋아했다고 전했다. '전화로 인한 불편함과 빌어 쓰는 어려움'을 익히 알고 있는 이 집은 이제는 옆집에 전화를 기꺼이 빌려주는 입장으로 바뀌었다. 하루는 옆집 부인이 케이크를 들고 와서는 그동안 고마웠다는 인사를 하고, 주로 통화하던 시골의 시부모도 곧 서울로 이사 올 예정이니 폐를 끼칠 날도 얼마 안 남았다며 시골의 시어머니도 옆집에 고맙다는 인사를 반드시 전해 달라고 부탁했다는 것이다. 이는 당시 이웃집 전화를 빌려서 주로 시골의 부모님과 통화를 하였으며 약간의 불편을 감수하면서도 이웃과 정을 나누곤 하던 사회의 분위기를 잘 보여 주는 사례다.

구술 참여자들은 대부분 1960년대 중반 이후 전화를 이용하였기에 정액제가 아닌 도수제의 적용을 받았을 것이다. 동네에서 자기 집에 제일 먼저 전화가 들어왔다는 60대 남성(김○○)은 "우리 집에 와서 TV를 함께 보는 거는 그렇게 미안해하질 않았는데 전화를 빌려 쓰는 거는 되게 미안해했다"고 말하였다. 공동 시청이 자연스럽고 추가 비용이 발생하지 않는 TV와 달리 개인 통신 수단이며 추가 요금이 발생하는 전화를 빌리는 것에 대해 부담을 느꼈다는 말이다. 실제 다수의 진술에서 전화 요금에 대한 답례 경험을 확인할 수 있었다. 전화 소유주가 직접적으로 요구하지 않았지만 이용자들은 어떤 식으로든 사용 요금을 지불하고자 했다는 것이다.

> 반장집에 유일하게 전화가 있었는데 동네 사람들이 거기 가서 사용하면 동전을 놓고 가고 그랬죠. 주인이 요금을 내라고 한 건 아닌데 미안하니까 자기 양심에 따라 놓고 가는 거지. (조○○, 60대 여)

> 아줌마들이 우리 집에 와서 전화를 쓰면 엄마한테 돈을 놓고 갔던 게

생각이 나. 얼만지 기억이 안 나는데. 전화 사용 요금으로 놓고 가곤 했지. 엄마가 괜찮다 그러는데도 미안하다고. (이○○, 60대 여)

친정에서 세를 많이 줬는데 셋집에는 전화가 없으니까 친정에 있는 전화를 많이 썼지. 1979년도쯤? 세 들어 사는 사람들이 와서 쓰곤 했지. 전화 요금을 받는다거나 그런 건 없었지. 근데 시외 전화는 받았지. 자기들이 주고 가고. 요금통 같은 게 있어. 액수가 정해진 건 아니고. 시외 전화하면 얼마 요금이 나오잖아. 끊고 난 뒤에 그 요금만큼 내고 가는 거지. (조○○, 50대 여)

전화 요금의 문제는 〈조선일보〉의 표현대로 '델리케이트'한 것이어서 요금 부담을 최소화하려는 개인 단위의 노하우들이 자연스럽게 생겨났다. 이웃집에 걸려 온 전화를 연결해 주려고 심부름을 가야 했던 한 구술자는 처음에는 자신이 뛰어가서 불러오곤 했지만 "힘도 들고 전화비도 많이 나와서 십분 뒤에 다시 걸라"고 묘수를 내기도 했다.

급한 전화들이 와도 바로 바꿔 줄 순 없잖아. 그때는 제일 예민한 게 요금 올라간다는 거였지. 처음에는 우리 집에서 받으면 내가 부리나케 막 뛰어가서 부르고 그랬는데 너무 힘든 거야. 그러니까 십분 있다 다시 걸도록 했지. 그동안 옆집 사람을 데리고 오는 거야. (김○○, 60대 남)

수신 전화의 요금은 상대방이 부담하는 것이지만 당시의 어려운 형편 속에서 전화 요금이라도 덜 나오게 하려는 시도로 받아들일 수 있다. 또한 요금 부담 때문에 전화를 용건만 간단히 하고 끊는 습관도 자연스레 나타났다. 특히 50대 농촌 출신(문○○ 50대 남)은 전화 요금에 대한 강박과 그로 인해 소통이 빈약해지는 문제에 대해 지적하기도 했다.

> 그 당시에 시골 사람들, 지금도 시골 어른들은 전화 걸자마자 말만 하고 딱 끊잖아요. 전화 요금에 대한 강박 관념이 있어요. 할 말만 하고 딱 끊는 게. 아직도 우리 어머니는 그런 습관이 남아 있거든요. 전화 걸면 할 말만 하고 딱 끊는 습관이 남아 있죠. …… 전화로 하게 되면 용건만 이야기하게 되잖아요. 전화로 하면 아주 사무적인 이야기, 간단한 정보만 이야기하고 끊는 일이 많았죠. (문○○, 50대 남)

> 옛날에는 전화 요금이 되게 비싸다고 생각했어. 지금은 사용에 대한 요금이라고 생각하잖아. 그때는 그거를 다 전화세, 전기세, 수도세 다 세금이라고 생각을 했어. (김○○, 60대 남)

새로운 문명의 이기인 전화를 이용함으로써 발생하는 비용을 부담하는 일이 당시의 생활 여건에서는 상당히 부담스러운 일이었다. 더욱이 이웃의 전화를 이용할 때 발생하는 비용을 계산하는 일이 당시의 정서에서는 미묘한 문제이다 보니 통화를 되도록 짧게 하고 요금을 넌지시 두고 가는 등 나름대로 타협적인 방안들이 만들어졌던 것이다.

3) 공중전화의 등장

1954년 특정 장소에 공중전화 부스를 설치하고 관리인이 전화 이용자에게 요금을 받는 '유인공중전화제도'가 도입되었다. 당시 전화기가 귀한 물건 중 하나였기 때문에 이들 전화 관리인은 공중전화 옆을 지키는 것은 물론 요금을 지불한 통화 시간이 되면 타이머를 울려 다음 사람에게 통화 순서를 넘기는 역할도 담당했다. 1958년에는 시내 중심가와 변두리 지역의 공중전화 수입의 격차가 커져서 공중전화 관리자의 수입이 고르지 못한 점을 시정하기 위해서 균일 요금제였던 전국 공중전화 요금이 도수 요금제로 개선되기도 했다(강준만, 2006: 96).

1960년대 서울 시내 주요 장소에 옥외 무인 공중전화가 설치되었다. 개인 관리인이 없이 체신부가 직접 관리하는 무인 전화박스는 시민들이 5원짜리(구화 50환) 동전만 넣으면 바로 통화할 수 있었다(강준만, 2007: 446). 이에 따라 발신의 경우 공중전화를 이용하는 형태가 자연스레 증가하였다. 정부는 공중전화 사용이 늘어나자 1972년 10월부터 공중전화의 통화를 3분 이내로 제한하여 자동으로 통화가 끊어지게 하였다. 당시 신문 광고에는 "10월 1일부터 공중전화가 3분 만에 끊어질 예정이니 미리 용무를 정리하여 간단히 마치시고, 3분 예보음(뚜뚜뚜)이 나면 얘기의 마무리를 하십시오. 통화는 짧게, 기계는 소중히!"라는 문구를 담은 서울체신청장 명의의 박스 광고가 실리기도 했다(〈동아일보〉, 1972. 9. 29).

1970년대 후반부터 시골을 떠나 도시에서 생활한 50대 남성(문○○)은 공중전화를 자주 이용했으며, 당시 요금도 저렴했다고 말했다. 실제 1970년대 중반 공중전화 요금은 5원, 집 전화는 한 통화에 8원 70전이었다. 1974년 정부는 세수 증대를 위해 공공 기관을 제외한 모든 가입자들에게 전화 사용료의 15%를 세금으로 징수하는 전화세법을 시행하였고 그 결과 사실상 전화 사용료가 15%나 인상됐다(강준만, 2006: 112). 가정용 전화 요금이 오르자 집 전화를 수신용으로만 쓰고 발신용은 공중전화를 쓰는 풍조가 생겨났다. 이를 두고 '알뜰 주부들 때문에 정말 전화가 없는 사람이 불편하게 됐다'는 불만도 이어졌다(《조선일보》, 1975. 7. 2). 주변에 공중전화가 부족하고 이웃집 전화를 빌리기도 쉽지 않았던 도시 변두리 지역의 경우 시민들은 인근 복덕방이나 약방, 잡화점 등의 일반 전화를 공중전화 요금의 2배인 10원씩 주고 이용하는 사례도 많았다(《경향신문》, 1974. 10. 15).

공중전화 사용에서 나타난 또 하나의 문제는 거스름돈이었다. 1986년 카드식 공중전화기가 설치되기 전까지 장거리(DDD) 공중전화기는 동전을 사용했는데, 이때 통화 후 남은 잔돈, 이른바 '낙전' 문제는 소비자 의식을 환기시켰다. 장거리 전화의 경우 사용 시간이 경과하면 경고음이 울리고 통화를 계속하려면 동전을 더 넣어야 했다. 하지만 통화가 끝났을 때, 투입한 돈이 남아 있어도 거스름돈이 반환되지 않았다. 이 문제가 오랫동안 이용자들의 커다란 불만 사항이었다. 반환되지 않은 요금으로 한국전기통신공사의 '낙전 수입'이 연 100억 원이 넘는다는 주장도 제기되었다(《매일경제》, 1987. 11. 27). 이에 맞서 이용자들은 요금이 남으면 뒷사람을 위해 재발신 후 수화기를 공중전화기 위에 올려 놓자는 운동을 벌이기도 했다. 부당한 행정에 항의하면서 다른 이용자를 배려하는 이타적 문화도 작용을 한 사례라 할 수 있다.

3. 가정 전화의 보급 확대

1970년대 이후 산업화 및 기술 발전으로 전화 보급은 지속적으로 증가하였다. 1950년대 전화 보급률은 2% 이하였지만 그 후 1985년까지 5년마다 2배 내외로 증가하였고, 1987년 7월 1일 전국의 모든 전화가 자동화된 데 이어 7월 30일에는 전국의 전화가 1000만 회선을 돌파, '1가구 1전화 시대'가 열렸다. 이로써 인구 4.2인당 전화 1대, 1가구당 1대꼴로 전화를 가설할 수 있게 되었다. 이로써 우리나라의 전화는 시설 면에서 아시아에서 2위, 세계 10위권의 통신국으로 부상하게 되었다(《동아일보》, 1987. 9. 30).

1) 가정 전화와 이웃 공동체의 약화

이웃과 공동 이용하면서 통화 내용까지 공유했던 과거와 달리 이제 전화는 가족 구성원을 중심으로 한 가족의 미디어가 되었다. 비교적 일찍 전화를 도입한 일부 사례 외에 대부분 구술 참여자들은 1970년대 초중반(농촌 70대 남 허○○, 서울 50대 여 김○○)이나 1980년대 초반(울산 50대 여 조○○) 집에 전화를 들였다고 회상했다.

전화의 보급이 확대되고 핵가족화가 진전되면서 전화를 통한 새로운 문화가 서서히 나타나기 시작했다. 우선 원거리 커뮤니케이션이라는 전화의 본질상 가족 구성원들의 대인 교류 범위가 확대되었다. 특히 학교에 다니는 자녀들의 경우 과거에는 인근에 사는 또래들과 교류에 한정되었지만 이제는 전화로 멀리 사는 친구들과도 얼마든지 교류할 수 있게 되었다. 구술자 중에서도 1970년대에 상급 학교에 진학하게 된 세대들에서 이 점을 확인할 수 있다. 물론 더 광범위한 지역을 포괄하는 상급 학교에 진학하여 친구들의 공간적 범위도 넓어지게 된 것이지만 이들과의 교류에 전화가 매우 중요한 수단이 되었다.

한국전기통신공사의 자료에 따르면 1984년 가정 전화 통화 건수는 가입자당 월평균 435통, 하루 평균 14.5통으로 집계되었다. 1984년 시내 전화의 평균 통화 시간은 112초로 1982년의 107초, 1983년의 110초에 비해 해마다 조금씩 늘어났고, 이는 미국(55초), 영국(50초), 프랑스(53초)에 비해 2배 정도 긴 시간이었다(《동아일보》, 1985. 6. 15). 서구 사회보다 통화 시간이 길었던 것은 당시 한국 사회가 산업화의 이행 단계로서 아직 그 이전 단계의 전통적 요소가 상당 부분 남아 있었기 때문으로 볼 수 있겠다. 공간적으로는 떨어져 있지만 친척이나 지인들과 전화를 통해 직접적 커뮤니케이션을 활발하게 시도하였음을 말해 준다(강준만, 2009). 반면 시외 통화는 1983년 2분 49초에서 1984년 2분 42초로 다소 줄었다(《동아일보》, 1985. 6. 15). 이러한 특성은 요금 체계와도 무관하지 않아 보이는데, 시내 통화가 건당 20원인데 비해 시외 전화는 시간에 따라 요금이 올라가는 방식이었기 때문이다.

2) 전화와 가족주의

이 시기 주요 통화 대상 중에는 이농과 핵가족화로 멀리 있는 가족이나 친척들이 대부분을 차지하였다. 1991년경 60세 이상 노인 인구의 40% 정도인 130만 명이 자식과 따로 살게 되었다고 한다. 하지만 대가족제의 관습까지 바로 사라지는 건 아니어서 전화가 그 매개 역할을 하면서 수요가 급증하게 된 것이다(강준만, 2009: 187). 시집살이 할 때는 눈치가 보여 친정집에 전화를 자주 하지 못했지만 분가하면서 전화를 따로 놓고는 자주 전화했다는 조○○(50대, 여)의 말이 이를 잘 말해 준다. 또한 1960년대 중반 서울에서 고등학교를 다녔다

그림 5-2. 1990년대 한국통신의 ‘귀가 전화’ 광고

출처: 한국광고총연합회 광고정보센터.

는 부산 출신의 허○○(70대 남)는 “서울에서 고등학교 다닐 때, 언제 몇 시 기차로 내려온다”는 용건 등을 부모님께 전화로 연락했다고 한다. 멀리 떨어진 부모에게 안부를 묻거나 주요 용건이 있을 때 전화가 요긴하게 사용되었다.

한편 가족 유형에 따라 전화 사용량에 차이가 났다. 1992년 통신개발연구원이 서울의 400가구를 대상으로 조사한 결과 시내 전화는 10대가 있는 가정이 많이 쓰고, 시외 전화는 60대 이상이 없는 핵가족이 많이 사용했다(《매일경제》, 1992. 1. 13). 이는 떨어져 사는 부모와의 통화에 시외 전화가 많이 사용되었다는 것을 말해 준다. 산업화 등으로 고향을 떠나 도시로 이동한 세대의 경우 전화로 원거리에 거주하는 부모와 친지 등 가족 구성원과의 대인 커뮤니케이션이 활발했던 것으로 보인다.

1990년대는 전화가 가족 사랑의 매개체가 되도록 하는 운동들이 전개됐는데, 이는 전화가 마을 공동체의 공유물이었던 이전에는 없던 운동이었다. 한국통신은 귀가 전화 운동을 주도하였는데 직장 생활을 하는 자녀나 부모 등이 언제쯤 귀가하는지 가족들이 궁금해한다는 점에 착안하여, 귀가 전화를 가족 사랑의 시작으로 삼자는 캠페인을 벌였다. 한국통신은 이를 위해 오후 6시부터 9시까지 서울의 명동 입구, 강남고속버스터미널, 서울역 광장, 부산역 광장, 인천 간석동 희망백화점 앞, 원주 중앙시장 앞, 신제주로터리 등 전국 58개 지역에 이동 전화국을 운영, 무료로 귀가 전화(시내외)를 걸 수 있도록 했다. 이어서 한국통신은 자주 찾지 못하는 고향의 부모와 친지들에게 문안 전화를 걸자는 운동도 계획하였다(《경향신문》, 1994. 7. 19).

뿐만 아니라 명절 귀성길 '귀성전화 무료 서비스'라고 써 붙인 차량에 공중전화기를 설치해 귀성객들로 하여금 무료로 문안 전화를 걸 수 있도록 했다. 이를 두고 한 독자는 "점점 전통적인 가족 사랑이나 효문화가 퇴색되는 상황에서 이런 캠페인이야말로 메말라가는 우리 사회에 훈훈한 정이 감돌게 하는 좋은 사례가 아니냐"며 캠페인을 벌인 한국통신 직원에 감사의 인사를 전하기도 했다(《매일경제》, 1997. 2. 13).

4. 가정 전화의 복수화와 이용의 분리

1) 무선 전화와 각방 전화

이웃과 전화를 공동 이용하면서 그 내용을 주변 이웃과 공유하였듯이, 가정 전화의 시대에는 전화의 내용을 가족이 대부분 공유하게 되었다. TV와 마찬가지로 전화도 집안의 어른이 계시는 안방 혹은 거실 등에 위치하였다. 이 전화를 가족이 공동으로 이용하면서 대부분 부모가 자식에게 걸려 온 전화를 받아서 바꿔 주게 되었다. 이에 따라 자연히 통화 내용을 듣게 된다.

> 애들 친구들 전화를 받아본 적은 많죠. 친구들이 집에 전화를 많이 했죠. 그러면 그때마다 '친구 누굽니다' 하면 바꿔 주기도 하고. 애들 친구들도 그래서 많이 알죠. (문ㅇㅇ, 50대 남)

자녀에게 걸려온 전화를 바꿔 주다 보면 자연스레 자녀의 교우관계는 물론 통화 내용을 통해 자녀의 바깥 활동에 대해서도 상당 부분 알게 되었다.

전화를 통한 일상의 공유는 가족 갈등의 요인이 되기 시작하였다. 1984년 〈동아일보〉(1984. 4. 18)의 한 상담 코너에는 고등학교 1학년 딸이 친구와 통화를 매번 30분 이상 길게 해서 이를 나무라면 자녀는 기분 나빠한다며, 한번은 남학생이 전화를 걸어오자 혹시나 잘못된 길로 빠지는 거 아닌가 하는 부모의 우려가 실렸다. 청소년층이 전화 사용의 중심 세대로 등장하면서 통화 시간이 길어지고 더구나 사회 변화로 남녀 교제도 늘면서 부모 입장에서는 간섭과 우려의 요인이 되었다.

구술자들 역시 자녀의 입장에서 당시의 불편한 사항들을 이야기하였다. 40대 권ㅇㅇ는 "엄마가 친구 집에 전화할 때는 항상 공손하게 인사하고 자신이 누군지를 밝히고 친구를 바꿔 달라고 해야 한다고 말씀하셔서 그렇게 노력했어요"라고 말하였다. 다른 집에 전화 걸어서 그 가족이 받으면 항상 자신의 신분을 밝히고 예의를 갖추라고 교육을 받았다는 것이다. 가족 내 전화 교환 과정은 부모 입장에서는 자녀의 교우 관계를 확인할 수 있는 기회지만 전화를 거는 입장에서는 상대 부모가 먼저 전화를 받을 경우 신분과 용건을 밝히고 통화를 허락받아야 함을 의미했다.

구술자들은 당시 이를 회피하고 프라이버시를 확보하기 위해 여러 방안들을 강구했다고 한다. 가령 '전화할 시간을 사전에 약속하여 그 시간이 되면 전화기 앞에 대기했다가 직접 받는다'(김○○, 50대 여)는 식이다. 특히 이성 친구에게 전화를 걸 때는 더욱 예민할 수밖에 없었다. 당시 청소년층의 이성 교제는 증가하고 있었지만 전통적 가치관의 부모 세대들은 편견이 아직 강하던 때였다.

> 여자 친구한테 전화해서 아버지가 받으면 그대로 끊고 그랬지. 그래서 암호를 정해서 미리 약속하기를 세 번 울리고 끊었다가 다시 걸면 나니까 바로 받아라. 또 어떨 때는 여자 목소리를 내서 '○○ 바꿔 주세요' 하기도 했어. (김○○, 60대 남)

> 우리 집은 보수적이었는데 주일날 아침 같은 때에 전화가 딱 오면 가족 중 아무나 받아. 나 바꿔 달라는 전화였어. 아침에 다들 밥 먹고 있을 때 우리 오빠가 딱 받아서, 야 웬 남자 놈이 아침에 매너 없게 가족들끼리 있는 이 시간에 전화를 해 하면서 바꿔 주면 모든 식구들이 얼음이 돼서 나만 쳐다보는 거야. 그럼 내가 말을 못 하겠는 거야. 응응응 하고 끊었지. …… 우리 남편하고 연애할 때도 전화기가 하나잖아. 근데 우리 집 전화 줄이 길었어. 그래서 밤 열두시 넘으면 우리 남편하고 통화하려고 내 방으로 그걸 끌고 들어가는 거야. 방에 들어가서 몰래 이불 속에서 전화하곤 했지. (이○○, 60대 여)

전화를 거는 남학생은 물론 받는 여학생의 입장도 곤란하기는 마찬가지였다. 이○○(60대 여)의 경험에서처럼 이성 친구가 전화를 걸면 오빠로부터 훈계를 들어야 했고 이를 피하기 위해서는 늦은 밤 식구들 몰래 전화를 방으로 끌고 가서 해야 했다. 이처럼 청소년들의 통화 상대는 주로 또래들이며, 도구적 용도의 전화 사용이 몸에 밴 기성세대와 달리 젊은 세대들은 또래와 정서적이고, 사교적 목적으로 전화를 사용하면서 부모의 간섭을 피하고 자신들만의 소통 세계를 구축하였다.

가정 전화로 빚어지는 프라이버시 갈등은 집 전화의 복수화와 무선 전화기의 등장으로 새로운 국면을 맞게 되었다. 무선 전화기가 국내 시판된 것은 1987년으로, 당시 맥슨의 무선 전화기 광고는 '무선 전화기가 가족 사이에서도 개인의 프라이버시를 보장할 수 있기 때문에 현대 생활 구조에서 사용자의 욕구에 부응한 선진형 전화기'라고 홍보하였다(《경향신문》, 1987. 1. 15). 다른 사람이 받아서 바꿔 주어야 한다는 점은 여전했지만 무선 전화를 이용해 장소를 이동하며 얼마든지 비밀스런 이야기를 주고받을 수 있게 되었다.

전화 가격이 낮아지고 설치도 용이해지면서 가구 내 전화기 복수 소유는 급증하였다. 전술한 공동 전화처럼 한 번호로 전화기 2대 이상을 연결하여 한 대는 안방에, 다른 하나는 거실 등에 놓는 형태였다. 1970년대에도 부유층 가정을 중심으로 복수 전화의 이용 사례가 있었지만 대중적으로 확산된 것은 1980년대 이후라 할 수 있다. 각방 전화의 수요를 겨냥하여 유선과 무선, 나아가 무선 전화기가 2~4대인 상품까지 등장하는데, "무선 전화기 4대가 한 가족으로 태어났다," "우리 가족은 방마다 한 대씩"과 같은 문구들을 당시 전화 광고에서 확인할 수 있다(《동아일보》, 1992. 1. 14).

2) 프라이버시의 강화

프라이버시가 필요했던 것은 자녀들만은 아니었다. 어른들도 다른 가족들이 통화 내용을 듣게 된다는 것이 불편하기는 마찬가지였다.

> 처음에는 전화가 한 대였는데, 중학교 때부터 집에 전화가 두 대가 되었어요. 한 대는 거실에 있어서 가족 모두가 사용했고, 다른 한 대는 안방에 있어서 주로 엄마가 사용하셨어요. 전화가 울릴 때 거실까지 받으러 나와야 하는 것이 번거로워 두 대를 사용하게 되었던 것 같아요. 전화가 두 대가 되면서 단점은 엄마가 안방에 누워서 전화를 너무 오래 하는 바람에 집에 급하게 전화를 할 때마다 통화 중이어서 짜증이 났던 기억이 있어요. (권○○, 40대 여)

권○○의 회고에서처럼 모친도 다른 식구들과 공유하고 싶지 않은 내용이 있을 수 있으며 그런 용도에서 거실 외에 안방에도 전화를 놓고 주로 사용한 것이다. 프라이버시 차원에서 상당한 진전이라 할 수 있다.

마을 공동 이용에서 문제가 되지 않았던 프라이버시가 가정 전화의 단계에서 새롭게 부상한 것은 우리 사회의 중요한 변화의 단면을 보여 준다. 프라이버시 관념은 인쇄 시대의 문화적 산물로 평가된다(Ong, 1982/1995: 198). 구두 커뮤니케이션이 지배적인 사회에서는 프라이버시 관념이 없었으며 인쇄 문화에 의해 개인주의가 생겨나며 이를 바탕으로 프라이버시 관념도 형성된다. 프라이버시 문제가 전화 사용을 둘러싸고 부모와 자식 간 갈등의 요인이 된다는 것은 우리 사회가 그만큼 근대화되어 가고, 인쇄 문화에 익숙한 세대

그림 5-3. 삼성하이폰 무선 전화기 지면 광고(1992)

유무선 분리를 통해 자유롭게 전화기를 사용할 수 있다고 강조한다.

들이 성장하면서 전통적 구두 문화의 당시 기성세대와 갈등이 빚어지기 시작한 것으로 볼 수 있다.

이 시기 방마다 전화를 놓은 현상에 대해 '자신만의 방과 전화, TV를 갖게 되면서 가족 공동의식이 무너진다'는 등의 우려가 등장하기도 했다. 이와 관련해 〈동아일보〉는 "예전에는 카메라, 전축 등은 집안의 중요한 재산 목록에 들어갔고 집안 식구들은 물론 이웃에서도 빌어다 쓸 정도였지만 요즘은 아이들까지 카세트 라디오, 오디오, 전화를 갖춘 제 방에 틀어박혀 식구가 집 안에 있어도 뿔뿔이 흩어져 지낸다"는 한 주부의 인터뷰를 전하였다. 이 기사는 이어서 서울 시내 어린이의 38%가 자신의 방을 가지고 있으며, 특히 생활에 여유가 있는 층의 청소년은 자신의 카세트, 카메라, 오디오, TV,

전화기 등을 가지는 게 유행처럼 되어 있다는 사실도 지적하였다. 이처럼 '가족 공용'이 아닌 '나만의 것'을 가지려는 욕망은 경제적 여유에서 비롯된 것이지만 현대적 개인주의의 반영으로 많지 않은 가족 구성원을 각각 고립시키는 역작용을 일으킬 수 있다고 우려하였다(《동아일보》, 1987. 7. 20). 가정 내 복수 전화의 등장은 휴대 전화와 같은 개인화된 미디어의 등장으로 가속화되는 가족 간 분리의 신호탄이었다.

5. 개인 전화의 발전과 확산

1980년대 후반 이동성이 강조된 휴대 전화가 등장하면서 '개인 전화의 시대'가 시작되었다. 개인 휴대 전화의 등장은 1988년 모토로라 제품이 국내에 정식으로 출시되면서 막이 올랐다. 대기 시간 26시간, 연속 통화 시간 2시간, 무엇보다 240만 원(당시 공중전화 통화료 20원)이라는 높은 가격에도 불구하고 당시 소비자들의 호응은 대단했다(이승연, 2010. 9. 1).

표 5-2는 휴대 전화의 보급 추이를 5년 간격으로 정리한 것으로, 1990년 0.18%에 불과했던 보급률이 1990년대 후반부터 급속히 성장하면서 2010년 100%를 넘게 되었다. 홍세화는 1990년대 말 한국의 휴대 전화 인기에 대해 다음과 같이 술회했다. "한국에서는 개나 소나 휴대 전화를 갖고 있다고 한 선배가 말했다. 한국에 도착한 날 나도 휴대 전화를 갖게 되었다. 한국을 떠나면서 반환했다. 나도 한국에선 개나 소가 되었던 셈이다"(홍세화, 1999: 348).

1980년대 중반 등장한 아날로그 방식의 이른바 1세대 휴대 전

표 5-2. 휴대 전화 보급 현황

(단위: 명, %)

연도	가입자 수	보급률
1990	80,005	0.18
1995	1,641,293	3.68
2000	26,816,398	58.32
2005	38,342,323	81.51
2010	50,767,241	105.79
2015	57,936,630	113.45

출처: 통계청 (2017: 353).

화는 성능에 비해 고가여서 소통의 수단이라기보다 상징적 의미가 더 주목받았다. 비교적 초창기에 휴대 전화를 소유했다는 구술 참여자 김○○(60대 남) 역시 식당이나 술집에서 테이블 위에 놓기만 해도 "굉장히 있어 보였다"고 술회하였다.

> 휴대 전화 이만한 거 모토로라에서 나온 게 있었어. 그거를 직장에서 나오자마자 사 준 거지. …… 나이트 클럽 놀러 갔을 때. 그거 괜히 딱 올려 놔. 그럼 굉장히 있어 보여. 그러고 공중전화에 사람들이 줄 서 있잖아. 그럼 "아 이거 쓰시라고" 하곤 했지. 그게 굉장한 거였다니까. (김○○, 60대 남)

1988년 모토로라가 출시한 제품은 '다이나택 9800'으로 수신 상태가 좋지 않고 휴대의 의미가 무색할 만큼 크기가 컸다. 바형의 모양과 700g이 넘는 무게(이승연, 2010)는 '커다란 벽돌'을 연상시켰다.

이후 휴대 전화 기술은 진보하여 통화 외에 다양한 기능이 복합된 다기능 휴대 전화가 보급되기 시작하였다. 음성 통화 외에 문자

그림 5-4. 1983년 모토로라가 개발한 최초의 상용 휴대 전화 다이나택 8000X

메시지, 이메일 서비스 등 데이터 전송 기능이 가능한 디지털 방식의 2세대 이동 통신이 등장할 무렵에는 '엄지족'이라는 사회문화적으로 의미 있는 집단이 출현하면서 청소년 문화에 일대 변혁을 일으켰다.

뿐만 아니라 3세대 이동 통신은 동영상 기능을 추가하여 화상 통화가 가능해졌고 다양한 컬러 동영상 콘텐츠의 주문형 비디오 서비스를 실시간 이용할 수 있게 되었다. 특히 디지털카메라가 휴대 전화로 대체되고, 고음질의 음악 콘텐츠와 고화질의 영상 콘텐츠를 휴대 전화를 통해 소비할 수 있게 되면서 휴대 전화는 새로운 문화 소비재로서 한국 사회에 자리매김하게 된다.

2000년 한 신문 칼럼은 새로운 풍습을 '휴대폰 천국'이라 표현하며 모바일 미디어는 새로운 삶의 양식을 만들어 내고 사람을 디지털 인간으로 변화시키며 세상을 훨씬 더 복잡하고 바쁜 곳으로 만들고 있다고 표현하였다(《경향신문》, 2000. 9. 4). 그로부터 약 20년이 지난 현재 휴대 전화의 기술은 훨씬 더 진화하였고, 당시에는 상상할 수 없었던 새로운 이용 양식과 삶의 모습이 만들어지고 있다.

'엄지족'의 등장

단문 메시지 서비스(SMS)를 통한 소통 가능성을 처음 발견한 것은 청소년이다. 이들 엄지족은 글자 수가 제한되는 문자 서비스의 기술적 한계 속에서 손재주와 언어적 창조성을 발휘해 자신의 생각을 짧게 표현하는 방식을 찾아냈다(김고연주·이지은, 2006). 2004년 전화 사용에 관한 중학생들의 인터뷰를 보면 이들은 하루에 4~5번 전화 통화를 하는 반면, 문자는 작게는 40통에서 80~90통 보내는 것으로 나타났다. 문자를 많이 보내다 보니 '뭐행(뭐했어), 낼(내일), 생님(선생님)' 등 말을 줄여 쓰거나 ㅠ.ㅠ(우는 표정), ㅡ.ㅡ(재미없음) 등 이모티콘(표정 문자)으로 감정을 표현하는 경우가 나타나기 시작했다(《세계일보》, 2004. 3. 12).

'엄지족'이 만들어 낸 새로운 문자 문화는 문자성과 구술성이 혼성된 '구술적 문자성' 혹은 '2차적 문자성'(Ong, 1982/1995; Small, 2003; 이동후, 2010)의 성격을 띠며, 이러한 특성은 피처폰뿐만 아니라 스마트폰 등장 이후 트위터를 비롯한 문자 기반의 사회관계망 서비스 전반으로 확대되었다.

4세대 이후의 휴대 전화 서비스는 일종의 '스마트폰 혁명'으로 여겨지는데 모바일 기술의 꾸준한 진보와 축적의 결과물이라 할 수 있다. 유무선 통신, 방송, 위성 망이 완벽히 통합된 스마트폰은 초고속 무선 인프라 보급과 함께 웹페이지를 휴대 전화를 통해서 마음대로 접속할 수 있게 되었다. 휴대 전화가 인터넷 단말기로 진화하게 되면서 휴대 전화는 단순히 테크놀로지 도구를 넘어서게 된다. 휴대 전화를 통한 소통은 인간 대 인간, 인간 대 기계 간의 상호 작

그림 5-5. 1993년 IBM이 최초로 개발한 스마트폰 사이먼Simon

용을 증대시키며 개인의 생활 양식뿐만 아니라 사회적 소통 과정을 근본적으로 변화시키고 있다.

가장 눈에 띄는 변화는 소통의 양상이다. 마을 구성원 또는 가족 구성원 모두가 공유 가능했던 과거와 달리 현대의 전화는 개인이 이용의 중심이 되는 지극히 개인주의적인 미디어다. 휴대성과 이동성에 힘입어 이용자는 자신이 원하는 시간에 원하는 장소에서, 원하는 방식으로 소통함으로써 개인주의는 더욱 강화된다.

타인의 통제에서 벗어나 자유롭게 소통할 수 있다는 것은 특히 청소년에게 매력적일 수밖에 없다. 청소년기는 부모와의 경계 짓기 및 집단 정체성이 확립되는 시기로, 이들에게 친구와의 접촉 및 늘 연락할 수 있는 일은 중요한 관심사다. 휴대 전화는 또래 집단과의 커뮤니케이션 채널이자 대안 채널이 될 수 있는데, 유선 전화와 비교해 부모의 감시나 검열로부터 자유로운 대화가 가능하고 때로는 피하고 싶은 사람과의 통화를 피할 수 있게 해 준다는 의미에서 배제의 미디어가 되기도 한다. 또래와의 집단 유대감을 강화하면서 동시에 다른 집단과의 차별화를 가능케 해 주는 것이다. 한편 개별성이 강화된 휴대 전화의 등장은 부모의 입장에서 자녀의 교우 관계나 외부 생활에 대한 정보의 차단을 의미한다. 부모 세대인 구술 참여자들은 자녀의 전화 사용을 더이상 통제할 수 없게 된 것에 대한 아쉬움을 드러냈다.

> 전에는 집에 전화가 오면 내가 먼저 받아서 "누구세요?" 물어보면 "누군데요"라고 대답하고, 그다음에 애를 바꿔 주니까 최소한 걔가 누구라든가, 걔가 어느 때 친구라든가, 그런 걸 알게 되는데. 휴대 전화로 바뀌면서 그런 정보를 얻을 수 있는 길이 없어진 거지. 더군다나 요새 다들 잠금장치를 해놓으니까 더욱 알 수가 없죠. …… 그러면서 가족들 사이가 멀어지고 공감대도 없어지게 되고. 대신 카톡 같은 게 나오면서 비교적 소통이 잘되는 우리 집은 가족 방을 만들어서 새로운 소통을 하는데, 소통이 안 되는 집은 그런 톡도 안하니까 더욱 개별화되어버리는 거죠. (김○○, 50대 여)

자녀 세대의 휴대 전화 이용의 폭과 자율성이 커지는 만큼 이를 통제하고자 하는 부모의 시도도 나타나게 마련이다. 최○○(40대 여)를 비롯해 대부분 부모 세대인 구술자들은 자녀들의 휴대 전화 사용이 자신들의 통제 범위를 벗어난 것에 대한 아쉬움을 토로했다. 이○○(60대 여)는 식시할 때 휴대 전화 사용을 금지하는 가족 규칙을 정하고, 자녀에게 일부러 화상 연결을 시도하는 등 부모로서 통제력을 갖기 위해 나름의 방안들을 모색했다고 말했다.

> 컴퓨터를 하면 그만하라고 말할 수 있는데, 스마트폰은 작아서 불 끄고 이불 속에서도 할 수 있으니까 뭘 하는지 알 수도 없고. …… 지금은 전화보다는 톡을 더 많이 하니까, 지금은 애들이 전화를 하는지 톡을 하는지 알 수가 없죠. 그리고 전화하는 소리를 들으면, '아 얘가 나가려고 하는구나,' '누구랑 약속을 하는구나'를 알 수가 있는데, 휴대 전화는 그걸 알 수가 없으니까, 특히 톡으로 하니까 더 알 수가 없고. 자기 입으로 어디 간다 이야기하지 않으면 모르는 거지. (최○○, 40대 여)

> 요즘 그나마 다행인 게 화상 전화가 있다는 사실이죠. 우리 딸을 감시하려면 화상 전화를 걸어서 "너 어디야?" 물어 보고 전화기 돌려 보라고 말하죠. 거부하면 "너 쓸데없는 데 있구나" 하고 다그치죠. (이○○, 60대 여)

이렇게 전화의 개인화가 이루어지면서 과거 이웃 및 가족과 자연스럽게 사적 정보를 공유하던 문화는 약화되고 대신 철저하게 개인화된 소통이 전화 이용의 일반적인 모습이 되었다.

6. 연결되는 개인과 새로운 소통 공간

1) 연결되는 개인

스마트폰의 등장은 '네트워크화된 개인networked individual'(Castells,

1996/2014), 즉 개별화되면서 동시에 연결된 이들의 등장을 촉진하였다. 개인화 현상의 지속은 사회의 분절화, 파편화라는 우려를 내재하고 있지만 동시에 개인화된 미디어를 통해 물리적으로 떨어져 있는 이들과의 연결을 강화할 필요성을 높인다. 예컨대 나홀로족의 증가는 역설적이게도 나홀로족들 간의 연결성을 더욱 긴밀히 할 필요도 증가시키는 것이다. 이때 상호 연결성을 유지하기 위해서라도 휴대 전화 사용 인구가 증가될 수밖에 없다. 물론 상호 연결성은 언제 어디서나 인터넷망을 통해 연결될 수 있는 유비쿼터스 사회라는 기술적 토대 위에서 현실화되었다. 이러한 기술적 토대 위에 사회문화적 분화와 분절 그리고 다른 한편으로는 새로운 결속과 연대가 나타나고 있다.

한편 지속적인 연결 가능성은 이용자로 하여금 새로운 소통 자세를 요구하기도 한다. 스마트폰을 통해 이용자들은 수시로 연결 여부를 체크할 수 있는데, 문제는 상대방도 그렇게 하기를 기대한다는 것이다. 이러한 기대 속에서 침묵은 추측을 불러일으키고, 답장 속도로 서로에 대한 예의와 성의를 가늠하기도 한다. 예를 들어 카톡 알림 숫자의 등장 시간과 응답 시간의 간극은 연인 사이에서 서로의 애정을 확인하는 척도가 되기도 한다. 사람들은 즉각적인 응답을 요구받는 '항상 묶인 상태'가 되면서 기다림이나 거리 두기와 같은 여유를 찾기 힘들어졌다.

> 가족 모두 휴대 전화를 갖고 있으니 원할 때 언제든지 연락이 가능해서 좋아요. 대신 전화를 했을 때 받지 않으면, 휴대 전화가 없었을 때랑 비교해서 훨씬 조급하고 불안해지는 경향이 있어요. (권○○, 40대 여)

60대 남성(이○○)은 이제는 "외국에 나가 있어도 카톡으로 서로 소식을 공유하며 소통이 가능하지만 그런 상황들이 어떨 때는 좋지는 않다"며 항상 연결된 상태의 이면을 털어놓았다. 소설가 조경란 역시 한 칼럼(《경향신문》, 2003. 7. 26)에서 자신은 "고독을 통한 깊은 사색"을 즐겼지만 휴대 전화로 이는 불가능해진 것 같다고 토로하며, 휴대 전화가 없어서는 안 될 필수품이 되었지만 이것으로 사람들은 고독과 사색을 잃어버리는 것이 아닌지 우려했다. 스마트폰의 등장 이전부터 나온 이러한 우려는 스마트폰 이후 훨씬 더 깊어지고 있다.

2) 스마트 시대 소통의 증가

개인 휴대 전화의 등장 이후 단순히 용건을 벗어나 일상적 용도의 수다나 잡담을 위한 전화 이용이 증가하였다. 1999년 소비자 조사 자료에 따르면 이 시기 휴대 전화 이용자들은 비이용자들보다 일과 후에 동료와 더 어울리는 경향이 있었으며, 사회적 모임에도 적극적인 것으로 나타났다(김신동, 2001). 스마트폰 시대의 의례적이고 친교적인 스몰 토크small talk의 증가는 대인 관계의 형성과 유지에 도움이 되었다(임영호·김은미, 2011). 50대 남성 구술자(문○○)도 "과거에는 용건이 있거나 필요해서 전화를 했는데 지금은 그저 수다를 떨기 위해서 전화를 많이 한다"고 했다.

소통의 양적 증가는 가족 관계에서도 확인할 수 있다. 시공간의 제약에서 벗어나 '별의별 얘기를 다 할 수 있는 가족톡'과 같은 공간이 마련되었고, 또 청각에만 의존하는 빈약한 소통보다 진화된 영상 통화의 이용 장벽도 낮아졌다. 문○○(50대 남)는 요금 부담이 있었던 과거와 달리 저렴하거나 아예 무료로 사용할 수 있는 소통 수단이 늘어난 지금이 가족의 화합에 긍정적인 면도 많다고 평가했다.

휴대 전화가 생기고 가족들과 대화가 더 늘었어요. 우리는 가족톡이 있어요. 가족톡에서 별 이야기 다해. 가족톡을 통해서 대화가 무지하게 많아요. …… 하루에도 수십 건씩. 사진도 올리고 자기들 찍은 사진도 올리고. 별거 다해. 자기들 음식 해놓은 것도 올리고. …… 휴대 전화 때문에 개인화되고 그러겠지만, 오히려 훨씬 더 가족 사이에 소통이 좋아진 측면도 있어요. (문○○, 50대 남)

물론 휴대 전화가 가족 관계에 미치는 영향은 기존의 가족 관계나 분위기에 따라 상이할 수 있다. 관계가 좋은 가족들은 통화뿐 아니라 문자, SNS 등을 통해 활발하게 소통할 수 있지만, 그렇지 못한 가족은 구성원 간의 공감대 형성이 더욱 어려울 수 있다. 가족 내부의 소통 증가가 가족 구성원 모두에게 균등하게 적용되는 것도 아니다. 특히 청소년의 휴대 전화 이용은 유선 전화와 비교해 부모의 감시나 검열을 피해 자유로운 대화가 가능하다는 편재성을 제공(이재현, 2013)할 뿐만 아니라 피하고 싶은 사람과의 통화를 언제든지 피할 수 있게 한다. 청소년의 이러한 이용 특성은 또래 집단의 유대감을 강화하고 동시에 다른 집단, 특히 부모와의 구별짓기를 심화시킨다. 그 결과 일부 구성원을 배제하는 결과를 낳기도 하는데, 이 역시 미디어 이용의 결과라기보다는 기존의 가족 분위기가 미디어 이용에 영향을 준 것으로 해석된다.

우리 집은 안 그렇지만 어떤 집은 아빠를 제외하고 카톡방을 만들어서 아빠가 왕따당하더라고요. 아주버님 댁 같은 경우가 그래요. "나는 집에서 좀 그렇다, 자기들 세 명만 톡을 하지 나는 안 끼워준다"고 그러더라고요. (최○○, 40대 여)

휴대 전화 시대에는 강한 연결strong ties보다는 약한 연결weak ties이 더 활발해지는 경향이 나타난다는 점도 특징이다. 물론 스마트폰 도입 이전부터 휴대 전화 이용 증가와 함께 약한 연결이 꾸준하게 활성화되어 왔다(김현주, 2000). 휴대 전화는 일차 집단 바깥으로 사회적 교류와 상호 작용의 범위를 확장시키는 역할을 하고 있다.

하지만 피상적 관계에서 발생하는 소통의 증가가 반드시 긍정적으로 인식되고 있지는 않다는 것을 구술 참여자들의 인터뷰를 통해 확인할 수 있었다. 구술 참여자들은 소통의 양이 많아지고, 범위가 넓어진 데는 동의하지만 소통의 깊이가 얕아졌다며 이를 부정적으로 평가하는 경향이 있었다.

> 전화는 문제가 뭐냐 하면 외식을 하거나 어디 여행을 가도 집중이 안 돼.

약한 연결의 힘

한 개인이 맺고 있는 관계에는 혈연, 지연, 학연같이 동질성을 기반으로 하는 관계와 서로 다른 배경의 사람들과 맺게 되는 이질적 관계가 있다. 동질성을 기반으로 하는 관계는 강한 관계strong tie이며 때로는 폐쇄적 집단을 이루기도 한다. 반면 다양성을 기반으로 형성되는 이질적 관계는 약한 관계weak tie가 대부분이며 주로 특정 목적을 달성하기 위해 맺어진 관계에 가깝다. 미국의 사회학자 마크 그래노베터Mark Granovetter는 특히 교량형bridging 관계와 같은 약한 관계는 출신, 배경, 사상 등이 다양하기 때문에 이들 사이에 유통되는 정보는 새로운 내용을 담고 있을 가능성이 높아 그 가치가 더 크다고 설명한다(Granovetter, 1973).

> 가족끼리 여행을 갔다든지, 밥 먹으러 갔다든지 하면 그 모임에 집중을 해야 되는데, 서로 그게 안 돼요. 남편도 마찬가지로 전화가 오거나 톡이 오면, 일에 관한 거면 다 대답을 해 줘야 되는 거야. 애들도 마찬가지고. 뭐 옛날에는 주문을 하면 기다리는 동안 이야기도 하고 했는데, 요즘은 주문하고 나면 다 폰 보고 있죠. 그래서 마음 같아서는 인터넷 안 되고 딱 전화만 되는 폰 있었으면 좋겠는데. (최○○, 40대 여)

또 하나 눈여겨볼 것은 음성 통화의 약세와 문자 선호 경향이다. 음성 통화의 감소는 카카오톡 서비스가 개시된 2010년 전후 이동 통신 3사의 가입자당 음성통화량(Minutes of Usage: MOU) 자료에서도 확인할 수 있는데, 2008년 음성통화량은 189분, 2009년 193분으로 다소 증가하였지만, 이후 2010년 187분, 2011년 181분으로 감소하는 양상을 보였다(《디지털타임스》, 2012. 4. 17).

카카오톡이 등장하기 전부터 이미 휴대 전화의 중심적인 커뮤니케이션 기능은 음성 통화에서 문자로 옮겨 가고 있었다. 특히 2005년 6월은 문자 메시지 서비스에 있어 기념비적인 달로 기록되었다. KTF의 문자 메시지 발신 건수가 20억 8615만 건을 기록해 음성 통화 발신 건수 20억 4669만 건을 추월했기 때문이다(《시사저널》, 2008. 1. 7). 뿐만 아니라 이 시기를 전후하여 휴대 전화 사업자 전체 SMS 발신 건수도 2004년 368억 건에서, 2005년 669억 건, 2006년 829억 건을 기록하며 2년 사이 두 배 넘는 성장세를 기록하였다(정보통신정책연구원, 2009: 473).

문자를 통한 소통에 익숙한 이들 중 일부에서 특기할 만한 점이 발견되기도 한다. 가령 면 대 면 소통에서 발생하는 최소한의 의례조차 부담스러워하거나 스마트폰 같은 매개체를 통하지 않는 타인과의 상호 작용 자체를 꺼리기도 한다. 2004년 전화 사용에 관한 중학생들의 인터뷰에서도 이들이 보내는 문자에 특별한 의미가 있는 것은 아니지만 직접 가서 얘기하는 건 "귀찮기 때문"이라고 답하기도 했다(《세계일보》, 2004. 3. 12). 초창기 음성 중심의 전화가 대면 커뮤니케이션의 범위를 넓혀 주는 역할을 했다면 최근에 전화는 오히려 대면 커뮤니케이션을 쇠퇴시키고 있는 것처럼 보인다. 이와 관련하여 대학에서 학생들을 가르치는 한 구술자의 말은 주목할 만하다.

> 요즘 학생들 보면 면 대 면 소통이 굉장히 서툴고, 미묘한 뉘앙스 같은 걸 찾아내는 능력, 표정이나 눈빛에서 느낄 수 있는 것들을 찾아내는 능력이 떨어지는 것 같아요. 그래서 소통이 범위는 넓어진 반면에 깊이는 얕아졌죠. …… 지금은 관계가 피상적으로 바뀌잖아요. SNS를 쓴다든지 문자를 한다든지 그런 식으로. 축약된 소통을 하니까. 그러니까 인간적인 소통의 깊이는 얕아지겠지요. 면 대 면 커뮤니케이션 스킬 같은 게 떨어지는 것도 분명한 것 같아요. (강○○, 60대 남)

미디어를 통한 피상적인 소통의 증가는 대면 커뮤니케이션의 약화라는 부작용을 안고 있는 셈이다. 이는 오늘날 현대인이 "서로에게 끊임없이 접속하면서도 서로를 피해 숨는다"(Turkle, 2015/2018: 12)는 진단과도 유사하다. 이러한 시각에서 보면 스마트폰의 확산 이후 매개된 접촉에 의한 대화는 폭발적으로 늘고 있지만, 오히려 서로에게 더욱 무관심한 사회로 나아가고 있다. 전화는 누군가에게 언제든 말을 걸 수 있고, 언제든 관심을 원하는 방향으로 돌릴 수 있으며, 결코 혼자 있지 않다는 환상을 심어 주었지만 정작 얼굴을 마주하고 대화하는 힘을 약화시키는 것이다.

사람들이 전화를 통한 소통에 너무 많은 시간을 할애한 나머지 대면 대화를 통해 배울 수 있는 공감의 기술을 익힐 기회를 잃어 가고 있다. 미국 대학생들의 공감 지수를 실험을 통해 분석한 연구에 따르면 1979년 3.9에서 1990년 4.0으로 상승했던 공감 지수가 1995년 3.85, 2000년 3.75, 2005년 3.5로 급격하게 하락하였다 (Konrath, O'Brien, & Hsing, 2011). 대부분의 사회에서 사람들이 상대와 얼굴을 마주한 대화보다 휴대 전화를 통한 축약된 문자 소통을 선호하기 시작하면서 서로에게 경청하고 공감하는 능력이 갈수록 약화되는 것으로 보인다.

최근 영어권에서는 휴대 전화를 의미하는 'phone'과 상대방을 무시한다는 뜻의 'snubbing'을 합쳐 상대와 마주하고 있으면서도 상대에게 집중하지 않고 개인 전화에 열중하는 상태를 의미하는 '퍼빙phubbing'이라는 신조어가 등장하였다. 이는 사람들이 개인 전화를 통해 물리적 '장소'의 족쇄에서 벗어나 다양한 형태의 커뮤니케이션을 하고 있지만 정작 몸이 닿아 있는 사회적 장소에서 마주한 사람에게 관심을 쏟고 상대와 교감하는 능력은 갈수록 쇠퇴하고 있다는 것을 말해 준다.

3) 온라인 공동체

네트워크를 통해 상시적으로 연결된 개인들은 새로운 관계를 끊임없이 생성한다. 휴대 전화를 비롯한 모바일 미디어 이용자는 다양한 SNS를 통해 기존의 관계망 속의 사람들과 끊임없이 정보를 주고받고 때로는 정보 공유 과정에서 알게 되는 새로운 사람들과 관계를 형성하고 그들의 연결망 속에 합류하기도 한다. 그 결과 새로운 형태의 공동체가 생성되고 그 안에서 새로운 관계망과 새로운 관계를 창출한다.

> 스마트폰으로 밴드 같은 거 가입하잖아요. 그 모임처럼 온라인상에선 가족들보다 더 많은 이야기를 나눈단 말이야. 예를 들면 야생화 밴드에 들어가서 내가 사진 찍은 거 올리면 다른 회원들은 내가 얼마나 야생화에 대한 사랑이 많은지, 얼마나 많은 야생화를 알고 있는지, 그 사람들이 가족보다 더 잘 알게 되는 거지. 그러면서 새로운 관계가 만들어지고. …… 근본적으로 멀어진 것도 있지만, 또 다른 면에서는 좋은 면도 있는 편이지. 기계가 발달하면서 대화 창구나 페이스북이 나왔던 것처럼. 우리나라엔 카톡이 기본이 되어 있으면서 그룹들이 많이 형성이 되잖아. 그러면서 새로운 관계가 만들어지는 것 같아. …… 오프라인 공동체가 아무래도 옛날에 비해선 많이 없어진 건 사실이지. 만나면 부딪히거나 이런 게 사실 온라인상에서는 덜하잖아. 그러니까 상처도 덜 받고. 실질적으로 옛날에 이야기하던 공동체 생활이 약화된 측면이 있기는 해. (김○○, 50대 여)

네트워크를 통한 관계망 형성 과정에서 공간 개념의 변화는 눈여겨 볼 필요가 있다. 전통적으로 인간의 사회관계는 장소 귀속적 성격이 강했다. 하지만 휴대 전화가 창출한 새로운 공간은 완전히 새로운 형식의 공간, 예를 들어 매개된 가상의 공간일 수도 있고, 기존의 장소라 할지라도 모바일 미디어를 이용하는 동안 새로운 의미와 용도가 부여되는 공간일 수도 있다. 이 새로운 공간에서 사람들은 물리적 '장소'의 족쇄에서 벗어나 커뮤니케이션이 가능해졌고, 관계 역시 이에 영향을 받게 되었다. 특히 전화와 같은 대인 커뮤니케이션 기술의 등장은 사회적 '장소'의 상실 또는 비중 감소를 가속화 한다(Przybylski & Weinstein, 2013). 예컨대 스마트폰을 손에 들고 댓글을 읽고 또 쓰면서 동시에 TV를 보는 소셜 뷰어social viewer 공동체들은 지리적 경계와 관계없이, 탈육체화된 상호 작용을 한다. 수많은 시청자와 함께하지만 과거 TV 시청 공동체처럼 가족이나 이웃 같은 구심점이나 대청마루나 안방 같은 공용 공간을 필요로 하지 않는다.

개인의 소통 능력은 시공간의 제약을 넘어서 확장되었지만 한편으로 전통적 장소에서 이루어졌던 대면 소통과 그것을 통한 교감은 찾아보기 힘들어졌다. "스크린 안의 놀이터를 즐기느라 파티조차 가지 않는 10대들"(Turkle, 2015/2018)과 같이 매개된 소통에 몰두할수록 위 구술 참여자의 표현처럼 '만나서 부딪히는' 대면 소통의 경험은 축소될 수밖에 없다. 이처럼 새로운 미디어를 통한 소통 범위의 확장은 한편으로 대면 소통을 위축시키는 역효과를 동반하는 것처럼 보인다.

7. 한국의 전화와 공동체

지금까지 전화와 관련한 통계 지표와 언론 보도, 그리고 전화 도입 시기를 경험한 이용자들의 생활사적인 증언을 통해 전화 도입과 이용 확대의 역사적 과정에서 대인 교류의 변화 양상을 살펴보았다. 이를 통해 한국에서 전화가 공동체의 변화에 미친 영향은 다음과 같이 요약할 수 있다.

첫째, 전화의 이용 주체는 마을 구성원으로서의 개인, 가족 구성원으로서의 개인, 개별화된 개인으로 이동해 갔다. 또 전화 이용 양식은 마을 공동 이용, 가족 공동 이용, 개별 이용의 단계로 변화하였다.

구술 참여자들이 처음 전화를 접한 1960년대부터 1970년대 후반까지 이들은 모두 마을에서 이웃과 전화를 공동으로 이용한 경험이 있었다. 당시 정부가 행정적으로 이동 단위로 전화 가설 사업을 추진하고 언론도 전화 공동 이용을 권장하면서 농촌 지역에서는 이장집 등을 중심으로 전화 공동 이용이 활발하였다. 도시 지역에서도 정부가 전화 공급 부족 해결 방안으로 이웃과 전화 공동 이용을 장려하면서 이웃과 공동 이용이 활발하였던 것으로 보인다. 이렇듯 전화 공동 이용이 자연스럽게 자리 잡는 데는 당시 농촌과 도시 지역 모두 공동체적 정서가 유지되고 있었다는 점도 영향을 미쳤을 것이다.

1980년대 초반 가정 전화 시대에 접어들면서 자연스럽게 전화를 이웃과 공동으로 이용하는 문화는 쇠퇴하고 전화는 가족 미디어로 기능하게 된다. 전화의 가정화domestication가 불러온 일차적 효과는 전화의 이용 주체인 가족 구성원들이 외부와 더 활발하게 교류할 수 있게 되었다는 것이다. 가정에 도입된 전화는 1980년대 산업화와 도시화, 그로 인한 핵가족화 과정에서 나타난 '유동성의 사사화mobile privatization'를 심화시키는 데 일정하게 기여한 미디어로 평가할 수 있을 것이다.

개인 전화 시대 도래와 함께 전화는 더이상 가정이라는 장소에 메인 미디어가 아닌 철저하게 개인화된 미디어로 기능하기 시작하였다. 전화 이용 주체가 개별화된 개인이 되고, 전화 이용은 철저히 개인과 개인의 일대일 커뮤니케이션으로 작동하기 시작한 것이다. 전화 이용 패턴의 변화로 가족 구성원들이 서로의 네트워크로 접근할 수 있는 기회가 더욱 줄어들고 각자의 사회적 네트워크가 갈수록 분리되는 경향이 나타났다.

둘째, 전화 메시지는 용건 전달 중심에서 사적이고 의례적인 형태로 변화해 왔다. 구술 참여자들에 따르면 초기 전화 메시지가 용건 전달 중심이었던 데는 기술적 요인(최윤, 2018) 외에 공개적 통화 상황과 전화 요금 문제 등의 요인이 복합적으로 작용한 것으로 보인다.

가정의 전화 보급이 확대되면서 마을 공동 전화나 이웃집 전화로는 할 수 없었던 사적인 대화를 집에서 좀 더 편하게 나눌 수 있게 된 것이다. 또한 전화 사용량이 늘어나면서 중요한 용건 외에도 친교적인 대화나 별다른 의미 없는 잡담 등도 오고 가게 되었다. 이는 전화가 용건 전달 중심의 기능적 미디어에서 사적이고 의례적인 미디어로 변모해 간 것을 말해 준다. 그럼에도 불구하고 가정 전화 역시 가족 구성원들의 눈치를 어느 정도 볼 수밖에 없는 공용 미디어였다. 때문에 프라이버시를 둘러싼 가족 구성원들 사이의 갈등이 나타나기도 하였다. 가정 전화의 복수화는 이러한 프라이버시 문제를 어느 정도 해결해 주었다. 이후 가정 내 전화 이용 양상은 더욱 개별화되어 개인 전화 시대가 열리면서 철저하게 전화는 사적인 형식을 띤 미디어의 특성을 지니게 된다.

셋째, 통신 네트워크의 교점node은 마을과 가정을 거쳐 개인의 신체로 이동해 왔다. 도입 초기 전화는 마을을 중요한 통신 네트워크의 교점으로 작동하게 만들었다. 각 가정으로 전화가 보급되면서 마을의 교점 기능은 쇠퇴하고 각 가정이 통신 네트워크의 교점으로 변모하게 된다. 전화 보급이 더욱 증가하면서 가정 내 통신 네트워크 교점은 분화하기 시작하며 개인 전화 시대로 진입하면서 가정 역시 통신 네트워크 교점으로서 기능을 상실하게 된다. 개인의 움직이는 신체가 통신 네트워크의 교점으로 직접 작동하기 시작한 것이다.

전화 미디어의 발전과 보급의 확대는 전화를 마을과 가정이라는 장소에 고정되어 작동하던 미디어에서 신체에 직접 연결되어 작동하는 미디어로 성격을 바꾸어 놓았다. 통신 네트워크의 교점이 장소에서 신체로 이동하였다는 점은 전화가 인간의 교류 형태뿐만 아니라 장소의 성격 변화에도 영향을 미쳤다는 것을 암시한다.

끝으로 전화 이용의 사회적 효과는 이용자의 소통 범위를 확장시켜 왔지만 한편으로 대면 소통을 위축시키는 역효과를 낳으면서 전개되었다. 또 전화의 보급 확대로 양적으로 소통은 증가하고 있지만 한편으로 소통 단절에 대한 불만 또한 높아지는 역설이 발생하고 있다. 도입 초기 전화는 마을 외부의 정보가 마을 내부로 흘러들어오는 중요한 창구로 기능했다. 이 시기 전화는 이웃과 함께 이용하는 공동체적 미디어의 특성이 강하였다. 초창기 전화는 마을의 커뮤니케이션 범위를 확장시키면서 마을 공동체 내부의 결속에도 긍정적 영향을 미쳤던 것으로 볼 수 있다. 각 가정 거실에 놓이기 시작한 전화는 가정을 외부와 연결시키는 중요한 통로로 작동하였다. 이 시기에 이르면 전화 이용을 계기로 마을 이웃들이 교류하는 계기는 줄어든 반면 가족 구성원들이 전화를 공동으로 이용하며 활발하게 교류할 수 있는 계기가 마련된다. 이후 가정 내 전화의 복수화는 가족 구성원들의 프라이버시를 강화시켜 주지만 한편으로는 가족 구성원들의 통신 활동을 개별화시켜 나간다.

본격적인 개인 전화 시대로 접어들면서 가족 구성원들은 한 장소에 모여서도 개별적 소통에 열중하는 일이 잦아지고 있다. 시간적, 공간적 제약을 넘어서는 개인 소통 능력의 확장이 한편으로는 전통적 장소에서 이루어졌던 대면 소통과 그것을 통한 교감을 크게 약화시키는 것이다. 또 개인 전화 이용 단계로 접어들면서 사람들이 대면 소통에서 발생하는 최소한의 의례마저도 부담스러워하는 경향이 나타난다. 이는 전화를 통한 인간의 소통 능력 확장이 어쩌면 인간의 대면 소통 능력의 쇠퇴로 이어질 수 있다는 것으로 이해할 수 있다.

현대 사회에서 소통은 증가하지만 소통에 대한 갈증이 커져 간다는 것은 미디어가 매개하는 대화가 대면 대화의 역할을 모두 대체할 수는 없다는 것을 말해 준다. 가상의 공동체는 실제 공동체와는 다른 공동의 '몸體'을 지니지 못한 '공동체의 그림자'이기 때문이다. 한 장소에 모여서도 각자의 미디어를 통해 소통하는 현대인은 몸이 닿아 있는 장소에서 나누던 '친밀감'보다는 '친밀감의 그림자'에 더욱 익숙해져 가고 있는 것인지도 모른다.

6장

TV 드라마를 통해 본 한국 공동체의 변화

1. 왜 TV 드라마인가

한국 사회에서 공동체의 쇠퇴와 그중에서도 가족 공동체의 약화가 논의된 것은 어제오늘의 일이 아니다. 공동체와 가족의 약화는 근대화 이후 세계적이고 보편적인 흐름이다. 한국 역시 산업화와 그로 인한 경제적 확장과 물질적 축적에도 불구하고 전통적 공동체와 가족의 쇠퇴가 꾸준히 진행되어 왔다. 특히 1990년대 이후 급격히 증가하기 시작한 이혼율과 유래없는 최저 출생률 등은 한국 사회 공동체의 근본적 위기를 보여 주는 일련의 징후로 받아들여진다.

커뮤니케이션 변동의 측면에서 보면 1990년대 이후 급격한 '커뮤니케이션 자원과 기회의 확충'에도 불구하고 '불통 사회'의 그늘이 더욱 짙어져 가는 역설이 발생하고 있다(박승관, 2011). 인터넷과 스마트폰의 대중화로 대표되는 미디어 환경의 변화가 집단, 세대, 대인 간 커뮤니케이션을 활성화하기보다는 오히려 소통의 단절을 심화시킨다는 견해가 공감을 얻는 것이다. 이미 퍼트넘(Putnam,

2000/2009)은 미디어의 발전을 공동체 쇠퇴의 주요 원인 중 하나로 보았으며, 메이로위츠(Meyrowitz, 1985/2018)는 전자 미디어의 확산이 물리적 현존의 중요성을 감소시킴으로써 전통적 공동체를 쇠퇴, 변형시킨다고 통찰하였다. 또 셰리 터클(Turkle, 2015/2018)은 스마트폰을 비롯한 개인 미디어의 확산이 세 개의 의자로 비유되는 자아 내면의 커뮤니케이션, 얼굴을 마주한 대면 커뮤니케이션, 다양한 사회관계의 기본이 되는 사회적 커뮤니케이션을 모두 파괴적으로 변형시키고 있다고 진단한 바 있다.

그렇다면 한국 사회 가족 공동체의 위기는 어느 정도 진행되고 있으며 과연 지배적인 추세인가? 이를 알아보기 위해서는 TV 드라마가 유용한 지표가 될 것이다. TV 드라마는 당시 사회의 지배적인 가치관을 반영하며 일상적인 삶의 모습을 가장 생생하게 반영하는 텍스트가 되기 때문이다. 따라서 TV 드라마에 반영되는 공동체의 양태 변화를 분석해 보면 그 사회의 공동체 변화상을 확인할 수 있다.

이 장에서는 동일 작가가 동일 원작으로 시기를 달리해 제작한 작품을 통해 한국 사회 공동체의 변화 양상을 분석해 본다. 그 작품은 1996년 첫 방영 후 21년 후인 2017년 리메이크한 노희경 작가의 TV 가족 드라마 〈세상에서 가장 아름다운 이별〉이다. 가족 드라마를 선택한 이유는 가족을 전통적 공동체가 유지되고 재생산되는 기초 단위로 보았기 때문이다. 또한 원작자가 동일 작품을 리메이크한 경우 두 작품의 세부 묘사에서 차이가 드러난다면 이는 다른 요인이 아니라 바로 현실의 변화로 해석할 수 있다. 그러한 점에서 이 드라마는 가족 공동체의 최근 변화상을 분석하기에 가장 적합한 텍스트라 본다.

가족 문제와 미디어가 재현하는 가족에 대한 연구는 다양한 영역에서 이미 활발하게 진행되어 왔다(강명구 외, 2008; 김희경, 2017 등). 가족이 학계에서도 그토록 중요하게 다루어진 이유는 가족 문제가 다양한 사회적 이데올로기 또는 모순과 맞닿아 있다고 보기 때문일 것이다(Barrett & McIntosh, 1982/2019). 특히 페미니즘 작업의 이론과 실천은 가족을 탈본질화·탈자연화시킴으로써 가족과 가족주의를 이데올로기적 구성물로 담론화하는 중요한 계기를 제공하였다.

이 장에서는 가족을 초역사적인 고정된 실체가 아니라 다양한 사회적 상호 작용을 통해 구성되는 실체로 보고 1990년대 이후 21년의 시간 간격을 두고 미디어 속 가족의 모습에서 사회 변화가 구축되는 방식, 특히 소통과 관계의 변화 양상을 탐구해 본다. 소통 구조와 그로 인한 관계의 변화, 그리고 현대 사회의 소통 위기라는 사회과학적 주요 문제를 다루면서 역사적 맥락에서 미디어 속 가족의 모습이 어떻게 변화하였는지를 분석해 보려는 것이다. 또한 가족과 관련된 일련의 가치 변화는 사회 구조 및 미디어 환경의 변화와 맞물려 진행되어 왔다고 보고 거시적 지표로 확인되는 사회 변화의 맥락에서 두 작품에 나타나는 재현 양상의 변화를 해석해 본다.

2. 한국의 가족과 공동체

1) 한국의 가족 공동체

동아시아 유교 문화권에서 가족은 공동체를 구성하는 가장 중요한 요소로 작동해 왔다(Fukuyama, 1995/1996). 그중에서도 한국은 사회주의 국가인 중국이나, 개인주의화가 더 진행된 일본에 비해 공동체에서 가족이 중심에 놓이는 사회로 평가된다(김희경, 2017). 때문에 한국 사회 공동체 변화의 주요 측면을 살피는 데 가족은 중요한 분석 대상이자 단위가 되어 왔다. 한국 사회에서 가족이 매우 중요한 공동체 단위가 된 이유는 유교적 전통 외에도 전쟁 경험과 같은 특수한 역사적 경험이 관련되어 있다(권명아, 2000). 전쟁 시기 극단적 생존 위협과 이어진 빈곤 그리고 무사회적 상황 속에서 가족은 척박한 현실 속 개인의 최초이자 최후의 근거지였으며, 유일한 위안처였다.

또한 한국에서 가족주의가 더 강했던 점은 국가 주도의 압축 성장과도 밀접한 관련이 있다(황정미, 2018). 저임금과 복지 부재라는 사회적 조건하에서 '험난한 세상에 믿을 것은 가족밖에 없다'는 정서가 확산되었다. 급격한 사회 변화 속에서 국가와 공적 영역이 개인을 보호해 줄 것이라는 사회적 믿음이 부재하였기에 가족이 뭉쳐야 한다는 정서가 더욱 강화되었다. 이러한 점에서 가족이 "압축적 근대화의 해결사"라 불리기도 한다(김덕영, 2014). 근대화 과정의 성장 논리 속에서 공적으로 해결되어야 할 많은 사회적 문제가 가족 공동체에 떠넘겨졌다는 것이다.

이처럼 한국 사회에서 가족은 한국 전쟁, 근대화, 산업화, 도시화를 거치며 개인을 지켜 주는 중요한 울타리가 되어 왔다. 반면 1960년대 이후 한국 사회에서 산업화와 도시화가 진행되면서 기존의 전통 사회에서 주류였던 대가족이 빠르게 감소하고 부부 관계 중심의 '도시형 핵가족'이 크게 늘어나기 시작했다(최홍기, 2006). 1990년대 이후 산업화에 이은 정보화의 물결이 나타나면서 사회적 노동과 삶의 유형이 크게 달라지고, 가족, 결혼, 이혼, 성 역할 등에 대한 사회적 인식이 빠르게 변하기 시작했으며, 1인 가구와 비혼의 증가, 낮은 출생률 등 전통적 가족의 약화 징후가 뚜렷하게 나타나기 시작했다. 물론 이러한 가족 제도의 쇠퇴는 산업화와 개인주의의 성장 같은 역사적 보편 요인, 가부장주의와 가족주의의 약화 같은 역사 문화적 요인, 불평등과 주거, 교육 문제 등의 사회 구조적 요인이 복잡하고 중층적으로 얽혀 있는 문제일 것이다.

전통적 가족 제도는 약화되지만 그럼에도 여전히 가족은 한 사회 속 개인이 길러지고 교육되는 일차적인 장소로서 그 사회적 의의를 결코 무시할 수 없다. 개인은 가정이라는 일차적인 생활의 장에서 사회의 일원으로서 역할을 습득하고 사회화된다는 점에서 가족의 기능과 의미가 결코 작아졌다고 할 수 없다. 그러한 맥락에서 우리 사회 가족 제도의 약화를 우려하는 논의가 지속되는 것이다(권용혁, 2012). 또한 가족은 고정된 실체라기보다는 다양한 사회적 조건과 역학 관계에 따라 만들어진 '역사적' 구성물임을 이해해야 한다. 따라서 가족은 제도 그 자체의 문제보다는 그 내용이 무엇인지를 문제 삼아야 한다. 즉 중요한 문제는 '어떠한 가족인가'다.

2) 미디어 환경의 변화와 한국의 공동체

공동체의 변화에는 무수히 많은 현상이 복합적으로 얽혀 있어 하나의 원인으로 설명하기는 매우 어렵다. 공동체의 변화는 다양한 사회문화적 맥락이 상호 작용하면서 복잡한 변이의 과정을 수반하며 진행되어 온 것으로 볼 수 있다. 그동안 한국 사회의 공동체 변화에 영향을 미친 요인으로는 경제적 양극화(오승환 외, 2012)와 실업(최일섭·조성희, 2000), 중산층 위기(한국사회문화연구원, 1999) 등 주로 경제적 요인이 주목받았다. 하지만 국내외적으로 보면 미디어 환경의 변화 역시 공동체 변화에서 중요한 요인으로 재조명된다.

먼저 20세기의 중추적 미디어였던 TV가 공동체에 영향을 미친 미디어로 주목받았다. 미국 사회의 다양한 양적, 질적 데이터에 대한 분석을 통해 TV는 미국 사회 공동체 쇠퇴의 한 원인으로 작용하였다고 밝혀진 바 있다(Putnam, 2000/2009). 앞에서도 논의한 바와 같이 한국에서도 TV의 보급 확대와 복수 소유, 그리고 이어진 시청의 개인화가 핵가족화와 개인주의 심화와 같은 사회적 경향과 맞물리면서 공동체의 약화를 가속화시켰다.

최근에는 스마트폰으로 대표되는 개인화된 온라인 미디어가 공동체의 변형과 쇠퇴에 많은 영향을 미치는 것으로 주목된다. 개인화된 온라인 미디어가 확산되면서 '친밀감을 요구하지 않는 우정,' '우정을 요구하지 않는 교제'라는 환상을 확산시키며, 공동체의 가장 근원적 덕목이라 할 수 있는 상대와 눈을 맞추고 귀를 기울이며 대화하는 법과 공감의 기술을 약화시키고 있다(Turkle, 2015/2018). 전화 미디어의 발달은 또한 통신 네트워크의 교점을 지리적 장소에서 개인의 신체로 이동시키면서 매개된 소통은 증가하지만 대면 소통을 약화시켜 전통적 공동체를 쇠퇴시킨다고 평가된다.

1970~1980년대 TV로 대표되는 매스 미디어가 확산되면서 현대인은 매개된 현실에 너무 많은 시간을 쏟느라 현실에 대한 관심과 감각이 퇴조하였다(Gerbner et al., 1980). 이처럼 스마트폰으로 대표되는 개인화된 미디어의 확산은 얼굴을 마주한 사람에 대한 관심과 대화의 감각을 퇴화시키고 있다는 우려를 낳는다(Turkle, 2015/2018). 한국도 2010년 휴대 전화 보급률이 100%를 넘어서면서(통계청, 2016) 명실공히 거의 모든 개인이 몸에 미디어를 지니며 항상 온라인과 연결되는 시대로 진입하였다.

이러한 개인화된 미디어의 확산은 물리적 장소에 얽매이지 않는 커뮤니케이션을 가능하게 함과 동시에 물리적 '장소'의 사회적 의미와 비중을 약화시킨다. 전통적으로 인간의 공동체는 장소 귀속적 성격이 강했다(Augé, 1995/2017). 물리적 장소가 친밀감과 교감을 나누는 길목으로 작동해 왔다. 하지만 한 식탁에 모인 가족들조차도 서로에게 관심을 쏟고 대화를 나누기보다 각자의 미디어에 열중하는 모습에서 보듯 갈수록 소통은 물리적 장소 바깥에서 이루어지는 경향이 있다. 달리 말하면 단적으로 오늘날 공동체가 "실질적인 관계가 아닌 가상에서의 느낌으로" 이동한다고 볼 수 있다(Turkle, 2015/2018). 가상에서의 연결은 늘어나지만 소통은 오히려 단절되는 것이다.

지금까지 모든 사회는 공동체적 참여를 통해 생성되고 변화하며 유지되고 존속되어 왔다. '공동체共同體/community'란 이질적 요인이 중첩된 개념이고 그만큼 다양한 정의를 지니기는 하지만 어원적으로 '다수에 속해communitas,' '의무로서 주다munus'는 뜻을 지닌다(김예란 외, 2017). 기본적으로 다수에 속해 서로에 대한 책임을 짊어진다는 의미다. 이러한 공동체적 삶에서 소통은 기본 조건이 된다. 때문에 소통의 물질적 기반인 미디어 환경의 변화는 공동체적 관계와 질서에도 큰 영향을 미치게 된다. 따라서 1990년대 이후 미디어 질서의 변동과 함께 가족 드라마의 소통과 관계의 재현에 어떠한 변화가 나타나는지는 공동체의 변화 추이를 알려주는 주요 지표가 될 수 있다.

3) 한국 드라마의 가족 공동체 재현

재현representation이란 한 문화의 구성원들이 대상을 대신하는 기호를 이용해 의미를 생산하는 과정을 뜻한다(Hall, 1997: 28). 이러한 과정에서 TV는 현실의 한 측면을 가공하여 현실 세계 또는 가능 세계를 재현하는 핵심적인 체계로서 간주되어 왔다. 호레이스 뉴콤Horace Newcomb(1982)은 TV의 특성을 친밀성intimacy, 지속성continuity, 역사성history으로 정리한다. 특히 TV 드라마는 이러한 특성이 가장 잘 드러나는 장르로서 당대의 지배 문화를 반영하면서 일상적 삶의 모습을 가장 생생하게 재현하는 대중문화라 할 수 있다.

한국에서 TV 드라마는 1970년대 이후 TV가 각 가정생활의 필수품이자 가족 공동 여가의 중요한 도구가 되면서 가장 친밀한 대중문화로 자리 잡았다. 이러한 특성으로 인해 그동안 TV 드라마는 사회적 삶의 양태와 문화적 변화를 살피는 데 주요한 분석 대상이 되어 왔다. 예컨대 이화정(2013)은 1992년부터 2012년까지 방송된 시청률 상위 TV 드라마를 대상으로 여성상의 변화를 분석하여 멜로 장르를 제외하고 대부분 드라마에서 여성의 이미지가 능동적으로 변화한 것을 발견하였다. 최현주(2008)는 드라마 〈불량주부〉(2005)에 대한 분석을 통해 가정 내 전도된 성 역할 재현이 변화하는 사회 현실과 여성의 새로운 정서와 욕구를 반영한다는 해석을 제시하였다.

또 다른 차원에서는 드라마 재현의 문화적 수용 과정 연구도 활발하게 이루어졌다. 해외 시청자의 한국 가족 드라마 수용 연구도 이에 해당하는데, 예컨대 김기덕 등(2012)은 중국 시청자들을 대상으로 한류 드라마에 대한 인식을 조사한 결과 한국 드라마의 가족주의적 요소에 정서적 동질감과 우호적 시각을 가지고 있다는 것을 발견하였다. 또 이혜은 등(2017)은 미국, 일본, 중국 시청자를 대상으로 한국 가족 드라마에 등장하는 인물들에 대한 수용 양상을 살펴보았다. 이 연구에 따르면, 미국 시청자들은 가족을 위해 희생하기보다는 독립적 개인으로 살아가는 여성 등장인물에 호감을 느끼는

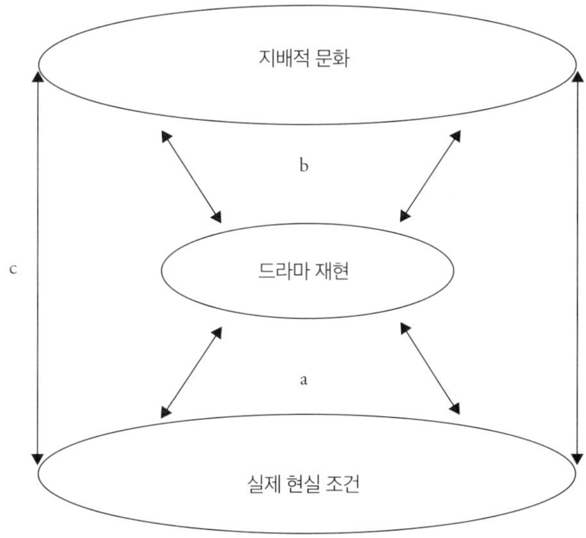

그림 6-1. TV 드라마 재현 연구의 유형

반면 일본과 중국 시청자들은 부모와 맞서는 여성 등장인물에 대해 상대적으로 부정적인 평가를 내렸다.

이러한 드라마 재현 연구를 대별해 보면 우선 실제 현실 조건과 드라마 재현의 관계를 살피는 접근이 있을 수 있다(그림 6-1 참조). 이러한 접근은 드라마가 현실에 어떠한 일련의 은유와 의미를 부여하여 사회 현실을 구성하는지에 초점을 맞춘다(a). 이에 반해 드라마 재현과 그것의 문화적 수용에 관한 연구에서는 드라마가 어떻게 문화적 조건과 상호 작용하여 사회적 의미를 창출하는지에 관심을 갖는다(b). 이러한 두 접근을 종합적으로 고려하면 실제 현실 조건과 지배적 문화는 직접적 상호 작용 관계에 있을 뿐만 아니라 드라마 재현을 매개로 상호 작용하는 관계를 구축하고 있다고 할 수 있다.

한국의 방송 드라마에서 가족은 전통적으로 매우 중요한 소재로 다루어져 왔다. 한국의 초기 텔레비전 연속극 관행이 성립되기 시작하던 1960년대 초반 장르적으로 희극성이 가미된 가족물이 흐름을 주도하였으며, 내용에서도 가부장의 위기 극복과 가족 재건이라는 가족 서사가 주를 이루었다(이영미, 2012). 1969년 MBC TV 개국 이후 이러한 흐름은 더욱 강화되어 일일 연속극 관행의 정착과 함께 서민의 삶을 친근하고 통속적으로 다룬 드라마가 속속 등장하였으며(박덕춘, 2009), 도농과 빈부의 문제, 젠더와 가족 갈등을 다룬 서사가 크게 늘어났다(이영미, 2012).

1970년대에는 각 가정의 중심인 안방에 TV 수상기가 놓이게 되면서 '안방극장'이라는 용어가 등장했다. 1980년에는 컬러 방송의 시작과 함께 TV 보급률도 83.1%에 이르게 되었다. 이 시기에 이르면 도시화의 진전과 함께 사회적으로 남녀 관계와 성 욕망에 대한 사회적 인식도 크게 변화하지만 한국의 TV 드라마에서 '순결한 가정'과 '건전한 성윤리'를 바탕으로 하는 정상 가족 이데올로기는 여전히 강력하게 유지되었다. 예컨대 1981년부터 1987년까지 발행된 한국방송위원회의 〈방송심의〉에 따르면, 가장 빈번하게 심의 제재된 내용이 '남녀의 불건전한 애정 관계,' '무분별한 불륜 묘사'였으며, 부부 관계, 결혼할 예정인 남녀 관계 등 사회가 규정하는 '건전한' 연인 관계를 제외한 애정 표현은 금기시되었던 것을 확인할 수 있다(백미숙·강명구, 2007).

1990년대 이후 한국 사회에서 공동체와 가족의 쇠퇴는 가속화되었지만 역설적으로 TV 드라마에서 가족 소재는 더욱 활발하게 다루어졌다. 1962년부터 2011년까지 약 50년간 한국의 지상파 방송에서 방영된 드라마 7075건을 분석한 연구(이양환 외, 2014)

에 따르면, 가족 드라마의 비중은 1960년대 28.3%에서 1970년대 16.9%, 1980년대 17.7%로 차츰 감소하는 추세를 보였으나, 1990년대 40.3%로 다시 높아지는 경향이 나타났다. 이러한 현상은 1990년대 한국의 TV 드라마에서 역설적으로 현실에서 상실한 가족애를 강조하거나 향수를 자극하는 전략이 사용되었기 때문이라고 볼 수 있다(윤석진, 2019).

1962년부터 2011년까지 한국의 지상파 방송에서 방영된 드라마 7075건 중 가족 드라마는 1098건(15.5%)으로 멜로 드라마 2251건(31.8%) 다음으로 비중이 컸다(이양환 외, 2014). 이처럼 한국 TV 드라마에서 가족은 즐겨 다루어지는 소재 중 하나다. 2000년대 이후 한국의 TV 가족 드라마에서 전통적 가부장주의와 가족주의를 벗어난 재현도 시도되고 있지만 근본적으로는 여전히 가족주의의 틀을 유지한다. TV 주말극을 분석한 연구(김선영, 2009)에 따르면, 가족 현실의 변화를 일정 부분 수용하지만 기존 관습과 가족 드라마의 전형에서는 크게 벗어나지 않는 것으로 밝혀졌다. 노희경의 드라마 〈디어 마이 프렌즈〉(2016)를 분석한 연구(윤복실, 2017)에 따르면, 가족 이데올로기의 일부 변주가 담겨 있기는 하지만 남성의 가정 경제권 독점과 철저한 성 역할 구분 등 전통적 가부장 이데올로기에서 크게 벗어나지는 못한 것으로 분석되었다.

1990년대 TV 드라마에서 가족의 모습이 어떻게 묘사되는지를 분석한 연구(이은미, 1993)에 따르면 다음과 같다. 첫째, 전통적 가족이 여전히 중요하게 다루어졌으나 전개 과정에서 비전통적 가족이 차츰 부각되는 경향을 발견하였다. 둘째 가족 구성원 간 소통의 측면에서는 부부 관계에서 아내보다는 남편이, 부모와 자녀 관계에서는 부모가 소통을 주도하는 경향을 보였다. 또한 관계적 측면에서는 가족 사이의 수평적 관계보다는 수직적 관계가 유지되는 것을 확인하였다. 그러나 이은미의 연구는 짧은 기간을 분석 대상으로 하여 장기간의 소통과 관계의 변화 양상을 보여 주지 못하였다. 따라서 이 장에서는 21년의 시간차를 두고 제작된 동일 작가의 동명 드라마를 대상으로 가족 구성원과 이를 둘러싼 주변인들의 소통과 관계의 재현 양상이 어떻게 변화하였는지에 대한 분석을 통해 한국 사회 공동체 변화의 한 측면을 규명해 본다.

3. 드라마 〈세상에서 가장 아름다운 이별〉

노희경 작가의 〈세상에서 가장 아름다운 이별〉은 1996년 MBC 창사 특집 4부작으로 처음 제작이 되었다. 어머니의 불치병 선고와 함께 시작된 한 가족의 위기와 극복 과정을 감동적으로 그려 내며 1997년 제33회 백상예술대상 TV 부문 대상과 작품상을 수상하였다. 한국 사회의 보편적 정서를 바탕으로 하고 있어 2010년 연극, 2011년 영화로 각색, 제작되었으며, 영화 대본의 일부 내용은 2013년 고등학교 전국 모의고사에 출제되기도 하였다(〈중앙일보〉, 2013. 7. 13).

2017년 리메이크작은 원작자인 노희경이 직접 대본 각색을 맡으면서 이루어졌다. 원래는 원작이 방송되었던 MBC에서 방영될 예정이었으나 방송사 파업으로 tvN으로 옮겨 4부작으로 방영되었다. 이 리메이크작은 최고 시청률 6.2%를 기록하여 성공적이었다는 평가를 받았다(윤고은, 2017). 노희경은 이 작품의 리메이크와 관련한 인터뷰에서 "원작을 집필할 당시 절절했던 그 마음, 한 자 한 자 눌러 썼던 그 진정성을 훼손하지 않으며, 새로운 시대적 배경을 담을 수 있도록 최선을 다할 것"(이미현, 2017)이라고 밝힌 바 있다. 작품의 주제 의식을 유지하면서 시대 변화를 충실하게 반영하는 기획이라는 점을 강조한 것이다. 때문에 이 작품은 1990년대와 2010년대 한국 사회 변화의 주요 측면을 관찰하기에 적합한 텍스트가 될 것이다.

노희경은 한국 사회의 가족과 공동체의 문제를 활발하게 다루어온 것으로 평가된다(강성애, 2019). 노희경에 대해서는 작가주의와 미학적 특성(백경선, 2006b, 2008, 2019; 윤석진, 2011; 이정희, 2014), 내용 및 이데올로기적 특징(강성애, 2019; 김지혜, 2019; 백경선, 2006a; 윤복실, 2017; 이다운, 2010) 등 다양한 분석을 비롯해 가족 재현 방식에 대해서도 연구가 이루어졌다. 〈세상에서 가장 아름다운 이별〉(1996), 〈슬픈 유혹〉(1999), 〈빗물처럼〉(2000), 〈유행가가 되리〉(2005)에서 가족이 어떤 방식으로 재현되는지 분석한 연구(백경선, 2006a)에 따르면, 이 네 편의 드라마 모두 단절되어 가는 가족 관계를 주요 주제로 다루면서 궁극에는 소통과 화해의 결말을 채택했다.

〈세상에서 가장 아름다운 이별〉은 원작과 리메이크작 모두 4부작으로, 1996년작의 전체 신scene은 257개, 2017년작은 279개다. 1996년 원작과 2017년 리메이크작의 전체 줄거리는 동일하지만, 리메이크작에 정철의 남동생과 여동생이 잠깐 등장하는 등 등장인물에서 소폭의 변화가 있다. 주요 등장인물은 치매에 걸린 할머니, 의료사고로 자신의 병원을 폐업하고 다른 병원에 취업하였으나 곧 퇴직을 앞둔 아버지(정철), 백화점에 근무하는 딸(연수), 재수생 아들(정수), 그리고 말기 암 선고를 받은 어머니(인희)다. 가족 바깥의 인물로는 도박과 경마로 인희의 속을 썩이는 남동생(근덕)과 생활력 강한 올케(양순), 딸 연수의 유부남 애인(영석)이다(그림 6-2 참조).

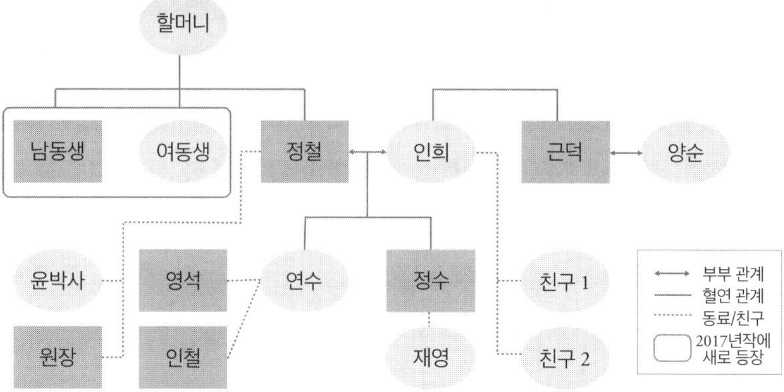

그림 6-2. 주요 등장인물 관계도

이 드라마는 평생 가족을 위해 헌신하며 살아온 어머니 인희가 말기 암 진단을 받은 후 가족들과 이별을 준비하는 과정을 그린다. 어머니의 암 선고라는 한 가정에 닥친 큰 위기 앞에 가족들이 겪는 고통과 갈등이 각자의 시선으로 그려지고 마지막 가족 여행을 다녀온 후 인희가 조용히 눈을 감는 것으로 끝을 맺는다. 원작과 리메이크작은 동일한 줄거리를 유지하면서 시대 상황에 맞게 화면과 대사가 수정되었다는 점에서 차이가 있다.

2) 가족 서사의 두 축

〈세상에서 가장 아름다운 이별〉은 크게 두 축의 가족 서사를 가지고 있다. 주인공 인희의 가족 서사와 올케인 양순과 그녀의 남편 근덕의 서사다. 첫 번째 축인 인희의 가족 서사에서는 전업주부인 인희와 의사인 남편 정철, 직장을 다니는 딸 연수와 재수생 아들 정수,

그리고 시어머니가 등장한다. 이 가족 서사에서 주인공 인희가 차지하는 역할은 매우 크다. 극 중에서 암시되는 내용에 따르면 인희는 부모님을 일찍 여의고 어린 남동생 근덕을 키워야 했던 가난한 가정 출신이다. 결혼 후 시어머니는 인희를 못마땅하게 여겼던 것으로 보인다. 그럼에도 인희는 치매에 걸린 시어머니를 헌신적으로 보살핀다. 무뚝뚝한 남편 정철과 달리 딸과 아들을 살갑게 대하며 모든 가족 구성원과 가장 가까운 관계로 연결되어 있다. 인희는 가정의 구심점으로 가족을 서로 연결하는 위치에 있다. 인희의 죽음 앞에 찾아온 가족의 혼란은 그만큼 인희의 자리가 각별했다는 것을 말해 주기도 한다. 서사의 마지막 부분에 등장하는 가족 여행은 결국 인희의 빈자리를 극복하고 가족이 새로운 관계로 회복해 갈 것이라는 점을 암시한다고 볼 수 있다.

극 중에서 시어머니와 인희, 즉 고부 관계가 가족 서사에서 차지하는 비중이 작지 않다. 그러나 시어머니는 원작과 리메이크작 모두에서 그 이름이 나오지 않는다. 시어머니는 현재 치매를 앓으며 며느리에게 상습적으로 투정을 부리며 때로는 폭력을 행사하기도 한다. 자신의 죽음을 직감한 인희가 잠든 시어머니의 방에 찾아가 남겨질 시어머니 걱정을 하며 이런저런 넋두리를 하지만 치매에 걸린 시어머니가 알아듣기는 어려웠을 것이다.

남편 정철은 한때 개인 병원을 운영하였지만 의료 사고로 폐업하고 다른 병원에 고용되어 근무하고 있다. 그는 진중하고 올곧은 성격의 의사이면서 무뚝뚝하지만 책임감 있는 가장으로 그려진다. 딸 연수는 좋은 대학을 나와 백화점에 근무를 하는 직장인으로, 유부남 애인과 힘든 관계를 이어가고 있다. 아들 정수는 아버지처럼 의사가 되기를 희망하지만 입시에서 매번 고배를 마신 삼수생으로,

너그러운 어머니 인희와는 살가운 관계인 반면 무뚝뚝한 아버지와는 갈등을 자주 겪는다.

다른 한 축의 가족 서사는 인희의 올케인 양순과 그녀의 남편 근덕의 관계를 그린다. 양순은 경제적으로 무능한 근덕을 대신해 가정의 생계를 꾸리는 인물이다. 정철로부터 부탁을 받고 인희의 간병과 가사 일까지 돕는 역할을 한다. 이러한 많은 역할에도 불구하고 원작에서 양순은 별도의 극 중 이름이 주어지지 않은 채 '근덕댁'으로 명명되었고, 리메이크가 이루어지면서 양순이라는 이름이 부여되고 극 중 역할 역시 보다 적극적이고 능동적으로 변한다.

양순 가족은 경제적 계층이 인희네와 다르다. 남편 근덕은 가정에 대한 책임을 방기하고 도박에 빠져 있어 전체 서사에서 가장 문제적인 인물이다. 부인 양순뿐만 아니라 누나 인희의 속을 썩이는 역할로 나온다. 어머니와도 같았던 인희가 죽음을 앞두고 있다는 사실을 그는 뒤늦게 깨닫고 누이가 좋아하는 호두과자를 양순을 통해 건네는 등 조금씩 변화하는 모습을 보인다.

이 작품은 3대로 이루어진 도시 중산층 가정을 중심으로 가족을 위해 평생 희생해 온 주부가 말기 암 진단을 받은 후 세상과 작별을 준비하는 과정을 그린 비교적 단순한 서사 구조로 이루어진 가족 드라마라 할 수 있다. 원작과 리메이크작을 비교할 때 중심 서사에는 큰 변화가 없으며 궁극에는 소통과 화해를 통해 '가족으로 회귀하는' 결말을 채택한다(백경선, 2006a). 특히 말기 암을 앓는 중년 여성의 고통이 가족 중심적인 맥락 속에서 다루어지고 희생으로서의 모성이 강조되는 내러티브 양상은 전혀 변하지 않았다고 할 수 있다. 이 작품은 20여 년이라는 세월이 흘렀음에도 불구하고 큰 서사의 변화 없이 리메이크된 것이 특징이다. 이 점은 모성의 헌신과 희생을 바탕으로 하는 가족주의가 한국 사회에서 오랫동안 중요한 이데올로기의 한 부분을 차지해 왔음을 말해 준다. 이렇듯 큰 주제에서는 변화가 없지만 등장인물의 소통과 관계를 재현하는 양상에서는 한국 사회 공동체의 변화를 징후적으로 읽을 수 있다.

4. 드라마에 나타난 소통 양식의 변화

이제 〈세상에서 가장 아름다운 이별〉 원작과 리메이크작의 등장인물의 미디어 이용 양상 변화와 그러한 변화가 소통에 미친 양상을 살펴보자. 이를 위해 1996년 원작과 2017년 리메이크작의 대본집을 바탕으로 각 신을 대조해 가며 소통의 재현 양상을 비교하고, 영상에 대한 분석을 통해 대사에서 드러나지 않는 질적 변화를 알아본다.[6]

1) 미디어 환경 변화에 따른 소통의 변화

(1) 유선 전화에서 휴대 전화로

소통의 물질적 기반이 되는 미디어 환경은 인간의 소통 양상에 직접적인 영향을 미친다. 1990년대 이후 미디어의 개인화가 전 세계적으로 진행되었으며, 이러한 미디어 환경의 변화로 사회적 소통과 공동체가 약화되고 있다는 진단이 국내외적으로 나오고 있다(박승관, 2011; 채백 외, 2019; Turkle, 2015/2018 등). 이에 여기서는 20여 년간 진행

6 이후 서술에서 괄호 안에 표기된 페이지는 대본집 《세상에서 가장 아름다운 이별 2017+1996》(노희경, 2018)의 페이지다.

된 미디어 환경의 변화가 분석 대상 작품에 어떻게 반영되어 나타나며 그러한 변화가 소통의 재현 양상에서 어떠한 차이로 이어지는지 살펴본다.

〈세상에서 가장 아름다운 이별〉의 원작과 리메이크작에 나오는 등장인물들의 미디어 이용 재현 양상은 크게 달라진다. 매스 미디어 이용과 관련해서는 1996년 원작에 등장하였던 정철이 가판대에서 신문을 사서 벤치에서 읽는 장면(p.292)이 리메이크작에서 사라졌고, 1996년 원작에서 거실의 중심을 차지하였던 텔레비전이 2017년 리메이크작에서 사라졌다. 이러한 사례는 신문과 방송으로 대표되는 매스 미디어 이용의 감소를 단적으로 보여 준 것이라 할 수 있다. 하지만 원작과 리메이크작 모두 매스 미디어 이용에 대한 재현은 충분히 이루어지지 않은 편이어서 유의미한 양적 변화를 도출하는 데는 한계가 있다.

대인 미디어인 전화의 이용 양상에서는 양적, 질적으로 두드러지게 차이가 나타났다. 먼저 전체 신에서 전화가 등장하는 신을 양적으로 살핀 결과, 1996년에는 25번, 2017년에는 39번 등장한다. 이를 전체 신 대비 비율로 보면 9.7%(257신 중 25신), 13.9%(279신 중 39신)다. 즉 전화를 통한 소통의 비중이 늘어났다. 이는 사람들 사이의 커뮤니케이션이 직접적인 대면 교류보다는 미디어에 의해 매개된 소통으로 이루어지는 비중이 더 커졌음을 말해 준다.

1990년대 이후 전화 이용에서 나타난 또 다른 차이는 유선 전화에서 휴대 전화로의 변화다. 현실에서의 휴대 전화의 보급 현황을 보면 1995년 보급률은 3.68%에 불과하였으나, 2015년 보급률이 113.45%로 사실상 인구 1명이 1대 이상의 개인 전화를 보유한 시대로 진입하였다(통계청, 2016). 스마트폰 보급도 급속히 확대되어

표 6-1. 전화의 등장

(단위 : 건, %)

	고정형 전화		휴대 전화	불명	전체
	유선 전화	공중전화			
1996년작	10(40)	7(28)	5(20)	3(12)	25(100)
2017년작	0(0)	0(0)	36(92.3)	3(7.6)	39(100)

표 6-2. 전화 이용 방식

(단위: 건, %)

	음성 통화	문자	영상 통화	사진 촬영	전체
1996년작	22(100)	0(0)	0(0)	0(0)	22(100)
2017년작	29(80.5)	2(5.5)	1(2.7)	4(1.1)	36(100)

2011년 21.6%였던 보급률은 2016년 81.6%에 이르게 된다(정보통신정책연구원, 2017). 1995년에 존재하지도 않았던 미디어인 스마트폰이 2017년 가장 대중적인 미디어가 된 것이 큰 변화다. 이러한 차이가 TV 드라마 재현에서도 뚜렷하게 나타났다. 표 6-1은 대본에서 전화가 언급된 신 번호를 기준으로 빈도를 합산하여 분석한 결과다. 표에서 '불명'은 대화 중 전화가 언급되었으나 기기 형식이 구체적으로 드러나지 않은 경우다.

1996년작에서는 실내 유선 전화가 10건(40%), 공중전화가 7건(28%) 등장하였고, 휴대 전화의 등장은 5건(50%)이었으나, 2017년작에서는 휴대 전화가 36건(92.3%)으로 사실상 전화를 이용한 소통은 모두 개인 전화로 이루어졌다. 1996년작에서 68%를 차지하였던 가정용 유선 전화와 공중전화의 사용은 2017년작에서는 전혀 찾아볼 수 없었다. 이는 앞서 말한 대로 휴대 전화가 보편화된 사회적 상황이 드라마에도 직접 반영된 결과다.

또한 TV와 마찬가지로 1996년작에서 거실에 위치하였던 유선 전화는 2017년작에서는 사라진다. 1996년작에서는 주인공 부부의 딸 연수와 그 직장 선배인 인철, 전원주택 공사를 맡은 건축업자 김 소장만 휴대 전화를 소유하였다. 하지만 2017년작에서는 할머니를 제외하고 모든 등장인물이 휴대 전화를 소유하고 있다. 이렇듯 드라마 속에서 휴대 전화 이용이 일상화되면서 전화를 통한 사적 커뮤니케이션이 크게 늘어났다. 1996년작에서 건축 중인 전원주택의 진행 상황을 점검하기 위해 밖에 나와 있던 인희가 시어머니의 상황을 체크하기 위해 건축업자 김 소장의 휴대 전화를 자연스럽게 빌려 쓰는 장면이 등장한다(p.228).

반면 2017년작에서는 영석이 불륜 관계에 있는 연수로부터 전화가 오자 허겁지겁 부인에게서 전화를 가로채는 장면이 새로 등장한다(p.117). 1996년에 등장한 휴대 전화는 자연스럽게 빌려 쓸 수 있는 미디어였다면 2017년에 휴대 전화는 부부 사이에도 사용이 엄격하게 분리될 만큼 더욱 개인적인 미디어로 그려진다.

(2) 휴대 전화의 다양한 이용

1996년작에서 음성 통화가 전부였던 전화의 이용 양상도 2017년작에서는 음성 통화뿐만 아니라 문자 송수신, 영상 통화, 사진 촬영 등 다양해져 드라마 속 일상적 소통의 재현 양상도 달라지는 것을 발견할 수 있다. 예를 들어 1996년작에서 어머니 인희는 딸 연수가 근무하는 백화점 앞에서 연수를 우연히 마주치고 퇴근 후 함께 차를 마시자고 제안하는 장면이 등장한다(p.195). 개인 전화가 확산되기 전에는 드라마 속에서 우연한 만남의 재현이 자연스러웠다. 반면 휴대 전화가 일상화된 2017년작에서는 인희가 약속 시간에 늦은 연수에게 "넌 왜 이렇게 늦었어? 엄마 한 데서 얼어 죽일래?"라며 불만을 토로하고, 연수가 "내가 놀다 와? 일하다 오지? 문자 넣었잖아, 카페 있으라고"(p.16)라며 퉁명하게 대답하는 장면이 등장하는 등 달라진 양상을 보인다. 휴대 전화의 보급 이후 약속이나 만남의 의미 그리고 그것을 재현하는 방식도 달라진 것이다.

영상 통화가 가능해지면서 떨어져 있는 상대의 실시간 상태를 바로 확인할 수 있게 된 것도 커다란 변화다. 1996년작에서 근덕댁이 남편 근덕을 찾기 위해 근덕의 단골 술집을 찾는 장면과 2017년작에서 양순이 근덕에게 영상 전화를 걸어 주변을 확인하는 장면은 좋은 대비 사례다(표 6-3 참조). 휴대 전화의 보급이 소수에만 국한되었던 시절에는 상대방을 찾기 위해 자주 가는 단골 장소부터 방문해야 했지만 휴대 전화 이용이 일상화된 이후 찾고 싶은 상대에게 영상 전화를 걸어 주변을 돌려 보라며 장소를 확인하는 등 일상적 풍경이 달라지고 있다. 이러한 현실의 변화가 드라마 재현에도 반영되어 나타나는 것이며, 이를 통해 사람과 사람이 연결되는 방식이 달라지고 있음을 알 수 있다. 그 과정에서 소통의 무대가 물리적 공간에서 전자적

표 6-3. 영상 통화 이용으로 인한 소통 양상의 변화

1996년작 (p.231)	2017년작 (p.78)
근덕댁*: (사납게) "우리 집 인간 안 왔어?" 호스티스: (막아서며) "안 왔다. 나 새서방 만났어. 경고하는데 곱게 가줄래, 불독 아줌마? 나 아주 조용히 살고 싶거든."	근덕: (영상 통화하며) "길바닥에서 일한다, 니 서방." 양순: (영상 통화하며) "핸드폰 주변 돌려 봐."

*1996년작에서 양순의 대본상의 이름은 '근덕댁'이다. 인용문에서는 대본상의 호칭을 그대로 사용한다.

공간 중심으로 옮겨 가고 있는 현상을 확인할 수 있다.

1996년작에서는 휴대 전화가 보편화된 이후 접하기 어려운 장면도 다수 확인할 수 있다. 예컨대 정철이 인희의 병 간호를 부탁하기 위해 처남댁이 운영하는 포장마차를 찾아간 장면에서 근덕댁의 수락을 받자마자 "그럼 지금 집에 갔다 오실래요? 짐두 좀 챙기시구, 처남한테 메모도 남기고…… 여긴 내가 지켜드릴게"(p.230)라는 대사가 등장한다. 근덕댁이 당시 휴대 전화가 없던 택시 기사 근덕과는 상시적인 연락이 어렵기 때문에 집이라는 공동의 장소에 메모를 남겨 사정을 설명해 두라는 것이다.

1996년작에서는 공중전화 부스에서 전화를 거는 장면도 다수 등장하는데, 공중전화 역시 소통의 수단이면서 동시에 일정한 장소에 위치한다는 장소성을 지닌다. 인희가 백화점 시식 코너를 지나다 안쓰러운 올케가 생각나 일부러 공중전화를 찾아 전화를 건다거나(p.196), 인희의 수술을 앞두고 연수가 공중전화에서 애인 영석에게 전화를 거는 장면(p.262)에서 공중전화 부스는 등장인물의 절절한 감정을 증폭시켜 주는 장소로서의 기능을 한다. 반면 2017년작에서는 대부분 손안에 있는 휴대 전화로 통화를 하기 때문에 공중전화를 사용하는 장면은 전혀 등장하지 않았으며 전화를 거는 장소는 그저 지나가는 배경 이상의 의미를 지니지 못한다.

2017년작에서는 휴대 전화로 사진을 촬영하는 장면이 다수 등장한다. 인희가 새로 짓고 있는 자신의 집을 휴대 전화로 촬영하여 이를 시어머니에게 보여 주는 모습은 새로 등장한 대표적 장면 중 하나다. 휴대 전화로 찍어온 집 사진을 치매에 걸린 시어머니에게 한 장 한 장 보여 주며 인희는 "여기가 마당. 이쪽에는 어머니 좋아하는 채송화 심고, 이쪽에는 나 좋아하는 봉숭화랑, 허브 심고. 여긴, 어머니 방. 웃풍도 없고 안쪽이라서 제일 따듯할 거 같어. 좋지? 그치?"라고 말한다. 인희는 찍어 온 사진을 통해 시어머니가 가보지 못한 전원주택이라는 공간을 일일이 소개하면서 장소의 의미를 공유하려 시도한다(p.81). 이는 일상적 소통에서 사진과 영상이 음성 및 문자를 대체하거나 보완하는 전달 수단으로 일상화되고 있음을 보여 주는 재현 사례다.

미디어는 단순히 내용을 전달하기 위한 수단이 아니라 신체가 세상과 관계를 맺는 방식이자 그것을 구조화하는 힘이다(McLuhan, 1964/2011). 이러한 관점을 따를 때 개인 미디어를 통한 다양한 소통 양식의 등장은 표면에서 드러나는 것보다 훨씬 심대한 변화로 인간이 세상과 접촉하는 방식 및 경험 양식의 변화와 연결되는 것이다.

2) 경어 사용에 나타나는 소통의 변화

(1) 가족 간 경어의 감소

경어 사용의 측면에서도 가족 및 주변 인물과의 소통 양상의 변화가 직접적으로 드러난다. 경어는 사람들 사이의 위계를 반영하는 언어 범주로, 대화 참여자의 지위 관계를 언어적으로 드러내 적절히 대우하는 역할을 한다. 또한 지위와 관계없이 공손한 태도를 표시하며 상대방과의 심리적 관계를 조정하는 역할도 한다(이정복, 2011). 경어에는 화자와 청자 사이의 심리적 거리가 표현된다는 점에서 가족 내 경어 사용의 변화는 주목할 만하다.

첫 번째 경어 사용의 변화는 가족 내 세대 간에서 확인할 수 있다. 1996년작과 비교할 때 2017년작에서는 가족 공동체 내에서 경어 사용이 줄어들고, 특히 아버지에게 경어를 사용하는 경향이 약화된다. 1996년작에서 딸 연수가 아버지 정철에게 존댓말을 썼던 것과 달리 2017년작에서는 존댓말과 반말을 섞어서 사용한다. 가족 내에서 아버지를 부르는 호칭도 '아버지'에서 '아빠'로 바뀐다. 1996년작에서는 딸 연수가 아버지 정철에게 답답한 마음을 토로하며 "어제오늘 정말 왜 그러세요? 저두 힘들어요"(p.238)라는 대사가 등장하였지만, 2017년작에서는 "어제오늘 정말 왜 그러는데, 아빤? 나도 힘들어"(p.85)로 표현이 바뀐다. 또 1996년작에서는 어머니 인희의 불치병 소식을 듣고 딸 연수가 아버지 정철에게 "어떻게 그럴 수가 있어요. 아버지가 의사신데, 어떻게 그 지경까지 갈 수가 있어요? 아버지, 의사시잖아요."(p.255)라는 대사를 했지만, 2017년작에서는 아들 정수가 인희의 불치병 소식을 듣고 정철에게 "아빠 의사잖아. 더는 안 바래. 발표 날까지만, 어떻게…… 어떻게…… 안 될까?"(p.130)로 대사가 바뀐다. 대사의 주체도 딸에서 아들로 바뀌었지만 대사의 표현이 경어에서 평어체로 바뀐 것이 눈에 띈다.

두 번째는 부부, 즉 성별 대화에서 확인할 수 있다. 이들 사이의 경어 사용은 좀 더 수평적으로 바뀐다. 1996년작에서는 남편 정철이 부인 인희에게 반말을 사용하고 그 역의 경우에서는 일관되게 존댓말을 사용하였지만, 2017년작에서는 인희가 정철에게 존댓말과 반말을 섞어 사용하는 변화가 나타난다. 예컨대 1996년작에서는 인희가 출근하는 정철의 일과를 묻는 장면에서 "오늘 수술 있어요?"(p.185)라는 존댓말을 사용했지만, 2017년작에서는 "오늘 수술 있어?"(p.22)로 표현이 바뀐다.

근덕과 양순 부부의 경어 사용 패턴의 변화는 더욱 극적이다. 정철과 인희 부부와 마찬가지로 1996년작에서는 부인 근덕댁이 남편 근덕에게 존댓말을 사용하였는데, 2017년작에서는 존댓말을 전혀 사용하지 않는다. 뿐만 아니라 2017년작에서는 양순이 근덕에게 욕설을 하는 장면도 다수 추가된다. 양순이 누나에게 행패를 부리는 근덕을 나무라는 장면에서 1996년작에는 "왜 그래요, 누님한테"(p.219)라는 대사가 사용되었지만, 2017년작에는 "미쳤냐, 너? 누나한테 왜 침을 뱉어, 새끼야!"(p.62)로 대사가 크게 달라진다. 경어에서 욕으로까지 바뀐 것이다.

양순이 근덕에게서 병원비가 든 돈 봉투를 뺏으려는 장면에서도 1996년작에는 "안 돼요, 그거. 그 돈이 어떤 돈인데, 언니 진료비 낼 거예요. 어서 줘요, 어서!"(p.265)라는 대사가 사용되었지만, 2017년작에는 "야, 새끼야! 야, 너 거기 안 서! 야, 야!"(p.119)라며 근덕을 욕하며 쫓아 나가는 장면으로 대체된다. 불륜 사이의 연인 관계에서도 경어 사용 패턴의 변화가 있다. 1996년작에서는 연수가 애인 영석에게 일방적으로 존댓말을 사용했지만, 2017년작에서는 서로 존댓말을 사용하지 않는다.

이처럼 남녀 관계에서 1996년작은 여성이 남성에게 일방적으로 경어를 사용하는 경향이 강했지만, 2017년작에서는 경어 사용 패턴이 상호 대칭적으로 변화하였다. 이는 실제로 남녀의 관계가 좀 더 동등한 수평적 관계로 진보한 사회 현실을 반영하는 것으로 해석할 수 있다.

(2) 공적 관계에서는 경어 증대

가족과 남녀 관계에서 경어 사용이 약화되는 것과 대조적으로 공적 관계에서는 경어 사용이 강화되었다는 점도 중요한 변화다. 1996년작과 2017년작에서 병원에 입원한 인희가 간호사에게 하는 대사는 큰 차이가 있다. 1996년작에서는 간호사를 찾아간 인희가 "저, 아가씨,

나 알지? 나, 장 박사님 환잔데⋯⋯ 그 양반이 내가 힘들다고 내가 먹는 약을 뺐다네"(p.269)라는 대사를 한다. 반면 2017년작에서는 "저, 간호사님, 나, 약 줘요"(p.123)로 경어를 사용하는 방식으로 바뀌었다. 간호사를 부르는 호칭 역시 '아가씨'에서 '간호사님'으로 달라졌다.

만취한 정철이 소란을 피우다 잡혀간 경찰서에서 접하게 되는 경어 사용 양상도 다르다. 1996년작에서는 파출소 안에서 경찰관들이 주취자들에게 "일어나, 일어나"(p.258) 소리치는 장면이 등장한다. 반면에 2017년작에서는 같은 상황에서 경찰관들이 주취자들에게 "선생님, 일어나세요. 일어나세요!"(p.113)라며 경어를 사용하는 것으로 그려진다. 이러한 변화는 '지위 관계에 맞게 대우'하고 또 지위에 관계없이 '공손한 태도를 드러내는' 경어의 본래 기능이 제대로 작동하고 있음을 보여 준다. 결국 공적 관계에서 경어 사용의 강화는 상호 존중을 바탕으로 상대에 대해 지위에 맞게 대우하고 동시에

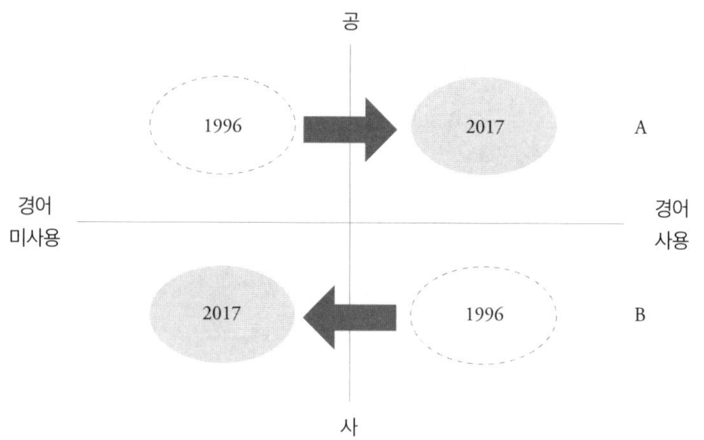

그림 6-3. 사적·공적 관계에서의 경어 사용 변화

지위를 떠나 공손함을 갖추는 태도가 현대 사회의 사회 규범으로서 자리 잡아 가고 있음을 의미한다.

그림 6-5는 1996년작과 2017년작의 경어 사용 패턴을 분석해 그 변화 양상을 도식화한 것이다. 그림을 통해 가족이나 교제하는 남녀 사이 등 사적 관계에서는 경어 사용이 약화(B)되는 반면 공적 관계에서는 경어 사용이 강화(A)되는 경향성을 확인할 수 있다. 이는 1996년에 비해 2017년에 사회 전반적으로 공公과 사私의 구분이 강화된 현실을 반영하는 것이다.

5. 드라마를 통해 본 대인 관계의 변화

1) 가족 위계의 약화

(1) 노모의 간병과 요양 병원

〈세상에서 가장 아름다운 이별〉의 1996년작과 2017년작은 가정과 직장 등에서의 다양한 관계 재현에서도 많은 차이가 드러난다. 가정 내부의 관계 변화 양상은 도입 부분에서부터 드러난다. 1996년작은 치매에 걸린 할머니가 집에서 소란을 피우고 그 와중에 인희가 몸에 이상을 느끼는 것으로 시작되지만(p.183), 2017년작은 인희와 딸 연수가 할머니를 모시러 요양 병원으로 향하는 것으로 시작된다(p.15). 1996년작에는 없었던 요양 병원 장면이 2017년작에 추가된 것이다. 이러한 차이는 시대 환경과 가족 문화의 변화를 함께 반영하는 것으로 볼 수 있다.

1996년은 의료법상 의료기관 종별에 요양 병원이 존재하기는 했으나 크게 활성화되지는 못했던 시기로 집에서 치매 부모님을 모시는 것이 일반적이었다. 요양 병원은 1994년 노인성 치매 환자, 장기 요양 환자 등에게 보다 나은 의료 환경을 제공하기 위한 목적으로 의료법에 종별이 명시되었다. 하지만 도입 초기 세부 운영 지침과 수가 체계 설정 등이 미비하여 활성화에 어려움을 겪었다. 그러다 정부가 1996년부터 2001년까지 17개의 시·도립 치매 요양 병원 건립 지원을 발표하는 등 적극적 정책 지원을 하고(장현숙, 2000), 노인 인구 증가 등 인구 사회학적 변화가 맞물리면서 빠르게 성장하였다(《의학신문》, 2014. 4. 11). 반면 2017년은 요양 병원이 포화 상태라는 보도(《중앙일보》, 2017. 10. 31)가 나올 정도로 이용이 일반화되었다. 물론 이러한 제도와 사회 조건의 차이 외에도 2016년을 전후하여 효도 계약과 불효자 방지 법안이 중요한 사회적 이슈가 될 정도로 효에 대한 사회적 인식이 달라진 세태(유계숙·김제희, 2017)를 드라마가 반영하고 있다고 볼 수 있다.

그렇지만 이러한 사회적 변화에도 불구하고 2017년작에서도 큰 고민 없이 부모를 요양 병원에 보내는 것은 정서적으로 쉽게 용납할 수 있는 일이 아니다. 이에 따라 2017년작에서는 1996년작에서는 등장하지 않았던 정철의 동생들을 새로 등장시켜 부모님을 모시는 문제를 놓고 갈등하는 장면이 추가된다. 2017년작에서 정철은 망설이다 어렵게 남동생의 사무실을 찾아가는데, 끝내 어머니를 모시라는 이야기를 꺼내지 못하고 "어머니 보러 집에 좀 들러"라는 말만 남긴 채 돌아나온다(p.111).

한편 이 장면에서 동생 역시 장인 장모와 함께 살고 있다는 이야기가 등장한다. 동생은 형에게 "남들은 데릴사위로 살기 피곤하지 않냐고들 하는데, 형, 나는 체질에 딱 맞는 것 같아. 장모님은 딸

편이 아니라 완전 내 편, 와이프가 바가지라도 긁을라치면, 장모님이 얘, 그러지 마 하고 딱 방어막 쳐주신다니까"(p.111)라며 '처가살이'의 좋은 점을 이야기한다. 이러한 설정 역시 변화된 가족 관계의 한 단면을 보여 준다.

2017년작에서 정철의 여동생은 식당을 운영하는 것으로 설정된다. 정철은 부모님 문제를 상의하기 위해 여동생의 식당을 찾아, 어머니 이야기를 어렵게 꺼낸다. 그러나 여동생은 "언니 아프면, 엄마 요양원 모셔. 난 못 모셔. 솔직히, 엄말 내가 왜 모시냐? 평생 아들내미들만 끼고돌고, 나는 딸년이라고, 대학 공부도 안 시켰는데…… 어쨌든 난 못 모셔요, 그냥 요양원 보내셔. 요즘 누가 치매 노인을 모셔. 그러다 생사람 여럿 죽어"(p.112)라며 거절 의사를 명확히 밝힌다. 요양 병원 문제는 죽음을 앞둔 인희의 대사를 통해서도 다시 거론된다. 가족과 함께 여행 온 바닷가에서 인희는 정철에게 "어머니, 요양원 모셔, 집에 모셔 놓고 미워하는 것보다, 요양원 보내고 미안해하는 게 나아"(p.172)라고 이야기한다. 1996년작에서는 등장하지 않았던 '요양원'이 2017년작에서는 중요한 화두이자 극적 장치로 등장한 것이다.

이렇듯 2017년에 드라마에서 중요한 문제로 다루어지는 요양원 문제는 단순히 제도와 세태의 변화 외에도 윗세대의 고령화와 가족 공동체의 약화가 함께 맞물려 있는 사안이다. 정철이 동생들을 찾아가 어머니를 모실 수 있는지를 상의하는 장면은 부모님을 바로 요양원에 모시는 것에 대한 정서적 거부감을 드러내는 것이기도 하지만 한편으로는 '가족 간병'이 갈수록 중요한 사회 문제가 되고 있음을 보여 준다. 요양원 문제는 죽음을 앞둔 인희가 다시 한 번 강조할 만큼 2017년작에서는 중요한 문제로 부각되는데, 이는 인간 수명의 연장과 함께 노부모를 간병하는 아랫세대 역시 노년층에 접어들고 있는 상황에 따른 것이기도 하다. 윗세대의 고령화와 아랫세대의 만혼 또는 비혼 증가로 인해 필연적으로 나타나고 있는 가족 간병의 문제를 드라마가 반영하는 것이다.

(2) 가족 간의 관계는 수평적으로

1996년작에 비해 2017년작에서 가족 성원들 사이의 관계는 좀 더 수평적으로 변화한 것을 확인할 수 있다. 1996년작에서는 정철이 가사 노동에 참여하는 장면이 없었던 반면 2017년작에서는 참여하려는 모습이 일부 추가된 것이다. 예를 들어 1996년작에서는 딸 연수가 빨래를 하는 장면이 등장하는데(p.271), 2017년작에서는 비슷한 상황에서 연수가 빨래 바구니를 가져와 마당에 빨래를 널자 옆에 있던 정철도 함께 빨래를 너는 것으로 묘사된다(p.125). 뿐만 아니라 1996년작에 비해 남편 정철의 성격이 조금 더 자상하고 섬세하게 그려지는 경향이 나타났다. 2017년작에서는 인희가 피자 이야기를 꺼낸 걸 기억해 두었다가 연수와 만나 저녁을 먹고 들어가는 자리에서 부인을 위해 피자를 포장해 가는 모습도 새로 등장하였다(p.107). 이 변화는 곧 가부장주의의 변화를 보여 주는 것이다.

(3) 장성한 자식의 분가도 자연스러워져

2017년작에서는 자식의 분가와 관련한 언급이 새로 등장하는 것도 특징적이다. 공사 중인 전원주택을 구경하러 간 자리에서 건축 소장이 "아들 있으시다고 그러셨죠? 아들 장가보내서 2층에 살림 내줘도 좋을 겁니다"라고 하자, 인희는 "장가보내도 요즘 애들을 왜 데리고 살아요. 지들 편하게 살게 해야죠. 그래야, 우리들도 편하고요"

라고 응답한다(p.73). 또 가족들과 바닷가를 찾은 장면에서도 인희는 남편 정철에게 "연수, 오피스텔 얻은 거 도로 내놨다는데, 그냥 내보내요. 분가시킬 때 됐어"(p.172)라고 이야기한다.

이러한 새로운 대사의 등장은 한국 사회의 가족 구조 및 사회 인식의 변화와 궤를 같이하는 것이다. 통계청의 인구 주택 총조사 자료를 보더라도 3대 이상이 함께 거주하는 가구의 비중은 1970년 18.8%에서 2015년 5.3%로 크게 감소하였고, 같은 시기 부부 또는 편·부모와 자녀로 구성된 핵가족의 비중은 71.5%에서 81.7%로 10%p 이상 증가하였다(통계청, 2015a). 1인 가구 역시 2000년 222만 가구에서 2017년 562만 가구로 152.6%나 증가하면서 전체 가구에서 1인 가구가 차지하는 비중은 2017년 28.6%를 넘겨 이미 한국의 가장 주된 가구 형태로 자리 잡고 있다(통계청, 2018b). 드라마는 이러한 실제 현실의 변화와 달라진 문화를 반영하여 장성한 자식이 분가하는 것을 자연스러운 것으로 묘사하고 있다.

2) 여성의 지위 및 여성상 변화

(1) '엄마'에서 '인희'로: 여성에게도 이름을

1996년작과 2017년작에서 관계 양상 변화의 주요 측면은 여성의 재현 양상 변화와 관련된다. 실제 현실 사회에서 여성이 차지하는 비중과 역할 역시 상당한 변화가 있었다. 1990년대 전체의 절반에 미치지 못했던 여성의 경제 활동 참가 비율은 2012년을 기점으로 이미 과반을 넘기 시작했다(통계청, 2019b). 여성 관리자의 비율 역시 2006년 10% 수준에서 2018년 20.56%로 높아졌다(고용노동부, 2018). 이러한 현실의 변화와 함께 드라마가 재현하는 여성상에도 변화가 나타났다.

첫 번째로 지적할 수 있는 변화는 주요 여성 등장인물에 각각의 이름이 생겼다는 점이다. 그동안 한국 사회에서 여성은 '가정 내 어머니'와 같은 '범주'로만 호명되어 온 경향이 있다(황슬하 · 강진숙, 2014). 1996년작을 보면 여성에 대한 범주화된 호명 방식이 그대로 사용되었다. 1996년작에서 주인공인 인희의 대본상 이름은 단순히 '엄마'였다. 극 속에 인희라는 이름은 총 네 번 등장하는데, 인희의 주치의이자 정철의 친구인 장 박사가 두 차례, 병원에서 간호사가 이름을 한 차례 부른다. 가족 중에서는 정철이 아내 인희가 숨을 거둔 것을 확인하는 장면에서 부르는 것이 유일하다.

인희의 올케인 양순 역시 1996년작에서는 대본상의 이름이 '근덕댁'이고, 실제 작품에서 이름이 한 차례도 언급되지 않았다. 사실상 이름이 없는 존재였던 셈이다. 이 드라마가 여성이 주인공인 작품임에도 불구하고 1996년작에서는 주요 여성 캐릭터에 이름조차 사용되지 않았던 것이다. 2017년작에서는 두 여성 등장인물의 대본상 이름이 생기고, 대사에서 인희가 여덟 번, 양순이 세 번 이름이 언급되는 등 개별적 주체로서의 존재를 부여받게 된 것이다.

(2) 여성관도 변화

1996년작에서는 여성을 결혼이나 출산, 가사 활동과 연결 짓는 대사들이 많았던 반면 2017년작에서는 이들 대사에서 상당한 변화가 나타났다는 점도 주목할 만하다. 대표적으로 1996년작에서 인희가 딸 연수의 음식 솜씨를 걱정하며, "된장도 하나 제대로 못 끓이구…… 시집을 어찌 갈란지"(p.288)라고 잔소리를 하는 장면이 등장하는데, 2017년작에서는 "된장도 하나 제대로 못 끓이구…… 어떻게 살 거야"(p.145)로 대사가 달라진다. 또 1996년작에서 정철이 근덕댁에게 근덕이 속을 썩이냐고 묻자 "아니에요. 그렇게 안 나빠요. 애 못 낳는 년, 데리구 사는 것도 고맙죠, 뭐"(p.230)라고 대답한다. 반면 2017년작에서 동일한 상황에서 양순은 "아니에요. 그렇게 안 나빠요. 성질 별난 년, 데리구 사는 것두 고맙죠, 뭐. 그리고, 너무 어려서 만나, 정들어, 내가 버림 그 인간 어쩌나 싶기도 하고…… 봐주며 살아요"(p.77)로 대답한다.

이렇듯 여성을 가정에 위치시키는 관점은 가족 관계뿐만 아니라 불륜 관계에서도 나타난다. 1996년작에서 연수는 불륜 관계의 애인 영석에게 이별을 통보하면서 "좋은 남자 만나 우리 엄마처럼, 당신 부인처럼 착하게 살 거예요"(p.280)라는 대사를 하는데, 2017년작에서는 "누굴 상처 주는 내가 싫고. 뭐 하나 당당하질 않아. 나 잘 살게"(p.134)로 대사가 바뀐다. 삶의 의미를 가정 내의 위치나 남자와의 관계에서 찾는 것이 아니라 주체적으로 찾는 형태로 변화한 것이다.

이러한 대사의 변화는 여성과 결혼에 대한 사회적 인식이 달라지고 있는 현실을 보여 준다. 실제로 통계청의 혼인 관련 통계를 보면 1996년 43만 건이었던 혼인 건수는 2017년 20만 건으로 인구 1000명당 혼인 건수가 1970년 통계 작성 이후 역대 최저를 기록했다(통계청, 2018a). 더욱이 20대 가운데 '결혼을 반드시 해야 한다' 또는 '하는 것이 좋다'는 응답 비율이 2010년에 59.3%에서 2016년 42.0%로 줄어들었다(통계청, 2016). 이러한 장기적 추세 속에 현실에서 결혼을 꼭 해야 한다는 사회적 압력도 낮아지고, 드라마 재현에서도 결혼을 중심에 놓고 나누는 대사가 줄어든 것으로 해석할 수 있다. 또한 여성의 불임에 대한 자기 비하 표현이 사라지는 것도 결혼 후 여성의 출산에 대한 관점 변화도 읽을 수 있다. 결혼 후의 출산 문제를 여성의 의무이자 책임으로 보던 전통적 인식이 약화되는 사회적 인식을 반영한 것으로 볼 수 있다.

1996년작을 보면 여성 관련 대사에서 가정이 중심이 되는 대사가 두드러지지만 2017년작에서는 여성을 자립적 개인으로 보는 대사가 늘어난 점도 확인된다. 예컨대 1996년작에서는 인희가 병원에 찾아와 돈을 달라고 행패를 부리는 동생 근덕에게 돈 봉투를 던지며 "니 마누라 두구 가"(p.265)라는 이야기를 하는데, 2017년작에서는 같은 상황에서 돈 봉투를 가리키며 "그거 갖고, 가!"(p.119)라고 이야기한다. 1996년작에 등장하는 대사는 여성을 가정에 귀속된 존재처럼 간주하는 반면 2017년작에서는 그러한 표현을 사용하지 않은 것이다.

1996년작과 2017년작은 남매 관계를 묘사하는 데도 차이가 드러난다. 1996년작에서 누나 연수의 성격은 상대적으로 유약하고 의존적으로 그려진다. 연수가 동생 정수에게 엄마의 불치병 소식을 알리는 장면에서 동생이 밖으로 뛰쳐나가자 따라 나가 동생의 허리를 잡고 늘어지며 우는 것으로 묘사된다(p.274). 반면 2017년작에서는 동일한 장면에서 뛰쳐나간 동생을 따라가 팔을 잡으며, "누나가 이러라고 너한테 말한 거 아냐"라며 차분하게 동생을 타이르는 것으로 그려진다(p.129). 1996년작에 비해 2017년작에서 누나 연수의 성격이 더 어른스럽고 성숙하게 그려지며, 의지할 수 있는 존재로 설정되는 것이다.

연수가 자책하는 장면에서 대사 표현이 바뀐 것도 주목할 만하다. 구체적으로 1996년작에서 어머니의 병 소식에 심란해하던 연수는 "딸들은 다 도둑년이라는데 제가 이렇게 나쁜 년인지 전 몰랐어요"(p.257)라는 하소연을 아버지의 후배 의사인 윤 박사에게 한다.

이 대사는 2017년작에서 "자식들, 다 이기적이라는데…… 나도 그런가……"(p.110)로 대체된다. "딸들은 다 도둑년"이라는 표현은 부모의 노후 봉양, 집안의 대소사 결정, 가계 계승 등의 권한과 그에 따르는 책임을 아들에게 지우던 부계 혈통 중심의 가부장적 가족 구조에서 사용되던 속된 표현이다. 따라서 '딸들'이라는 표현이 '자식들'이라는 표현으로 대체된 것은 그만큼 부계 가족 중심의 가부장적 남아 선호의 약화와 그러한 현실 변화에 따른 언어 사용의 변화를 반영하는 것이라 할 수 있다.

그런가 하면 근덕과 양순 부부를 중심으로 부부간 권력관계에서 일부 전복적 재현도 발견된다. 근덕과 양순이 차에서 안전벨트 착용 여부를 놓고 실랑이를 벌이는 장면에서 1996년작에서는 근덕이 부인 근덕댁에게 "기집애가 눈에 뵈는 게 없나, 아휴"(p.309)라고 핀잔을 줬지만, 2017년작에서는 반대로 양순이 남편 근덕에게 "꼭 욕을 처먹어야 말을 듣지. 너, 이제부터 내 말 안 듣기만 해, 당장 이혼이야! 가!"(p.116)라며 구박을 한다.

부인 양순이 남편 근덕을 부르는 호칭도 많이 달라진다. 1996년작에서는 근덕댁이 근덕이 사 온 호두과자를 인희에게 전달하는 장면에서 "그이가 샀어요"(p.312)라는 표현을 사용했다. 하지만 2017년작에서는 남편의 이름을 그대로 언급하며 "근덕이가 샀어요"(p.169)라고 말한다.

2017년작에서는 다툼 중 양순이 근덕에게 사용하는 욕설이 거칠어지고, 뺨을 때리는 장면도 추가되었다. 1996년작에서는 다툼 장면에서 근덕댁이 근덕에게 "인간아"(p.266)라는 표현을 사용했지만, 2017년에는 "새끼야"(p.37)라는 더 과격한 표현을 사용한다. 또 1996년작에서는 근덕이 자신의 집에 찾아온 누나 인희에게 행패를 부리자 근덕댁이 "왜 그래요, 누님한테."(p.219)라며 상대적으로 부드럽게 말렸지만, 2017년작에서는 "이게 이게 이게, 지랄해, 지랄해, 아주! 엄마 같은 지 누나한테! 형님, 언니, 이 새끼 미쳤어요."(p.63)라는 대사를 한 후 뺨을 때리는 장면이 추가된다. 이러한 재현의 차이는 여성의 지위 향상과 남성과 여성의 관계 변화를 반영하는 것으로 볼 수 있다.

3) 공사公私 분리의 강화

앞서 가정 내부 관계에서 위계가 약화되고 수평적 관계로의 변화가 확인되는 반면, 직장 등 가정 바깥에서 일어나는 관계 묘사에서는 사적 관계와 공적 관계의 경계가 분명해지면서 분리되는 경향이 나타난다는 점도 특기할 만하다. 이는 앞서 살펴본 대로 간호사에게 경어를 사용하고 경찰도 시민에게 경어를 사용하는 변화에서도 잘 드러난다.

정철이 병원을 퇴직하는 과정에서도 이러한 측면이 잘 드러난다. 병원장이 정철에게 사직을 권고했을 때, 1996년작에서 정철은 부인이 아픈 개인적 사정 이야기를 하며 간절하게 하소연을 했던 반면 2017년작에서는 개인적 사정 이야기를 전혀 꺼내지 않았으며, 연봉을 낮추자는 제안을 잠시 하다 받아들여지지 않자 이내 체념하고 만다(표 6-4 참조).

정철이 새로운 일자리를 찾는 과정도 다르게 그려진다. 1996년작에서는 직장을 잃을 처지에 놓인 정철이 후배 윤 박사에게 일자리를 알아봐 달라고 부탁하고, 윤 박사는 정철의 새로운 일자리를 찾는데 도움을 주는 것으로 그려진다. 이 과정에서 윤 박사가 정철

표 6－4. 정철이 병원을 퇴직할 때 한 대사 차이

1996년작 (p.260)	2017년작 (p.115)
정철: "여편네가 곧 죽을 것 같은데, 그때까지만 어떻게 안 되겠소? 그럼, 수위실 옆에서라도 있게 해주시오. 한달만…… 그렇게 있게 해주시오, 더는 바라지 않으리다."	정철: "계약…… 연장만 해주면, 내가 연봉을 칠십.. 아니, 오십 프로 정도로, 내려서…… 관둡시다."

에게 "말씀하신 자리 부탁해 놨어요"라고 말하자, 정철은 짧게 "그래"라고 답하는 장면이 등장한다(p.284). 그에 반해 2017년작에서는 정철이 스스로 시외에 있는 보건소에 새 일자리를 알아보는 것으로 내용이 바뀌었다(p.140). 이러한 차이 역시 사적인 부탁의 영향력이 감소하고, 사적 관계와 공적 관계의 경계가 분명해지고 있는 사회 변화의 한 측면을 반영하는 것이라 할 수 있다.

2013년 남양유업 대리점 상품 강매 사건, 2014년 대한항공 회항 사건 등 갑질 문화를 사회 문제화시킨 주요 사건들이 리메이크작 제작 이전에 발생했다는 점도 공사 분리 강화와 연관시켜 볼 수 있다. 갑질 문화가 위계와 서열을 중시하는 권위적 사회 분위기와 무관하지 않고, 공과 사의 혼재 역시 이와 같은 사회 분위기 속에서 양해되어 온 측면이 있기 때문이다. 이러한 맥락에서 리메이크작의 재현 방식은 전반적으로 강화된 공과 사의 구분이라는 사회 변화를 반영한 것으로 해석할 수 있다.

6. 변화하는 한국의 가족 공동체

개인화된 미디어 보급이 확대되고 공동체 변화가 가속화되기 시작한 1990년대 이후 한국 사회 변화에 주목하여 1996년과 2017년 두 차례 제작 방영된 바 있는 노희경의 〈세상에서 가장 아름다운 이별〉을 대상으로 소통과 관계의 변화를 살펴보았다. 리메이크 작품은 공간적으로는 문화권의 차이를 반영하는 비교문화적 텍스트이며, 시간적으로는 사회 변화를 읽어 낼 수 있는 적합한 텍스트라는 점에서 재현 양상의 변화를 통해 한국 사회 공동체 변화의 맥락을 살펴볼 수 있다.

첫째, 미디어 환경의 변화가 대인 소통의 양식을 크게 변화시킨 것을 알 수 있다. 보급 초기 단계였던 1996년과 달리 2017년 휴대전화의 보급률은 100%를 넘었으며, 1996년에는 존재하지 않았던 스마트폰이 가장 대중적인 미디어가 되는 등 21년 사이에 사회적 미디어 환경은 크게 변화하였다. 이러한 미디어 환경의 변화가 드라마에도 반영되어 소통의 방식과 양상을 크게 변화시킨 것을 알 수 있다. 휴대 전화는 음성 통화 외에도 문자 송수신, 영상 통화, 사진 촬영 등의 용도로 다양하게 활용되며 새로운 커뮤니케이션 양식을 만들어 낸다는 것을 드라마를 통해 확인할 수 있었다.

메이로위츠(Meyrowitz, 1985/2018)는 사회적 상황에 따라 행위자들이 다르게 행동하게 된다는 고프먼(Goffman, 1959/2016)의 '사회적 상황'에 관한 논의를 확장시켜, 미디어가 일상적인 '상황 지형' 자체를 근본적으로 변형시키고 있으며, 이러한 변화가 사회적 장과 사회적 행위의 특성에도 광범위한 변화를 야기하고 있다고 주장하였다. 〈세상에서 가장 아름다운 이별〉에서도 휴대 전화와 스마트폰으로 대표되는 새로운 미디어 질서가 사람들 간 상호 작용의 성격뿐만 아니라 소통이 일어나는 물리적 장소의 성격 자체를 변형시키고 있다는 것을 확인할 수 있었다. 예컨대 1996년작에서 전화 통화는 집 거실, 사무실, 공중전화 등 특정한 장소를 배경으로 이루어졌지만, 2017년작에서는 집 거실에서 전화가 사라졌으며, 사실상 스쳐 지나가는 배경 위에서 통화가 이루어지는 차이가 있었다. 더이상 전화 통화라는 행위 자체가 장소와 연결되는 행위가 아닌 것이다. 이는 마을과 집이라는 장소에 고정되어 작동하던 미디어였던 전화가 개인의 움직이는 신체에 직접 연결되어 작동하기 시작하면서 전통적인 장소의 기능과 역할이 축소되었다는 사실을 상기시킨다. 이러한 변화를 볼 때 소통 공간은 확장되고 있지만 친교와 소통의 주요 공간이었던 거실, 사무실 등 물리적 장소의 기능과 의미는 쇠퇴하고 있다고 해석할 수 있을 것이다.

2018년 11월 서울 서대문구 KT 아현지사 화재로 대규모 통신 장애가 발생했을 때 사회적으로 큰 혼란이 야기되었지만 한편으로는 "스마트폰이나 TV 연결이 안 되면서 가족과 오랜만에 얼굴을 마주해 좋았다"는 시민의 뜻밖의 반응이 보도되기도 하였다(조재천, 2020. 1. 2). 물리적으로 아무리 멀리 떨어진 상대도 마음만 먹으면 언제든지 소통할 수 있는 환경이지만 그 이면에서는 한 가족이 거실에 모여서도 얼굴을 마주하지 않은 채 각자의 미디어에 열중하는 교감의 단절이 발생하는 것이다.

최근에는 콘택트contact를 바꿔 만든 단어로 사람과의 접촉을 최소화하는 비대면 환경을 뜻하는 언택트untact 기술이 하나의 새로운 트렌드가 되고 있다(이윤정, 2019. 7. 3). 정보통신 기술의 발전으로 사람과 사람을 넘어 사람과 사물, 사물과 사물이 하나로 연결되고 있지만 정작 물리적인 장소 안에서 연결된 사람들의 친교적인 대화와 교감의 기회는 갈수록 줄어드는 현상이 시대의 일상이 되는 것이다.

둘째, 가정 내부의 모습은 위계가 약화되고 수평적 관계로 변화했다. 경어 사용 방식의 변화를 보더라도 가정 내에서 부부 사이 그리고 부모와 자녀 사이에 경어를 사용하는 경향이 크게 줄어든 것을 확인할 수 있다. 이는 경어 사용이 감소하는 추세(김경희, 2003)와 연관 지을 수도 있겠지만 나아가서 가정 내 위계가 약화되고 관계가 수평적으로 변화한 경향과도 밀접한 연관이 있는 것으로 해석할 수 있다. 경어 사용의 약화와 언어적 거리감의 감소는 가부장적 가족 위계의 약화와 수평적 가족 관계로의 이행을 보여 준다고 볼 수 있다.

이러한 측면은 가부장인 정철의 행동 변화를 통해서도 확인할 수 있다. 1996년작에서는 정철이 가사 노동에 참여하는 장면이 거의 없었지만 2017년작에서는 소극적이나마 가사 노동에 참여하려는 모습을 보였다. 또한 부인이 피자를 좋아한다는 사실을 기억해 두었다가 딸과 외식을 한 후 부인의 피자를 포장해 가자고 제안하는 등 조금 더 자상하고 섬세한 모습으로 그려진다. 1990년대까지도 한국 TV 드라마에서 수직적 가족 관계 재현이 두드러졌던 것으로 평가되는데(이은미, 1993), 이번 분석을 통해 2010년대에는 수직적 가족 관계가 약화되고 가족 관계가 좀 더 수평적으로 변화한 것을 확인할 수 있었다.

또한 2017년작에서 새로 추가된 대화를 통해 전통적 효에 대한 사회적 인식이 조금씩 달라지고 있고, 요양 병원 문제가 가족의 중요한 화두가 되는 것을 확인할 수 있었다. 이는 사회의 인식과 가치관의 변화를 반영하는 것으로 볼 수 있는데, 그럼에도 불구하고 치매에 걸린 부모를 요양 병원에 보내는 것은 가정 구성원들에게 부담스럽고 힘든 결정이라는 것을 추가된 등장인물과 에피소드, 그리고 인희의 대사를 통해 확인할 수 있었다. 자식의 분가와 관련해서도 새로운 대사들이 추가되었는데, 이 역시 1인 가구의 증가와 자녀 분가에 대해 달라진 사회 인식을 보여 준다.

셋째, 여성에 대한 재현이 크게 달라진 것을 알 수 있다. 특히 여성을 가정에 고착시키는 표현이 줄어든 것으로 나타났다. 1996년 "시집을 어찌 갈란지"는 2017년 "어떻게 살 거야"로, 1996년 "딸들은 다 도둑년"은 2017년 "자식들 다 이기적이라는데"로, 1996년 "애 못 낳는 년"은 2017년 "성질 별난 년"으로 대사가 바뀌었다. 남성과 여성의 관계를 재현하는 방식도 크게 변하는 것을 확인할 수 있었다. 부인 양순이 남편 근덕에게 욕설하는 장면이 늘고, 뺨을 때리는 장면이 추가되는 등 변화가 있었다. 1996년작에서 근덕이 근덕댁에게 핀잔을 주던 장면은 2017년작에서 양순이 근덕을 심하게 구박하는 장면으로 역전되는 등 남성과 여성의 전복된 권력관계 재현도 일부 나타났다.

이러한 남성과 여성의 관계 재현의 변화는 부계 혈연 중심의 가부장적 가족주의의 쇠퇴와 그에 따른 공동체 내 여성의 역할 및 지위의 변화를 반영하는 것이다. 부계 혈통을 중심으로 한 가부장주의는 남성과 여성을 엄격하게 구별하는 성별 이원제와 성별 분업적 사고를 기반으로 작동해 왔는데, 이러한 가부장적 가치관이 약화되면서 여성에 대한 사회적 인식도 변화하고 있다. 가계 계승의 권한과 책임을 아들에게만 지우던 의식이 약화되고 여성을 독립적 개인으로 보는 사회적 인식이 강화되는 추세가 드라마에도 반영되고 있다고 보아야 할 것이다.

그럼에도 궁극적으로 죽음을 맞이하는 중년 여성의 고통이 자아의 인생 여정이 아닌 가족주의의 맥락 안에서 다루어지는 양상에는 변화가 없다는 점도 주목해야 한다. 노희경은 언론 인터뷰에서 이 작품이 돌아가신 어머니에 대한 그리움이 담겨 있는 작품이고 자신의 작품 중 가장 애착이 가는 작품이라 밝힌 바 있다(이미현, 2017. 11. 24). 즉 1996년작과 2017년작에서 어머니의 표상이 동질적인 이유는 작가의 주관적 경험과 인식에 기인하는 것으로 해석할 수도 있다. 하지만 한편으로 이 드라마가 여전히 보통 사람들에게 강력한 소구력을 지니며 높은 시청률을 기록했다는 점은 징후적이다. 여기서 '보통'이란 지배적 문화와 담론에 충실하다는 의미이기도 하다. 여전히 우리 사회 어머니 담론의 많은 부분은 전통적이고 정형화된 틀에서 크게 벗어나지 않고 있다는 것을 말해 주는 것이다.

넷째, 가정 바깥의 관계에서는 사적 관계와 공적 관계의 구분이 엄격해졌다. 경어 사용 패턴의 변화를 보면 가족이나 연인 등 사적 관계에서 경어 사용이 약화되는 것과 대조적으로 공적 관계에서는 경어 사용이 강화되는 경향을 볼 수 있다. 1996년작에서 주인공 인희가 간호사를 '아가씨'라 불렀지만, 2017년작에서는 '간호사님'이라 부른 것에서 보듯 사적 관계의 범위가 좁아지고 기능적 관계로 대체가 진행되는 것을 발견할 수 있다. 극 중에 등장하는 경찰들 역시 1996년작에서는 반말을 사용하며 고압적인 태도를 취했지만, 2017년에는 동일한 장면에서 경어를 사용하며 친절하게 응대하는 등 변화가 나타났다. 즉 공동체 내 사적 관계와 공적 관계의 규범이 변화한다는 것을 보여 준다.

정철이 병원 퇴직 후 새로운 일자리를 구하는 과정을 보더라도 이러한 추세를 확인할 수 있다. 1996년작에서는 정철이 후배의 도움을 받아 새로운 일자리를 찾게 되지만 2017년작에서는 정철이 연고가 없는 곳에서 스스로 직장을 찾을 뿐만 아니라 새 일자리를 찾는 것을 후배에게 부탁하는 일에도 소극적이다. 정철이 퇴직 과정에서 보인 반응에서도 1996년에는 개인적인 이야기를 하며 간절하게 호소하지만 2017년작에서는 개인적인 이야기를 전혀 꺼내지 않을뿐더러 연봉을 낮추는 협상을 잠시 시도하다 여의치 않자 바로 거두어들인다. 이는 사회를 가족의 확장으로 보는 가족주의적 세계관이 약화되고 사회를 기능적 관계로 보는 경향이 강화되는 추세를 반영하는 것으로 이해할 수 있을 것이다.

1996년과 2017년 21년의 간격으로 두 차례 제작 방영된 TV 드라마를 대상으로 소통과 관계의 변화 양상을 살펴본 결과 시대 환경의 차이에 따른 다양한 변화 양상을 확인할 수 있었다. 소통의 측면에서는 전화를 중심으로 한 일상적 미디어 환경의 변화와 함께 물리적 구속에서 벗어나 소통의 시공간적 범위가 넓어지고 있다는 점과 동시에 전통적으로 친교와 사회적 상호 작용이 이루어지던 물리적 장소의 의미와 역할이 축소되고 있다는 것을 발견하였다.

관계의 측면에서는 효도에 대한 인식 변화와 가부장의 권위 약화 등 전통적 가족 위계가 약화되면서 가족 관계가 수평적 관계로 이행하고 있다는 것을 발견할 수 있었다. 또한 가족 바깥의 관계에서는 사회를 가족의 연장으로 보는 시각이 퇴조하고 기능적 관계로의 이행이 나타나면서 사적 관계와 공적 관계의 구분이 엄격해지고 있다는 것을 관찰할 수 있었다. 이렇듯 새로운 소통과 관계의 출현은 사회 현실의 변화를 반영하는 것으로써 사회의 근간을 이루는 공동체의 변화와 그 궤를 같이한다고 할 수 있다.

7장

한국인의 미디어 이용과 공동체, 그리고 세대

최근 한국 사회에는 세대의 문제가 심각한 쟁점으로 부상하고 있다. 심지어 '세대 전쟁'(박종훈, 2013)이라는 격한 비유까지 등장할 정도다. 사회 변화가 가속되고 미디어 환경도 급속히 바뀌면서 이 세대 간의 격차가 점점 심화되는 것이다. 사실 세대 차이는 비단 현대 한국만의 문제가 아니다. 오히려 인류 사회의 보편적 문제라 할 수 있다. 고대 이집트 문명이 파피루스에 남긴 기록물이나 함무라비 법전에도 젊은 세대가 버릇이 없다고 우려하는 내용이 등장하며 소크라테스와 아리스토텔레스도 젊은 세대를 우려하는 발언을 했다(〈오마이뉴스〉, 2015. 12. 17). 그만큼 세대 차이의 문제는 시공을 초월하여 보편적인 문제다. 사회는 항상 지속적인 변화의 과정에 있으며 윗세대는 자신의 관점에서 아래 세대를 염려하기 때문에 어찌 보면 세대 간의 차이는 필연적으로 생겨나게 마련이다. 하지만 근대 이후 현대에까지 이르면서 사회 변화가 점차 가속화되며 이 세대 간의 차이는 점차 더 심화되어 사회적 차원의 갈등 양상으로까지 비화되곤 한다.

새로운 미디어가 속속 등장하며 이루어진 미디어 환경의 급격한 변화는 이러한 세대 차이를 더욱 깊어지게 만든 요인으로 평가된다. 세대별로 주로 이용하고 의존하는 미디어가 달라지면서 그 미디어들의 기술적 특성에 따라 이용자들의 사고 구조나 가치관 등이 달라지기 때문이다. 이제부터는 세대별로 미디어 이용이 어떻게 달라지고, 그에 따라 공동체에 대한 인식은 어떤 차이를 보이는가를 살펴본다. 이를 통해 세대 간 소통이 어려워지는 문제의 현황을 파악해 보고, 그 간극을 극복할 수 있는 방안을 모색해 본다.

1. 한국 사회의 다양한 세대론

세대란 비슷한 연령을 가지면서 공통의 생활 양식과 의식을 가진 사람을 지칭하며 다른 연령대와 구분되는 특성을 통해 규정된다. 세대의 구분은 단순히 출생 연도를 기준으로 하기보다는 동세대 집단 cohort group이 가지는 역사적, 사회적 경험의 차이에 근거한다. 출생 시기가 비슷한 사람들이 생애 주기의 동일한 단계에서 역사적 사건을 유사한 방식으로 경험할 가능성이 높고, 또 그러한 경험은 그 세대 특유의 의식 혹은 행위 양식을 구성하기 때문이다. 예컨대 한국 사회에서 통용되는 세대 구분은 일제 식민지 경험, 한국 전쟁, 산업화, 민주화 운동, 정보화 등 중요한 집단적 사회 경험을 기준으로 하는 경향이 있다(박재흥, 2009; 은석 외, 2018 등). 시대 특성을 반영하는 '한국 전쟁 세대,' '4·19세대,' '유신 세대,' '민주화 세대,' '386세대,' 'IMF 세대,' '88만 원 세대' '광장 세대' 등의 구분이 이에 해당한다. 그런가 하면 다소 상업적이고 마케팅적인 맥락에서 X세대, Y세대, W세대, P세대, Z세대 등의 표현이 만들어지기도 했다(임홍택, 2018).

한국 사회의 급격한 사회 변동은 각 세대가 처한 사회적 환경뿐만 아니라 가치관이나 태도 등에 많은 차이를 낳으며 각 세대만의 고유한 특성을 만들었다. 예를 들어 현 시점에서 20대와 50대를 비교해 보자. 세대 비교에 있어 특히 청소년기와 초기 성년기의 경험이 특히 중요하다. 은석 등(2018)에 따르면 세대의 특징적 정체성은 생애 과정 중 특히 청소년기와 초기 성년기의 역사적 경험을 기초로 하며, 이때의 경험에 기초하여 학교나 군대, 직장 등의 단체 생활을 통해 17세에서 25세에 실재 세대가 출현하기 때문이라고 한다. 이에 근거하여 20대와 50대가 청소년기와 초기 성년기의 겪은 주요 역사적 사건 중심으로 이들의 세대적 특성을 유추해 볼 수 있다.

50대는 1960년대 이후 출생한 이들로 베이비 부머의 뒤를 잇는 세대에 속한다. 일제와 전쟁을 겪은 이 세대의 부모들은 자식에게 가난을 되물림하지 않도록 스스로를 희생하며 자식들의 교육에 헌신했다. 이들은 5·16 쿠데타와 새마을운동을 보고 자란 베이비 부머와 비교할 때 정치적으로 민주화되고 경제적으로도 여유로운 환경에서 자랐다. 특히 '2차 베이비 붐 세대'인 이들의 등장은 한국 경제에 새로운 도약을 가져다주었다. 1968년부터 1974년까지 단 7년 동안 태어난 2차 베이비 붐 세대는 600만 명이 넘고, 이 대규모 인구 집단이 생산 가능 인구로 편입된 1990년대 한국 경제는 유례없는 호황을 누리며 최고의 전성기를 누리기 시작했다(박종훈, 2013: 98). 그 결과 이들은 컬러 TV, 프로야구, 학원 자율화와 두발 자유화, 통금 해제, 해외여행 자유화 등 일련의 자유화 조치와 88서울올림픽과 마이카 붐, 퍼스널 컴퓨터와 소비사회로의 이행 등을 초기 성년기에 경험할 수 있었다(홍덕률, 2003). 그러나 사회인으로서 첫발을 내딛자마자 IMF의 혹독한 경제 체제를 감내해야 했던 세대이기도 하다.

한편 현재의 20대는 전 세계적으로 Z세대(또는 C세대)로 주목받고 있다. 이들은 기성세대들과 비교해 집단이나 공동체보다 개인을 중시하기 때문에 집단적 정체성이 상대적으로 약하다. 일반적인 세대론에서는 각 세대의 고유한 역사적 경험을 통해 전후 세대와 구분되는 집합적인 세대 의식이나 세대 문화가 형성된다고 본다. 이와 달리 Z세대의 세대 의식은 디지털 세대의 자유로운 선택에 의해서 물리적-사회적 공간이 아닌 가상적-사회적 공간, 즉 디지털 공간에서 발생한다. SNS의 '좋아요' 클릭 한 번으로 사회적 연대를 형성하는 식이다. C세대 역시 마찬가지다. 디지털 기술로 모든 것을 연결Conneted하고 창의적Creative으로 해석하며, 새로운 콘텐츠Content를 만들고 공유하는 이들은 연령에 상관없이 스마트폰이나 인터넷을 통해 자신을 즐겨 표현하고 남들과 잘 소통하는 공통점이 있다(진주화, 2017). Z세대 또는 C세대로 지칭되는 20대는 특정한 역사적 사건에 의해 세대 의식을 공유하거나 세대 위치가 정해진 것이 아니라 그들과 더불어 성장한 디지털 환경이 세대 의식과 세대 위치를 형성하는 데 결정적 영향을 미쳤다고 볼 수 있다(박치완, 2019: 17~18).

한국의 20대는 탈권위주의, 탈냉전 시대에 성장해 온 세대인 만큼 국가 권력에 대한 두려움이 크지 않고, 간섭과 통제보다는 개성과 다양성을 중시한다. 특히 한국의 20대가 기억하는 강렬한 사회적 이벤트의 중심에는 '광장'이 있다. 2002년 월드컵의 열기 속에서 고사리손으로 대한민국을 외쳤고, 2008년 미국산 쇠고기 수입 반대를 위해 촛불을 든 부모와 언니 오빠를 보면서 자랐다. 이들 세대가 초기 성년기에 겪은 대통령 탄핵 과정은 유년 시절 기억으로 저장된 광장 경험의 연장이다.

비교적 풍요롭고 민주적인 환경에서 유년기를 보냈지만 성인이 된 이들이 처한 사회경제적 조건은 녹록치 않다. 고용 없는 성장 속에 만성적인 실업, 굳게 닫힌 취업문, 비정규직의 증가, 높은 주거비 등으로 대학 졸업과 취업, 결혼과 출산이라는 기성세대의 대학 졸업자들이 무난하게 누렸던 '정상 생애 과정'을 달성하기 어려워진(송동욱·이기형, 2017) 이들은 스스로를 '헬조선'에 사는 '잉여'나 '루저'라는 식의 자조적인 언표로 지칭하기 시작했다.

지금까지 50대와 20대의 단순 비교라는 한계에도 불구하고 이들이 겪은 정치·사회·문화적 경험을 비교해 보았다. 이들의 경험은 각 세대만의 특수한 가치관과 태도를 형성하고 나아가 개인이나 가족, 국가와 같은 공동체에 대한 인식을 형성하는 과정에도 유의미한 영향을 미쳤을 것으로 보인다.

2. 사회적 경험과 미디어 경험

정치·사회·문화적 경험 외에 미디어 역시 공통의 문화적 경험을 형성하는 역할을 하고 일상적 삶에 큰 영향을 미친다는 점에서 세대 간 차이를 만들어 내는 중요한 요인이 된다(김영임, 2017; Clark, 2009). 이 때문에 미디어 환경의 변화를 기준으로 세대 구분이 이루어지기도 한다. 영상 세대, PC 통신 세대, N세대, 모바일 세대 등이 대표적이다(이광석, 2011). 이러한 세대 구분이 가능한 이유는 현대를 살아가는 모든 사람은 미디어와의 접촉을 피할 수 없으며, 미디어와 일상을 마치 씨줄과 날줄처럼 오가며 삶을 영위해 나가기 때문이다.

미디어 이용이 세대 간 생활 양식과 가치관의 차이를 만들어 내는 중요한 요인으로 작용할 수 있다는 가능성은 세대 간 직접적인

표 7-1. 20대, 50대의 생애 단계별 주요 미디어 사건

50대	주요 미디어 사건		20대
출생 ▶	1965	-1961 KBS 개국	
		-1963 전화 보급 50만 대	
		-1966 TV, 국내 조립 생산	
	1970	-1971 서울-부산 장거리 DDD 개시	
		-1974 새마을 TV 보급, 아남 컬러 TV 제작	
청소년기 ▶			
	1980	-1980 컬러 TV 방송 / 언론 통폐합	
		-1983 무선 호출(삐삐) 서비스	
초기 성년기 ▶		-1984 자동차 무선 전화 개시 / 전자사서함(PC 통신) 서비스	
		-1986 삼성 첫 리모콘 TV 출시	
		-1988 〈한겨레신문〉 창간 / 일반 휴대 전화 보급 시작	
		-1989 가구당 TV 1대 돌파(1.04대)	
	1990	-1990 www 서비스	
		-1991 SBS 개국	
		-1995 케이블 TV 개시 / PC방 등장	◀ 출생
		-1997 개인 휴대 통신(PCS)	
		-1998 네이버 서비스	
		-1999 싸이월드 출시 / 휴대 전화(2,103만 명) 가입자 수, 유선(2,078만 명) 추월	
	2000	-2000 〈오마이뉴스〉 창간	
		-2004 미 페이스북 개설	
		-2005 위성 DMB 첫 전파 / 미 유튜브 개설	◀ 청소년기
		-2006 미 트위터 개설	
		-2008 IPTV 출범 / 유튜브 한국어 서비스	
		-2009 아이폰(3GS) 국내 출시	
	2010	-2010 카카오톡 출시/미 인스타그램 출시	
		-2011 종합 편성 채널 개국	◀ 초기 성년기
		-2014 IPTV 가입자 1,000만 돌파	
		-2016 휴대 전화 6,000만 회선 돌파	
		-2017 유료 방송 가입 비율 91%	

비교를 통해 확인할 수 있다. 표 7-1은 앞서 정치·사회·문화적 경험을 통해 20대와 50대의 차이를 구분한 것과 같이 두 세대가 겪은 미디어 경험을 생애 주기의 각 단계별로 구성한 것이다. 2050세대는 이광석(2011)의 연구에서 3가지로 분류된 디지털 세대, 즉 'PC 통신 세대-N세대-모바일 세대'의 전후에 등장한 세대로, 각각 PC 통신 세대의 직전 세대(50대)와 모바일 세대의 직후 세대(20대)에 해당한다. 또 한편으로 두 세대는 각각 부모와 자녀 세대에 해당되며 20년 이상의 미디어 경험을 공유하면서도 청소년기와 초기 성년기의 미디어 경험은 매우 상이하다. 특히 온라인 미디어와 스마트 미디어의 등장 이후 출생한 20대의 복합적 미디어 이용 양상은 부모 세대와 분명한 차이가 있을 것으로 예상할 수 있다.

2020년 현재 50대는 30대 중반 이후 인터넷을 사용하기 시작한 세대로, 일부는 대학이나 사회 초년생 시절 PC 통신을 통해 온라인 커뮤니티를 경험하기도 했지만 후속 세대인 신세대나 N세대와 비교해 청년기 디지털 통신 문화의 영향은 상대적으로 적었다고 볼 수 있다. 이들의 특성은 이후 세대인 N세대와 비교되는데, 개인적인 성향이 강한 N세대는 혼자 즐거우면 그만이기 때문에 각자가 경쟁하는 게임인 '카트라이더'나 '와우3'를 선호하며, PC방에 떼지어 가기보다 집에서 게임을 하고, 친구들과의 교류 또한 '싸이월드' 등 미니홈피만으로도 충분했다(〈서울신문〉, 2005. 11. 26).

마지막 아날로그 세대라 할 수 있는 이들은 주로 민주화나 정치운동 등 정치와 이념의 틀 내에서 다루어져 왔다. 가령 2002년 대선 당시 20대인 '신세대'와 30대 '386' 간의 연대를 두고 "정보화와 민주화의 만남," 혹은 "문화와 정치의 결합"(홍덕률, 2003)이라는 표현에서 엿볼 수 있듯이, 이들은 주로 '386세대'로 명명되어 정치적 변혁에 기반을 두고 체제 변화를 꾀했던 이념 세대(이광석, 2011)로 주목받았다. 이는 1970년대 이후 출생하고 1990년대 청년기를 보낸 이른바 '포스트386'이나 '신세대'가 정보화나 문화의 상징으로 명명되는 것과 대비된다. 신세대가 PC 통신을 통한 문자 중심의 채팅과 상호 접속을 수행했던 기술 친화적 세대로 주목받아 왔다면 386세대 혹은 X세대로 명명된 이들의 미디어 경험은 PC 통신 문화를 맛 본 소수의 얼리 어답터들을 제외하면 대부분 신문과 TV가 이들의 미디어 환경의 중심이다.

한편 20대는 이전의 정보화 세대나 N세대 등이 인터넷 대중화의 흐름 속에서 청년기를 보낸 것과 달리 출생 당시부터 디지털 환경 속에서 성장하였고, 생애 첫 휴대 전화로 스마트폰을 갖게 된 말 그대로 '디지털 네이티브'들이다. 이들은 '쥬니버'[7]를 통해 한글을 배우고 '유튜브'를 통해 숙제를 해 왔다. PC 이용은 물론 모바일 환경에도 친숙하며, 인터넷의 연결성을 충분히 이해하며 주도적으로 활용할 수 있는 세대다. 이들에게 새로운 정보 통신 환경은 늘 존재하는 세계이며, 그 기술은 함께 성장하면서 자연스럽게 체화된 것으로, 자연스럽고 투명한 기술이자 일상적 환경의 일부다(이동후, 2009). 미디어 소비 역시 일상에서 언제나 배경에 두고 끊임없이 이용할 수 있도록 "항상 켜져 있는always on" 현상이다(송요셉 외, 2009).

미디어 이용 환경 변화는 기성 미디어와 새로운 미디어가 공존

7 쥬니어네이버(쥬니버)는 검색, 숙제 도우미, 학습, 게임, 재미, 부모, 파니룸, 동요세상, 유아세상, 학부모방 등을 대상으로 1999년 6월에 개설된 네이버의 어린이 서비스 중 하나이지만 완전히 다른 페이지로 운영된다. 어린이들에게 유해가 되는 정보는 자체적으로 걸러진다. 경쟁 사이트인 야후! 꾸러기, 다음 키즈짱이 서비스 종료되었기 때문에 현재 남아 있는 어린이 전용 포털 사이트는 이 사이트가 유일하다.

하고 경쟁하는 가운데 점진적 형태로 이루어진다. 이 과정에서 미디어 이용자들의 미디어 이용 습관은 새로운 미디어가 등장한다고 급격하게 변화하지는 않는다. 미디어 이용자들은 기존의 미디어와 새로운 미디어를 선택적으로 조합해 가며 이용하는 가운데 복잡한 변화 과정을 거치게 된다. 즉 미디어 이용자들은 기존 미디어와 새로운 미디어를 다양한 방식으로 조합해 이용 패턴을 구성하게 되며, 이는 세대에 따라 다른 양상을 띤다. 새로운 미디어의 도입은 기성 미디어 이용의 관습 위에서 이루어지며 그 속도는 세대에 따라 다르게 나타난다.

날로 복잡해지는 미디어 환경에서 이용자들이 선호하는 패턴이 다양하다는 것은 습관화된 조합 패턴, 즉 레퍼토리repertoire라는 개념으로 포착되었다(Kim, 2014). 미디어 레퍼토리란 채널 개념을 미디어로 대체한 것으로 미디어 이용자들이 규칙적으로 이용하는 미디어 묶음으로 정의할 수 있다. 이는 방송의 다채널 상황에서 시청자들이 규칙적으로 시청하는 채널 묶음을 분석한 채널 레퍼토리 연구channel repertoire studies에서 먼저 시작되었다. 가령 AGB 닐슨의 시청률 데이터 분석에 따르면 60대 이상의 노년층은 다양한 채널을 두루 시청하기보다는 소수의 지상파 채널을 집중적으로 시청하며 이들 채널을 중심으로 특정한 레퍼토리를 구성하고 있다(강남준·조성동, 2007). 케이블 방송의 다채널 연구에서 시작된 채널 레퍼토리 연구가 미디어 레퍼토리media repertoire 연구로 계승된 것은 비교적 최근이다(Hasebrink & Popp, 2006; Yuan, 2011).

세대별로 구분되는 미디어 이용 조합이나 패턴의 차이는 이미 다수의 연구에서 확인할 수 있다. 예컨대 연령대별 뉴스 미디어 이용의 레퍼토리를 비교해 보면, 20~30대는 인터넷 포털을 중심으로 한 뉴스 이용 조합을 주로 구성하는 데 반해 60대 이상에서는 여전히 지상파 방송과 신문을 중심으로 한 뉴스 미디어 이용이 주류를 이루었다(박노일 외, 2017). 또한 10대 청소년들의 디지털 기기 이용이 급증하고 있을 뿐만 아니라 이들 신규 미디어를 중심으로 미디어 이용 패턴과 시간이 다양화되고 있다(송요셉 외, 2009). 실제로 연령대가 낮을수록 미디어를 다양하게 조합하여 사용한다는 점은 다수 연구에서 확인할 수 있다(강남준 외, 2008; 이미영 외, 2010).

3. 세대별 미디어 이용 실태

1) 세대 간 미디어 이용의 차이

20세기에 들어서면서 과학 기술의 발달과 함께 새로운 커뮤니케이션 테크놀로지의 등장이 20세기 후반 이후 점차 가속화되며 다양한 뉴 미디어를 가능케 하였다. 근대 이후 인쇄 미디어의 독점이 수백 년 동안 지속되었지만 20세기 전반기에 라디오, 후반기에 TV라는 새로운 전파 미디어가 등장하였다. 나아가서 전파의 제한성을 극복하는 위성방송, 케이블 방송이 개발되더니, 개인용 컴퓨터 PC의 보급은 인류의 커뮤니케이션 환경에도 커다란 변화를 가져왔다. 인터넷이라는 무한의 온라인 공간이 정보와 의견 교류의 공간으로 열리면서 기존의 미디어들을 위협할 정도로 급성장하였다. 또한 21세기에 새로 등장한 스마트폰은 언제, 어디서라도 원하는 소통을 가능케 하는 새로운 차원을 열어 인류의 다양한 측면에 광범위한 영향을 미치며 디지털 시대를 열어가고 있다.

급격한 미디어 환경의 변화는 이에 따른 세대 간의 차이도 빠른 속도로 심화시킨다. 세대 간 가치관이나 의견의 차이도 두드러지게 나타나지만 미디어 이용의 행태도 커다란 차이를 보인다. 여러 연구 결과들에 의하면 최근 미디어 수용의 차이는 여러 가지 요인 중에서도 연령, 즉 세대라는 요인이 가장 큰 변수인 것으로 확인되고 있다. 노년층은 새로운 기술에 대한 활용 능력과 자기 효능감이 떨어지며 은퇴 이후 경제적 능력도 줄어 새로운 미디어의 수용에 소극적이 되기 쉽기 때문에 새로운 미디어 수용의 세대 간 차이가 발생한다는 것이다(박노일 외, 2017: 319)

이러한 사실은 각종 통계 자료를 통해서 확인된다. 한국언론진흥재단이 해마다 실시하는 언론 수용자 조사의 결과도 이와 같은 세대 간의 미디어 이용의 차이를 여실히 보여 준다. 2020년에 최근의 조사 결과도 발표되었지만 잘 알려진 대로 2020년은 코로나19 바이러스의 확산으로 사회적 거리 두기가 실시되면서 현대인의 일상에 커다란 변화를 가져왔다. 외부 활동이 대폭 줄어들고 집안 활동이 늘어나면서 미디어 이용에도 TV와 PC의 이용이 늘어나는 등 다양한 영향을 미쳐(한국언론진흥재단, 2020. 12. 3) 자연스런 추세를 보기에는 한계가 있을 것이다. 따라서 여기서는 2019년 전국의 19세 이상 성인 5040명을 대상으로 한 〈2019 언론수용자 조사〉(한국언론진흥재단, 2019) 결과를 중심으로 미디어 이용의 세대 간 차이를 알아본다.

2) 주요 미디어의 이용과 의존

주요 미디어의 이용률에서도 세대별로 큰 차이를 보였다. 표 7-2는 1주일 동안 어떤 미디어를 이용하였는지 묻는 질문에 대한 응답을

표 7-2. 연령대별 미디어 이용률

(단위: %)

	텔레비전	종이 신문	라디오	잡지	인터넷(모바일+PC)			포털(모바일+PC)			메신저 서비스	SNS	팟캐스트	온라인 동영상 플랫폼
						모바일	PC		모바일	PC				
전체	91.6	12.3	17.2	3.0	86.7	86.4	40.2	81.8	81.3	35.3	80.2	49.2	3.7	47.1
20대	76.9	2.5	7.0	5.0	100.0	99.9	73.0	97.3	97.0	63.0	97.4	85.3	7.4	69.9
30대	87.0	5.6	20.8	2.9	99.8	99.7	61.4	98.4	98.2	54.7	96.3	66.9	6.5	67.4
40대	93.3	12.8	25.1	2.9	99.1	98.8	45.3	96.8	96.3	39.5	94.9	59.0	4.3	54.3
50대	97.1	19.9	23.6	3.4	92.3	92.1	30.5	87.6	86.5	27.1	85.0	42.4	2.1	42.5
60대 이상	98.4	16.7	10.7	1.4	56.1	55.7	9.1	45.8	45.2	8.2	44.4	12.5	0.3	17.7

출처: 한국언론진흥재단(2019: 33).

연령대별로 분석한 결과다. 텔레비전과 종이 신문, 라디오, 잡지 등의 전통 미디어들은 연령대가 높은 층이 많이 이용하며 인터넷 미디어는 젊은 층이 더 많이 이용하는 것을 알 수 있다. 미디어별로는 여전히 텔레비전이 전체 91.6%의 이용률로서 가장 높았고 50대 이상의 고연령층에서도 가장 많이 이용한 미디어로 나타났다. 반면 20대부터 40대까지의 젊은 층은 모바일과 PC를 합친 인터넷의 이용률이 거의 100%에 이르러 젊은 세대의 필수적인 미디어로 정착하였음을 보여 준다.

세상 돌아가는 일에 대한 뉴스나 시사 정보는 주로 어떤 미디어에 의존할까? 이 조사에서는 지난 1주일 동안 뉴스나 시사 정보 습득을 위해 가장 많이 이용한 미디어를 한 가지만 선택하도록 하여 그 응답 결과를 분석한 것이 표 7-3이다. 이 문항에서도 연령이 높을수록 텔레비전에 대한 의존이 높았으며 연령이 낮을수록 인터넷 포털에 주로 의존함을 알 수 있다. 60대 이상은 텔레비전을 주로 이

표 7-3. 뉴스 및 시사 정보 주 이용 경로

(단위: %)

	사례수	텔레비전	인터넷 포털	종이 신문	온라인 동영상 플랫폼	인터넷 뉴스 사이트에 직접 접속	메신저 서비스	라디오	SNS	이용 안함	계
전체		63.2	39.1	1.8	1.5	0.9	0.8	0.6	0.7	100.0	
20대	(867)	10.1	77.7	0.4	3.0	2.5	0.4	2.3	1.9	100.0	
30대	(834)	25.4	66.0	0.5	2.0	1.3	0.8	0.7	0.2	100.0	
40대	(986)	49.6	44.9	0.9	1.1	0.7	0.4	0.2	0.2	100.0	
50대	(1,025)	68.8	23.5	3.4	1.3	0.3	1.6	0.1	0.2	100.0	
60대 이상	(1,328)	89.5	4.6	2.9	0.6	0.2	0.6	0.0	1.0	100.0	

출처: 한국언론진흥재단(2019: 15).

용하는 비율이 89.5%에 이르렀지만 20대에서는 10.1%에 불과하였다. 반면 인터넷 포털을 주로 이용한다는 응답은 20대는 77.7%를 차지하였지만 60대 이상은 4.6%에 불과하였다.

3) 종이 신문의 위상 약화

표 7-3에서 또 하나 주목할 만한 것은 종이 신문에 주로 의존하는 비율은 전체 1.8%에 불과하다는 사실이다. 연령별로 40대 이하의 젊은 층에서는 1%에 못 미쳤으며 가장 높은 50대도 3.4%에 불과하였다. 이는 종이 신문이 그간 다른 미디어들에 의해 수용자층을 잠식당하였으며 여러 요인에 의해 신뢰도도 점차 낮아지는 가운데 나타난 결과로 보인다. 그림 7-1은 2011년 이후 종이 신문의 이용 양상의 변화를 보여 준다. 정기 구독률을 비롯해서 열독률이나 열독 시간 모두 일관되게 감소하는 추세다. 2019년의 조사에서는 구독 여부

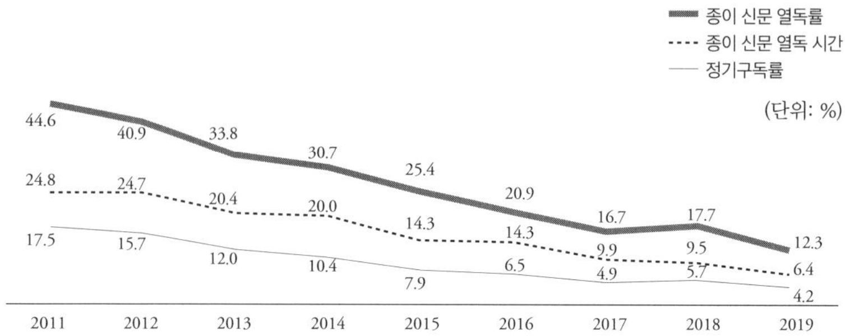

그림 7-1. 종이신문 열독률, 열독시간, 정기 구독률 추이(2011~2019)

출처: 한국언론진흥재단(2019: 19).

와 상관없이 지난 1주일 동안 종이 신문을 읽은 적이 있다는 열독률도 12.3%에 불과하였다. 1996년 종이 신문 열독률이 85.2%로 거의 열 명 중 아홉 명이 종이 신문을 보던 시대에서 이제는 열 명 중 한 명 정도가 종이 신문을 보는 세상으로 변했다(한국언론진흥재단, 2019: 18). 변화된 미디어 환경 속에서 달라진 인쇄 미디어의 위상을 단적으로 잘 보여 준다.

4) 텔레비전의 이용 실태

텔레비전의 경우는 아직도 가장 중요한 뉴스와 정보원인 것으로 나타난다. 표 7-4는 텔레비전 수상기뿐만 아니라 PC와 모바일을 포괄하여 지나 1주일간 텔레비전 및 그 뉴스의 이용 여부와 이용 시간을 조사한 결과다. 텔레비전의 이용률은 전체 91.6%를 차지하여 가장 많이 의존하는 미디어인 것으로 밝혀졌지만, 이 비율은 해마다 조금씩 감소하는 추세다(한국언론진흥재단, 2019: 17). 또한 연령이 낮을

표 7-4. 텔레비전 및 텔레비전 뉴스 이용률

(단위: %, 분)

구분	사례 수	텔레비전		텔레비전 뉴스	
		이용률	이용 시간	이용률	이용 시간
전체		91.6	143.2	82.8	44.3
20대	(867)	76.9	79.4	51.0	17.4
30대	(834)	87.0	108.2	73.8	30.4
40대	(986)	93.3	134.7	88.7	42.7
50대	(1,025)	97.1	154.1	94.1	51.3
60대 이상	(1,328)	98.4	204.6	96.1	66.4

출처: 한국언론진흥재단(2019: 18).

수록 그 이용률과 이용 시간이 줄어들었다는 것을 알 수 있다. 젊은 층일수록 전통 미디어에서 점차 벗어나고 있음을 말해 준다.

하지만 이제는 텔레비전을 집안 거실에 온 가족이 모여 수상기를 통해서만 볼 수 있는 시대는 이미 아니다. 언론진흥재단의 조사에서 어떤 단말기를 통해 방송 프로그램을 시청하고 있는지를 조사한 결과 그림 7-2에서 보는 바와 같이 2018년도 조사에서 전체 응답자의 92.1%가 텔레비전 수상기를 통해 시청했지만 2019년에는 90.0%로 줄었다. PC로 방송 프로그램을 이용했다는 비율은 6.0%에서 9.3%로 늘어났고, 모바일 단말기를 통한 시청 역시 16.5%에서 26.3%로 대폭 상승했다. 수상기의 이용률은 감소하고 모바일이나 PC를 이용한 시청이 증가 추세임을 알 수 있다.

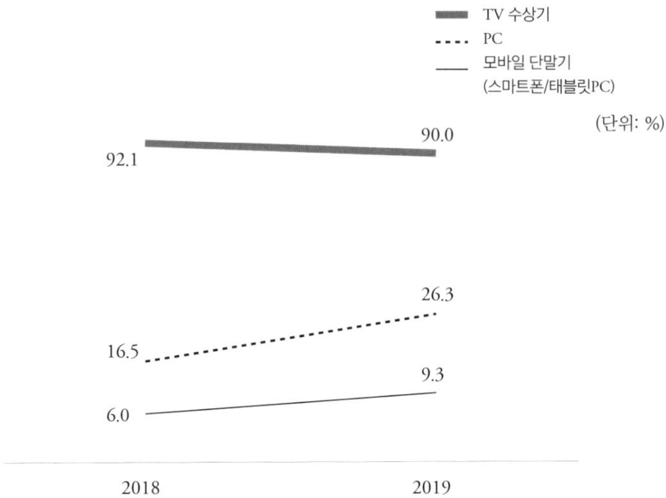

그림 7-2. 시청 경로별 프로그램 이용률

출처: 한국언론진흥재단(2019: 18).

5) 인터넷 이용의 세대 차이

인터넷에 펼쳐지는 온라인의 무한 공간은 기술 발전과 함께 다양한 방법으로 접근 가능해졌다. 이제는 PC뿐만 아니라 스마트폰을 이용하여 언제, 어디서라도 접속이 가능해졌다. 이러한 기술 발전과 함께 인터넷의 접속 경로도 PC보다 모바일에 더 많이 의존하는 추세다. 그림 7-3은 2011년 이후 인터넷 이용의 경로, 즉 모바일과 PC를 통한 이용의 추이를 보여 준다. 2012년까지는 모바일보다 PC의 이용이 더 많았지만, 스마트폰의 보급이 지속적으로 확대되면서 2013년부터는 오히려 모바일을 통한 접속이 PC보다 많아졌고, 이 추세가 최근까지 계속 확대되면서 2019년에는 2배 이상의 격차를 보였다.

앞서 살펴본 대로 인터넷을 이용하는 비율은 86.7%로 텔레비

(단위: %)

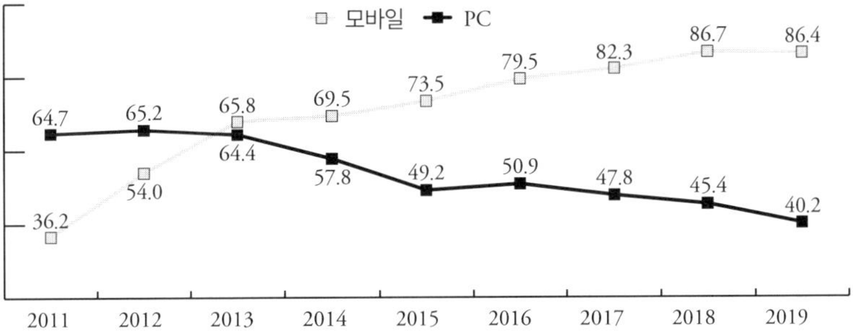

그림 7-3. 모바일 인터넷과 PC 인터넷 이용률 추이(2011~2019)

출처: 한국언론진흥재단(2019: 14).

전의 91.6%에 이어 2위를 차지하였다. 그렇다면 인터넷의 다양한 플랫폼들은 어느 정도 이용할까? 포털을 이용한다는 응답이 전체의 81.8%로 가장 많았으며, 메신저 서비스(80.2%), SNS(49.2%), 동영상 플랫폼(47.1%)의 순이었다. 3.7%가 이용했다는 팟캐스트를 제외하고는 최소한 절반 정도 이상의 이용자들이 인터넷을 생활 속에서 친숙하게 즐기고 있다는 말이다. 또한 뉴스나 시사 정보를 제일 많이 의존하는 미디어로는 텔레비전이 53.2%로 가장 많았으며 인터넷 포털이 39.1%로 뒤를 이었다. 세대별로 보면 젊은 층일수록 인터넷 포털에 의존이 많고 노년층일수록 텔레비전 의존이 높은 것으로 나타났다.

변화되는 미디어 환경에서 새로운 미디어에 적응하기는 아무래도 노년층이 어려울 수밖에 없다. 더구나 다양한 삶의 조건이 개선되고 수명이 연장되어 빠르게 고령화 사회로 접어들면서 노년층의 미디어 이용은 새로운 격차와 소외를 낳는 요인이 되고 있다. 현대의 커뮤니케이션 능력에서는 연령이 가장 큰 변인으로 부각되면서(황용석 외, 2012) 뉴 미디어의 등장에 따른 세대 간 및 고령자 집단 내의 정보 격차는 지속될 것으로 논의된다(박노일 외, 2017).

인터넷의 이용에서는 포털의 비중이 점차 늘어나는 추세다. 대부분의 이용자들이 인터넷에 접속하면 포털을 첫 페이지로 설정하여 그곳에서 뉴스도 보고, 필요한 정보 검색도 하는 게 일반적이다. 거의 모든 언론사들이 생산하는 뉴스 콘텐츠가 포털에 집결되니, 이용자들은 포털에 가면 원하는 뉴스를 편리하게 볼 수 있기 때문에 주로 포털을 이용하게 되는 것이다. 이러한 변화와 함께 포털을 언론으로 인식하는 비율도 늘어나며 이 인식에서도 세대 간의 차이가 두드러지고 있다. 그림 7-4는 포털을 언론으로 인식하는 비율의 세대별 현황을 보여 준다. 포털을 더 많이 이용하는 젊은 층일수록 이를 언론

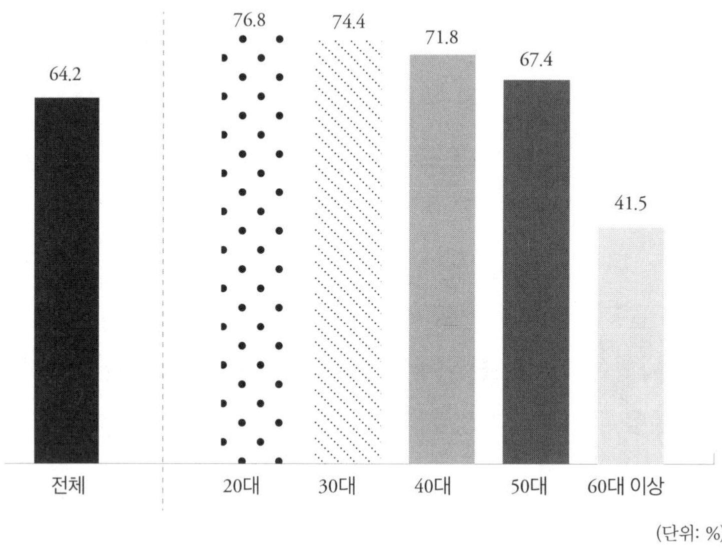

그림 7-4. 포털을 언론으로 인식하는 비율

출처: 한국언론진흥재단(2019: 13).

으로 인식하는 비율도 높아짐을 알 수 있다. 포털이 이제는 언론사의 뉴스를 단순히 연결시켜 주는 차원에만 머무는 것이 아니라 그 자체가 수용자에게 뉴스를 생산하는 언론으로 인식되는 것이다.

6) 동영상 플랫폼의 이용 증가

최근에는 대표적인 온라인 동영상 플랫폼인 유튜브의 이용이 급격히 증가하면서 주목받고 있다. 2019년 KT그룹의 디지털 미디어렙 나스미디어가 실시한 '2019 인터넷 이용자 조사(NPR)'의 결과에 의하면 국내의 인터넷 이용자들이 선호하는 검색 채널(복수 응답)로는 92.4%가 네이버를 꼽았으며 그다음으로 60%는 유튜브에서 정보를 검색한다고 답했다. 이는 다른 검색 포털인 구글(56%)과 다음(37.6%)을 넘어선 것이다(《동아일보》, 2019. 3. 14). 이제는 유튜브가 단순히 동영상을 올리고 시청하는 사이트를 넘어 검색 엔진으로 자리매김하며 그 영향력이 확대되고 있다. 문자와 고정된 이미지 중심의 포털보다는 동영상을 통해 화면과 음성으로 정보를 제공해 주는 점이 특히 젊은 이용자들에게 크게 어필하는 것이다.

또한 기존 언론사들도 유튜브에 뉴스 동영상을 제공하면서 이것이 단순한 흥미 위주의 동영상을 보는 공간을 넘어 뉴스의 주된 경로로 부상되고 있다(한국언론진흥재단, 2019: 11). 이렇게 유튜브 이용이 늘어나면서 젊은 층을 중심으로 이를 언론으로 간주하는 인식도 생겨나고 있다. 그림 7-5는 온라인 동영상 플랫폼, 즉 유튜브를 언론으로 평가하는 인식의 세대 간 차이를 보여 준다. 20대는 39.7%가 언론으로 인식하여 가장 높은 비중을 차지하였으며 연령이 증가할수록 비율은 낮아져 60대 이상은 15.1%로 나타났다.

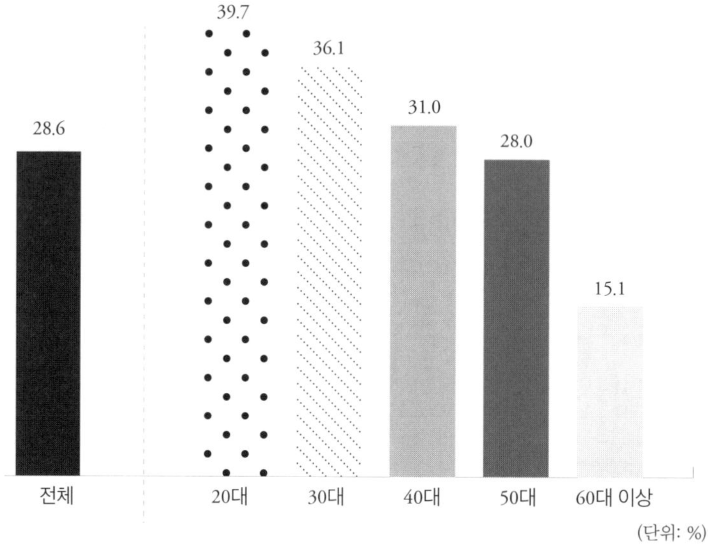

그림 7-5. 온라인 동영상 플랫폼을 언론으로 인식하는 비율

출처: 한국언론진흥재단(2019: 12).

하지만 연령이 높은 집단에서도 포털을 여타 인터넷 서비스인 메신저(14.3%)나 SNS(9.6%)보다는 언론으로 인식하는 비율이 높았다(한국언론진흥재단, 2019: 13). 실제로 유튜브 이용자들을 대상으로 이용 동기의 세대 간 차이를 분석한 최근 연구에 의하면 50대의 중장년층은 뉴스를 포함해 새로운 정보를 얻기 위한 동기가 더 강하였으며 반면 청년층은 정보보다는 오락적 목적으로 유튜브를 더 많이 활용하는 것으로 나타났다(이상숙·전범수, 2020: 97).

동영상 플랫폼의 이용 증가는 새로운 시대적 화두를 던지는 것으로 받아들여지고 있다. 2018년 미국의 〈뉴욕 타임스*New York Times*〉는 이러한 변화를 특집으로 다루며 제목을 "텍스트 이후 미래에 오신 것을 환영합니다Welcome to the Post-text Future"라고 붙였다(김성우·엄기호, 2020: 11). 고대 문명이 문자를 발명한 이래 인쇄술에서 시작되는 근대적 미디어들도 최근의 디지털 미디어에 이르기까지 대부분이 문자 문화를 각각의 테크놀로지에 맞게 변용하여 사용하였다. 하지만 유튜브를 중심으로 한 동영상 플랫폼은 바로 이 문자 문화로부터 서서히 벗어나기 시작하는 징후로 받아들일 수 있을 것이다. 문자로 된 텍스트를 읽는 게 아니라 비디오와 오디오를 통해 필요한 정보를 얻고 즐거움을 얻는 새로운 행태가 확산되어 간다는 점에서 주목할 만하다.

4. 세대별 공동체 인식의 차이

1) 미디어와 공동체 인식

미디어 이용 양상의 변화는 새로운 소통 구조를 낳음으로써 새로운 사회관계의 출현을 촉진하는 역할을 한다. 예컨대 유럽에서 인쇄 미디어의 등장과 확산은 같은 언어를 쓰는 사람들 사이의 동질감과 일체감을 불어넣고 민족이라는 “상상의 공동체”를 형성하는 데 결정적인 역할을 했고(Anderson, 1991/2002), 인터넷 환경이 제공한 사이버 공간은 이전에 경험하지 못했던 새로운 관계망과 사회적 집합체, 즉 ‘가상 공동체’를 등장시켰다(Rheingold, 1993). 그런가 하면 퍼트넘(Putnam, 2000/2009)은 다양한 사회 조사 데이터를 다각도로 검토하여 텔레비전의 보급 확대가 미국 사회 공동체의 쇠퇴와 연관되어 있다고 결론지었다. 셰리 터클(Turkle, 2016/2018)은 개인화된 모바일 미디어의 확산이 의미 있는 사회관계의 파괴를 초래하고 있다고 진단하였다.

앞 장에서 살펴본 바와 같이 한국 사회의 텔레비전 보급 확대와 시청 패턴의 개별화 역시 마을 및 가정 공동체의 약화와 일정한 궤를 같이한다고 평가할 수 있다. 그리고 전화의 보급 확대와 개인 미디어의 발전 역시 통신 네트워크의 교점을 마을과 가정이라는 장소에서 개인의 신체로 이동시킴으로써 소통의 변화를 초래하고 사회관계를 변화시키고 있다는 점을 확인하였다.

물론 앞에서도 살폈듯 공동체의 개념은 다양한 이질적 요인들이 다양한 조합을 이루고 있는 중첩적이고 열린 개념이다(Hillery, 1955). 또한 공동체의 정의는 시대와 상황에 관계없이 고정된 것이 아니라는 점에서 '임의적'인 것이기도 하다(Agamben, 1990/2014; 김예란 외, 2017). 다양한 형식으로 등장하는 온라인 공동체까지 포함할 경우 공동체의 개념은 더욱 복잡해질 수밖에 없다.

하지만 이러한 논의의 복잡성에도 불구하고 전통적 공동체를 개인, 가족, 국가라는 기준을 중심으로 다면적으로 유형화해 볼 수 있다. 개인, 가족, 국가를 핵심적인 기준으로 삼을 수 있는 이유는 우선 개인을 공동체를 구성하는 기본 요소로 볼 수 있기 때문이다. 또 가정은 사적 영역의 핵심을 이루는 공동체로 볼 수 있다. 그리고 국가는 법적인 제약을 공유하면서 권리를 주장하고 보호를 받을 수 있는 공적인 체계의 핵심을 이루는 공동체라는 점에서 하나의 기준이 될 수 있다.

또한 미디어는 개인들이 사회와 관계를 맺는 형식 및 성격과 밀접하게 연관되어 있기 때문에 그 이용 행태의 변화는 세대에 따른 개인 및 공동체 인식의 차이를 만들어 낼 수 있다. 그동안 미디어 이용이 개인, 가족, 국가에 대한 각각의 인식에 미친 영향을 밝힌 연구들을 살펴보면, 대체로 미디어의 이용은 자신보다 우월한 사람이나 나은 상황과 상향 비교upward comparison 경향을 높이기 때문에 자아를 부정적으로 인식할 가능성을 높인다고 평가되어 왔다(Milkie, 1999). 그러나 이 역시 단순히 미디어 이용 시간보다는 어떤 미디어를 어떻게 이용하느냐에 따라 상향 비교의 효과가 다르게 나타날 수 있으며, 역으로 하향 비교가 일어나 자아에 대한 자긍심을 높일 가능성도 존재한다(조윤경·김은미, 2008).

미디어 이용이 가족 관계에 미치는 영향에 관한 시각도 엇갈린다. 텔레비전 이용과 관련해서는 가족 관계에 미치는 부정적 영향을 강조하는 관점과 정서적 친밀감을 형성하는 긍정적 기여를 강조하는 관점이 맞서 왔다(Brody & Stoneman, 1983). 디지털 미디어 이용과 관련해서는 어떤 미디어를 어떻게 사용하느냐에 따라 다른 효과가 발생한다는 논의가 활발하다. 예컨대 사적 소유와 이용이 가능한 MP3, 게임기 등은 소통의 단절을 초래하는 반면 휴대 전화와 문자 메시지 등은 정서 교류의 중요한 매개가 될 수 있다는 것이다(배진아·조연하, 2010). 즉 디지털 미디어가 가족의 상호 작용 및 가족 관계에 미치는 영향은 일관적이지 않다.

미디어가 국가를 비롯한 공적 체계에 대한 인식에 미치는 영향은 사회자본 연구에서 활발하게 다루어져 왔다. 이준웅 등(2005)은 미디어가 사회자본 형성에 미치는 효과는 미디어에 따라 차별적으로 나타난다고 분석하였다. 예컨대 텔레비전 시청량은 사회적 연계망 활동에 부정적인 영향을 끼치지만 반대로 신문 열독과 인터넷 이용량은 사회적 연계망 활동에 긍정적으로 기여하는 것으로 나타났다. 또 강내원(2013)은 2030세대와 4050세대의 전통적 미디어 이용과 인터넷 이용이 사회자본과 제도적 신뢰 형성에 미치는 영향을 분석하였는데, 뚜렷한 집단 간 차이는 나타나지 않았다. 이러한 결과 역시 미디어 이용량보다는 어떤 미디어를 어떠한 방식으로 이용하는지에 더 초점을 맞출 필요가 있다는 점을 말해 준다.

2) 개인과 공동체 인식의 세대 간 차이

이제 한국 사회의 공동체에 대한 인식이 세대에 따라 어떠한 차이를 보이는가를 살펴보고자 한다. 이를 위해 젊은 층을 대표하는 20대와 그들의 부모 세대에 해당한다고 볼 수 있는 50대를 대상으로 설문 조사를 실시하였다. 공동체에 대한 인식은 개인, 가족, 국가라는 전통적 기준에 초점을 맞추었다. 개인, 가족, 국가에 대한 인식을 체계적으로 조사하여 세대별 양상을 비교하고 그 함의를 논의해 본다.

측정 문항은 사회학자 모리스 로젠버그Morris Rosenberg가 개발한 자존감 척도(Rosenberg, 1965)의 일부 문항을 바탕으로 구성하였다. 로젠버그의 자존감 척도 문항 중 가족과 국가에 대한 인식 측정에도 적용될 수 있는 세 문항을 선정하여 이를 조사 목적에 맞게 변형하였다.[8] 자료 수집은 모바일 시장조사 기업 오픈서베이(http://www.opensurvey.co.kr)를 통해 접근 가능한 패널을 대상으로 온라인 설문지를 보내는 방식으로 이루어졌다.

조사 대상은 앞서 밝혔듯 20대와 50대로 제한하였으며, 20대 400명(남 200명, 여 200명) 50대 400명(남 200명, 여 200명)을 비례 할

8 구체적으로 "나는 ○○에 대해 긍정적인 태도를 지니고 있다," "나는 ○○을/를 아낀다," "나는 ○○에 대해 자랑스러워할 만한 것이 별로 없다고 느낀다(역코딩)"라는 진술문을 기본 문형으로 대상을 '나 자신,' '나의 가족,' '우리 나라'로 각각 달리하여 9개의 진술문을 구성하고 이에 대한 동의 정도를 각각 7점 척도(1=전혀 그렇지 않다, 7=매우 그렇다)로 측정하였다.

당 표집하였다. 조사는 2019년 10월 23일 하루 동안 이루어졌으며, 수집된 400건의 응답지 중 답변 누락 등 불성실한 응답지 15건(20대 10건, 50대 5건)을 제외하고 20대 390명(남: 195명, 여: 195명) 50대 395명(남: 196명, 여: 199명)의 응답을 대상으로 분석을 실시하였다.

(1) 20대와 50대의 개인과 공동체에 대한 인식

분석 대상자들의 개인, 가족, 국가에 대한 인식을 조사한 결과 '나 자신'에 대한 긍정적 인식 정도를 보여 주는 평균은 5.06(표준편차=1.05)이었다. 그리고 '가족'에 대한 긍정적 인식의 평균은 5.61(표준편차=1.07)로 '나 자신'에 대한 평균보다 높았다. 또한 '국가'에 대한 긍정적 인식의 평균은 5.02(표준편차=1.11)로 가족, 개인에 비해 낮은 것으로 나타났다.[9]

분석 결과, 20대와 50대 모두 가족에 대한 인식이 가장 긍정적인 것으로 나타난다. 이러한 경향성은 선행 연구를 통해서도 어느 정도 확인이 되어 왔다. 나은영과 차유리(2010)는 1979년, 1998년, 2010년에 실시된 가치관 조사를 바탕으로 한국인의 가치관 변화 추이를 살폈는데, 시간이 지날수록 집단주의 성향은 약화되고 핵가족 중심의 개인주의 성향은 강화되고 있는 것을 확인하였다. 나은영과 차유리가 분석한 자료에서 특징적인 점은 '자신과 가족'에 대한 인식을 분리하지 않고 이를 통합하여 '나라'에 대한 인식과 비교하였다는 점인데, 이러한 비교를 통해 국가 중심의 가치관이 약화되고

9 '나 자신,' '가족,' '국가'에 대한 긍정적 인식 정도를 측정하기 위해 사용한 문항의 내적 일관성을 보여 주는 크론바흐 알파Cronbach's α값은 각각 .74, .76, .74로 안정적이었다.

'가족 중심의 개인주의'가 1998년 주류 가치관으로 진입한 이후 확대 추세에 있다고 결론지었다.

반면 이 조사에서는 개인과 가족에 대한 인식을 분리하여 조사하였는데, 그 결과 개인보다는 가족에 대한 긍정적 인식이 높은 것으로 나타나 가족 중심의 가치관이 여전히 한국 사회의 주류 정서임을 확인할 수 있었다. 이는 핵가족화의 추세 속에서도 가족의 중요성은 여전히 크다고 보는 인식이 존재한다는 것을 보여 준다.

한편 20대와 50대의 차이를 보면, 가족에 대한 긍정적 인식은 50대가 20대보다 높은 것으로 나타났으며, 이는 통계적으로도 유의하였다($t=2.29$, $p<.05$). 국가에 대한 긍정적 인식 역시 50대가 20대보다 통계적으로 유의하게 높은 것으로 나타났다($t=2.29$, $p<.05$). 반면 개인에 대한 긍정적 인식은 20대가 50대보다 다소 높은 것으로 조

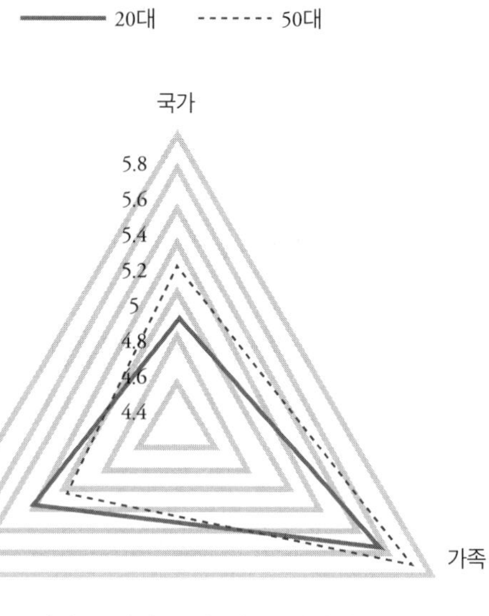

그림 7-6. 20대와 50대의 국가, 가족, 개인에 대한 인식

사되었지만 통계적으로 유의미한 차이는 아니었다($t=1.89$, $p>.05$).

20대와 50대 모두 개인, 가족, 국가 중 가족에 대한 긍정적 인식이 가장 높았으며, 세대가 낮아질수록 긍정적 인식은 다소 약화되는 경향을 보였다. 20대에서는 긍정적 인식이 가족, 개인, 국가 순으로 나타나는 반면 50대에서는 가족, 국가, 개인 순으로 나타났다. 세대가 낮아질수록 개인을 우선하는 경향이 상대적으로 크고, 세대가 높아질수록 국가를 중심에 놓는 경향이 상대적으로 우세한 것을 알 수 있다. 국가에 대한 인식에서 20대와 50대의 차이가 가장 컸다는 점에서는 국가에 대한 긍정적 인식이 차츰 약화된다는 것을 확인할 수 있다(그림 7-6 참조).

(2) 20대와 50대의 개인과 공동체 인식의 다면적 차이

앞서 선행 연구에서는 개인, 가족, 국가 인식에 관한 분석들이 대체로 개별적 차원에서 이루어져 온 경향이 있다는 점을 지적하였다. 따라서 개인, 가족, 국가에 대한 인식을 하나의 틀에서 함께 분석해 보고자 한다. 개인, 가족, 국가에 대한 인식은 단계적 형태로 나타나는 것이 아니라 복합적이고 다양한 패턴으로 나타날 수 있다고 보고 군집 분석을 통해 세 요인에 대한 다면적 인식 유형을 파악해 보았다. 이를 통해 20대와 50대의 다면적 공동체 인식의 차이를 규명해 보고자 하였다. 군집 분석은 먼저 개인, 가족, 국가에 대한 응답 값을 표준화하고 와드 연결법Ward's linkage으로 계층적 군집 분석을 실시하여 생성된 덴드로그램dendrogram을 검토하여 네 개의 적정 군집 수를 설정하였다. 이를 바탕으로 K-평균 군집 분석을 실시하여 다음과 같은 공동체 인식 유형을 도출했다.

첫 번째 유형은 가족에 대한 긍정적 인식이 두드러지면서 개인에

분류와 군집 분석

대상의 특징을 분석하고 유사성을 바탕으로 그룹을 분류하는 것은 인류의 가장 오래된 연구 방법 중 하나다. 대상을 분류하는 방법은 다양하다. 관찰을 통해 유사한 그룹을 묶고 그룹을 차별성 있게 분류하는 것이 가장 기본적인 방식일 것이다. BC 4세기 아리스토텔레스는 동물을 유혈 동물과 무혈 동물로 나누고, 다시 여덟 종류로 분류하였는데, 이는 가장 오래된 체계적 계층 분류 방식 중 하나로 꼽힌다. 아리스토텔레스 이후로도 생물이나 광물 등 다양한 대상의 특징을 관찰하고 분류하는 방법은 발전을 거듭하였으며, 18세기 생물학자 칼 폰 린네Carl von Linné는 강綱, 목目, 속屬이라는 분류 방법을 제안하며 분류학의 아버지라는 호칭을 얻기도 하였다(西内啓, 2014/2015: 281).

군집 분석은 이러한 분류 분석 방법의 하나로 통계적인 방법을 적용해 유사한 특성을 지닌 그룹을 묶어 주는 방법이다. 수형도를 그려 가지를 따라 대상을 나눠 가듯 대상 집단을 통계적으로 구분하고 이를 분류해 나가는 분석 방법론이라 할 수 있다. 요인 분석이 다양한 문항으로 측정된 문항을 유사한 응답 패턴으로 재정리하여 변인을 축소하고 단순화하는 방법론이라면, 군집 분석은 답변 패턴이 유사한 응답자들을 묶어 '질적으로 다른 그룹'으로 나누는 방법론이라는 점에서 차이가 있다(西内啓, 2014/2015: 279).

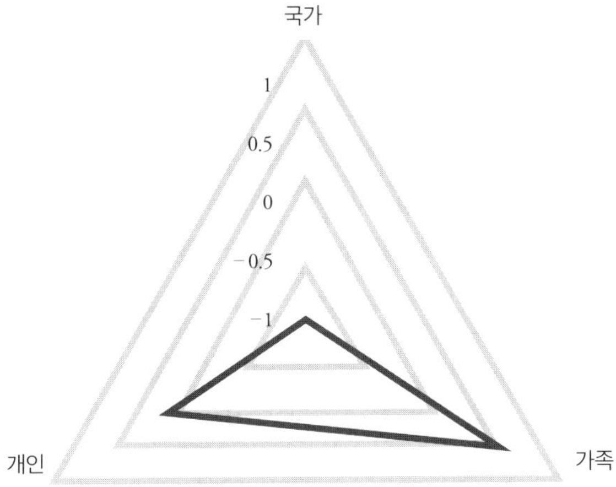

그림 7-7. 가족 중심 유형

대한 긍정적 인식도 상대적으로 높은 유형이다. 전체의 19%(149명)가 이 유형에 포함되었으며, 20대가 21%(82명), 50대는 17%(67명)로 20대의 비율이 더 높은 것으로 나타났다(그림 7-7 참조). 이러한 유형은 앞서 나은영과 차유리(2010)의 연구에서 확인한 '가족 중심의 개인주의'와 궤를 같이하는 유형이다. 또한 김혜경(2013)은 IMF 경제 위기를 거치면서 한국 사회에서 가족주의와 개인주의가 동시에 강화되는 '가족 지향적 개인화' 추세가 나타났다고 진단하였는데, 이러한 맥락과도 맞닿아 있는 유형이라 할 수 있다.

핵가족화의 추세가 지속되어 왔지만 가족의 중요성에 대한 인식은 여전히 존재한다는 점도 확인시켜 준다. 미국의 사례를 보면, 베이비 붐 세대 이후 맞벌이 가정이 크게 늘고 형제자매의 수가 줄면서 가족의 보호를 상대적으로 덜 받고 자란 세대가 한국보다 조금 더 일찍 등장하였는데, 이들 세대는 부모가 직장에서 일하는 동안 학교를 마치고 돌아와 열쇠로 빈집 문을 열고 들어가는 것에 익숙한 세대라는 점에서 '열쇠 세대Key Generation'라고도 불렸다. 현재 한국의 젊은 세대들은 맞벌이 가정에서 자란 비율이 높고, 이들 열쇠 세대와 비슷한 측면이 있는 것으로도 평가된다(임홍택, 2018: 47). 현재의 20대는 50대에 비해 맞벌이 가정에서 성장한 비율이 매우 높은데, 경제적으로 안정된 환경에서 자랐지만 그만큼 외로움을 느끼며 가족의 가치를 중요하게 여기는 경향도 있을 것이다. 그러한 점에서 20대에 가족 중심의 개인주의 유형이 많은 것으로 해석해 볼 수도 있다.

두 번째는 개인, 가족, 국가에 대해 인식이 전반적으로 긍정적이면서 특히 개인에 대한 긍정적 인식이 두드러지는 개인 중심 유형이다. 1979년, 1998년, 2010년에 실시한 가치관 조사를 분석한 연구(나은영·차유리, 2010)는 시대 흐름에 따라 자기주장이 증가하고, 상하 구별보다는 개인의 직능을 점차 중시하는 방향으로 변화하는

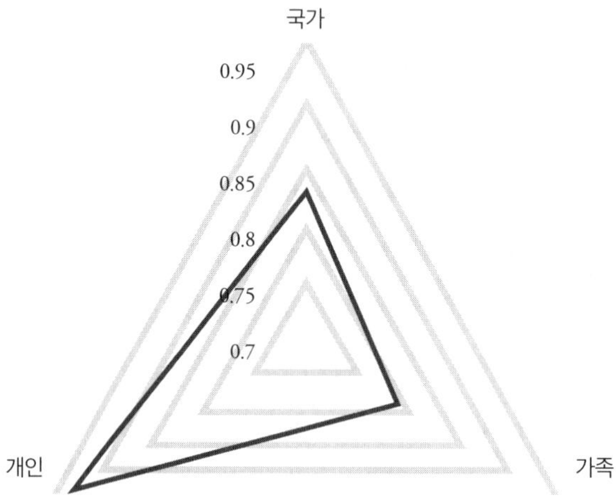

그림 7-8. 개인 중심 유형

등 개인주의적 경향성이 강화되어 왔다는 점을 확인해 준다. 이 조사의 결과 역시 개인 중심의 공동체 인식 유형이 전체의 35%(275명)로 가장 비중이 높은 것으로 나타났다. 특히 이러한 유형은 20대 33.8%(132명), 50대 36.2%(143명)로 세대에 관계없이 가장 높은 비중을 차지하였다(그림 7-8 참조). 개인, 가족, 국가에 대한 인식을 분리해서 보면 여전히 가족에 대한 인식이 가장 긍정적이지만, 이를 패턴으로 묶어서 보면 개인을 중심에 놓은 집단의 비중이 가장 두드러진다는 것을 알 수 있다.

세 번째는 국가에 대한 긍정적 인식이 상대적으로 두드러지는 국가 중심 유형이다. 전체의 27.5%(216명)가 국가 중심 유형에 속했는데, 이 유형에서 세대 간 차이가 가장 크게 나타났다. 20대는 22.6%(88명)인데 반해 50대는 32.4%(128명)가 이 유형에 속해 10%포인트 가량의 차이가 났다(그림 7-9 참조). 세대의 변화와 함께 개인과 공동체에 대한 인식이 조금씩 변화하고 있는 가운데 특히 국가를 중심에 놓는 집

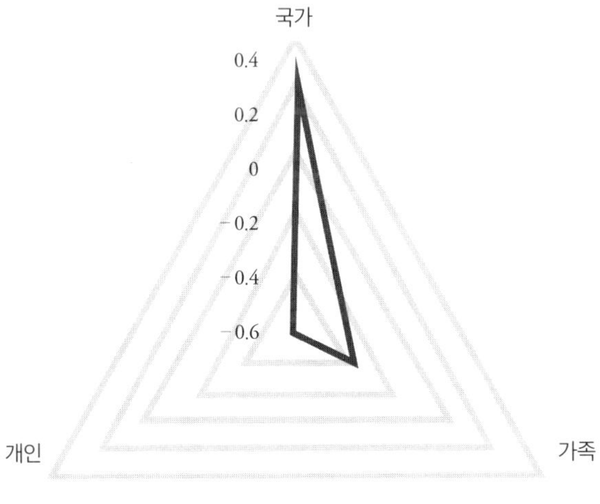

그림 7-9. 국가 중심 유형

단의 감소가 두드러지는 것을 확인할 수 있다. 이는 '헬조선' 담론으로 대표되는 젊은 세대의 국가 인식 악화 현상과 함께 해외 이동 기회가 늘어나면서 자신이나 가족을 위해서는 나라를 떠나는 것이 가능하다는 인식이 과거보다 늘어났기 때문으로 해석해 볼 수 있다.

마지막 네 번째는 개인, 가족, 국가에 대한 긍정적 인식이 모두 낮으면서 특히 가족에 대한 긍정적 인식이 떨어지는 부정적 인식 유형이다. 전체의 18.5%(145명)가 부정적 인식 유형에 속했으며, 20대 22.6%(88명), 50대 14.4%(57명)로 나타나 20대에서 이러한 유형이 더욱 두드러졌다(그림 7-10 참조). 그러나 이를 특정한 연령대에서 나타나는 이른바 연령 효과aging effect로 볼 것인지 세대 변화에 따른 세대 효과cohort effect로 볼 것인지에 대해서는 더 엄밀한 후속 연구가 필요할 것으로 보인다. 다만 이러한 유형의 집단에서 특히 가족에 대한 긍정적 인식이 떨어진다는 점을 주목할 만하다. 이 점은 이혼율의 증가와 가족의 해체와 같은 현상이 개인과 공동체에 대한 인식에 매우 부정적인 영향을 미칠 수 있음을 시사한다.

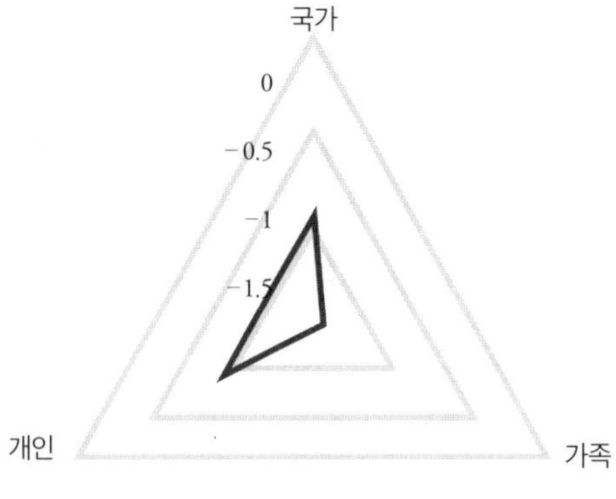

그림 7-10. 부정적 인식 유형

3) 미디어 환경의 변화와 세대 간 커뮤니케이션

시대 변화가 빠를수록 그에 따른 세대 간 차이도 커지게 된다. 이 장에서는 1960년대 이후 빠르게 진행된 미디어 환경의 변화에 주목하면서 20대와 50대의 개인, 가족, 국가에 대한 인식이 어떻게 다른지를 살펴보았다. 오늘날 사람들은 다양한 미디어 공간과 일상 공간을 쉴 새 없이 오가며 일상을 영위하고 있으며, 사실상 미디어와 접촉 없이 살아가는 것이 불가능하다는 점에서 미디어 이용은 세대 간 차이를 만들어 내는 중요한 요인으로 간주될 수 있다. 이 장은 이러한 세대 격차 요인으로서의 미디어에 주목하면서, 자녀 세대인 20대와 부모 세대인 50대의 미디어 이용 양상과 공동체에 대한 인식을 함께 살펴본 것이다.

분석 결과를 보면, 미디어 이용 패턴에서는 연령대가 높을수록 텔레비전을 중심으로 한 전통 미디어 이용이 아직 활발하고, 연령대가 낮아질수록 온라인 미디어로 이용 패턴이 이동하는 것을 확인할 수 있다. 뉴스나 시사 정보를 얻는 데도 연령이 높을수록 텔레비전에 대한 의존이 높고, 연령이 낮아질수록 인터넷 포털 의존이 높아지는 것을 알 수 있다. 유튜브를 비롯한 온라인 동영상 플랫폼을 언론으로 인식하는지에 대한 조사 결과에서도 연령이 낮아질수록 그렇다고 응답하는 비율이 높아져 세대에 따른 미디어 이용 양상과 인식의 확연한 차이를 발견할 수 있었다. 전체적으로 미디어 환경은 온라인과 동영상 중심으로 발전해 가고 있고, 젊은 세대일수록 그러한 변화에 빨리 적응하고 기성세대일수록 관습을 유지하면서 천천히 변화하는 경향이 있기 때문에 이러한 격차가 나타나는 것으로 평가할 수 있을 것이다.

개인, 가족, 국가에 대한 인식에서는 20대와 50대 모두 가족에 대한 긍정적 인식 정도가 가장 높았다. 50대에 비해 20대의 긍정적 인식 정도가 상대적으로 낮기는 하였으나 세대에 관계없이 가족에 대한 인식은 여전히 긍정적으로 형성되는 점을 확인할 수 있었다. 이는 가족 해체 담론이 팽배해 있지만 한편으로 한국 사회에서 가족주의가 여전히 유지된다는 논의(김희경, 2017)와도 어느 정도 연결되는 결과라 할 수 있다.

세대 간 인식의 차이가 가장 컸던 영역은 국가로 50대에 비해 20대의 긍정적 인식 정도가 크게 낮은 것을 확인하였다. 이는 비정규직 증가와 높은 실업률, 그리고 갈수록 커지는 빈부 격차 등으로 인해 '헬조선'이라는 신조어를 만들어 사용해 온 젊은 세대의 특징이 일정하게 반영된 결과라 할 수 있다. 또한 개인의 능력에 따라 외국으로 이동하거나 활동의 영역을 넓힐 수 있는 기회가 확대됨에 따라 젊은 세대일수록 국가에 대한 충성심이 약화되는 것으로 평가할 수 있다.

군집 분석을 통해 개인, 가족, 국가에 대한 다면적 인식을 살핀 결과에서는 가족 중심, 개인 중심, 국가 중심, 부정적 인식이라는 네 개의 유형을 도출하였다. 가족 중심 유형은 가족에 대한 긍정적 인식이 두드러지면서 개인에 대한 긍정적 인식도 상대적으로 높았다. 선행 연구에서 언급된 '가족 중심의 개인주의,' '가족 지향적 개인화'와 궤를 같이하는 유형이라 할 수 있다. 개인 중심 유형은 개인, 가족, 국가에 대한 인식이 전체적으로 긍정적이면서 개인에 대한 긍정적 인식이 특히 두드러졌다. 선행 연구에서도 지적되어 온 개인주의화 경향을 보여 주는 유형이다. 국가 중심 유형은 국가에 대한 인식만 상대적으로 두드러지는 특징을 지녔다. 20대와 50대의 격차가 가장 컸던 유형으로 20대의 국가에 대한 인식이 악화되고 있음을 재확인할 수 있는 유형이다. 마지막 부정적 인식 유형은 개인, 가족, 국가에 대한 긍정적 인식이 모두 낮으면서 특히 가족에 대한 긍정적 인식이 떨어지는 형태다. 이 유형 역시 20대의 비중이 높아 공동체의 쇠퇴 현상과 관련하여 세대 현상에 더욱 주목해야 할 필요가 있음을 시사하였다.

물론 공동체의 변화는 무수히 많은 요인이 복잡다단하게 얽혀 있는 복합적인 현상이어서 미디어 환경의 변화라는 하나의 원인으로 모두 설명이 될 수는 없다. 다만 그동안 국내에서 공동체 약화의 원인을 설명하기 위해 양극화(오승환·이성균·이창한, 2012)나 실업(최일섭·조성희, 2000), 중산층의 위기(한국사회문화연구원, 1999) 등 경제적인 요인들이 활발하게 주목을 받은 데 비해 미디어라는 요인은 제대로 주목을 받지 못한 경향이 있다. 하지만 소통은 공동체를 생성하고 유지하며 존속시키는 핵심 조건이라는 점에서 공동체 변화와 관련하여 더욱 활발하게 논의될 필요가 있다. 특히 소통의 물질적 기반인 미디어 환경의 변화는 공동체적 관계 및 질서의 변화와 직접적으로 맞닿아 있는 문제이며 새로운 격차와 소외를 낳는 요인이 될 수 있다는 점에서 더 심도 있는 논의가 필요하다. 그와 함께 공동체의 문제와 관련하여 소통과 미디어의 문제를 체계적으로 살펴봄으로써 세대 간 소통에 기여할 수 있는 토대를 찾아나가는 노력도 병행되어야 할 것이다.

8장

공동체와 소통 위기의 극복을 위하여

불과 몇십 년 전까지만 해도 사람들은 텔레비전과 함께 자랐다. 1964년 첫 출간되어 전 세계적으로 많은 사랑을 받으며 영화로도 만들어진 로알드 달Roald Dahl의 소설 《찰리와 초콜릿 공장*Charlie and the Chocolate Factory*》에서 사악한 악동의 이름이 TV와 발음이 비슷한 마이크 티비Mike Teavee였던 것은 우연이 아니다. 이제 사람들은 스마트폰과 함께 자란다. 어릴 때부터 스마트폰 환경 속에서 생활하며 성장하는 것이다. 오늘날 가정에서 부모들이 아이들의 관심을 놓고 스마트폰과 경쟁하는 것은 흔한 일이 되고 있다.

미디어가 일상에 미치는 영향은 한 사람이 태어나서 성장하고 삶을 영위하다 죽음에 이르는 순간까지 거의 모든 순간을 함께한다. 이 책은 미디어를 이용하는 사람들의 일상의 변화에서부터 한국 사회 공동체 변화의 한 원인을 설명해 보려는 시도였다. 이를 위해 이 책에서는 한국 사회의 미디어 발전과 공동체의 변화 양상을 각종 통계 지표와 언론 기사, 그리고 구술사 인터뷰를 통해 살폈다.

우리는 현상을 제대로 이해하고 앞으로의 변화를 예측하려면 역사적 변화 과정에 대한 이해가 반드시 필요하다고 믿는다. 그리고 그 중요성에 비해 미디어 연구에서 상대적으로 방치되어 온 일상에 대한 연구가 매우 중요한 과제라고 생각한다. 미디어가 사회에 미치는 커다란 영향이란 미디어를 일상 속에서 적용하고 사용하는 사람들의 행위가 모이고 쌓여서 만들어진 것이기 때문이다.

이러한 관점 위에서 미디어의 발전이 우리의 일상적 커뮤니케이션의 조건을 어떻게 변화시켜 왔으며, 그와 함께 인간관계의 양상과 공동체의 모습이 어떻게 변화해 왔는지 등을 살펴본 것이다. 소통과 공동체는 서로 뗄 수 없는 관계이며, 그렇기 때문에 미디어 환경의 변화는 공동체에 위기로도 혹은 기회로도 작동할 수 있다. 공동체의 위기 극복을 위해 미디어의 올바른 사용과 적절한 활용이 무엇보다 필요한 이유이기도 하다. 이 장에서는 공동체 회복을 위해 나타나고 있는 다양한 미디어 실천들을 살펴보고 그 함의를 논의해 본다.

1. 어디에나 있고 아무 곳에도 없는 공동체

오늘날 공동체에 관한 논의에서 가상 공동체에 관한 논의를 제외하기는 어렵다. 가상 공동체란 직접 만남이 아닌 미디어를 매개로 연결된 공동체를 의미한다. 그렇게 볼 때 가상 공동체란 인터넷과 같은 전자적 네트워크에 의해서만 만들어지는 것이 아니라 방송 미디어는 물론이고 인쇄 미디어와 같이 오래된 미디어를 매개로 해서도 형성된다. 따라서 실질적으로 가상 공동체의 출발은 일반적으로 생각하는 것보다 훨씬 오래전으로 거슬러 올라간다(이재현, 2019: 125).

하지만 대체로 오늘날 논의에서 가상 공동체란 1990년대 초반

PC 통신망을 이용하여 사람들이 정보와 의견, 감정을 교환하면서 시작된 온라인상의 상호 작용 공간을 지칭한다(Rheingold, 1992). 오늘날 우리는 온라인 카페, 온라인 게임, 다양한 SNS를 통해 가상의 공동체를 경험하고 있으며 이는 인터넷뿐만 아니라 현실의 삶에서도 중요한 부분을 차지한다.

특히 2004년 설립된 페이스북은 현재 명실공히 세계 최대의 온라인 가상 공동체라 할 만하다. 하지만 설립자 마크 저커버그는 2005년 인터뷰에서 페이스북은 네트워크 도구라기보다는 온라인 디렉토리online directory라고 말했다(Zuckerberg, 2005. 10. 26). 공동체적 관계를 지향하는 서비스가 아니라 서로에 대한 정보를 탐색하는 용도의 서비스라는 것이다. 저커버그의 본래 의도가 어떠했든 이 서비스는 수십억 세계인을 온라인으로 연결하는 거대한 기획으로 발전했다. 대학교 기숙사 방에서 시작된 대학 내 인맥 검색 서비스가 전 세계인을 가상의 공동체로 연결시키는 전대미문의 프로젝트가 된 것이다.

저커버그는 2010년 〈워싱턴 포스트*The Washington Post*〉와의 인터뷰에서 소셜 네트워크 서비스(SNS)라는 정체성을 수용하게 된다(Zuckerberg, 2010. 5. 24). 저커버그는 2012년 페이스북의 기업 공개(IPO) 당시에도 기업의 비전을 "세계를 더욱 열리고 연결되게 만드는 것"이라고 밝혔다. 세계를 하나의 연결된 공동체로 만든다는 저커버그의 계획은 표면적으로는 확실히 달성되었다. 2004년 설립된 페이스북은 10년도 안 된 2013년에 월 활동 이용자 수 10억 명을 넘겼다. 저커버그는 2013년 인터뷰에서 "(우리가 만든) 공동체가 사람들의 에너지를 위대한 일에 쓸 수 있도록 도울 수 있습니다. 사람들 사이에 형성되는 관계는 위대한 일을 할 수 있는 기반이 됩니다"라고 말했다(Zuckerberg, 2013. 10. 25). 이 인터뷰 4년 후인 2017년 페이스북의 월 활동 이용자 수는 두 배 늘어난 20억 명이 된다(Facebook Newsroom, 2017. 6. 27). 이는 75억 명으로 추산되는 세계 인구의 약 27%에 해당하는 숫자다.

2017년 2월 저커버그는 또 한 번 '페이스북 선언The Facebook Manifesto'이라 불리는 6000단어 분량의 공개 편지를 발표했다. "글로벌 공동체 건설하기Building global community"라는 제목을 가진 이 편지의 수신인은 '우리의 공동체Our community'였다. 편지 형식을 한 이 선언문에서 저커버그는 페이스북을 통해 개인의 공동체 참여를 지원하고, 다양한 국적과 문화를 가진 사람들이 공동체에 속할 수 있도록 도우며, 공동체를 더 안전한 곳으로 만들기 위해 노력하겠다는 비전을 밝혔다. 페이스북이 초유의 온라인 공동체라는 점을 사실상 인정하고 그에 대한 책임을 강조한 것이다. 하지만 유발 하라리가 말했듯 "내가 몸이 아파 누워 있을 때 온라인 친구들은 내게 말을 걸 수는 있어도 따뜻한 음식과 차를 주지는 못한다"(Harari, 2018/2018: 141). 오늘날 우리의 공동체는 그래서 어디에나 있고 아무 곳에도 없는 것이다.

2. 다시, 책으로

세계 최대의 온라인 가상 공동체의 CEO가 공동체의 재건을 이야기하고 있는 오늘날 '함께 하는 삶'을 구축하는 매개체로서 책 역시 다시 주목을 받고 있다. 멀어져 가는 사람들 사이의 관계를 다시 연결시켜 줄 매개체로 책의 잠재적 가능성이 부상하는 것이다.

가장 오랜 역사를 지닌 미디어라 할 책은 20세기 이후 여러 새 미디어의 등장으로 그 위상이 점차 축소되며 위기는 점차 깊어지기만 하였다. 성급한 논자들은 인쇄 미디어의 종말을 거론하기도 하였다. 하지만 위기 속에서도 책은 그 필요성을 인정받으며 명맥을 유지해 왔으며, 최근의 미디어 환경에서 다시금 잠재적 가능성을 주목받으며 관심이 높아지고 있다.

2010년대 들어 본격화된 스마트폰의 보급 확산은 인간의 삶을 대폭 바꾸어 놓고 있다. 이제 현대인은 하루종일 스마트폰을 지니고, 틈날 때마다 들여다보면서 살아가고 있다. 잠잘 때도 머리맡에 놓고는 스마트폰의 알람으로 아침에 눈을 뜨면 바로 스마트폰을 집어서 밤새 들어온 메시지들을 확인해야 하는 사람들이 대부분이다.

일찍이 매클루언이 설파한 대로 커뮤니케이션 테크놀로지는 단순한 의사소통의 수단에만 머무르는 것이 아니다. 그 테크놀로지가 요구하는 특정의 감각을 집중 사용하게 됨으로써 인간의 사고 구조도 바뀌고 가치관에도 영향을 미쳐 새로운 유형의 인간을 만들어 낸다.

현대인은 스마트폰으로 개인적인 메시지뿐만 아니라, 뉴스나 기타 생활에 필요한 정보도 해결하고 있다. 1990년대부터 시작된 PC의 보급으로 디지털 시대가 활짝 열리면서 이제 사람들은 더이상 과거처럼 깊이 있게 사고하려 하지 않는다. 생각하며 스스로 답을 찾기보다는 다른 정보를 찾아서 옮겨 가기 바쁜 삶을 살아가고 있다.

앞에서 여러 차원으로 논의했지만 이제 사람들은 기계와 밀접한 삶을 살아가다 보니 사람들과의 교류는 점차 줄어들고 있다. 심지어 대인 교류를 귀찮고 번거로우며 골치 아픈 걸로 간주해 회피하는 경향도 나타나고 있다. 커뮤니케이션 테크놀로지의 눈부신 발달에도 불구하고 소통의 어려움은 오히려 날로 커져 가는 것이다. 온라인 공간에서 새로운 관계들을 만들어 가지만 그것은 실체가 없는 가상적인 관계를 벗어나기 어렵다. 반려동물을 키워 외로움을 해소해 보려 하지만 그것도 한계가 있다. 이제 모두가 외로움을 느끼는 역설의 시대가 펼쳐지는 것이다.

이 어려운 시대에 뚜렷한 해결 방향은 보이지 않고 너도나도 어려움을 호소하는 커뮤니케이션의 과잉이 빚어지면서 더욱 어려운 시대로 빠져들어 가고 있다. 현대 사회의 이러한 어려움에 대해 완전한 해결책은 아니지만 하나의 대안으로서 다시 책이 주목받고 있다. 실제 한국의 경우도 2019년 출판 산업의 매출이 전년에 비해 늘었다. 대한출판문화협회(2020: 10~11)의 〈2019년 출판시장통계〉 자료에 따르면 주요 출판사 70개의 2019년 매출은 5조 3836억 원으로 전년도 5조 336억 원에 비해 7% 증가하였으며, 영업 이익은 4685억 원으로 전년도 3033억 원에 비해 54.5% 증가하였다.

이러한 추세는 한국만이 아니다. 〈한겨레〉 2017년 5월 1일자는 미국 CNN 보도를 인용하며 미국과 영국에서 종이책이 다시 부활하고 있는 경향을 소개하였다. 보도에 따르면 2016년 영국은 전자책이 17% 감소하고 종이책이 7% 증가하였으며, 같은 해 미국도 전자책이 18.7% 감소한 반면 종이책은 7.5% 증가하였다고 한다. 한때 종이책을 곧 대체할 것으로 예상되었던 전자책이 최근 다시 감소 추세를 보이며 종이책이 조금씩 회복세를 보이는 것이다(이종호, 2017).

이러한 추세는 정책과도 연결되며 각종의 지원 정책들이 시행되고 있다. 국내에서도 정부를 비롯하여 각 자치 단체들이 나서서 독서 활동을 지원하고 있다. 독서 동아리를 대상으로 교육과 연수를 실시하고, 도서 구입비를 지원한다. 2019년 6월 서울의 서초구가 제일 먼저 도입한 '북페이백' 캠페인은 주민이 원하는 책을 구입해서 읽고는 3주 내에 서점에 반납하면 책값을 환불해 주고, 이 도서를 관내 도서관에 배치하는 정책이다. 2020년에는 울산시도 이 정책을 도입하였다(조운찬, 2020). 대전 대덕구는 2019년 7월부터 관내 서점 6곳에서 매 분기별로 아동·청소년·성인용 등으로 지정된 책(50권)을 구입하는 주민들에게 책값의 50%를 할인해 준다. 경기 용인시는 서점에서 새 책을 시민에게 무료로 대출해 주는 '희망도서 바로 대출제'를 2015년부터 시행해 왔다(《경향신문》, 2020. 5. 7). 뿐만 아니라 정부가 2018년 7월부터 임금 소득자의 연말 정산에서 도서 구입비를 공제하고 있다.

인쇄된 책은 혼자 조용히 읽으면서 생각할 수 있게 만드는 특성이 있어 서양 근대와 함께 개인주의가 태동하는 근본이 되었다. 구두 커뮤니케이션 시대에는 상대가 있어야만 커뮤니케이션이 가능했지만 서적의 대량 보급 이후 혼자서 조용히 읽으며 무궁무진한 책 속의 세계로 빠져들 수 있게 된 것이다. 이렇게 책은 사람들 사이의 공동체적 유대 관계를 약화시키기 시작하며 인간을 외롭게 만드는 요인으로 작동한 것으로도 평가된다.

하지만 모든 사람들이 외로워지는 이 스마트 시대에 책은 사람과 사람을 연결해 줄 수 있는 고리가 된다는 점에서 다시 주목받고 있다. 과거 인간을 개인화하는 미디어였던 책이 이제는 역설적으로 사람과 사람을 연결해 줄 수 있는 미디어로 주목받는 것이다. 테크놀로지는 그대로이지만 사회적 맥락이 달라지면서 그 잠재력도 다르게 평가되고 있다.

책의 세계를 통해서 타인과의 교류도 가능하지만 독서 모임이나 동네 서점을 통해서 다시 사람들이 모이면서 책의 새로운 역할이 주목받고 있다. 이러한 최근의 분위기를 소개하는 〈한겨레〉(2020. 8. 7)는 "학연·지연 말고 독연(독서 모임 인연) 어때요?"라는 제목으로 신조어를 소개하였다. 이 기사는 강릉의 사례를 통해 독서 모임이 책을 함께 읽는 데서 그치는 것이 아니라 다양한 후속 활동을 통해 사람들의 관계를 돈독히 만들고 있는 현상을 전하였다.

최근 독립 서점들이 다시 주목받게 된 것도 같은 맥락이다. 대형 서점과 온라인 서점의 공세에 많은 동네 서점들이 어려움을 겪으며 폐업이 줄을 잇고 있지만 일부 서점들은 개성적 차별화를 통해 고유의 장점을 부각시키며 사람과 사람이 만나는 공간으로 주목받고 있다. 이는 한국뿐만 아니라 미국, 일본 등에서도 마찬가지다. 하버드대학교의 라이언 라파엘리Ryan Raffaelli 교수는 이러한 독립 서점의 부활 요인을 3C, 즉 편리함convening, 큐레이션curation, 커뮤니티community로 분석하였다. 서점을 사람이 모이는 공간으로 만들고, 인공 지능이 아닌 사람이 책을 추천하며, 동네 주민들의 사랑방으로 만들었기 때문이라는 것이다. 그는 "아마존이 빠르고 편리함을 강조한다면 이 독립 서점들은 느리되 사람들과의 꾸준한 접촉을 만들고 있기 때문"이라고 지적하였다. 결국 독립 서점은 사람들이 책 냄새를 맡으며 머물 수 있는 공간으로서 온라인보다 더 따뜻하고 아날로그적인 우리의 이웃"이라는 것이다(김지현, 2017).

교육 기관들도 독서 진흥에 적극 나서고 있다. 최근 많은 초중고학교는 학생들에게 아침 독서나 '한 학기에 한 권 읽기' 수업을 시행하고 있다. 〈2019년 국민독서실태조사〉에 의하면 학생들의 59.3%가 1학기 1권 읽기 수업을 하고 있다고 응답하였으며, 초등학생의 79%는 아침 독서를 시행하는 것으로 밝혀졌다(문화체육관광부, 2020). 또한 최근 대학 입시에서 좋은 성적을 거둔 홍천여고의 사례가 화제를 낳고 있다. 이 학교가 좋은 성적을 거둔 비결은 다름 아닌 독서 교육에 있다는 것이다. 수업에서 학생들이 100여 개의 동아리를 조직하여 다양한 독서 활동을 펼치게 함으로써 학생들의 잠재력을 키워 대학의 수시 전형에서 주목할 만한 성과를 거둔 것이다(《강원도민일보》, 2019. 6. 13).

책이 다시 부상한다고 해서 스마트폰으로부터 벗어나서 다시 책으로 돌아가자는 말은 결코 아니다. 현실적으로 가능하지도 않을 것이다. 지나치게 스마트폰에만 매몰되어 다른 미디어를 멀리하지 말고 균형적인 미디어의 선택과 이용이 필요하다. 스마트 시대 책의 중요성과 필요성을 환기시킨 매리언 울프Maryanne Wolf도 자신의 저서에서 '양손잡이 뇌'를 만들자고 제안하였다(Wolf, 2018/2019). 디지털 미디어에만 매몰되지 말고 인쇄 미디어에 대한 문장 해독력을 유지하여 균형 잡힌 뇌를 만들자는 주장이다. 과연 책이 인간관계를 회복하여 공동체를 부활시키는 미디어가 될 수 있을지는 현대인 모두의 실천에 달려 있다.

3. 새로운 소통을 위하여: 공동체 미디어 운동과 대화의 재발견

오늘날 인류가 미디어를 통해 항상 연결되어 있으면서도 늘 홀로인 채 고독해한다는 것은 커다란 역설이다. 커뮤니케이션 테크놀로지가 발전하면서 쇠퇴하는 공동체에 대한 관심은 다양한 분야에서 나타난다. 이러한 움직임은 무너져 가는 공동체에 대한 우려에서 출발한 것일 수도 있고 새로 도래할 공동체가 조금 더 인간적이고 따뜻한

곳이기를 바라는 염원을 반영하는 것일 수도 있다. 근대화의 심화와 함께 신자유주의적 경쟁 논리가 전 사회적으로 관철되면서 출현한 개인의 고립 같은 병리적 현상에 대한 대안으로 공동체 원리와 덕목이 강조되고 있기도 하다(김수중, 2002: 5).

불과 200년 전만 해도 도시 생활 인구는 세계 인구의 3%에 불과했지만, 지금은 전체의 절반이 넘는 33억 명이 도시를 중심으로 살고 있다. 국토교통부의 2019년 자료에 따르면 한국은 전체 인구의 약 92%가 도시에서 살고 있는 것으로 집계된다. 이렇듯 도시화된 세계 속에서 좀 더 인간적인 공동체를 만들기 위한 각종 공동체 실험과 논의들이 전개되고 있다. 특히 한국은 아파트 문화가 대표하는 도시 생활 속에서 서로 돌봄을 나눌 수 있는 공동체에 대한 요구가 분출하며 다양한 시도들이 이뤄지고 있다.

이러한 상황에서 한국의 많은 도시에서는 '마을 미디어'라는 이름으로 다양한 미디어 운동이 전개되고 있어 이를 주목할 만하다. 마을 미디어란 마을이나 동네와 같은 작은 지역 단위에서 주민들이 직접 제작과 송출에 참여하는 자생적 미디어를 의미한다. 특정한 미디어 양식에 구애받지 않고 비교적 소자본으로 운영되며 제작 과정에 누구든 쉽게 참여할 수 있는 점이 특징이다. 온라인에서만 활동이 이루어지는 것이 아니라 온라인과 오프라인을 넘나들며 활동이 이루어지는 점도 있다. 전국 곳곳에서 이러한 소규모 공동체 미디어 활동이 전개되는데, 서울의 성서FM과 마포FM, 전주 평화동의 〈마을신문〉, 부산의 팟캐스트 방송 〈베트남 목소리*Tieng Noi Viet*〉 등이 대표적 사례로 거론된다.

이러한 마을 미디어들은 지역 공동체를 활성화시키고 촉진하는 대안적 공론장으로서도 기대를 모은다. 내용적 측면에서도 지역 공동체의 현안과 관심 사항을 다루면서 기대에 부응한다는 평가가 이어진다. 가령 전주시 평화동의 〈마을신문〉은 마을의 작은 저수지를 살리는 운동을 전개하여 성공적인 결실을 거두었다. 공동체에 기반을 둔 마을 신문이 저수지 살리기라는 마을 의제를 만들고 주민들이 뜻을 모을 수 있는 공론장을 형성할 수 있는 계기를 제공함으로써 실질적인 성과를 만들어 낼 수 있었다(원도연, 2016: 37).

서울의 여러 동네에서 운영되는 마을 단위의 공동체 라디오의 성과도 주목할 만하다. 이들은 마을의 역사를 기록하는 역할부터 소외 계층의 목소리를 담아내는 역할에 이르기까지 다양한 지역 활동을 수행한다. 중랑구의 마을 미디어 〈뻔〉은 상대적으로 고령의 마을 주민들이 만드는 미디어다. 주로 50～60대가 참여하면서 일상의 소소한 미담과 고민을 공유하는 장이 되고 있다(원도연, 2016: 38). 부산의 팟캐스트 방송 〈베트남 목소리〉는 지역 이주민들의 목소리를 담아 내는 미디어다. 팟캐스트 방송을 통해 이주민 관련 이슈를 집중적으로 다루고 이주민들의 다양한 문화적 표현을 장려하는 역할을 한다(정의철·정미영, 2018). 아직까지 자생력을 갖춘 마을 미디어가 부족하다는 평가도 있지만, 문제의식을 공유하는 활동가들이 늘어나고 있고, 공공의 지원도 확대되는 추세여서 앞으로 마을 미디어는 질적으로 양적으로 많이 성장할 것으로 기대된다(김태훈, 2017).

역사적으로 새로운 미디어들은 지속적으로 등장하였고 그에 따라 소통의 형식도 바뀌어 왔다. 종이 신문에서 라디오로, 텔레비전에서 인터넷으로, 홈페이지에서 소셜 미디어로, 휴대 전화에서 스마트폰으로 미디어 환경의 변화는 이어졌다. 현재는 초고속 인터넷과 다기능 스마트 기기들이 결합한 모바일 시대를 지나고 있다. 머지않아 인류는 대부분의 사물이 인터넷에 연결되는 사물 인터넷과 컴퓨터가 거의 모든 것을 해결해 주는 인공 지능의 시대를 살아가게 될 것이다. 이러한 테크놀로지의 발달과 연결의 증대에도 불구하고 인간은 여전히 '공동의 삶'을 필요로 한다. 공동의 삶에는 어떤 형식으로든 소통이 필요하다는 사실 역시 변함없다.

〈동아일보〉는 2020년 "극과 극이 만나다"라는 기획을 통해 다른 의견을 가진 시민들이 깊은 대화를 나눈 후 어떤 변화가 생기는지를 다양한 분야의 전문가 자문을 받아 심층 분석하였다. '민간 기업 지역 인재 의무 채용,' '지하철 노인 무임 승차제,' '코로나 확진자 동선 공개,' '민간 기업 여성 이사 의무 할당제,' '대입 정시 비중 확대'라는 다섯 가지 주제에 대해 진행된 이 실험에서 참여자들은 얼굴을 보며 대화를 나눈 후 기존의 생각이 바뀌지는 않더라도 상대의 입장을 더 이해할 수 있게 되었고 공감대를 넓힐 수 있었다고 이야기하였다. 대화에 대한 정량적 분석에서도 서로 지향성은 다르더라도 대화를 통해 '나'에서 '우리'로 인식을 넓혀 가는 것이 확인되었다(〈동아일보〉, 2020. 12. 26).

우리는 상대와 온전히 마주한 대화를 통해 상대의 말을 경청하는 법을 배우고, 공감하는 능력을 기를 수 있다. 또한 이러한 과정을 통해 자신의 말이 전달되는 만족감과 공감을 얻는 기쁨을 경험하게 된다. 이러한 과정은 자아를 성찰하는 과정이기도 하다. 마주 보는 상대와의 대화는 스스로를 성찰할 수 있는 시간이기도 한 것이다(Turkle, 2015/2018: 12). 〈동아일보〉의 기획 보도는 얼굴을 마주하며 나누는 대화가 우리를 비록 합의에 도달하게 만들지는 못하더라도 적어도 상대와 의미를 공유하며 서로 존중하고 공감대를 넓혀 나가기 위해 노력하는 인간다운 공동체의 기본이 될 수 있다는 하나의 단초를 제공한다.

코로나19라는 전례 없는 팬데믹 상황에서 이웃 공동체에 대한 관심이 증가하는 것도 주목해야 한다. 사회적 거리 두기로 주변 사람들과의 교제가 차단되고 일상이 단절되어 버리자 사람들의 외로움은 더욱 깊어지면서 그에 대한 반작용으로 대인 교류에 대한 관심과 기대가 더 커지고 있다. 영국에 사는 한 시민(이향규, 2020. 12. 23)이 소개한 사례가 관심을 끈다. 팬데믹이 시작되면서 70가구 정도가 한 골목에 모여 사는 동네에서 주민 한 사람이 집집마다 다니며 문틈으로 편지를 넣었다고 한다. 거동이 불편한 이웃이나 혼자 사는 노인을 대신해 장을 봐주겠다는 내용이 담긴 편지였다. 이를 계기로 이 마을에는 이웃에 대한 관심과 행동이 이어지면서 단체 온라인 채팅방도 생겼다. 이웃 공동체가 만들어지면서 취약한 이웃들은 도움을 받을 수 있었다. 안 쓰는 물건을 필요한 사람에게 줄 수 있었고, 필요한 물건을 이웃에게서 받을 수 있었다. 잘못 배달된 우편물이나 택배를 주인에게 제때 찾아줄 수 있었다. 더 큰 혜택은 마을이 안전한 공간이 되었다는 점이다. 자신 혹은 가족에게 무슨 일이 닥치거나 도움이 필요한 상황이 생길 때 연락할 곳이 있다는 안도감도 생겼다.

이 모든 변화는 한 젊은 여성이 집집마다 편지를 돌리면서 시작되었다. 그러한 진정한 소통이 시작되지 않았다면 변화는 시작되지 않았을 것이다. 미디어가 발달하면서 우리는 늘 우회하여 소통하는 방법을 찾는다. 상대와 눈을 마주치며 대화를 나누기보다는 미디어 뒤에 숨어 서로 원하는 모습만 보며 대화하고 싶은 유혹을 느낀다. '우리의 소원은 소통'이 된 시대 결국 우리의 일상을 변화시키고 인간다운 공동체를 형성하는 첫걸음은 서로를 피해 숨지 않는 진정한 대화일 수밖에 없을 것이다.

참고 문헌

강남준 · 이종영 · 이혜미 (2008). "군집분석 방법을 사용한 미디어 레퍼토리 유형분석," 〈한국방송학보〉, 22권 2호, pp.7～45.

강남준 · 조성동 (2007). "다채널 시대 시청행태 변화에 대한 연구: 60대 이상 노년층의 시청양상 변화를 중심으로," 〈미디어경제와 문화〉, 5권 4호, pp.7～45.

강내원 (2013). "세대집단의 미디어이용과 사회자본이 제도적 신뢰에 미치는 영향," 〈언론과학연구〉, 13권 4호, pp.5～42.

강명구 · 김수아 · 서주희 (2008). "동아시아 텔레비전 드라마가 재현한 가족과 가족 관계: 한국, 중국, 일본, 대만의 사례 비교," 〈한국언론학보〉, 52권 6호, pp.25～56.

강명구 · 백미숙 · 최이숙 (2007). "'문화적 냉전'과 한국 최초의 텔레비전 HLKZ," 〈한국언론학보〉, 51권 6호, pp.5～33.

강성애 (2019). 〈노희경 TV 드라마에 나타난 타자지향성과 공동체 의식 연구〉. 중앙대학교 박사 학위 논문.

강신익 (2015. 3. 18). "이야기로서의 삶," 〈부산일보〉, 31면.

〈강원도민일보〉 (2019. 6. 13). "독서동아리 100개 홍천여고를 바꾸다." URL: http://www.kado.net/news/articleView.html?idxno=972739

강준만 (2006. 7). "한국전화 110년사, 1896～2006 — '특권'에서 '오락'을 거쳐 '종교'로," 〈인물과 사상〉, 99호, pp.81～136.

강준만 (2007). 《한국대중매체사》. 인물과사상사.

강준만 (2009). 《전화의 역사》. 인물과사상사.

강준만 (2011). "소통의 정치경제학: 소통의 구조적 장애 요인에 관한 연구," 한국언론학회 (편), 《한국 사회의 소통 위기》(pp.65～89). 커뮤니케이션북스.

강준만 (2015). 《생각의 문법》. 인물과사상사.
강진숙 (2018). "학술 담론을 통해 본 공동체 미디어," 한국방송학회 엮음, 《미디어와 공동체》 (pp.83~119). 컬처룩.
〈경향신문〉 (1962. 11. 28). "전화 요금의 도수제는 시민의 입을 막는 결과가 된다." 3면.
〈경향신문〉 (1965. 5. 20). "찌르릉 재산 목록/최고 10만원까지." 3면.
〈경향신문〉 (1968. 6. 10). "교환원의 좌우명." 5면.
〈경향신문〉 (1970. 5. 6). "검은 장사속 막는 길." 3면.
〈경향신문〉 (1970. 6. 22). "구실 못하는 공중전화." 8면.
〈경향신문〉 (1974. 10. 15). "변두리 시민은 서럽다." 7면.
〈경향신문〉 (1975. 3. 4). "'안방극장'은 아녀자가 독점." 8면.
〈경향신문〉 (1976. 3. 27). "주부대담: 각박한 도시 속 이웃을 되찾자." 4면.
〈경향신문〉 (1977. 6. 14). "농촌 새 풍속도 14 : TV시대 1 초가지붕에도 안테나 우뚝." 6면.
〈경향신문〉 (1977. 6. 16). "농촌 새 풍속도 16 : TV시대 2 전등은 못켜도 TV는 본다." 6면.
〈경향신문〉 (1980. 8. 13). "전화청약 2년… 응답이 없다." 7면.
〈경향신문〉 (1981. 1. 27). "컬러TV 등장 이후의 충격파." 5면.
〈경향신문〉 (1981. 7. 9). 직장인 칼럼. 7면.
〈경향신문〉 (1987. 1. 15). 맥슨무선전화기 광고. 12면.
〈경향신문〉 (1994. 7. 19). "가족사랑 귀가 전화로". 21면.
〈경향신문〉 (1995. 1. 27). "가전에서 개전으로." 10면.
〈경향신문〉 (1997. 9. 1). "'가족 사랑' 그 영원한 주제." 9면.
〈경향신문〉 (2020. 5. 7). ""책값을 돌려드립니다" 지자체들, 동네서점 살리기." URL: http://news.khan.co.kr/kh_news/khan_art_view.html?artid=202005072137025&code=940100
고용노동부 (2018). 〈고용노동백서〉. URL: https://gsis.kwdi.re.kr/statHtml/statHtml.do?orgId=338&tblId=DT_GE0023_1#
과학기술정보통신부 (2019). 시내/이동전화 가입자. URL: http://www.index.go.kr/potal/main/EachDtlPageDetail.do?idx_cd=2755
과학기술정보통신부 · 방송통신위원회 (2017). 〈2017년 방송산업 실태조사 보고서〉. 과학기술정보통신부.
과학기술정보통신부 · 한국인터넷진흥원 (2018). 〈2017 인터넷이용실태조사〉. URL: https://isis.kisa.or.kr/board/fileDown.jsp?pageId=060100&bbsId=7&itemId=821&athSeq=1
구본권 (2014). 《당신을 공유하시겠습니까?》. 어크로스.
국립중앙과학관 (2013). 〈전화기/타자기/시계〉. 국립중앙과학관.
국토교통부 (2019). 〈2019 국토의 계획 및 이용에 관한 연차보고서〉. 국토교통부.

권명아 (2000).《가족 이야기는 어떻게 만들어지는가》. 책세상.
권용혁 (2012).《한국 가족, 철학으로 바라보다》. 이학사.
권용혁 (2020).《열린 공동체를 꿈꾸며》. 이학사.
김경희 (2003). "경어법과 대인 커뮤니케이션: 대학생들의 의식 조사를 바탕으로." 〈국문학논집〉, 19호, pp.94~116.
김고연주 · 이지은 (2006). "정서적 매체로서의 핸드폰 ― 10대 여성들의 일상적 핸드폰 사용을 중심으로," 〈미디어, 젠더 & 문화〉, 5호, pp.94~124.
김기덕 · 이동배 · 장제윤 (2012). "한류 드라마에 나타난 가족주의: 현대 중국인의 시각을 중심으로," 〈문화콘텐츠연구〉, 2호, pp.7~29.
김대진 (2020).《청소년 스마트폰 디톡스》. 생각속의집.
김덕영 (2014).《환원근대: 한국 근대화와 근대성의 사회학적 보편사를 위하여》. 길출판사.
김병용 (2007).《서양 중세사 입문》. 조선대학교출판부.
김상배 (2012). "SNS의 위력과 정치 변동, 그리고 민주주의의 미래," 한국사회과학협의회 엮음,《한국사회 대논쟁》(pp.268~278). 메디치미디어.
김상호 (2016). "텔레비전이 만들어 낸 1980년대 감각 공동체: 나 없는 우리," 대한민국역사박물관 엮음,《미디어와 한국현대사: 사회적 소통과 감각의 문화사》(pp.231~288). 홍애원.
김선영 (2009). "한국 가족의 현실: 생애주기에 따른 가족 이슈 ― TV 드라마 '엄마가 뿔났다'가 선택한 가족 이슈를 중심으로," 〈사회과학연구〉, 35권 2호, pp.161~192.
김성우 · 엄기호 (2020).《유튜브는 책을 집어삼킬 것인가》. 따비.
김수중 (2002). "개인 · 가족 · 국가: 전통 중국의 공동체 사상," 김수중 · 이동희 · 이봉재 · 한승완 · 권용혁 엮음,《공동체란 무엇인가: 동서양의 공동체 사상》(pp.17~59). 이학사.
김신동 (2001). "호모 텔레포니쿠스의 등장: 이동전화 확산에 영향을 준 사회문화적 요인 연구," 〈한국언론학보〉, 45권 2호, pp.62~85.
김영임 (2017). "미디어와 세대갈등: 수용자 인식에 미치는 미디어 영향요인을 중심으로," 〈통합인문학연구〉, 9권 2호, pp.227~255.
김예란 · 김용찬 · 채영길 · 백영민 · 김유정 (2017). "공동체는 발명되어야 한다," 〈한국언론정보학보〉, 81호, pp.40~74.
김은미 (2018).《연결된 개인의 탄생: 디지털 미디어 시대의 인간관계》. 커뮤니케이션북스.
김은정 · 강은나 · 변수정 · 이상정 · 임정미 · 장인수 · 이주연 (2019). 〈저출산 · 고령사회 대응 국민 인식 및 욕구 심층조사 체계 운영〉. 보건사회연구원.
김주환 (2008).《디지털 미디어의 이해》. 생각의 나무.
김지현 (2017. 11. 29). "아마존이 도저히 따라올 수 없는 동네서점." URL: http://www.ttimes.

co.kr/view.html?no=2017112811127737070
김지혜 (2019). "여성의 노화와 우정의 재현에 관한 연구: TV 드라마 〈디어 마이 프렌즈〉를 중심으로," 〈문학과영상〉, 20권 1호, pp.7~35.
김태훈 (2017).《지역공동체와 미디어》. 커뮤니케이션북스.
김학선 (2020).《24시간 시대의 탄생: 1980년대의 시간 정치》. 창비.
김현주 (2000). "전화의 사회문화적 영향에 관한 연구," 〈한국언론학보〉, 44권 2호, pp.65~92.
김혜경 (2013). "부계 가족주의의 실패?: IMF 경제위기 세대의 가족주의와 개인화," 〈한국사회학〉, 47권 2호, pp.101~141.
김희경 (2017).《이상한 정상가족: 자율적 개인과 열린 공동체를 그리며》. 동아시아.
나은영·차유리 (2010). "한국인의 가치관 변화 추이: 1979년, 1998년, 및 2010년의 조사 결과 비교," 〈한국심리학회지: 사회 및 성격〉, 24권 4호, pp.63~92.
中室牧子·津川友介 (2017).「原因と結果」の経済学: データから真実を見抜く思考法. [윤지나 옮김.《원인과 결과의 경제학》. 리더스북. 2018].
노희경 (2017).《세상에서 가장 아름다운 이별 2017+1996》. 북로그컴퍼니.
〈뉴스원〉 (2016. 3. 30). ""리모컨 어려우셨지요?"… 100개 넘던 버튼 5개로 간단하게 쉬운 스마트 TV 추세에 맞춰 리모컨도 단순화 추세." URL: https://www.news1.kr/articles/?2617857
西内啓 (2014). 統計學が最强の學問である: 實踐編. [신현호·홍종선 옮김.《빅데이터를 지배하는 통계의 힘: 실무활용 편》. 비전코리아. 2015].
대한출판문화협회 (2020). 〈2019년 출판시장통계〉. 대한출판문화협회.
〈동아일보〉 (1962. 11. 27). "여보세요 한번에 3원정/전화 도수제의 시비." 3면.
〈동아일보〉 (1963. 2. 13). "전화 요금 한통화 2원으로 인하." 7면.
〈동아일보〉 (1969. 7. 21). "달 첫발에 쏠린 한국의 시청." 7면.
〈동아일보〉 (1969. 11. 18). "전화 추첨에 부정." 7면.
〈동아일보〉 (1972. 9. 29). "광고 — '공중전화는 3분만'." 4면.
〈동아일보〉 (1974. 10. 23). "TV시청 시간 틈탄 도범 격증." 7면.
〈동아일보〉 (1980. 8. 2). "전화없는 마을 연내 일소." 7면.
〈동아일보〉 (1981. 2. 21). "사랑방이 사라져 간다." 7면
〈동아일보〉 (1983. 3. 7). "서울특별시: 이상비대증 앓는 '축소한국'." 9면.
〈동아일보〉 (1984. 4. 18). "생활상담실." 12면.
〈동아일보〉 (1985. 6. 15). "전화 시내통화시간 해마다 길어진다." 7면.
〈동아일보〉 (1987. 7. 20). "내 방… 내 전화… 내 TV… 무너지는 가족공동의식." 7면.
〈동아일보〉 (1987. 9. 30). "전국이 1가구 1전화 시대." 11면.

〈동아일보〉 (1992. 1. 14). "광고: 금성 무선 전화기." 24면.
〈동아일보〉 (1993. 4. 11). "자기중심주의 '나홀로가 좋다' 외톨이城主." 9면.
〈동아일보〉 (1996. 4. 16). "부모-자녀 모두 '나홀로 TV' 선호." 27면.
〈동아일보〉 (1998. 8. 21). "코쿤족을 아십니까?." 25면.
〈동아일보〉 (2019. 3. 14). "'10명 중 6명, 유튜브로 검색… 검색포털 1위 네이버 맹추격'." URL: http://www.donga.com/news/List/article/all/20190314/94537972/1
〈동아일보〉 (2020. 12. 26). '극과 극이 만나다'. URL: https://www.donga.com/news/dongatalks
〈디지털타임스〉 (2012. 4. 17). "이통사 주수익원 MOU 감소 '비상'." 8면.
마동훈 (2003). "초기 라디오와 근대적 일상: 한 농촌 지역에서의 민속지학적 연구," 〈언론과 사회〉, 12권 1호, pp.56~91.
마동훈 (2011). "1960년대 초기 텔레비전과 국가: 수용자 경험의 심층 인터뷰를 중심으로," 한국방송학회 엮음, 《한국방송의 사회문화사》 (pp.178~205). 한울아카데미.
〈매일경제〉 (1981. 1. 30). "흑백TV 중고품시장 상품으로 전락." 9면.
〈매일경제〉 (1981. 3. 25). "전문상 지상쇼핑 중고생활용품." 9면.
〈매일경제〉 (1987. 11. 27). "소비자 보호 캠페인 〈8〉 환경 등 사각 지대 눈 돌릴때." 15면.
〈매일경제〉 (1988. 12. 14). "한집 2대 TV·냉장고·전화기·차 등 세컨드 시대 열려." 15면.
〈매일경제〉 (1990. 6. 7). "가전보급률 급신장." 7면.
〈매일경제〉 (1992. 1. 13). "전화사용 유형 가족구성 따라 큰 차." 25면.
〈매일경제〉 (1992. 12. 1). "정보가전 시대가 열린다 상." 8면.
〈매일경제〉 (1997. 2. 13). "문안전화 캠페인 흐뭇 한국통신 직원에 감사." 24면.
문화체육관광부 (2016). 〈2016년 한국인의 의식·가치관 조사 결과 보고서〉. 문화체육관광부.
문화체육관광부 (2020). 〈2019년 국민독서실태조사〉. 문화체육관광부.
박노일·정지연·장정헌 (2017). "고령자 집단의 뉴스 미디어 이용과 신뢰도 연구: 2013~2015 년 언론 수용자 의식 조사 자료를 중심으로," 〈언론정보연구〉, 54권 1호, pp.314~347
박덕춘 (2009). "TV 드라마의 내용상의 장르와 영상표현기법의 상관성," 〈한국콘텐츠학회 논문지〉, 9권 10호, pp.159~167.
박성호 (2011. 1. 16). "온라인 시대, '오프라인' 가족," 〈아시아경제〉. URL: http://www.asiae.co.kr/news/view.htm?idxno=2011011415012264161
박소진 (2009). "'자기관리'와 '가족경영'시대의 불안한 삶: 신자유주의와 신자유주의적 주체," 〈경제와 사회〉, 84호, pp.12~39.
박승관 (2011). "한국 사회와 소통의 위기: 소통의 역설과 공동체의 위기," 한국언론학회 엮음, 《한국 사회의 소통 위기》 (pp.121~170). 커뮤니케이션북스.

박재홍 (2009). "세대명칭과 세대갈등 담론에 대한 비판적 검토," 〈경제와사회〉, 81호, pp.10～34.

박종훈 (2013). 《지상 최대의 경제 사기극 세대전쟁》. 21세기북스.

박천홍 (2018). 《활자와 근대: 1883년, 지식의 질서가 바뀌던 날》. 너머북스.

박치완 (2019). "세대론의 르네상스와 디지털 원주민 세대의 이해," 〈문화콘텐츠연구〉, 16호, pp.7～43.

반승원 (2015). 《가족커뮤니케이션》. 커뮤니케이션북스.

방송통신위원회 (2017). 〈2017 방송매체 이용행태 조사〉. 방송통신위원회.

방희경 · 류지현 (2017). "지하철 공간의 여성 경험, 근대화에 던지는 하나의 의심." 〈한국언론정보학보〉, 83호, pp.39～71.

배준희 · 노승욱 (2016. 6. 13). "설문으로 보는 30대 자화상 | '혼술' '혼밥' 즐기는 나홀로族 전성시대 결혼 필수아닌 선택… 덕후인생 '좋아요'." 〈매경이코노미〉, 1861호. URL: http://news.mk.co.kr/newsRead.php?no=421925&year=2016

배진아 · 조연하 (2010). "디지털 미디어와 가족 커뮤니케이션: 모자간 소통을 중심으로," 〈사이버커뮤니케이션학보〉, 27권 1호, pp.53～91.

배진한 (1997). "리모콘(RCDs) 시대의 공중파 텔레비전 편성의 새로운 모색: 전환의 가속화(acceleration of transition)," 〈언론학연구〉, 1호, pp.135～168.

백경선 (2006a). "텔레비전 드라마에 나타난 가족상: 노희경의 특집드라마를 중심으로," 〈한국문예비평연구〉, 21호, pp.53～71.

백경선 (2006b). "TV 드라마 〈꽃보다 아름다워〉 연구: 정서적 리얼리즘을 중심으로," 〈한국극예술연구〉, 23호, pp.295～336.

백경선 (2008). "텔레비전 드라마 〈굿바이 솔로〉 연구: 예술성과 대중성을 중심으로," 〈어문연구〉, 56호, pp.475～502.

백경선 (2019). "텔레비전 드라마 〈거짓말〉 연구: 거리두기 방식을 중심으로," 〈한국극예술연구〉, 63호, pp.317～346.

백미숙 · 강명구 (2007). "'순결한 가정'과 건전한 성윤리: 텔레비전 드라마 성표현 규제에 대한 문화사적 접근," 〈한국방송학보〉, 21권 1호, 138～181.

변재운 (1993. 9. 14). ""나홀로 TV"… 온가족 시청 "옛말"/「첨단가정」 새 풍속도," 〈국민일보〉. URL: http://news.kmib.co.kr/article/viewDetail.asp?newsClusterNo=01100201.19930914000001202

산업통계분석시스템 (2020). 산업구조(1, 2, 3차 기준). URL: https://istans.or.kr/su/newSuTab.do?scode=S111

〈서울신문〉 (2005. 11. 26). ""1년 6억 수입" 은 전설 시발면 팔이 유지." URL: https://www.nocutnews.co.kr/news/101532

〈세계일보〉 (2004. 3. 12). “천사인가 악마인가, 휴대폰의 두 얼굴.” 25~29면.

손승혜 (2013). “디지털 네트워크 시대의 초국가적 온라인 팬덤,” 〈미디어, 젠더 & 문화〉, 25호, pp.73~111.

손용 (2003). 《디지털 네트워크 시대의 텔레커뮤니케이션》. 한울아카데미.

송동욱 · 이기형 (2017). “불안정한 현실과 대면하는 이 시대 청년들의 삶에 관한 질적인 분석,” 〈한국언론정보학보〉, 84호, pp.28~98.

송요셉 · 오상화 · 김은미 · 나은영 · 정하소 · 박소라 (2009). “다매체 환경에서 청소년의 미디어 활용 방식에 대한 FGI 연구,” 〈언론정보연구〉, 46권 2호, pp.33~65.

송종현 (2015). 《모바일 미디어와 일상》. 커뮤니케이션북스.

신승원 (2016). 《앙리 르페브르》. 커뮤니케이션북스.

시사저널 (2008. 1. 7). “엇! ‘소리’보다 ‘문자’가 더 빠르네.” URL: https://www.sisajournal.com/news/articleView.html?idxno=122162

안광식 (1968). “매스미디어에 관한 사회결과조사결과 보고: 텔리비젼을 중심으로,” 〈신문평론〉, 27호, p.20.

안시현 (2020. 11. 10). “방송가 트로트 ‘수도꼭지 편성’… 시청자들 “너무 우려먹는다”.” 〈시빅뉴스〉. http://www.civicnews.com/news/articleView.html?idxno=30157

안형택 · 이명호 · 황준석 (2007). 《디지털 융합, 새로운 게임의 법칙》. 삼성경제연구소.

MBC보도국 (1986). 〈그때를 아십니까 13 — 서울 전화 나왔어요〉. [TV 다큐멘터리]. MBC.

MBC보도국 (2019. 6. 4). “‘폰’에 고개 박고 있던 아이들… “탈출하니 새 세상”.” [TV 뉴스]. MBC.

연합뉴스 (2016. 12. 14). “‘애물단지’ 공중전화의 외침.” https://www.yna.co.kr/view/AKR20161213112100797

〈오마이뉴스〉 (2015. 12. 17). “20대가 해야 할 몇 가지'라고? 무슨 소리입니까.” http://www.ohmynews.com/NWS_Web/View/at_pg.aspx?CNTN_CD=A0002168837

오순정 (1978). “여론 조사에 비친 한국 ‘텔레비젼’의 실상,” 〈광장〉, 66호, pp.36~41.

오승환 · 이성균 · 이창한 (2012). 《양극화 시대 가족해체와 청소년의 적응에 관한 한국과 미국의 비교 연구》. 집문당.

오택섭 · 홍기선 (1983). “TV시청기회 박탈이 인간생활에 미치는 영향에 관한 연구: 의사실험 설계를 통한 연구,” 〈커뮤니케이션과학〉, 8호, pp.1~250.

吉見俊哉, 若林幹夫, 水越伸 (1992). *メディアとしての電話*. [오석철 · 황조희 옮김. 《전화의 재발견》. 커뮤니케이션북스. 2005].

吉見俊哉 (2004). *メディア文化論*. [안미라 옮김. 《미디어문화론》. 커뮤니케이션북스. 2006].

원도연 (2016). “미디어는 공동체에 어떠한 기여를 해야 하나,” 〈미디어와 교육〉, 6권 1호, pp.28~39.

유계숙 · 김제희 (2017). "효도계약과 불효자 방지법안에 대한 부모 세대와 자녀 세대의 태도," 〈보건사회연구〉, 37권 1호, pp.216~252.

유성 (1962). "가정불화의 유행병 TV," 〈사상계〉, 10권 4호, pp.316~317.

윤고은 (2017. 12. 20). ""도봉순을 tvN에서 방송했다면?"… 드라마 편성 비화," 〈연합뉴스〉. http://entertain.naver.com/read?oid=001&aid=0009761897

윤복실 (2017). "TV 드라마 〈디어 마이 프렌즈〉에 재현된 가부장 이데올로기 고찰," 〈한국사상과 문화〉, 89호, pp.439~466.

윤상길 (2009). "일제시기 경성 전화 네트워크의 공간적 배치," 〈서울학연구〉, 34호, pp.123~174.

윤상길 (2011). "1960년대 한국 라디오 테크놀로지의 '부락화'," 한국방송학회 엮음,《한국방송의 사회문화사》(pp.206~248). 한울아카데미.

윤석진 (2011). "영상문학텍스트로서 노희경의 단막드라마 극본 고찰," 〈인문학연구〉, 85호, pp.155~186.

윤석진 (2019). "한국 텔레비전 가족드라마의 가족자유주의 양상: KBS2 TV 주말연속극을 대상으로," 〈어문논총〉, 34호, pp.37~79.

은석 · 안승재 · 함선유 · 홍백의 (2018). "세대 차이인가, 계층 차이인가?: 한국과 일본의 가족가치관 차이를 중심으로," 〈아시아리뷰〉, 8권 1호, pp.41~74.

〈의학신문〉 (2014. 4. 11). "노인요양병원 활성화 방안." http://www.bosa.co.kr/news / articleView.html?idxno=2038030

이광석 (2011). "1990년대 이후 청년 세대들의 미디어 문화정치," 한국언론학회 엮음,《한국사회의 디지털 미디어와 문화》(pp.100~133). 커뮤니케이션북스.

이광춘 (1997). "TV 기술의 발전과 전망," 〈전기의 세계〉, 46권 7호, pp.78~81.

이기형 (2004). "미디어 역사에서의 구성주의적 접근과 초기 텔레비전: 나치 TV를 중심으로," 〈언론과 사회〉, 12권 2호, pp.52~87.

이남호 (2000. 9. 4). "[정동칼럼] 휴대폰천국," 〈경향신문〉. http://news.khan.co.kr/kh_news/khan_art_view.html?artid=200009031859241&c

이다운 (2010). "노희경 드라마의 "아버지" 인물 연구: 단막극을 중심으로," 〈문예시학〉, 22호, pp.99~119.

이동복 (2016. 7. 7). "미디어 소비자의 TV이탈, 티벡시트," 〈서울경제〉, URL:http://www.sedaily.com/NewsView/1KYRU8QLSB

이동후 (2009). "사이버 대중으로서의 청년 세대에 대한 고찰," 〈한국방송학보〉, 23권 3호, pp.409~448.

이동후 (2010). "제3의 구술성," 〈언론정보연구〉, 47권 1호, pp.43~76.

이동후 (2013).《미디어 생태이론》. 커뮤니케이션북스.

이미영 · 김담희 · 김성태 (2010). “청소년 미디어 레퍼토리에 관한 연구,” 〈한국언론학보〉, 54권 1호, pp.82~106.
이미현 (2017. 11. 24). “노희경 작가 “부모는 삶의 좌표… ‘세상에서’ 가장 애착,” 〈중앙일보〉. URL: https://news.joins.com/article/22145882
이병섭 (2013). 《통신역사》. 커뮤니케이션북스.
이봉재 (2019). 《문헌에 따른 근대통신(우체전신전화)역사》. 진한엠앤비.
이상길 (2005). “‘새로운 커뮤니케이션사’를 위하여: 연구방법론에 대한 성찰을 중심으로,” 〈커뮤니케이션 이론〉, 1권 2호, pp.106~161.
이상숙 · 전범수 (2020). “유튜브 이용 동기에 대한 세대 간 상호인식 차이: 중장년층과 청년층 간 비교,” 〈한국방송학보〉, 34권 2호, pp.76~104.
이서희 (2015. 7. 16). “TV, 선을 끊어라… OTT 신세계가 열릴지니,” 〈한국일보〉. http://www.hankookilbo.com/v/53d1109f4df24971b41f39c3f15a41ee
이세훈 (2000. 4. 2). “[기획] 한국전쟁 70주년… 한국의 전기통신⑥,” 〈문화저널21〉. URL: http://www.mhj21.com/128987
이승연 (2010. 9. 1). “[휴대폰 역사①] 대한민국 휴대폰, 22년의 발자취,” 〈천지일보〉. http://www.newscj.com/news/articleView.html?idxno=53796
이양환 · 남상현 · 장병희 · 박종대 · 박남기 · 진보래 (2014). “1962~2011년 방송된 한국 TV 드라마의 메타데이터 시계열 분석,” 〈사회과학연구〉, 21권 1호, pp.7~34.
이영미 (2012). “텔레비전 코미디 드라마의 형성,” 〈한국극예술연구〉, 37호, pp.93~128
이영재 (2008). “고딕 대성당을 중심으로 한 중세인들의 커뮤니케이션: 샤르트르와 영국 대성당들(cathedrals)을 중심으로,” 〈서양중세사연구〉, 21호, pp.53~87.
이옥경 (1994. 10. 22). “주부일기: 가전서 개전 시대로,” 〈경향신문〉, 15면.
이윤정 (2019. 7. 3). ““사람과 접촉 최소화”… 40대, 언택트 소비 트렌드 견인,” 〈조선비즈〉. https://biz.chosun.com/site/data/html_dir/2019/07/03/2019070300860.html
이은미 (1993). “프라임 타임 드라마에 나타난 가족구조 분석,” 〈한국방송학보〉, 4호, pp.167~184.
이재현 (1997). “방송편성의 합리화와 일상생활 패턴의 동시화,” 〈언론과 사회〉, 18호, pp.54~80.
이재현 (2013). 《모바일 미디어》. 커뮤니케이션북스.
이재현 (2019). 《공명: 미디어 기술 비평》. 커뮤니케이션북스.
이정복 (2011). “한국어 경어법의 주요 기능,” 〈우리말글〉, 52호, pp.25~53.
이정희 (2014). “‘사랑’을 매개로 우리가 사는 세상 속으로 들어온 ‘정신증’: 노희경의 〈괜찮아 사랑이야〉,” 〈플랫폼〉, 48호, pp.38~43.
이종호 (2017. 12. 30). “16~17년 국내외 전자책 시장 동향.” 〈KPIPA 디지털북센터〉. URL:

http://www.kdpub.org/uploads/1512092252_DigiPubSemi3.pdf

이주혁 (1974). "'TV문화의 망령들'," 〈세대〉, 130호, pp.264~271.

이준웅 · 김은미 · 문태준 (2005). "사회자본 형성의 커뮤니케이션 기초: 대중매체 이용이 신뢰, 사회 연계망 활동 및 사회정치적 참여에 미치는 영향," 〈한국언론학보〉, 49권 3호, pp.234~261.

이향규 (2020. 12. 23). "코로나19가 만든 골목 공동체," 〈창비 주간논평〉. URL: https://magazine.changbi.com/201223-2/?cat=2466

이혜은 · 유세경 · 정윤경 · 이유진 (2017). "외국 시청자들의 한국 드라마 등장인물에 대한 도덕성 평가와 드라마 '흥미도'와 '질 평가'와의 관계 분석," 〈한국콘텐츠학회논문지〉, 17권 5호, pp.357~365.

이화정 (2013). "멜로장르 TV 드라마에 나타나는 여성 주인공의 전형성: 1992년부터 2012년까지," 〈한국콘텐츠학회논문지〉, 13권 12호, pp.604~613.

이희은 (2013). "방송의 일상성과 시간." 한국방송학회 엮음, 《책, 텔레비전을 말하다》 (169~189쪽). 컬처룩.

인현우 (2017. 6. 23). "저커버그 "페북, 공동체 형성에 주력"," 〈한국일보〉. URL: http://www.hankookilbo.com/News/Read/201706231591017595

임근수 (1967). 《신문발달사》. 정음사.

임영호 · 김은미 (2011). "소셜 미디어형 소통방식과 인간관계의 변화," 한국언론학회 엮음, 《한국의 미디어 사회문화사》 (pp.249~284). 커뮤니케이션북스.

임종수 (2005). "u-Broadcasting의 출현과 방송 소비문화: 가족 텔레비전과의 관계를 중심으로," 〈언론과 사회〉, 13권 4호, pp.66~109.

임종수 (2007a). "HLKZ-TV, 텔레비전과의 조우: 1956~1959," 〈언론과 사회〉, 15권 2호, pp.57~96.

임종수 (2007b). "텔레비전의 사회문화사," 유선영 · 박용규 · 이상길 외 엮음, 《한국의 미디어 사회문화사》(pp.437~486). 한국언론재단.

임홍택 (2018). 《90년생이 온다》. 웨일북.

장현숙 (2000). "노인 입원환자 병원서비스 분석," 〈한국의료 QA학회지〉, 7권 1호, pp.18~31.

전력통계정보시스템 (2020). "가전기기보급률." URL: http://epsis.kpx.or.kr/epsisnew/selectEksaNeaChart.do?menuId=060100 2018, 4, 14

정보통신정책연구원 (2009). 〈2008년도 통신시장 경쟁상황 평가〉. 정보통신연구원.

정보통신정책연구원 (2017). 〈미디어 통계 수첩〉. 정보통신정책연구원.

정의철 · 정미영 (2018). "베트남 이주여성의 공동체 미디어 참여가 문화적 시민권 구축에 미치는 영향: 부산지역 〈베트남 목소리〉 팟캐스트 사례를 중심으로," 〈한국언론학보〉, 62권 5호, pp.136~172.

정준희 (2016). "해방 공간의 과도 신전과 자기분열적 수축," 대한민국역사박물관 엮음, 《미디어와 한국현대사: 사회적 소통과 감각의 문화사》(pp.127~179). 홍애원.

조경란 (2003. 7. 26). "「향기가 있는 아침」 휴대폰에 빼앗긴 '고독'," 〈경향신문〉 http://news.khan.co.kr/kh_news/khan_art_view.html?artid=200307251840131&code=990335

〈조선일보〉 (1956. 5. 13). "수상기 앞에 시민 운집." 조간 2면.

〈조선일보〉 (1960. 7. 1). "이웃 사촌 이웃전화." 조간 4면.

〈조선일보〉 (1962. 2. 17). "월부 매력, 태평로 장사진." 석간 3면.

〈조선일보〉 (1963. 2. 14). "전화 2제 — 누그러진 인심." 7면.

〈조선일보〉 (1964. 5. 21). "텔레비 보던 19명 중경상." 7면.

〈조선일보〉 (1969. 7. 22). "긴장 – 흥분 – 놀라움이." 7면.

〈조선일보〉 (1970. 9. 3). "내 고향에 TV · 라디오를." 6면.

〈조선일보〉 (1975. 7. 2). "[색연필] 집전화 두고도 공중전화 애용." 7면.

〈조선일보〉 (1989. 3. 15). "이규태 코너 전화폭력." 4면.

조성동 (2010). "텔레비전 수용자의 시청행태 변화에 대한 연구: 방송의 구조적 채널 확장과 시청자의 일상생활리듬에 따른 시간대별 시청 특성의 연도별 집단비교를 중심으로," 〈미디어 경제와 문화〉, 8권 2호, pp.7~61.

조운찬 (2020. 5. 8). "'북페이백' 캠페인," 〈경향신문〉.http://news.khan.co.kr/kh_news/khan_art_view.html?art_id=202005072055015

조윤경 · 김은미 (2008). "미디어 이용과 대인 간 상호작용이 청소년의 몸에 대한 인식에 미치는 영향," 〈한국언론학보〉, 52권 5호, pp.255~274.

조재천 (2020. 1. 2). "지나친 편리함의 덫… '언택트' 시대, 사람이 사라진다," 〈대구신문〉. URL: https://www.idaegu.co.kr/news/articleView.html?idxno=297652

주창윤 (2013). 《허기사회》. 글항아리.

〈중앙일보〉 (1967. 3. 17). "분홍빛 공중전화 등장 접객업소에 수신도 돼." 4면.

〈중앙일보〉 (1969. 7. 17). "「아폴로」에 들뜬 서울의 밤, 남산 「스크린」 앞에 5만." 3면.

〈중앙일보〉 (1973. 9. 5). "독자투고 '전화'." 5면.

〈중앙일보〉 (1976. 9. 14). "다방 99통화," 8면.

〈중앙일보〉 (1994. 3. 31). "가전업계 독신자 생활습관 맞춰 신제품 봇물." 25면.

〈중앙일보〉 (2013. 7. 13). "고3 학생들 울린 지문, 내용 보니 "어머니, 나 먼저 가"… '뭉클'." http://news.joins.com/article/12062847

〈중앙일보〉 (2017. 6. 8). "1인 가구 TV 보유율 91%… 가장 낮아." https://news.joins.com/article/21646875

〈중앙일보〉 (2017. 10. 31). "요양병원 가격이 다 다른 이유." http://news.joins.com/

article/22067005
〈중앙일보〉 (2019. 8. 29). "한국 '출산율 0.98명' 사상 최저… 세계 유일 '출산율 0명대' 나라." https://news.joins.com/article/23564231
진주화 (2017. 9. 15). "콘텐츠 · 큐레이션 · 커뮤니티… C제너레이션의 5가지 키워드." 〈n · content〉, 2호. http://www.kocca.kr/cop/ncont/view.do?menuNo=203415&nttNo=3
채백 (1996). 《세계 언론사》. 한나래.
채백 (2015). 《한국언론사》. 컬처룩.
채백 (2017). 《조선시대 백성들의 커뮤니케이션》. 컬처룩.
채백 · 강승화 · 허윤철 (2019). "전화의 보급 확대와 대인 교류의 변화 : 구술사를 중심으로," 〈커뮤니케이션 이론〉, 15(3), pp.105~151.
채백 · 강승화 · 허윤철 (2020). "한국 텔레비전 가족 드라마를 통해 본 1990년대 이후 대인 소통과 관계의 변화," 〈한국언론정보학보〉, 103, pp.235~264.
채백 · 최창식 · 강승화 · 허윤철 (2018). "TV의 보급 확대와 공동체의 변화," 〈커뮤니케이션 이론〉, 14(4), pp.139~182.
최윤 (2018). "전화의 일상적 구성: 1970~ 80 년대 경험을 중심으로," 〈구술사연구〉, 9권 2호, pp.59~106.
최일섭 · 조성희 (2000). 《실업과 가족해체: 사회복지 차원에서의 접근》. 집문당.
최태섭 (2018. 7. 18). "서로 다른 현실들 속에서," 〈경향신문〉,http://news.khan.co.kr/kh_news/khan_art_view.html?art_id=201807182115005
최현주 (2008). "텔레비전 드라마에 묘사된 성역할의 전도(reverse)와 그 함의: 남성 전업주부 드라마 〈불량주부〉를 중심으로," 〈한국방송학보〉, 22권 4호, pp.401~438.
최홍기 (2006). 《한국 가족 및 친족 제도 의 이해: 전통 과 현대 의 변화》. 서울대학교출판부.
통계개발원 (2018). 〈한국의 사회동향 2018〉. 통계청.
통계개발원 (2020). 〈한국의 사회동향 2020〉. 통계청.
통계청 (2007). "2007년 청소년 통계." http://kosis.kr/upsHtml/online/downSrvcFile.do?PUBCODE=YG&FILE_NAME=/YG/YG03.zip&SEQ=7
통계청 (2015a). "인구주택총조사." https://www.index.go.kr/potal/stts/idxMain/selectPoSttsIdxSearch.do?idx_cd=1576
통계청 (2015b). "통계로 본 광복70년 한국사회의 변화." http://kosis.kr/upsHtml/online/downSrvcFile.do?PUBCODE=AS&FILE_NAME=/AS/AS7032.pdf&SEQ=12
통계청 (2016). 〈한국의 사회동향 2016〉. 통계청.
통계청 (2017). 〈2016 한국의 사회지표〉. 통계청.
통계청 (2018a). 〈보도자료 — 2017년 혼인 · 이혼 통계〉. 통계청.

통계청 (2018b). 〈보도자료 — 인구주택총조사에 나타난 1인 가구의 현황 및 특성〉. 통계청.
통계청 (2019a). 〈대한민국통계연감(교통통신 — 전화가입자수)〉. http://kosis.kr/statisticsList/statisticsListIndex.do?menuId=M_01_04_02&vwcd=MT_HANKUK_TITLE&parmTabId=M_01_01&parentId=I.1;I2.2;#I2.2
통계청 (2019b). "여성경제활동인구 및 참가율." http://www.index.go.kr/potal/main/EachDtlPageDetail.do?idx_cd=1572
통계청 (2020a). "농가 및 농가인구." http://www.index.go.kr/potal/main/EachDtlPageDetail.do?idx_cd=2745
통계청 (2020b). 〈보도자료 — 2019년 혼인 · 이혼 통계〉. 통계청.
통계청 (2020c). "1인당 국민총소득." URL:http://kosis.kr/statHtml/statHtml.do?orgId=101&tblId=DT_2AS017&conn_path=I3
통계청 · 여성가족부 (2016). "통계로 보는 여성의 삶." URL: http://kosis.kr/upsHtml/online/downSrvcFile.do?PUBCODE=KL&FILE_NAME=/KL/10.zip&SEQ=461
KBS (1981, 1985, 1990, 1995, 2000, 2005, 2010). 〈국민생활 시간조사〉. 한국방송공사.
KBS (1997). 〈한국방송 70년사〉. 한국방송공사.
KBS (2019. 2. 11). "국민 95%가 스마트폰 사용… 보급률 1위 국가는?." https://news.kbs.co.kr/news/view.do?ncd=4135732
하재식 (2019). 《가짜뉴스 전쟁》. 커뮤니케이션북스.
〈한겨레신문〉 (1992. 8. 26). "음성정보 청소년 폐해 우려/신규신청 폭증." 15면.
〈한겨레신문〉 (1993. 1. 6). "텔레비전 2대 이상 소유 37.4%." 11면.
〈한겨레신문〉 (1995. 3. 26). "해방 50년의 발자취를 찾아서 — 전화." 11면.
〈한겨레〉 (2013. 1. 13). "연인을 만나도 '스마트폰, 너만 바라봐'." http://www.hani.co.kr/arti/society/society_general/619619.html#csidx9858681830cd579b26391107a55091f
〈한겨레〉 (2017. 5. 1). "종이책 판매 늘어나는데 전자책 감소 이유?." http://www.hani.co.kr/arti/economy/it/793001.html
〈한겨레〉 (2020. 8. 7). "'학연 · 지연 말고 독연(독서모임 인연) 어때요?'." http://www.hani.co.kr/arti/culture/book/956840.html
〈한겨레〉 (2021. 1. 18). ""커피 한잔" 부탁한 노숙인에게 점퍼 · 장갑까지 건넨 시민." http://www.hani.co.kr/arti/society/society_general/979304.html#csidx933f778b73e4b669a12709ce3d0a444
한국사회문화연구원 (1999). 《한국의 중산층 위기와 가족해체: 그 원인과 대책 모색》. 한국사회문화연구원.
한국언론진흥재단 (2019). 〈2019 언론수용자 조사〉. 한국언론진흥재단.
한국언론진흥재단 (2020. 12. 3). 〈보도자료 — 2020 언론수용자조사 주요조사결과〉.

https://www.kpf.or.kr/front/board/boardContentsView.do?board_id=246&contents_id=99080407ed744291a3bba1bc85228187

한국인터넷정보센터 (2000). 국내인터넷이용자수 급증 요인 분석. https://isis.kisa.or.kr/board/fileDown.jsp?pageId=060100&bbsId=7&itemId=739&athSeq=1

〈한국일보〉 (1978. 2. 19). "텔레비전은 「유익한 상자」다." 5면.

함인희 (2001). "산업화에 따른 한국 가족의 비교적 의미," 하용출 엮음, 《한국 가족상의 변화》(pp.29~30). 서울대학교출판부.

행정안전부 (2019). 〈한국도시통계(한국도시연감 — 교육·통신)〉. http://kosis.kr/statisticsList/statisticsListIndex.do?menuId=M_01_01&vwcd=MT_ZTITLE&parmTabId=M_01_01&parentId =D2.1;110_11001.2;110_11001_001.3;110_11001_001_009.4;#110_11001_001_009.4

허윤철 (2017). 〈시청자 공론장의 분화와 재구성〉. 부산대학교 박사 학위 논문.

허윤철·채백·강승화 (2020). "군집분석을 통해 본 세대 간 미디어 이용 패턴과 공동체 인식의 차이: 20대와 50대의 비교," 〈지역과 커뮤니케이션〉, 24(4), pp.151~173.

허윤철·채백·강승화·최창식 (2019). "구술사로 본 TV의 보급과 공동체의 변화," 〈언론정보연구〉, 56(1), pp.83~125.

홍덕률 (2003). "한국 사회의 세대 연구," 〈역사비평〉, 64호, pp.150~191.

홍성욱 (2002). 《네트워크 혁명, 그 열림과 닫힘》. 들녘.

홍세화 (1999). "20년만의 귀국일지," 〈창작과 비평〉, 105호, pp.340~350.

황슬하·강진숙 (2014). "온라인 여성호명 담론에 대한 질적 연구," 〈한국방송학보〉, 28권 4호, pp.356~388.

황용석 (2004). "시간과 공간의 맥락에서 본 텔레비전과 인터넷 이용의 상호관계성 탐구," 〈방송통신연구〉, 59호, pp.309~338.

황용석·박남수·이현주·이원태 (2012). "디지털 미디어 환경과 커뮤니케이션 능력 격차 연구," 〈한국언론학보〉, 56권 2호, pp.198~225.

황정미 (2018). "한국인에게 가족은 무엇인가," 〈황해문화〉, 98호, pp.16~36.

Agamben, G. (1990). *La comunita che viene.* [이경진 옮김. 《도래하는 공동체》. 꾸리에. 2014].

Anderson, A. A., Brossard, D., Scheufele, D. A., Xenos, M. A., & Ladwig, P. (2014). "The 'nasty effect': Online incivility and risk perceptions of emerging technologies," *Journal of Computer-Mediated Communication*, 19(3), pp.373~387.

Anderson, B. (1991). I*magined communities: Reflections on the origin and spread of nationalism.* [윤형숙 옮김. 《상상의 공동체》. 나남. 2002].

Augé, M. (1995). *Non-places: Introduction to an Anthropology of Supermodernity.* [이상길 옮김.《비장소 : 초근대성의 인류학 입문》. 아카넷. 2017].

Barrett, M., & McIntosh, M. (1982). *The Anti-Social Family.* [김혜경 · 배은경 옮김.《반사회적 가족》. 나름북스. 2019].

Bauman, Z. (2003). *Liquid love: On the frailty of human bonds.* [권태우 · 조형준 옮김.《리퀴드 러브》. 새물결. 2013].

Bauman, Z. (2010). *44 Letters from the Liquid Modern World.* [조은평 · 강지은 옮김.《고독을 잃어버린 시간》. 동녘. 2012].

Bellamy, R. V., & Walker, J. R. (1996). *Television and the remote control: Grazing on a vast wasteland.* New York: Guilford Press.

Boorstin, D. (1971). "Television," *Life,* 71(11), pp.35~39.

Boyle, D. & Simms, A. (2009). *The new economics: A bigger picture.* [조군현 옮김.《이기적 경제학 이타적 경제학》. 사군자. 2012].

Brody, G. H., & Stoneman, Z. (1983). "The influence of television viewing on family interactions: A contextualist framework," *Journal of Family Issues,* 4(2), pp.329~348.

Bruni, L., & Stanca, L. (2008). "Watching alone: Relational goods, television and happiness," *Journal of Economic Behavior & Organization*, 65(3), pp.506~528.

Buchanan, I. (2010). *A dictionary of critical theory.* [윤민정 · 이선주 옮김 .《교양인을 위한 인문학 사전》. 자음과모음. 2017].

Calvert, C. (2004). *Voyeur nation: Media, privacy, and peering in modern culture.* Boulder, Colorado: Westview Press.

Castells, M. (1996). *Rise of the Network Society.* [김묵한 · 박행웅 · 오은주 옮김 .《네크워크시대의 도래》. 한울아카데미. 2014].

Chang, H. J. (2010). *23 Things they don't tell you about capitalism.* [안세민 · 김희정 옮김.《그들이 말하지 않는 23가지》. 부키. 2010].

Clark, L. S. (2009). "Digital media and the generation gap: Qualitative research on US teens and their parents," *Information, Communication & Society*, 12(3), pp.388~407.

Ellis, J. (1992). *Visible fictions: Cinema, television, video.* London: Routledge.

Eisenstein, E. L. (2005). *The printing revolution in early modern Europe.* (2nd ed.). [전영표 옮김.《근대 유럽의 인쇄 미디어 혁명》. 커뮤니케이션북스. 2008].

Escarpit, R. (1969). *La révolution du livre.* [임문영 옮김.《책의 혁명》. 보성사. 1985].

Facebook Newsroom (2017. 6. 27). Facebook, 글로벌 월간 활동사용자 20억 명 돌파. URL: https://about.fb.com/ko/news/2017/06/facebook-글로벌-월간-활동사용자-20억-명-돌파/

Fang, I. (1997). *A history of mass communication: Six information revolutions*. [심길중 옮김 . 《매스커뮤니케이션의 역사: 6단계 정보혁명》. 한울아카데미. 2002].

Febvre, L., & Martin, H. J. (1958). *L'apparition du livre*. [강주헌 · 배영란 옮김.《책의 탄생》. 돌베개. 2014].

Fine, B. (2002). *Social capital versus social theory*. London: Routledge.

Fowles, J. (1992). *Why viewers watch: A reappraisal of television's effects*. Newbury Park, CA: Sage.

Frey, C. B., & Osborne, M. (2015). *Technology at work: The future of innovation and employment*. New York: Citigroup.

Fukuyama, F. (1995). *Trust: The social virtues and the creation of prosperity*. [구승회 옮김.《트러스트》. 한국경제신문사. 1996].

Gerbner, G. (1969). "Toward "cultural indicators": The analysis of mass mediated public message systems," *Audio-Visual Communication Review*, 17(2), pp.137~148.

Gerbner, G., & Gross, L. (1976). "Living with television: The violence profile," *Journal of Communication*, 26(2), pp.172~199.

Gerbner, G., Gross, L., Morgan, M., & Signorielli, N. (1980). "The "mainstreaming" of America: Violence profile no. 11," *Journal of Communication*, 30(3), pp.10~29.

Giddens, A. (1990). The consequences of modernity. Cambridge: Polity.

Goffman, E. (1959). *The presentation of self in everyday life*. [진수미 옮김.《자아연출의 사회학》. 현암사. 2016].

Granovetter, M. (1973). "The strength of weak ties," *American Journal of Sociology*, 78, pp.1360~1380.

Habermas, J. (1962). *Strukturwandel der Öffentlichkeit: Untersuchungen zu einer Kategorie der bürgerlichen Gesellschaft*. [한승완 옮김.《공론장의 구조변동: 부르주아 사회의 한 범주에 관한 연구》. 나남. 2001].

Hall, S. (1997). "The work of representation," In E. Laclau (Ed.), *Representation: Cultural representations and signifying practices* (pp.13~74). London: Sage.

Han, B. C. (2012). *Transparenzgesellschaft*. [김태환 옮김.《투명사회》. 문학과지성사. 2014].

Han, B. C. (2014). *Psychopolitik: Neoliberalismus und die neuen Machttechniken*. [김태환 옮김.《심리정치: 신자유주의의 통치술》. 문학과지성사. 2015].

Harari, Y. N. (2011). *Sapiens*. [조현욱 옮김.《사피엔스》. 김영사. 2015].

Harari, Y. N. (2018). *21 Lessons for the 21st Century*. [전병근 옮김.《21세기를 위한 21가지 제언》. 김영사. 2018].

Hasebrink, U., & Popp, J. (2006). "Media repertoires as a result of selective media use. A conceptual approach to the analysis of patterns of exposure," *Communications*, 31(3), pp.369~387.

Hillery, G. A. (1955). "Definition of community," *Rural Sociology*, 20(2), pp.111~123.

Hofstede, G. (2011). "Dimensionalizing cultures: The Hofstede model in context," *Online Readings in Psychology & Culture*, 2(1), pp.2307~0919.

Horkheimer, M., & Adorno, T. W. (1944). *Dialektik der aufklärung: philosophische fragmente*. [김유동 옮김.《계몽의 변증법: 철학적 단상》. 문학과지성사. 2001].

Horrocks, C. (2017). *The joy of sets: A short history of the television*. [강경이 옮김.《텔레비전의 즐거움》. 루아크. 2018].

Hunt, L. (1992). *Family romance of the French Revolution*. [조한욱 옮김.《프랑스 혁명의 가족 로망스》. 새물결. 1999].

Jenkins, H. (2006). *Fans, bloggers, and gamers: Exploring participatory culture*. [정현진 옮김.《팬, 블로거, 게이머 — 참여 문화에 대한 탐색》. 비즈앤비즈. 2008].

Kaplan, B. M. (1985). "Zapping: The real issue is communication," *Journal of Advertising Research*, 25(2), pp.9~12.

Kim, S. J. (2014). "A repertoire approach to cross-platform media use behavior," *New Media & Society*, 18(3), pp.353~372.

Konrath, S. H., O'Brien, E. H., & Hsing, C. (2011). "Changes in dispositional empathy in American college students over time: A meta-analysis," *Personality & Social Psychology Review*, 15(2), pp.180~198.

Kraut, R., Patterson, M., Lundmark, V., Kiesler, S., Mukophadhyay, T., & Scherlis, W. (1998). "Internet paradox: A social technology that reduces social involvement and psychological well-being?" *American Psychologist*, 53(9), pp.1017~1031.

Latour, B. (1996). "On actor-network theory: A few clarifications plus more than a few complications," *Soziale Welt*, 47(4), pp.369~381.

Lee, E. J. (2007). "Deindividuation effects on group polarization in computer-mediated communication: The role of group identification, public- self-awareness, and perceived argument quality," *Journal of Communication*, 57(2), pp.385~403.

Lefebvre, H. (1992). *Eléments de rythmanalyse: introduction à la connaissance des rythmes*. Paris: Éditions Syllepse.

Lippmann, W. (1922). *Public opinion*. [이동근 옮김.《여론》. 아카넷. 2013].

Luplow, W. C., & Taylor, J. I. (2012). "Channel surfing redux: a brief history of the tv remote control and a tribute to its coinventors," *IEEE Consumer Electronics Magazine*, 1(4), pp.24~29.

McCombs, M. (2004). *Setting the agenda: The mass media and public opinion*. [정옥희 옮김.

《아젠다 세팅》. 엘도라도. 2012].

McLuhan, M. (1962). *The Gutenberg galaxy: The making of typographic man*. [임상원 옮김.《구텐베르크 은하계》. 커뮤니케이션북스. 2001].

McLuhan, M. (1964). *Understanding media: The extensions of man*. [김상호 옮김.《미디어의 이해: 인간의 확장》. 커뮤니케이션북스. 2011].

McLuhan, M., & Powers, B. R. (1989). *The global village: Transformations in world life and media in the 21st century*. [박기순 옮김.《지구촌: 21세기 인류의 삶과 미디어의 변화》. 커뮤니케이션북스. 2005].

Meyrowitz, J. (1985). *No sense of place: The impact of electronic media on social behavior*. [김병선 옮김.《장소감의 상실: 전자 미디어가 사회적 행동에 미치는 영향》. 커뮤니케이션북스. 2018].

Milkie, M. A. (1999). "Social comparisons, reflected appraisals, and mass media: The impact of pervasive beauty images on Black and White girls' self-concepts," *Social Psychology Quarterly*, 62(2), pp.190~210.

Mills, C. W. (1956). *The power elite*. [정명진 옮김 .《파워 엘리트》. 부글북스. 2013].

Moores, S. (2000). *Media and everyday life in modern society*. [임종수 · 김영한 옮김.《미디어와 일상: TV, 라디오, 위성TV의 시작과 근대 사회의 일상 탐구》. 커뮤니케이션북스. 2008].

Moreno, J. L. (1937). "Sociometry in relation to other social sciences," *Sociometry*, 1(1/2), pp.206~219.

Morley, D. (1986). *Family television: Cultural power and domestic leisure*. London: Comedia Publishing Group.

Morley, D. (1992). "The construction of everyday life: Political communication and domestic media," In D. Morley (Ed.), *Television, audiences and cultural studies* (pp.265~269). London: Routledge.

Morley, D. (2003). "What's "home" got to do with it? Contradictory dynamics in the domestication of technology and the dislocation of domesticity," *European Journal of Cultural Studies*, 6, pp.435~458.

Mutz, D. C. (1998). *Impersonal influence: How perceptions of mass collectives affect political attitudes*. [양승찬 옮김.《미디어 정치 효과: 비개인적 영향력》. 한나래. 2000].

Newcomb, H. (1982). "Toward a television aesthetic," In H. Newcomb (Ed.), *Television: The Critical View* (pp.478~494, 3rd ed.). New York: Oxford University Press.

OECD (2015). Government at a Glance 2015. URL: https://www.oecd ilibrary.org/governance/government-at-a-glance-2015_gov_glance-2015-en

Ong, W. J. (1982). *Orality and Literacy: The Technologizing of the Word*. [이기우 · 임명진 옮김. 《구술문화와 문자문화》. 문예출판사. 1995].

Pariser, E. (2011). *The filter bubble: What the Internet is hiding from you*. [이정태 · 이현숙 옮김. 《생각조종자들: 당신의 의사결정을 설계하는 위험한 집단》. 알키. 2011].

Pew Research Center (2014. 6. 12). Political Polarization in the American Public. URL:https://www.pewresearch.org/politics/2014/06/12/political-polarization-in-the-american-public/.

Pew Research Center (2019. 2. 5). Smartphone Ownership Is Growing Rapidly Around the World, but Not Always Equally. URL: https://www.pewresearch.org/global/2019/02/05/smartphone-ownership-is-growing-rapidly-around-the-world-but-not-always-equally/

Przybylski, A. K., & Weinstein, N. (2013). "Can you connect with me now? How the presence of mobile communication technology influences face-to-face conversation quality," *Journal of Social and Personal Relationships*, 30(3), pp.237~246.

Putnam, R. D. (1995). "Bowling alone: America's declining social capital," *Journal of Democracy*, 6, pp.65~78.

Putnam, R. D. (2000). *Bowling alone: The collapse and revival of American community*. [정승현 옮김. 《나 홀로 볼링: 사회적 커뮤니티의 붕괴와 소생》. 페이퍼로드. 2009].

Putnam, R. D. (2015). *Our kids: The American dream in crisis*. [정태식 옮김. 《우리 아이들》. 페이퍼로드. 2017].

Reeves, R. V. (2017). *Dream hoarders: How the American upper middle class is leaving everyone else in the dust, why that is a problem, and what to do about it*. [김승진 옮김. 《20 vs 80의 사회: 상위 20퍼센트는 어떻게 불평등을 유지하는가》. 민음사. 2019].

Rheingold, H. (1992). *Virtual Reality: The Revolutionary Technology of Computer-Generated Artificial Worlds - and How It Promises to Transform Society*. New York: Simon & Schuster.

Rheingold, H. (1993). *The virtual community: Finding commection in a computerized world*. Chicago, IL: Addison-Wesley Longman Publishing Co., Inc..

Rheingold, H. (2002). *Smart Mobs*. [이운경 옮김. 《참여 군중》. 황금가지. 2003].

Riesman, D. (1950). *The lonely crowd: A study of the changing American character*. [류근일 옮김. 《고독한 군중》. 동서문화사. 2016].

Rosenberg, M. (1965). *Society and adolescent self-image*. Princeton, NJ: Princeton University Press.

Rubin, A. M., & Step, M. M. (2000). "Impact of motivation, attraction, and parasocial interaction on talk radio listening," *Journal of Broadcasting & Electronic Media*, 44(4), pp.635~654.

Sahin, H., & Robinson, J. P. (1981). "Beyond the realm of necessity: Television and the colonization of leisure," *Media, Culture & Society*, 3(1), pp.85~95.

Santana, A. D. (2014). "Virtuous or vitriolic: The effect of anonymity on civility in online newspaper reader comment boards," *Journalism Practice*, 8(1), pp.18~33.

Scannell, P. (1989). "Public service broadcasting and modern public life," *Media, Culture & Society*, 11(2), pp.135~166.

Shirky, C. (2010). *Cognitive surplus: Creativity and generosity in a connected age*. [이충호 옮김. 《많아지면 달라진다: '1조 시간'을 가진 새로운 대중의 탄생》. 갤리온. 2011].

Small, S. (2003). Becoming Mobile: SMS and Portable Text. Sarai Reader 03: Shaping Technologies, 157~159. URL: http://archive.sarai.net/files/original/cde7ff8f1988c0cacb4cc45a24a42222.pdf

Suler, J. (2004). "The online disinhibition effect," *Cyberpsychology & Behavior*, 7(3), pp.321~326.

Tönnies, F. (1912). *Gemeinschaft und gesellschaft: Grundbegriffe der reinen Soziologie*. [곽노완·황기우 옮김. 《공동사회와 이익사회: 순수사회학의 기본개념》. 라움. 2017].

Turkle, S. (2011). *Alone together: Why we expect more from technology and less from each other*. [이은주 옮김. 《외로워지는 사람들》. 청림출판. 2012].

Turkle, S. (2015). *Reclaiming Conversation*. [황소연 옮김. 《대화를 잃어버린 사람들》. 민음사. 2018].

Urry, J. (2007). *Mobilities*. [강현수·이희상 옮김. 《모빌리티》. 아카넷. 2014].

van Alstyne, M., & Brynjolfsson, E. (2005). "Global village or cyber-balkans? Modeling and measuring the integration of electronic communities," *Management Science*, 51(6), pp.851~868.

Weimann, G. (1999). *Communicating unreality: Modern media and the reconstruction of reality*. [김용호 옮김. 《매체의 현실 구성론: 현대 미디어와 현실의 재구성》. 커뮤니케이션북스. 2003].

Wellman, B. (2002). "Little boxes, glocalization, and networked individualism," In M. Tanabe, P. van den Besselaar, & T. Ishida (Eds.), *Digital cities Ⅱ: Computational and sociological approaches* (pp.10~25). New York, NY: Springer.

Williams, R. (1974). *Television: Technology and cultural form*. London: Routledge.

Williams, R. (1985). *Keywords: A vocabulary of culture and society*. Oxford: Oxford University Press.

Williams, T. M. (Ed.). (1986). *The impact of television: A natural experiment in three communities*. Orlando, FL: Academic Press.

Winston, B. (1998). *Media technology and society: A history from the telegraph to the internet.* London: Routledge.

Wolf, M. (2018). *Reader, Come Home*. [전병근 옮김.《다시, 책으로》. 어크로스. 2019].

Yorke, D. A., & Kitchen, P. J. (1985). "Channel flickers and video speeders," *Journal of Advertising Research*, 25(2), pp.15~19.

Yuan, E. (2011). "News consumption across multiple media platforms: A repertoire approach," *Information, Communication & Society*, 14(7), pp.998~1016.

Zuckerberg, M. (2005. 10. 26). Interviews at Stanford University. URL: https://www.youtube.com/watch?v=WA_ma359Meg

Zuckerberg, M. (2010. 5. 24). From Facebook, answering privacy concerns with new settings. *Washington Post*, URL: https://www.washingtonpost.com/wp-dyn/content/article/2010/05/23/AR2010052303828.html

Zuckerberg, M. (2013, 10, 25). Interviews at Startup School. URL: https://www.youtube.com/watch?v=MGsalg2f9js

찾아보기